项目名称

1. 河南省科技厅重点研发与推广专项软科学重点项目（232400411024）

2. 河南省高等教育教学改革研究与实践重点项目（研究生教育类）（2023SJGLX086Y）

3. 河南省文化和旅游厅文化和旅游研究重点课题"十五五时期河南省现代旅游业体系建设研究"

康养旅游
理论诠释
与实践探索

THEORETICAL INTERPRETATION AND
PRACTICAL EXPLORATION OF HEALTH TOURISM

程金龙 等 / 著

社会科学文献出版社
SOCIAL SCIENCES ACADEMIC PRESS (CHINA)

前　言

党的十八届五中全会将建设"健康中国"提升为国家战略，党的二十大报告提出"实施积极应对人口老龄化国家战略"。中共中央、国务院发布的《"健康中国 2030"规划纲要》指出，到 2030 年，中国健康服务业总规模将达到 16 万亿元。康养旅游是一种结合健康、康复、休闲和旅游的新型生活方式，旨在提供身心健康和精神享受。其不仅可以满足旅游者对身体健康的需求，还具有心灵放松和心理疏导等功能。随着社会经济的发展和老龄化趋势的加快，康养旅游逐渐成为民众出行消费的新常态，大健康时代已全面来临。

《康养旅游理论诠释与实践探索》经过一年多的撰写，五易其稿，终于付梓。全书共分为十一章，从理论诠释和实践探索两个层面对康养旅游进行系统论述。第一章背景阐释，介绍本书写作的选题背景与研究意义，对国内外研究内容做出述评，陈述康养旅游发展的理论基础。第二章内涵解读，辨析康养旅游的概念内涵，阐释康养旅游的构成要素，归纳康养旅游的基本类型。第三章发展历程，厘清国内外康养旅游的发展脉络，探索康养旅游产业的发展趋势。第四章供给体系，旨在明确康养旅游的关键要素，指导康养旅游精准发力。第五章需求分析，通过诠释概念内涵、分析影响因素、描述行为特征，提出供需调控举措。第六章产品开发，把握开发要求，明确开发内容，探索开发模式，聚焦开发重点。第七章产业发展，对康养旅游产业概念内涵、产业体系和产业融合等内容进行系统阐述。第八章营销推广，解读营销要求，聚焦市场开发、品牌形象和营销策略等营销重点。第九章推进机制，通过问题诊断，构建发展系统，明确发展战略，提出对策建议。第十章我国康养旅游发展实践，包括康养旅游推动人与自然和谐共生、引领乡村振兴产业发展、

促进身心健康全面发展、促进旅游市场结构变革等内容，均从理论概述出发，再对案例进行解析。第十一章河南省康养旅游发展实践，选取南太行山、伏牛山、大别山康养旅游发展的典型案例，从基本概况、特色亮点等方面，描述其成功经验与主要做法。

全书由程金龙提出写作思路、拟定框架结构并负责统稿和组织编写，由李双协助统稿和书稿校对。洛阳师范学院学科教学（地理）硕士研究生刘孟杰、曹乃文、钱雯雯、范志丹，河南科技大学旅游管理硕士研究生李双及农村发展硕士研究生刘馨、张乾通、冀婕予、张译丹、孙一航，河南大学旅游管理硕士研究生吴营香，参与了书稿各章节的撰写任务。全书共分为十一章，第一章由刘孟杰、程金龙撰写，第二章由李双、程金龙撰写，第三章由刘馨、程金龙撰写，第四章由曹乃文、程金龙撰写，第五章由钱雯雯、程金龙撰写，第六章由张乾通、程金龙撰写，第七章由吴营香、程金龙撰写，第八章由冀婕予、程金龙撰写，第九章由范志丹、程金龙撰写，第十章由张译丹、程金龙撰写，第十一章由孙一航、程金龙撰写。

本书得到洛阳师范学院旅游管理河南省特色骨干学科、旅游管理国家级一流本科专业建设点、河南省重点研发与推广专项软科学研究重点项目（232400411024）、河南省研究生教育改革与质量提升工程项目（YJS2024AL118）、河南省高等教育教学改革研究与实践重点项目（研究生教育类）（2023SJGLX086Y）、中原英才计划-中原教育教学领军人才项目、河南省教学名师工作室项目的资助，在此表示感谢。此外，在本书的撰写过程中，参阅引用了大量国内外学者的相关研究成果，在此深表谢意。

本书既具有较强的理论参考价值，又具有深刻的实践借鉴意义，可作为省、市、县（区）文化旅游管理部门和健康、旅游行业从业人员的参考书，也可作为高等院校旅游、医疗等相关专业人员的阅读用书。由于笔者水平有限，书中难免有疏漏和不妥之处，恳请读者批评指正，以便本书进一步修订和完善。

程金龙

2024 年 3 月

目 录

第一章
康养旅游背景阐释

进入 21 世纪以来，中国人口老龄化问题加剧。面对人口老龄化趋势，康养旅游迎来了可观的发展前景。中共中央、国务院发布的《"健康中国 2030"规划纲要》指出，到 2030 年，中国的健康服务业总规模将达到 16 万亿元。[①] 我国已进入大健康时代，康养旅游需求不断增长。"十四五"规划纲要明确指出，以提升便利度和改善服务体验为导向，推动生活性服务业向高品质和多样化升级，加快发展健康、养老、育幼、文化、旅游、体育、家政、物业等服务业，加强公益性、基础性服务业供给。[②] 康养旅游作为旅游产业的一个分支，已成为新的经济增长点，不仅满足了健康和旅游双重需求，也为促进我国旅游产业转型升级提供了可行路径。

第一节　研究背景

2017 年"康养蓝皮书"对"康养产业"做了系统界定，该蓝皮书指出，与一般意义的"健康"、"养老"、"养生"和"疗养"等概念相比，"康养"是一个更具包容性的概念，涵盖范围更广，与之对应的康养行为也

---

① 《"健康中国 2030"规划纲要》，中国政府网，https://www.gov.cn/gongbao/content/2016/content_5133024.htm。

② 《中共中央关于制定国民经济和社会发展第十四个五年规划和二〇三五年远景目标的建议》，中国政府网，https://www.gov.cn/zhengce/2020-11/03/content_5556991.htm? ivk_sa=1024320u。

十分宽泛。康养既可以是一种持续性、系统性的行为活动，又可以是诸如休息、疗养、康复等具有短暂性、针对性、单一性的健康和医疗行为。[①] 之后，随着积极应对人口老龄化的不断发展，"康养"成为中国当下的"热词"之一。康养旅游是一种结合健康、康复、休闲和旅游的新型旅游方式，旨在为旅游者提供身心健康的体验和享受。其不仅可以满足人们对身体健康的需求，还具有心灵放松和心理疏导等功能。随着社会经济的发展和老龄化趋势的加快，康养旅游逐渐成为人们关注的焦点。

一 政策背景

（一）国家出台相关政策支持康养旅游发展

随着我国对于积极老龄化理念的不断落实，作为积极老龄化重要方面的康养产业发展越来越迅速。在政策方面，国家对于康养产业的发展越来越重视。2013 年 9 月 13 日，国务院下发《关于加快发展养老服务业的若干意见》（国发〔2013〕35 号）[②]，10 月 18 日发布《关于促进健康服务业发展的若干意见》（国发〔2013〕40 号）[③]，这两个文件针对养老、健康服务业的融资难、用地难、用人难和运营难等问题，提出了一系列扶持政策。"养老服务业""健康服务业"瞬间成为万众瞩目的朝阳产业。具有高度福利性、服务性和公益性的"养老事业"，转化为国家战略下的具有市场性的"养老服务业"和"健康服务业"。国务院各部委深入贯彻落实以上两个文件的精神，纷纷出台"产业扶持政策"，以养老产业、健康产业等为核心的"康养产业"，很快成为资本蜂拥的重点领域。传统房企开始转型发展康养地产，以泰康人寿、新华保险等为代表的保险企业也开始竞相拿地，逐鹿康养地产，规划建设各类"康养社区""康养小镇"。因此，在传媒和产业

---

① 何莽主编《康养蓝皮书：中国康养产业发展报告（2017）》，社会科学文献出版社，2017，第 2 页。

② 《关于加快发展养老服务业的若干意见》（国发〔2013〕35 号），中国政府网，https://www.gov.cn/zhengce/zhengceku/2013-09/13/content_7213.htm。

③ 《关于促进健康服务业发展的若干意见》（国发〔2013〕40 号），中国政府网，https://www.gov.cn/zhengce/zhengceku/2013-10/18/content_6067.htm。

的视域中，2013 年是开启"康养产业"历史的一年，是中国"养老产业政策""健康产业政策"元年，也就是中国的"养老元年""康养元年"。

2016 年，国家旅游局颁布了《国家康养旅游示范基地标准》，将康养旅游定义为"通过养颜健体、营养膳食、修身养性、关爱环境等各种手段，使人在身体、心智和精神上都达到自然和谐的优良状态的各种旅游活动的总和"。① 这是"康养旅游"首次以"行业标准"的形式亮相，也是国家首次基于康养资源供给的视角建设康养旅游示范基地。2016 年 9 月，国家旅游局根据此标准，认定"贵州赤水、江苏泰州中国医药城、黑龙江五大连池、河北以岭健康城、湖南灰汤温泉"为全国首批康养旅游示范基地。

国家层面对康养旅游的政策支持开始于"十三五"初期，国务院在 2016 年发布的《"健康中国 2030"规划纲要》中指出，应积极促进健康与养老、旅游、互联网、健身休闲、食品融合，催生健康新产业、新业态、新模式。② 此后，国家陆续出台政策文件鼓励发展康养产业。2017 年中共中央、国务院印发《关于深入推进农业供给侧结构性改革 加快培育农业农村发展新动能的若干意见》，在"壮大新产业新业态，拓展农业产业链价值链"部分，要求充分发挥乡村各类物质与非物质资源富集的独特优势，利用"旅游+""生态+"等模式，推进农业、林业与旅游、教育、文化、康养等产业深度融合，大力发展乡村休闲旅游产业；并要求"多渠道筹集建设资金，大力改善休闲农业、乡村旅游、森林康养公共服务设施条件"。③ 这是中央文件中第一次出现"康养产业"。2018 年 1 月，《中共中央 国务院关于实施乡村振兴战略的意见》提出，"构建农村一二三产业融合发展体系……实施休闲农业和乡村旅游精品工程，建设一批设施完备、功能多样的休闲观光园区、森林人家、康养基地、乡村民宿、特色小镇……积极开

---

① 《国家旅游局发布四大行标》，中国政府网，https：//www.gov.cn/xinwen/2016-01/09/content_5031695.htm。

② 《"健康中国 2030"规划纲要》，中国政府网，https：//www.gov.cn/gongbao/content/2016/content_5133024.htm。

③ 《中共中央 国务院关于深入推进农业供给侧结构性改革 加快培育农业农村发展新动能的若干意见》，中国政府网，https：//www.gov.cn/zhengce/2017-02/05/content_5165626.htm。

发观光农业、游憩休闲、健康养生、生态教育等服务"。① "康养基地"和
"健康养生服务"走进了中央文件。这是中央文件中第一次出现"康养基地",
支撑"健康养生服务业"的发展。2019 年 10 月,《中共中央关于坚持和完
善中国特色社会主义制度 推进国家治理体系和治理能力现代化若干重大问
题的决定》在"坚持和完善统筹城乡的民生保障制度,满足人民日益增长
的美好生活需要"中部署:坚持关注生命全周期、健康全过程,完善国民
健康政策,让广大人民群众享有公平可及、系统连续的健康服务。积极应
对人口老龄化,加快建设居家社区机构相协调、医养康养相结合的养老服
务体系。② 这是中央文件中第一次出现"医养康养相结合",把"康养"系
统化地推进为国家战略。2021 年 4 月,文化和旅游部发布的《"十四五"文
化和旅游发展规划》明确提出"发展康养旅游,推动国家康养旅游示范基
地建设",这有力地促进了中国康养旅游的产业布局。③ 2022 年 2 月,国务
院发布的《"十四五"国家老龄事业发展和养老服务体系规划》明确提出,
促进养老和旅游融合发展,引导各类旅游景区、度假区加强适老化建设和
改造,建设康养旅游基地。④ 这一政策的提出,为康养旅游基地的建设发展
奠定了基础。2022 年 8 月,中共中央办公厅和国务院办公厅联合发布的
《"十四五"文化发展规划》提出,推动旅游与现代生产生活有机结合,加
快发展度假休闲旅游、康养旅游、研学实践活动等。⑤ 2023 年 2 月,中共中
央、国务院印发的《质量强国建设纲要》提出,提升旅游管理和服务水平,
规范旅游市场秩序,改善旅游消费体验,打造乡村旅游、康养旅游、红色

---

① 《中共中央 国务院关于实施乡村振兴战略的意见》,中国政府网,https://www.gov.cn/
zhengce/2018-02/04/content_5263807.htm。
② 《中共中央关于坚持和完善中国特色社会主义制度 推进国家治理体系和治理能力现代化若
干重大问题的决定》,中国政府网,https://www.gov.cn/zhengce/2019-11/05/content_
5449023.htm? eqid=82d2cc60000e6af20000000664842f79。
③ 《"十四五"文化和旅游发展规划》,中国政府网,https://www.gov.cn/zhengce/zhengceku/
2021-06/03/content_5615106.htm。
④ 《"十四五"国家老龄事业发展和养老服务体系规划》,中国政府网,https://www.gov.cn/
zhengce/content/2022-02/21/content_5674844.htm。
⑤ 《"十四五"文化发展规划》,中国政府网,https://www.gov.cn/zhengce/2022-08/16/con-
tent_5705612.htm。

旅游等精品项目。在健康、养老、文化、旅游、体育等生活性服务领域，开展质量满意度提升行动。① 这些政策推动了康养旅游的高质量发展与创新升级。

（二）地方各级政府积极推动康养旅游发展

康养旅游是以乡村振兴战略与健康中国战略为背景，将劳作、文化、振兴、旅游、健康产业等相互融合发展的业态模式。康养旅游在城乡社会经济均衡发展、拓宽旅游业内容与深度空间等方面具有推动作用。过去十年，中国康养产业在需求与政策"双轮"驱动之下，实现了从无到有、从少到多、从量到质、从弱到强的历史性、跨越式发展，经历了从单一业态到多元业态的发展，在短时间内完成了产业化的全方位布局。但是，面对市场日益增长、不断变化的康养需求，产业"质"与"量"的新问题与痛点也不断出现。康养旅游实践的高质量发展与理论的创新需要政府的积极统筹以及社会的主动参与。

政府在推动康养产业发展中，既要尽力而为，又要量力而行，重点做好政策引导、兜底保障和市场监管工作，从而推动康养旅游的协同发展与理论创新。② "十四五"以来，康养旅游产业的政策支持力度更是达到高峰，2021年4月，文化和旅游部发布的《"十四五"文化和旅游发展规划》明确提出"发展康养旅游，推动国家康养旅游示范基地建设"，这无疑为各地布局康养旅游产业发展再添一把柴。例如，江西省赣州市政府印发的《赣州市旅游产业高质量发展三年行动计划（2021—2035年）》明确指出，加快将赣州建设成为红色旅游一线城市、粤港澳大湾区生态康养旅游后花园、区域性文化旅游中心。③ 云南省人民政府印发了《云南省"十四五"健康服务业发展规划》，指出要全力建设区域医疗中心，加快打造医疗发展高地，

---

① 《中共中央 国务院印发〈质量强国建设纲要〉》，中国政府网，https://www.gov.cn/zhengce/2023-02/06/content_5740407.htm? eqid=fcdfe911000e682800000004645d9bb7。

② 张广海、董跃蕾：《中国康养旅游政策演化态势及效果评估》，《资源开发与市场》2022年第12期。

③ 《赣州市旅游产业高质量发展三年行动计划（2021—2035年）》，赣州市人民政府网，https://www.ganzhou.gov.cn/zfxxgk/c100441v/202112/7e0895154acb449a8ec6e669998b9eaf.shtml。

深入推进优质医疗卫生资源优化整合，着力提升跨境医疗健康服务辐射能力，发展高端健康体检和健康管理服务，推动中医药健康服务多业态融合发展，建设国际一流高原特色运动康体目的地，打造呼吸疗养、温泉疗护、森林康养胜地等。① 2018 年 10 月，河北省人民政府办公厅印发《关于大力推进康养产业发展的意见》，坚持以人民为中心的发展理念，加快建设康养产业体系，促进医、养、旅、居、文、体等相关产业融合，不断提升康养产品质量和水平，更好满足广大人民群众多层次、多样化的健康服务需求，为建设新时代经济强省、美丽河北提供有力支撑。② 2019 年 1 月，青海省人民政府办公厅印发《青海省扶持和促进中藏医药发展若干措施》，发展以中藏医药文化传播和体验为主题，融中藏医药文化、康复、养生、中藏药药用植物科学考察及旅游于一体的中藏医药健康旅游。③ 2022 年 3 月，黑龙江省人民政府在《关于印发黑龙江省冰雪经济发展规划（2022—2030 年）的通知》中提出，突出五大连池世界三大冷矿泉的唯一性和火山地质地貌优势，开发依托冷泉和浴泥的中医药养生保健项目，将冰雪同"火山与温泉"结合，发展冰雪旅游产品和康养旅游项目，打造中国"冰火"旅游目的地。④ 2021 年 10 月，宁夏回族自治区在《宁夏回族自治区文化和旅游发展"十四五"规划》中提出，以沙坡头景区为核心，促进片区休闲度假旅游、康养旅游、生态旅游全面提升。⑤ 2023 年 9 月，湖北省人民政府办公厅印发《湖北省中医药振兴发展重大工程实施方案》，支持恩施州、神农架林区等

---

① 《云南省"十四五"健康服务业发展规划》，云南省人民政府网，https://www.yn.gov.cn/zwgk/zfxxgkpt/fdzdgknr/zcwj/zfxxgkptzxwj/202203/t20220310_238296.html。

② 《河北省人民政府办公厅关于大力推进康养产业发展的意见》（冀政办字〔2018〕160 号），河北省人民政府网站，https://www.hebei.gov.cn/columns/43784c65 - 9d21 - 4660 - b1c4 - cf454327019c/202309/06/612b46a4-f596-4e18-887c-c9261d9331f8.html。

③ 《青海省人民政府办公厅关于印发青海省扶持和促进中藏医药发展若干措施的通知》（青政办〔2019〕2 号），青海省人民政府网站，http://www.qinghai.gov.cn/xxgk/xxgk/fd/zfwj/201901/t20190117_32751.html。

④ 《黑龙江省人民政府关于印发黑龙江省冰雪经济发展规划（2022—2030 年）的通知》，黑龙江省人民政府网站，https://www.hlj.gov.cn/hlj/c108376/202203/c00_31185933.shtml。

⑤ 《自治区人民政府办公厅关于印发宁夏回族自治区文化和旅游发展"十四五"规划的通知》（宁政办发〔2021〕63 号），宁夏回族自治区人民政府网站，https://www.nx.gov.cn/zwgk/qzfwj/202110/t20211009_3076385_wap.html。

地建设 10 家中医药特色健康旅游基地、森林康养基地。[①]

尽管我国各省份开始逐步出台政策，推动当地康养旅游发展，但由于目前康养旅游行业的规模体量较小，发展处于初期阶段。因此，从政策层面来看，很少有地方政府专门针对康养旅游行业出台相关政策，更多的是将康养旅游政策与养老服务相关政策相结合。

二　市场背景

（一）进行供给侧改革，适应康养旅游高质量发展

国家越来越重视康养市场与康养产业的发展，着力解决我国老龄化不断加剧的社会民生问题。国家统计局发布的 2023 年中国经济数据显示，2023 年末全国人口 14.0967 亿人，比上年末减少 208 万人。60 岁及以上人口 2.9697 亿人，占全国人口的 21.1%，其中 65 岁及以上人口 2.1676 亿人，占全国人口的 15.4%。[②] 随着人口老龄化趋势的加剧，养老和康养服务市场越发火热。在政策环境走向多维融合、健康需求焕新的背景下，康养旅游受众不再局限于老龄人群，亚健康人群成为康养旅游主要的市场受众。随着社会经济的发展和人民收入水平的提高，人们的旅游需求变得多样化。过去，人们更注重旅游的娱乐和消遣功能，而现在越来越多的人将旅游视作一种康复身心的方式。特别是久坐办公室、过度工作和生活压力大的城市居民，更需要通过康养旅游来调节身心健康，使自己远离疾病和压力。另外，康养旅游的需求主体还包括追求高品质生活的健康人群。在此背景下，康养旅游不仅仅是文旅融合高质量发展的产物，更是积极老龄化的重要途径。康养旅游作为一个新兴的产业体系，其快速发展的进程中，不可避免地存在产业结构不完整、体制机制不健全、市场秩序不规范、发展模式不完善、设施供给不充足等问题。因此，探索供给侧发展模式，促进供

---

① 《省人民政府办公厅关于印发湖北省中医药振兴发展重大工程实施方案的通知》（鄂政办发〔2023〕31 号），湖北省人民政府网站，https://www.hubei.gov.cn/zfwj/ezbf/202309/t20230908_4831079.shtml。

② 《2023 年国民经济回升向好 高质量发展扎实推进》，中国政府网，https://www.gov.cn/lianbo/bumen/202401/content_6926483.htm。

给端的改革，从重视增加康养旅游产品数量转变为关注提升康养旅游产品质量，才是推动积极老龄化政策落实、满足人民对美好生活需要的必要途径。

旅游与康养的相互赋能促进了大健康产业的发展，包括康养产业、医药产业、医疗产业和保健品产业等。同时，它也带动了我国不同区域的田园综合体、文旅小镇、康养小镇等康养和旅游产业融合模式的发展与升级，并向不同客群提供更加多元、更加丰富的大众健康消费产品和服务，成为我国 GDP 的重要载体。[①] 通过"森林+康养""温泉+康养"旅游发展模式，南京汤山依托"涵田度假村"品牌，创新升级一站体验式温泉康养休闲综合体——汤山涵田·春之谷。武当山太极湖生态文化旅游区依托武当山的道教文化和良好的生态环境发展养生养老、健康度假产业。依托古建筑、传统工艺、民俗活动等文化资源，使康养旅游更具特色与魅力，能够满足游客对身心修复的需求；依托温泉疗法、养生食疗、中医草药疗法以及如瑜伽、太极、SPA 等医疗服务，增强旅游体验，能够有效促进人们的身体健康。

"康养+旅游"的产业跨界融合发展模式涉及面广，需要重视康养旅游供给端与多样化发展的需求端之间的相互适应，采取措施、整合资源，为提高康养旅游产业质量和发展效率提供机遇；抓住发展政策红利，培育康养旅游发展优势；坚持长期主义，在运营能力上下功夫；坚持可持续发展战略，在慢回报的产业中坚持长期努力、稳健发展。[②]

（二）进行需求端引导，推动康养旅游高质量发展

从市场角度着眼，康养旅游作为新兴产业能够迅速发展离不开市场因素的催化。健康与养老需求的急速上升和市场供不应求的现状，以及健康政策红利送出，为康养旅游产业带来了极佳的发展机遇。伴随国家经济持续、快速、健康发展，人民群众生活质量日益改善，消费水平不断提高。

---

① 杨红英、杨舒然：《融合与跨界：康养旅游产业赋能模式研究》，《思想战线》2020 年第 6 期。

② 姚春苏：《〈2022 中国养老与康养产业发展报告〉解读》，《城市开发》2022 年第 8 期。

尤其是在全面建成小康社会后，人民对美好生活的需求日益突出，特别是在文化、健康、旅游休闲等方面，继而促进了康养旅游的进一步发展。许多老年人更愿意通过旅行来获得康复和养生效果。养老度假村、温泉疗养地以及养生中心等康养旅游设施应运而生，满足了老年人的康体需求。新冠疫情的暴发，促进康养旅游在朝"大健康"与"大养生"纵向融合的同时，也向智慧健康、生活方式等领域横向延伸。人们对健康和长寿的追求，推动了康养旅游市场的发展。随着医疗和养生知识的普及，人们开始更关注自身的健康状况，并采取积极措施预防疾病和延缓衰老。康养旅游提供了综合性的健康管理服务，包括营养饮食、体育锻炼、自然疗法和心理疏导等，满足人们对健康的需求。随着人们对健康生活的重视，"大健康"产业正快速迈入新一轮的增长。作为把旅游业和"大健康"产业结合的新兴产业，康养旅游拥有巨大的市场潜力，是发展空间巨大的蓝海。在"健康中国"正式成为中国发展的核心理念下，健康产业已经成为新常态下服务产业发展的重要引擎。康养旅游行业成为一个高速发展的朝阳产业。在这种形势下，发展康养旅游，顺应了健康服务业发展的大趋势，蕴含着广阔的市场空间。

从需求端来看，基于健康中国发展战略背景，自党的十九届五中全会将积极应对人口老龄化视作国家战略以来，康养旅游迅速成为我国实现健康中国远景目标、提高人民幸福指数、积极应对我国人口老龄化的重要途径。在此背景下，大众对于康养旅游的发展需求更加多样化和品质化，《国家康养旅游示范基地标准》《"健康中国 2030"规划纲要》等行业标准和规划文件相继出台，提出要积极促进健康与养老、旅游、互联网、健身休闲、食品融合，催生健康新产业、新业态、新模式。[①] 民众的知识水平及消费能力不断提升，同质化、快餐化的康养旅游已不能满足大众化、多元化、多层次的康养旅游需求，民众需要私人定制式的、个性化的、具有文化内涵

---

① 徐虹、于海波：《大健康时代旅游康养福祉与旅游康养产业创新》，《旅游学刊》2022 年第 3 期。

的康养旅游产品与服务。① 因此，康养旅游的高质量发展必须从需求侧积极引导，从供给端发力，加快智慧化赋能，提升康养旅游产品与服务的品质化、多元化，并制定相应的康养旅游产品营销策略，从而促进康养旅游高质量健康发展。

综上所述，在康养旅游高质量发展过程中，必须积极主动适应市场需求变化、不断更新康养旅游服务及产品，以满足多样化的市场需求；不断加强智慧化赋能，坚持可持续发展理念，构建供需适配的动态发展机制，从而实现康养旅游从理论到实践的可持续性创新发展。

三　实践背景

康养旅游是全生命周期健康产业链的一环，发展康养旅游应具备全生命周期理念。除老龄人群外，婴幼儿、青少年、中年人等群体也有康养需求；康养不只是身体层面的养护，还包括心灵的放松、情绪的调节、精神的陶冶等。目前，康养旅游行业正迅速发展。全国旅游标准化技术委员会2022年5月发布的《康养旅游机构服务指南（征求意见稿）》编制说明显示②，2015年康养旅游的交易规模约为400亿元，2018年市场规模达到691亿元，2019年市场规模将近830亿元，2015~2019年的复合增速高达20%。受疫情影响，2020年人们出行率下降，旅游行业整体运行情况不佳，旅游行业收入规模大幅下降。经初步统计，2020年中国康养旅游市场规模小幅下降至813亿元，2021年因疫情逐步好转，行业恢复增长，中国康养旅游市场规模接近900亿元。《"健康中国2030"规划纲要》定下明确目标：到2030年健康服务业总规模实现16万亿元。康养旅游已经成为我国各级政府部门的重要发展方向。国家旅游局也通过打造中国康养旅游示范基地，来逐步规范康养旅游的发展。2017年9月13日，"推进健康旅游示范基地建

---

① 王伟杰：《智慧康养旅游产业高质量发展的理论逻辑与实践探索——以贵州智慧康养旅游产业发展为例》，《理论月刊》2022年第12期。
② 《康养旅游蓝海，"候鸟老人"又回来了》，新浪财经头条，https://cj.sina.com.cn/articles/view/3903034300/e8a393bc00101at75。

设工作座谈会"在京召开，国家卫生计生委公布了首批健康旅游示范基地名单，分别是：天津健康产业园、河北秦皇岛市北戴河、上海新虹桥国际医学中心、江苏泰州市姜堰区、浙江舟山群岛新区、安徽池州市九华山、福建平潭综合实验区、山东青岛崂山湾国际生态健康城、广东广州南沙新区、广西桂林市、海南三亚市、海南博鳌乐城国际医疗旅游先行区、贵州遵义市桃花江。[①] 我国健康养生休闲产业也在近年内急速升温，目前，各地争相打造健康养生度假旅游目的地。

综上所述，在康养旅游的高质量发展过程中，应当积极做到资源整合与市场整合，以顺应康养消费新形势；也应该注意到，随着文旅智慧化的发展，"智慧+康养"成为未来康养旅游发展的新趋势，科技对康养旅游的支撑和促进作用不容忽视。5G、数字医疗、人工智能、大数据等新技术的应用，促进医疗技术和旅游服务双发展，为康养旅游带来更多创新空间。

四　学术背景

20世纪80年代，随着经济社会发展水平的提高，康养旅游应运而生，在人们追求更加品质化、多样化的旅游以及健康体验情境下，形成旅游产品。随着旅游的快速发展与积极老龄化研究逐渐深入，康养旅游成为研究创新文旅融合发展模式、提高积极老龄化水平避不开的重点发展产业领域。随着康养旅游地位的凸显，学术界对其的研究逐渐兴盛。国外学者对康养旅游的研究从20世纪80年代开始，相比于国外研究，国内对于康养旅游的研究开始比较晚。进入21世纪以来，国内对于康养旅游的研究才逐渐步入正轨。随着对康养旅游及其相关发展的研究逐渐深入，学者们认为健康旅游可以从两个角度来看：一是治疗角度，主要与医疗旅游相关，包括治疗和治愈疾病；二是休闲视角，主要是康养旅游，注重放松、休闲和逃避常规

---

① 《关于首批健康旅游示范基地名单的公示》，中国政府网，http://www.nhc.gov.cn/guihua-xxs/s7824k/201706/137049e5f683438eb4748a6ed4bbf4aa. shtml。

等。① 总体而言，大多数学者认同，健康和康养都以追求身心健康为诉求；健康及康养不只是远离疾病，更重要的是身心统一与外在和谐，康养是健康最好的状态。②

对于康养旅游的研究，学术界有三种观点。第一种是需求说，从参与者需求出发，研究旅游者与康养旅游行为，这种观点认为康养旅游是基于游客特殊需求的一种旅游形式，健康人群积极主动保持或提高他们的健康水平。③ 康养旅游产品的开发大多依据马斯洛需求层次理论，认为康养旅游要有针对性地开发不同类型的产品，满足不同的需求。第二种是目的说，认为康养旅游是人们有意识地积极参与活动中各种社会关系和现象的总和。④ 国外对康养目的地及个案的研究相对成熟。相比于国外研究，国内的康养旅游研究多从康养旅游的供给方出发，偏向康养旅游的资源、产品发展模式等内容。有学者指出康养的研究跨越多个学科。第三种观点是结果说，即康养旅游是达到幸福的专项度假旅游形式。⑤ 常见的且较为传统的康养旅游产品有温泉浴、森林浴、日光浴等。近年来，一些复合业态康养旅游产品广受市场青睐，如"森林+康养""体育+康养"等产品。

康养是文旅融合发展的载体，旅游是康养发展的形式。随着社会需求的变化，文旅 4.0 时代加速了康养产业与旅游产业的融合与创新，人们的旅游观逐渐从粗放低效旅游向精细高效旅游转变，从封闭的旅游自循环向开放的"旅游+"融合发展方式转变，"旅游+康养"在广度和深度方面融合进一步发展，因此康养旅游进入"旅游+康养+文化+定制生活"的新时代。⑥ 依托旅游发展康养，不仅能丰富文旅融合发展形式，而且能提升我国

① Voigt C., Brown G., Howat G., "Wellness tourists: In search of transformation", *Tourism Review*, Vol. 66, No. 1/2, 2011.
② 陈纯：《国内外康养旅游研究综述》，《攀枝花学院学报》2019 年第 4 期。
③ 陈纯：《国内外康养旅游研究综述》，《攀枝花学院学报》2019 年第 4 期。
④ Stănciulescu G. C., Diaconescu G. N., Diaconescu D. M., "Health, spa, wellness tourism. What is the difference?" *Knowledge Horizons-Economics*, Vol. 7, No. 3, 2015.
⑤ 任宣羽：《康养旅游：内涵解析与发展路径》，《旅游学刊》2016 年第 11 期。
⑥ 孟香香、刘德亚、刘姣：《文旅 4.0 时代休闲康养与文化旅游产业融合发展路径探析》，《职大学报》2020 年第 4 期。

积极老龄化水平；以康养为目的，推动文旅融合发展，有利于满足人们对美好生活的需求，贯彻落实健康中国发展战略。

第二节　研究意义

党的十九大报告指出，经过长期努力，中国特色社会主义进入了新时代，这是我国发展新的历史方位。我国社会主要矛盾已经转化为人民日益增长的美好生活需要和不平衡不充分的发展之间的矛盾。康养旅游是促进我国积极老龄化的有效途径，也是提高旅游发展质量的重要方式。因此，了解并熟悉康养旅游研究的意义，对于康养旅游理论向实践转化，促进康养旅游可持续发展具有重要作用。

一　理论意义

（一）丰富康养旅游理论体系

在康养旅游的发展中，理论研究滞后于实践，开发建设中能参考的相关理论依据也较为缺乏。康养旅游是一种将康养与旅游结合的新兴产业，通过对康养旅游相关理论以及具体实践进行研究梳理，有利于丰富康养旅游理论体系。传统旅游主要关注旅行者在旅游目的地的消遣和娱乐，而康养旅游则更加注重提升个体的身心健康水平。本书梳理了康养旅游的概念体系，阐释了康养旅游供给体系、需求行为、产品开发、产业发展、营销推广和推进机制，剖析了康养旅游发展的典型案例，对康养旅游理论研究和实践探索进行了更加深入和全面的解读。

（二）引导康养旅游开发方向

康养旅游是一种结合了养生、休闲和旅游的新型旅游形式。对康养旅游理论与实践的研究，可以为康养旅游的开发提供方向和指导。深入研究康养旅游的概念和内涵，可以明确康养旅游的核心理念和目标，这有助于开发者在实践中更好地理解康养旅游的要求，并在设计过程中注重满足游客的需求。同时，研究康养旅游的供给体系、消费特征、发展趋势，对开

发者来说是至关重要的。康养旅游市场调研和消费行为研究，可以为开发者提供市场定位、产品设计和推广策略等方面的依据。通过对康养旅游具体实践的研究，对其案例进行解析，找出其发展经验与不足，不仅能实现康养旅游的可持续发展，而且能帮助开发者制定可持续发展的策略和措施，确保康养旅游能够稳定推进。

（三）阐释康养旅游发展机理

本书基于康养旅游的政策背景、市场背景、实践背景和学术背景，结合产业融合理论、体验经济理论，可持续发展理论和需要层次理论等，辨析康养旅游的概念体系和理论基础。阐释康养旅游的内涵特征、发展历程、供给体系、需求行为、产品开发、产业发展、营销推广和推进机制，全方位解析康养旅游的供需系统、关键要素、发展战略，提炼梳理康养旅游发展的典型模式，描述康养旅游产业发展的优化路径，并结合具体实践，从康养旅游推动人与自然和谐共生、引领乡村产业振兴产业发展、促进身心健康全面发展、促进旅游市场结构变革等方面，梳理了相关理论，分析了典型案例。

（四）完善康养旅游推进机制

通过分析康养旅游的推进机制，为康养旅游政策落实提供基于实践效果的理论支撑。结合宏观尺度和微观地域康养旅游发展实践中的问题诊断，以探索康养旅游效益最大化为目标，从客源地系统、目的地系统、出行系统、支持系统等方面构建康养旅游系统，提出康养旅游战略的流程制定与实施步骤，在政策需求、管理创新、利益驱动、科技推动等方面，提出康养旅游高质量发展的推进机制以及可推广模式及路径，用以指导各地康养旅游的发展实践，以推动康养旅游产业的良性循环和持续增长。

二　实践意义

（一）促进康养旅游产业发展体系构建

随着人们对健康和幸福感的重视不断提高，康养旅游作为一种发展快速的旅游形式，在各国得到了广泛关注。深入研究康养旅游的理论，可以为旅游从业者提供有关目标市场、产品设计、推广策略和服务质量等方面的指导，以满足不同人群的需求，进一步推动旅游行业的发展。首先，可以制定科学合理的产业发展规划。通过深入研究康养旅游市场需求和发展趋势，建立健全的康养旅游产业体系，提高产业的整体效益和竞争力。其次，能够促进生产流通链条的完善。在康养旅游产业链中，不仅包括旅游景区的建设和经营，还包括与之相关的餐饮、住宿、娱乐等配套设施的建设和运营。再次，可以提高产品的质量和服务水平。通过深入研究康养旅游需求和消费行为，优化生产流程和供应链管理，确保产品从生产到消费的流通顺畅。康养旅游的特点是需要有便捷的交通工具和完善的物流供应链来支撑，从而方便游客的出行和消费。最后，可以提供准确的市场信息和消费趋势。通过深入研究康养旅游市场的需求和消费行为，有助于企业制定决策和投资评价。同时，也可以引导消费者进行理性消费，提高康养旅游消费的效益和满意度。康养旅游产业涉及多个环节和参与方，通过研究康养旅游理论和实践，可以推动供应链各环节之间的信息共享和资源整合，提高供应链的效率和灵活性，实现产业各个环节的协同发展。

（二）促进康养旅游产业发展路径创新

研究康养旅游理论和实践对于促进康养旅游产业发展路径的创新是至关重要的。可以推动康养旅游产业发展的创新，为人们提供更加优质的康养旅游体验。首先，可以推动康养旅游新产业的发展。康养旅游逐渐成为一个新兴的产业领域。通过深入研究康养旅游理论，探索康养旅游的核心价值和特点，可以激发创业者的灵感，推动康养旅游新产业的形成，形成康养旅游产业的新产业链。其次，可以促进康养旅游产品服务创新。康养旅游产业需要以人为中心，提供个性化、专业化的产品和服务。通过研究康养旅游理论，可以根据人们的不同需求和偏好，开发出更加多样化和创新性的康养旅游产品和服务，满足不同消费群体的需求。再次，可以提升康养旅游质量体验。通过研究康养旅游理论，可以探索如何利用新技术，如人工智能、大数据、虚拟现实等，创造全新的康养旅游体验方式，推动康养旅游产业的升级和转型。最后，可以促进康养旅游产业形态创新。随着人们对康养旅游的需求逐渐扩大，康养旅游产业也呈现多样化和多元化的发展趋势。通过研究康养旅游理论，可以发现新的康养旅游业态，如康养度假村、养生农庄、康养体验中心等，推动康养旅游产业发展的多元化和综合化。

（三）促进康养旅游产业发展结构优化

康养旅游是一种以提高身心健康为目的的旅游形式，旨在通过旅游活动促进个体身心的恢复和发展。对康养旅游理论与实践的研究，可以深入认识康养旅游发展规律，并提高其发展质量。首先，了解康养旅游市场需求与供给关系。康养旅游的发展需要有市场需求作为支撑。通过对市场需求的研究，可以了解消费者对康养旅游产品的需求特点、偏好和消费行为等方面的信息，还可以对康养旅游产品的供给情况进行深入研究，了解康养旅游业的发展现状以及供给能力的限制和瓶颈，进而为康养旅游的规划和发展提供有效的参考依据。同时，推动康养旅游从以传统的休闲娱乐为主转向关注人们的身心健康，从而满足市场需求，推动康养旅游产业的结构优化。其次，认识康养旅游发展模式与运营机制。康养旅游是一种与传统旅游不同的旅游形式，其发展模式和运营机制也有其独特之处。通过对康养旅游的研究，可以了解康养旅游的各个环节和要素，包括旅游目的地的选择、康养旅游产品的设计与开发、旅游服务的提供与管理等方面。此外，还可以发现供给中存在的问题和不足，例如产品质量、服务水平、营销策略等方面的改进。通过改进供给的质量和服务水平，可以提升康养旅游产品的竞争力和市场占有率，从而推动康养旅游产业的结构优化。通过研究康养旅游成功案例和经验，可以借鉴和参考它们的发展模式和运营机制，实现市场需求与供给的良性互动，进而为我国康养旅游的发展提供创新和改进的思路。

（四）促进康养旅游产业发展质量提升

康养旅游将休闲养生、医疗与旅游相结合，是一种新兴的旅游模式和康养模式。通过对其相关理论的梳理以及对具体实践进行案例解析，不仅丰富了旅游发展的相关理论研究，而且丰富了其实践基础，从而促进了康养旅游的全面发展。通过对康养旅游的概念、特点、发展模式、效益评估等方面进行深入研究，描述其发展历程，了解其演变机制与发展趋势，可以为康养旅游实践提供理论指导。理论的建立和完善能够指导康养旅游企业和从业人员，在产品设计、服务标准、市场推广等方面进行科学决策，从而提高康养旅游的质量和效益。对康养旅游需求特征的研究，不仅可以发现旅游产品和服务的潜在需求，还能创造出符合市场需求的新产品和服务。对康养旅游发展的具体案例进行剖析，研究其主要做法、特色亮点，能为康养旅游发展的休闲、养生、娱乐、经济等价值，提供案例说明与资料佐证。供给、需求、发展等方面康养旅游理论与实践的全面研究，可以促进康养旅游产业的高质量发展。

第三节　研究综述

近年来，国家大力提倡发展康养旅游，相继出台了多个相关性政策文件。受政策引导，各地康养旅游迅猛发展，成为现代旅游业发展中新的关注点。随着康养旅游的快速发展以及康养旅游实践的不断推进，国内外掀起了对康养旅游的研究热潮。学术期刊对于研究相关内容的作用是不可替代的，对于推动学术研究的发展和促进学术交流具有重要的意义。根据对现有康养旅游研究文献的梳理，分析康养旅游研究的脉络、内容、趋势，为后文做理论铺垫。

一　国内康养旅游研究综述

（一）国内文献统计

国内文献数据来源于中国知网学术期刊库（CNKI）。以"文旅融合"为主题在知网中进行检索，共搜索论文 1893 篇（截至 2023 年 12 月 1 日），其中学术期刊论文 1148 篇，学位论文 254 篇，会议论文 44 篇。学位论文中博士论文 2 篇，硕士论文 252 篇。相关博士论文有 2019 年广州中医药大学张杰的《广东省森林养生旅游开发研究》和 2021 年中南财经政法大学黄志晓的《贵州森林康养旅游产业竞争力研究》，二者从不同视角研究了森林康养旅游的发展。学术期刊论文中，核心期刊论文 123 篇。根据搜索结果，对学术期刊论文相关研究主题进行统计（见图 1-1），发现排名前十的主题依次为康养旅游、森林康养、康养旅游产业、康养产业、森林康养旅游、乡村振兴、发展路径、康养旅游政策、高质量发展、乡村康养旅游。

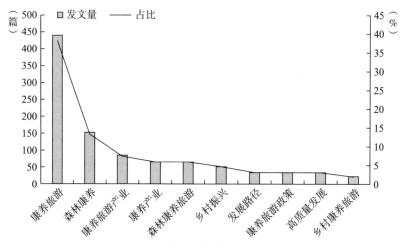

图 1-1 期刊主题发文量及占比

根据学术期刊文献搜索结果，对文献被引频次按从高到低进行排序，得出被引期刊前十名的文章（见表 1-1）。内容涉及：康养旅游内涵解析与发展路径、森林康养产品类型和发展路径、康养旅游特色小镇建设、生态旅游产业与健康产业的融合发展、森林康养旅游开发潜力评价、区域性特色小镇康养旅游模式、海南国际旅游岛康养游等方面。

表 1-1 国内康养旅游研究被引量前十

排名	作者	年份	题目	期刊	被引量合计（次）
1	任宣羽	2016	《康养旅游：内涵解析与发展路径》	《旅游学刊》	369
2	吴后建、但新球、刘世好等	2018	《森林康养：概念内涵、产品类型和发展路径》	《生态学杂志》	279

续表

排名	作者	年份	题目	期刊	被引量合计（次）
3	丛丽、张玉钧	2016	《对森林康养旅游科学性研究的思考》	《旅游学刊》	264
4	何莽	2017	《基于需求导向的康养旅游特色小镇建设研究》	《北京联合大学学报》（人文社会科学版）	216
5	金媛媛、王淑芳	2020	《乡村振兴战略背景下生态旅游产业与健康产业的融合发展研究》	《生态经济》	178
6	李济任、许东	2018	《森林康养旅游评价指标体系构建研究》	《林业经济》	151
7	李济任、许东	2018	《基于 AHP 与模糊综合评价法的森林康养旅游开发潜力评价——以辽东山区为例》	《中国农业资源与区划》	143
8	刘拓、何铭涛	2017	《发展森林康养产业是实行供给侧结构性改革的必然结果》	《林业经济》	139
9	谢晓红、郭倩、吴玉鸣	2018	《我国区域性特色小镇康养旅游模式探究》	《生态经济》	130
10	王赵	2009	《国际旅游岛：海南要开好康养游这个"方子"》	《今日海南》	120

（二）研究主题分析

关键词涉及文章主题和内容的重要词语。本研究使用 CiteSpace 6.2.R6 软件对康养旅游相关文献关键词进行了可视化分析，并生成了关键词共现图谱（见图 1-2）。根据关键词共现图谱综合来看，康养旅游、森林康养、康养产业、乡村振兴、康养等关键词出现的频次最多，各节点连接密切，形成了紧密的关键词共现网络。这也说明，国内对康养旅游的相关研究以康养旅游为核心，以相关国家政策为导向，侧重于康养旅游实现形式与康养产业发展研究。

（三）国内研究进展

学术期刊的数量变化是评估某个领域发展的重要指标，通过对文献分布的统计，可以评价该领域所处的阶段，预测发展趋势和动态。为了了解

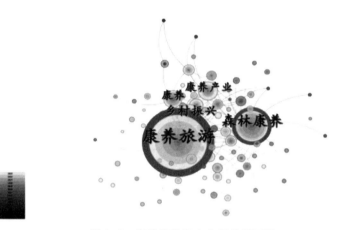

图1-2　康养旅游研究主题共现图谱

康养旅游相关研究的发展趋势，本书绘制了文献年度发表量的变化趋势图（见图1-3）。

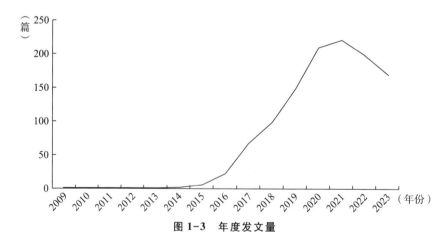

图1-3　年度发文量

结合年度发文量趋势图，可以了解到对康养旅游的研究大致可以分为三个阶段：萌芽阶段（2014年及以前）、发展阶段（2015~2021年）、深化阶段（2022年至今）。康养旅游在20世纪80年代已经出现，而我国对于康养旅游的研究最早在 2009 年，可以看出，我国对于康养旅游相关内容的研究起步晚。

1. 萌芽阶段

从年度文献发文量变化趋势图可以看出，在 2014 年及以前，我国学术界对于康养旅游相关内容的研究关注较少，仅在 2009 年和 2014 年分别发表文章一篇，该阶段处于康养旅游发展研究的萌芽阶段。该阶段我国的康养旅游以王赵在《今日海南》期刊上发表的《国际旅游岛：海南要开好康养游这个"方子"》为基础，以提升具体某城市的康养旅游建设为目的进行相关研究。① 此阶段的发展为后续康养旅游的发展奠定了基础，开拓了思路。

2. 发展阶段

从趋势图中可以清晰地看出，康养旅游相关研究发文量第一次明显增长出现在 2013~2014 年。由于 2013 年 9 月 13 日，国务院下发《关于加快发展养老服务业的若干意见》（国发〔2013〕35 号）②，10 月 18 日发布《关于促进健康服务业发展的若干意见》（国发〔2013〕40 号）③，直接针对养老、健康服务业的融资难、用地难、用人难和运营难等问题作出明确指示，"养老服务业""健康服务业"瞬间被时代浪潮推成了一个万众瞩目的朝阳产业。这也标志着随着生活水平的提高，人民需求的变化以及老龄化问题的逐渐凸显，国家从政策层面开始大力推动康养产业发展。同时，也引发了学术界的关注。这也表明我国对于康养旅游的相关研究是受到政策导向影响的。自 2015 年起，国家对康养产业以及康养旅游的发展不断重视，相继颁布一系列政策措施。因而，2015 年以后关于康养旅游的相关研究，总体呈现快速增长趋势。2018~2020 年，康养旅游发展最快，这是因为 2018 年中央文件中第一次出现"康养基地"，支撑"健康养生服务业"的发展，标

---

① 王赵：《国际旅游岛：海南要开好康养游这个"方子"》，《今日海南》2009 年第 12 期。

② 《关于加快发展养老服务业的若干意见》（国发〔2013〕35 号），中国政府网，https://www.gov.cn/zhengce/zhengceku/2013-09/13/content_7213.htm。

③ 《关于促进健康服务业发展的若干意见》（国发〔2013〕40 号），中国政府网，https://www.gov.cn/zhengce/zhengceku/2013-10/18/content_6067.htm。

志着"康养基地"和"健康养生服务"走进了中央文件。① 这是康养旅游发展过程中的一大跨越。自新冠疫情发生以来，国民健康意识日渐觉醒，安全责任感日益提高，相继出现林旅融合的森林康养、农旅融合的农业康养、体旅融合的运动康养、医旅融合的医疗康养、文旅融合的文化康养等发展路径。这一时期，康养旅游发展模式与实践不断丰富，康养旅游相关产业体系不断发展壮大。2022 年 2 月，国务院发布的《"十四五"国家老龄事业发展和养老服务体系规划》提出，促进养老和旅游融合发展，引导各类旅游景区、度假区加强适老化建设和改造，建设康养旅游基地。② 这一政策的提出，为康养旅游基地的建设发展奠定了基础。这一阶段，2021 年文献发表数量达到峰值为 221 篇（见图 1-3），这也掀起了学术界对康养旅游发展影响因素与融合体系的探索热潮，促使康养旅研究不断深入。

3. 深化阶段

2022 年 8 月，中共中央办公厅和国务院办公厅联合发布的《"十四五"文化发展规划》提出，推动旅游与现代生产生活有机结合，加快发展度假休闲旅游、康养旅游、研学实践活动等。③ 这标志着康养旅游及其相关产业的发展进入深化阶段，这一阶段，康养旅游的研究呈现多样化，智慧旅游、创新融合、全域旅游等相关概念的提出与实践，促进了康养旅游的创新性、多元化发展。2023 年 2 月，中共中央、国务院印发的《质量强国建设纲要》提出要打造乡村旅游、康养旅游、红色旅游等精品项目，这也推动了康养旅游的高质量发展与创新升级。④ 健康中国战略的提出，促使康养旅游的发展更加注重品质化与体验感。这一时期更加注重从需求端角度创新康养旅游实践路径，同时在研究中更加注重理论模型与研究方法的运用。

---

① 《中共中央 国务院关于实施乡村振兴战略的意见》，中国政府网，https://www.gov.cn/zhengce/2018-02/04/content_5263807.htm。
② 《"十四五"国家老龄事业发展和养老服务体系规划》，中国政府网，https://www.gov.cn/zhengce/content/2022-02/21/content_5674844.htm。
③ 《"十四五"文化发展规划》，中国政府网，https://www.gov.cn/zhengce/2022-08/16/content_5705612.htm。
④ 《中共中央 国务院印发〈质量强国建设纲要〉》，中国政府网，https://www.gov.cn/zhengce/2023-02/06/content_5740407.htm? eqid=fcdfe911000e682800000004645d9bb7。

（四）研究内容分析

1. 康养旅游概念内涵

"康养"这个词最早出现在《久藏深闺的木王国家森林公园》一文中，从字面上理解，"康养"和"养生"可以说是同源词，因此，通常可以将康养理解为健康养生、康复理疗以及养生养老等。① 通过查阅知网文献获悉，康养旅游的定义与内涵解释没有明确的统一的规定与标准。随着经济社会的发展，康养旅游的定义内涵也在不断发展。最早对"康养旅游"做出定义的学者是王赵，王赵认为康养旅游是"建立在自然生态环境、人文环境基础上，结合观赏、康体、游乐等方式，以达到强身健体、修身养性、医疗等目的的旅游活动"②，但是当时并未得到关注。在研究攀枝花盐边县康养旅游开发时，赖启航和孔凯认为康养旅游是在人口老龄化和"亚健康"现象日益普遍的背景下，提出的为了满足人们对健康养生的需求，借助良好的自然生态环境和丰富的养生文化，通过扩展旅游服务来开展的一种新兴的特色旅游活动，将养生融入旅游，让旅游与养生相互融合。③ 2016 年，国家旅游局把康养旅游定义为"通过养颜健体、营养膳食、修身养性、关爱环境等各种手段，使人在身体、心智和精神上都达到自然和谐的优良状态的各种旅游活动的总和"。④ 任宣羽认为，康养旅游是通过良好的气候条件，以旅游的方式促进游客身心健康，增强游客的快乐感，以实现幸福为目标的专门度假旅游活动。⑤ 徐红罡和王珂认为，康养旅游是康养旅游和养生旅游的综合体。⑥ 徐妍婷认为，康养旅游是一种全新的旅游方式，它以自然生态资源为基础，结合旅游观光、医疗保健和健康膳食等元素，为游客

---

① 刘丽勤：《久藏深闺的木王国家森林公园》，《陕西林业》2004 年第 4 期。

② 王赵：《国际旅游岛：海南要开好康养游这个"方子"》，《今日海南》2009 年第 12 期。

③ 赖启航、孔凯：《健康养生视角下盐边县康养旅游开发初探》，《攀枝花学院学报》2015 年第 4 期。

④ 《国家旅游局发布四大行标》，中国政府网，https://www.gov.cn/xinwen/2016-01/09/content_5031695.htm。

⑤ 任宣羽：《康养旅游：内涵解析与发展路径》，《旅游学刊》2016 年第 11 期。

⑥ 徐红罡、王珂：《康复性流动视角下的健康与养生旅游研究展望》，《旅游导刊》2018 年第 6 期。

提供独特的休闲度假场所。① 康养旅游有助于促进游客身心健康，同时也为游客提供医疗康复服务。

2. 康养旅游发展类型

中国学者在康养旅游产品开发研究中，通常会以某一特定地域为基础，从资源和旅游者等不同的角度进行研究，并进行产品开发。这些产品可以归为以下几种类型：生态养生康养旅游、医疗保健康养旅游、运动休闲康养旅游、休闲度假康养旅游和文化养生康养旅游。在生态养生康养旅游方面，高丹丹等学者以伊春市为例，并结合伊春的地理位置和环境情况，阐述了伊春发展森林旅游的重要意义②；杨红波分析了云南温泉康养旅游面临的一些问题，并针对云南温泉康养旅游产品提出开发及完善的措施③；皮鹏程等基于 SWOT-AHP 模型分析了恩施州森林康养旅游发展现状，为其可持续发展提出相应对策④。在医疗保健康养旅游方面，王景明和王景和首次提出了"中医药旅游"这一概念，认为中国中医药旅游凭借强大的资源优势和丰富的文化内涵，已经为其自身的发展打下了坚实的基础⑤；李天雪和蓝振兴提出了进一步将发展"旅游+"与中医药文化康养资源相结合的建议⑥；赵恒伯等对中医药与旅游相结合的中医药康养旅游产业发展模式和实现路径进行了探析⑦。中国学者对于运动休闲康养旅游的研究，主要着重于探究康养体育旅游产业发展的路径。在文化养生康养旅游方面，王永安等研究了在旅游规划中将康复景观与禅宗文化结合的实践意义，并以宜春市飞剑

① 徐妍婷：《基于需求导向的灵空山康养旅游特色小镇建设研究》，《山西农经》2020 年第 17 期。

② 高丹丹、刘鹏、李顺龙：《伊春市发展森林康养产业的潜力挖掘与品牌建设》，《东北林业大学学报》2017 年第 8 期。

③ 杨红波：《云南温泉康养旅游产品开发探析》，《经贸实践》2018 年第 13 期。

④ 皮鹏程、曾敏、黄长生等：《基于 SWOT-AHP 模型的恩施州森林康养旅游可持续发展研究》，《华中师范大学学报》（自然科学版）2022 年第 1 期。

⑤ 王景明、王景和：《对发展中医药旅游的思考与探索》，《经济问题探索》2000 年第 8 期。

⑥ 李天雪、蓝振兴：《"医养结合"背景下桂林康养旅游发展路径研究》，《桂林师范高等专科学校学报》2018 年第 4 期。

⑦ 赵恒伯、张彪、吴海波等：《中医药康养旅游产业发展模式与路径探析》，《企业经济》2022 年第 9 期。

潭旅游区为例，提出了规划设计理念，并论证了将康复景观与禅宗文化旅游相结合的可行性。[①]

3. 康养旅游发展模式

康养旅游发展模式不是单一的，而是融合的。国内学者关于康养旅游发展模式的研究较少。谢晓红等研究了东部、中部、西部典型康养旅游小镇，并展开了对乡村田园康养、阳光康养和森林康养等不同康养旅游发展模式的探索，提出康养旅游应该依托现有资源，实现多种模式的融合发展，以满足游客的多样需求。[②] 而李甜江等则根据云南省的资源和文化等优势，设计了十种典型的云南森林康养模式。[③] 总体来看，学者们关于康养模式的研究并不多，只是对于少数重视康养旅游发展的省份，如云南、四川、广西和浙江等，进行了研究。

4. 康养旅游研究方法

在康养旅游研究方法的使用方面，早期的学者们主要使用了 SWOT 分析法、归纳总结法和对比分析法等定性研究方法。薛群慧、马捷、何少琪等采用 SWOT 分析方法分别系统分析了浙江省、四川省和云南省的康养旅游发展状况，并提出了该地康养旅游发展的路径和对策。[④] 随着康养旅游研究内容的深入和研究对象的扩展，单纯的定性研究方法已经无法满足现有研究的需求，因此定性与定量相结合的研究方法逐渐成为康养旅游研究的主要方法。目前，许多学者将 SWOT 分析方法与层次分析法、模糊综合评价法相结合，以分析目的地康养旅游发展的状况或评估其发展潜力。宋娜等学者首次引入系统科学和数学算法、德尔菲法和 DEMATEL‐ISM‐MIC‐MAC 建构法，为构建康养旅游资源评价指标提供了新的途径，打破了以模

---

① 王永安、刘晓涵、李厚华等：《禅宗文化康养旅游景区规划设计研究——以宜春市飞剑潭景区为例》，《林业科技情报》2019 年第 3 期。

② 谢晓红、郭倩、吴玉鸣：《我国区域性特色小镇康养旅游模式探究》，《生态经济》2018 年第 9 期。

③ 李甜江、马建忠、王世超等：《云南森林康养典型模式研究》，《西部林业科学》2020 年第 3 期。

④ 赵敏、王丽华：《近十年国内康养旅游研究述评》，《攀枝花学院学报》（综合版）2019 年第 4 期。

糊评价和层次分析法为主的研究方法，在量化分析方面进行了丰富。[①] 此外，GIS 分析法也逐渐应用于康养旅游空间分布研究中，王兆峰等运用 GIS 分析法分析了中国康养旅游资源的空间分布特征和影响因素。[②]

综合国内康养旅游的发展来看，我国最先是开展实践探索，其次是理论发展，中国对康养旅游的理论研究还停留在概念的界定和分析阶段。目前的研究呈现出"重实践轻理论"的现象，理论研究深度不足，满足不了康养产业发展的需求。同时，受研究方法单一等因素的影响，康养旅游研究难以形成系统的理论体系。从研究内容来看，主要集中于发展现状的研究、产品开发潜力的分析、森林康养基地规划设计、案例研究、旅游资源产品等方面。而对文化养生康养旅游、休闲度假康养旅游、需求分析等方面的研究较少。在未来的研究中，可以丰富不同资源类型的产品研究，从需求侧来分析康养旅游者的需求，从而促进康养旅游业的综合发展。

二　国外康养旅游研究综述

（一）国外文献数量及主题统计

外文文献以"Wellness Tourism"以及"Wellness"为关键词进行搜索，在 CNKI 数据库中共找到外文学术期刊文献 701 篇。随着旅游产业与康养产业不断发展融合，国际上对于康养旅游的研究也存在一定热度。根据 CNKI 数据库外文期刊文献统计出相关主题发文量（见图 1-4）。统计发现外文文献学术期刊发文主题以 Health Tourism（健康旅游）、Medical Tourism（医疗旅游）、Wellness Tourism（康养旅游）等为主。

（二）国外研究进展

结合数据库文献数量进行年度发文量统计，可以评价该领域所处的阶段，预测发展趋势和动态。本书绘制了文献年度发表量的变化趋势图（见

①　宋娜、周旭瑶、唐亦博等：《基于 DEMATEL-ISM-MICMAC 法的康养旅游资源评价指标体系研究》，《生态经济》2020 年第 5 期。
②　王兆峰、史伟杰、苏昌贵：《中国康养旅游地空间分布格局及其影响因素》，《经济地理》2020 年第 11 期。

图 1-5），大致把国外研究发展分为三个阶段，即初级阶段（2006 年之前）、发展阶段（2006~2018 年）、深化阶段（2018 年至今）。

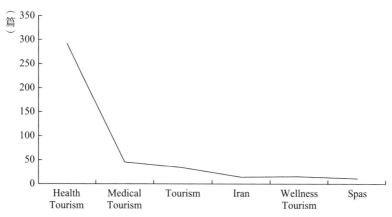

图 1-4　康养旅游外文文献相关主题发文量

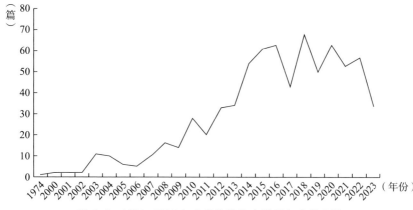

图 1-5　1974~2023 年康养旅游外文期刊年度发文量

1. 初级阶段

2003 年之前，国外康养旅游的发文量很少，都在 10 篇以下。康养旅游在国外的研究最早可以追溯到 20 世纪 80 年代。随着国外工业化水平的提高和旅游业的发展进步，康养旅游逐渐走进大众视野；随着文旅融合概念的提出以及国外对于积极老龄化发展的重视，康养旅游开始作为文旅融合发展的模式和积极应对老龄化问题的措施，逐渐引起学术界的关注。当旅游

者逐渐大众化、旅游行为逐渐普遍化、国际旅游逐渐繁荣化，康养旅游的发展便顺势而行，早期的康养旅游在人类生命健康与自然环境的关系中萌芽，主要表现为以医疗康复为目的的旅行迁移活动。之后，随着理论研究发展以及研究方法的运用，康养旅游相关研究逐渐增多，发文量也逐渐增加。

2. 发展阶段

2006～2018 年，国外康养旅游呈现快速发展趋势，尤其是 2012～2016 年，该时期的康养旅游相关研究发文量增速最快。康养旅游向产业链前端的疾病预防与后端的康体疗养服务不断延伸。在这个时期，国外对于康养旅游的研究开始从医疗康养中细分，注重研究康养旅游行为感知需求动机，其旨在表征当地旅游资源并识别潜在的旅游需求，具体包括自然环境、住宿设施、体验活动、政策制度、基础设施等不同的需求要素以及不同人群旅游行为动机，已成为满足多样化需求和增强竞争优势的必要条件之一。①同时，在这一时期，国外研究偏重于恢复性环境的空间营建。康养旅游相关研究经历了由自然资源向行为互动，再到整体的健康规划发展、相关理念及经验引入与康养旅游规划实践及其理论建构并重的演变历程。

3. 深化阶段

在 2018 年之后，康养旅游发文量趋于稳定，在这一时期，研究逐渐向支撑性领域扩展，议题逐渐深化细化。在这个时期，国外康养旅游更侧重于经验总结与实证研究，以及对康养旅游实施效果评价研究。但总体而言，在这个时期，国外康养旅游相关研究完成了由资源导向到需求驱动的复合型的演变历程，实现了由单一学科到多学科融合、由关注单体设计到关注空间体系化建设、由关注物质环境营建到关注模式创新、由关注实证探索到关注经验总结的转变。

（三）研究内容分析

1. 康养旅游概念内涵

国外学者对康养旅游的研究主要从 20 世纪 80 年代开始，康养旅游在

---

① 黄琴诗、朱喜钢、曹钟茗等：《国外康养旅游研究的转型与趋势——基于英文文献的计量分析》，《林业经济》2020 年第 2 期。

国外被译为"Wellness Tourism"，最早由美国医生 Halbert Dunn 提出，他认为健康不是没有疾病与痛苦，而是一种特定环境中身体、精神以及社会幸福等各种状态的总和，其中"康养"是最高水平的健康状态。[①] 外国学者 Mueller 和 Kaufmann 认为，康养旅游是健康旅游的一个分支，指人们为了提升自己的健康水平而离开自己居住的地方，前往旅游目的地。[②] 在康养旅游中，涵盖了人们之间的所有关系和现象。Chen 等认为游客是出于对健康的需求，同时也为了寻找有形的价值，比如身体、思想和精神上的健康平衡。[③]

2. 康养旅游发展类型

国外对于康养旅游发展类型的划分依据有三个，第一个是依据"内容"而定。有学者指出，康养旅游主要由对身体有益的活动和服务组成，其中包括美容护理、健康饮食、冥想等，分别从身体和精神上给游客带来幸福感[④]；Bowers 和 Cheer 通过对印度西方瑜伽爱好者的旅游动机调查发现，大多数瑜伽康养练习者对宗教不太感兴趣，更关心个人灵性、成长及超越[⑤]。第二个是依据"形式"而定。Smith 认为康养旅游的产品有多个细分领域，如水疗、沙索、瑜伽和冥想，游客可以根据个人兴趣和需求来做出选择。[⑥] 第三个是依据"地点"而定。"治疗性景观"是由国外学者提出的概念，认为这在康养旅游中扮演着非常关键的角色。这些治疗性景观包括水疗馆、宗教朝圣地以及健康营地等。后来，这个概念甚至扩展到了医院。Stănciulescu 等认为近年来康养产业在全球得到发展，能提供康养服务的机构包括水疗

①　Dunn H. L. , "High-level wellness for man and society", *American Journal of Public Health*, Vol. 49, No. 6, 1959.

②　Mueller H. , & Kaufmann E. L. , "Wellness tourism: Market analysis of aspecial health tourism segmentand implications for the hotel industry", *Journal of Vacation Marketing*, Vol. 7, No. 1, 2001.

③　Chen K. H. , Chang F. H. , Tung K. X. , "Measurin wellness-related lifestyles for local tourists in Taiwan", *Tourism Analysis*, Vol. 19, No. 3, 2014.

④　Voigt C. , Brown G. , Howat G. , "Wellness tourists: In search of transformation", *Tourism Review*, Vol. 66, No. 1, 2013.

⑤　Bowers H. , Cheer J. M. , "Yoga tourism: Commodification and western embracement of eastern spiritual practice", *Tourism Management Perspectives*, Vol. 24, 2017.

⑥　Smith M. , "Baltic health tourism: Uniqueness and commonalities", *Scandinavian Journal of Hospitality and Tourism*, Vol. 15, No. 4, 2015.

中心、健身房、体育组织、健康中心等。[①] Huang 和 Xu 以中国巴马长寿之乡为案例地,运用景观治疗理论从巴马自然环境、社会互动和标志性景观等三个方面描述游客康养过程。[②]

3. 康养旅游研究方法

国外早期对于康养旅游的研究大多采用访谈法和问卷调查相结合的方法。对于用问卷调查获取的数据,学者多采用回归分析进行处理,这一方法多用于对康养旅游需求方进行研究,如康养旅游后满意度与主观幸福感之间的关系、康养旅游动机等[③] Kim 等运用结构方程模型,来研究多种因素之间的关系,探究健康旅游目的地游客的旅游动机及其与参与忠诚度的关系。[④] 为了能更完整、更直接地记录康养旅游者的主观感受,Buzinde 用分析性自传式民族志法,来研究其在印度瑞诗凯诗的精神旅游的幸福感结果[⑤],这种方法主要是对旅游经历进行回忆,是一种情景记忆的方法,该方法在社会学中常被采用,而在旅游学中还很少见。此外,还有学者用实验法来研究康养旅游的功效,以及用动态微观经济弹性方法来探讨入境游客主要市场对一个国家的康养旅游总支出的影响。

4. 康养旅游发展模式

国外的专家学者对康养旅游发展模式的研究以森林康养、水浴疗养、医疗养生为主,分析各种发展模式对人类健康所起到的作用。各国都依托自身的独特资源发展康养旅游,如德国的森林康养、印度的草药养生、日本的温泉康养、韩国的美容康养、法国的庄园康养、泰国的美体康养等;

① Stănciulescu G. C., Diaconescu G. N., Diaconescu D. M., "Health, spa, wellness tourism. What is the difference?" *Knowledge Horizons-Economics*, Vol. 7, No. 3, 2015.

② Huang L., & Xu H., "Therapeutic landscapes and longevity: Wellness tourism in Bama", *Social Science and Medicine*, Vol. 197, 2018.

③ Wang K., Xu H., Huang L., "Wellness tourism and spatial stigma: A case study of Bama, China", *Tourism Management*, Vol. 78, 2020.

④ Kim E., Chiang L., Tang L., "Investigating wellness tourists, motivation, engagement, and loyalty: In search of the missing link", *Journal of Travel &Tourism Marketing*, Vol. 34, No. 7, 2016.

⑤ Buzinde C. N., "Theoretical linkages between well-being and tourism: The case of self-determination theory and spiritual tourism", *Annals of Tourism Research*, Vol. 83, 2020.

同时，各国各地区的发展不断深入，形成了健康护理型、医疗养生型、健身运动型、休闲养生型等多样化的康养旅游发展模式。[①] Smith 通过德尔菲法访问了 25 位健康领域的专家，整理出了波罗的海区域相关的医疗旅游资源，提出了温泉旅游、森林康养、生态化妆品等 12 种类型的旅游产品开发研究方向和旅游产业健康发展的战略。[②] Jónás-Berki 等认为，匈牙利医疗旅游大多是建立在自然生态旅游资源基础上的，提出了产品开发要注重提高产品附加值，创造旅游空间聚集。[③]

三 国内外研究述评

国内外学者关于康养旅游和健康旅游的概念的界定虽然没有统一，但是有一个共识，即健康是旅游及康养共同的目标，康养旅游是旅游主体积极主动的行为。因此，对于两者边界和概念的研究，还需要更加深入地探讨。相比于国外研究，国内的康养旅游研究多从康养旅游的供给方出发，偏向康养旅游的资源、产品发展模式等内容。康养模式的设计与开发大多基于当地的资源特点、文化风俗等条件，康养模式不是单一的，而是多种模式融合发展，从而满足游客多元化的需求。国外的康养旅游研究多从康养旅游的需求方出发。国内外学者对康养旅游发展模式的研究比较少，国外比较典型的康养模式有森林医疗、森林保健以及高山养生等，国内学者只是针对云南、广西等少数几个重视康养旅游发展的省份开展了研究。在康养旅游研究方法方面，学者们从定性分析方法转向定性与定量相结合的方法，对康养旅游进行系统的研究，国外学者早期最多采用访谈法与问卷调查法，而在国内的相关研究中，大多采用 SWOT 分析法等定性研究方法，主要从定性层面对旅游目的地个案、旅游开发策略等方面进行阐述。在后

---

① 杨荣斌：《健康旅游理论初步研究——对相关概念范畴的辨析》，《长春理工大学学报》（社会科学版）2014 年第 3 期。

② Smith M. , "Baltic health tourism: Uniqueness and commonalities", *Scandinavian Journal of Hospitality and Tourism*, Vol. 15, No. 4, 2015.

③ Jónás-Berki M. , et al. , "A market and spatial perspective of health tourism destinations: The Hungarian experience", *International Journal of Tourism Research*, Vol. 17, No. 6, 2015.

续研究方面，可以从不同角度深度了解康养旅游，进行不同学科的交叉研究，促进研究内容不断向纵深推进，并加强研究方法的运用。

第四节　理论基础

为了实现对康养旅游理论与实践更系统、深入的分析，首先必须对康养旅游相关的理论基础进行分析理解，才能深化对康养旅游的认识与理解，并为后续的实践探索提供理论依据和指导，进而进一步促进康养旅游的持续健康发展。

一　产业融合理论

（一）理论概述

产业融合最早萌芽于 20 世纪 60 年代 Rosenberg 对美国机械设备演化进行的研究。Rosenberg 认为，各种各样的产品（如枪支、缝纫机、自行车）实际上是使用相同类型的机器和基础技术进行生产的，即标准化生产技术。这意味着从市场的角度来看，那些看起来不相关的行业，实际上其相互关系最终在技术基础上变得非常密切（技术上融合）。Rosenberg 第一次使用"融合"这个词来描述行业融合，使用"技术融合"来描述 19 世纪末美国机械设备的发展方式，他认为一些独立化的生产技术如钻孔、打磨等通用机械制造技能可以广泛应用于众多行业，进而把产品功能无关的产业因采用通用技术而有所关联的这种过程称为技术融合。[1] 1994 年在哈佛大学的学术论坛上，产业融合（Industry Convergence）第一次被正式提出。[2] 20 世纪 70 年代信息技术革命的爆发，促使产业融合得以从理论领域延伸到实践领域。

如今，产业融合现象在经济发展中起着重要作用，对人们的各个方面产生深刻影响。周振华指出，产业融合的兴起催生了大量新产品和服务。

---

① Rosenberg N., "Technological change in the machine tool industry, 1840-1910", *The Journal of Economic History*, Vol. 23, No. 4, 1963.

② 朱慧利：《产业融合文献综述》，《中国市场》2019 年第 29 期。

新企业的涌入导致新市场的形成，进而引发了原有市场竞争的不断激烈，促进了资源的有效配置、就业机会的增加以及人力资本的发展。① 顾江和郭新茹认为，高新技术融入了文化产业的所有环节，可以运用赫芬达尔指数来评估我国高新技术产业和文化产业的融合程度。② 因此，加速科技创新是我国文化产业链升级的有效途径之一。在我国积极引导产业融合的背景下，罗栋和程承坪研究了旅游产业和演艺产业的融合，提出了旅游产业融合中协同创新的三个层次，并提出具体措施从而推进两个产业的协同创新③；曲景慧则通过构建耦合协调模型，对中国七大区域的文化产业和旅游产业融合进行了分析，得出应该从企业、市场和政府等方面入手，推动产业融合的快速发展④。杨志浩等以"三网融合"为例，通过使用实证模型研究发现，产业融合对于提升工资水平和推动技术创新具有积极的影响。⑤

（二）主要内容

1. 产业融合的概念

现有文献对产业融合的定义缺乏一般性的描述。Rosenberg 认为把相似的技术应用于不同产业的过程称为技术融合，指出随着产品功能的变化，提供产品的组织机构之间的边界开始逐渐模糊的过程就是产业融合。⑥ 美国学者 Yoffie 认为产业融合就是通过数字技术将原来相互独立的产品重新进行整合。⑦ Malhotra 认为当原本相互独立的产业内的企业成为竞争或者合作者

① 周振华：《产业融合：产业发展及经济增长的新动力》，《中国工业经济》2003 年第 4 期。
② 顾江、郭新茹：《科技创新背景下我国文化产业升级路径选择》，《东岳论丛》2010 年第7 期。
③ 罗栋、程承坪：《旅游产业融合过程中的协同创新研究—以旅游与演艺产业融合为例》，《湘潭大学学报》（哲学社会科学版）2015 年第 1 期。
④ 曲景慧：《中国文化产业与旅游产业融合发展的时空变动分析》，《生态经济》2016 年第9 期。
⑤ 杨志浩、杨超、芈斐斐：《产业融合、技术创新与工资水平——基于"三网融合"改革的准自然实验分析》，《经济经纬》2021 年第 4 期。
⑥ Rosenberg N., "Technological change in the machine tool industry, 1840-1910", *The Journal of Economic History*, Vol. 23, No. 4, 1963.
⑦ Yoffie D. B., "Competing in the age of digital convergence", *California Management Review*, Vol. 38, No. 4, 1996.

时产业融合就会发生。① 日本学者植草益认为产业融合通过技术创新各产业，降低了行业间的壁垒，从而加强了彼此间的竞争或合作关系。②

国内产业融合思想起源于亚当·斯密的分工思想，国内学者在沿用国外相关定义的基础上，对产业融合也进行了深入研究。吴少平认为产业融合的实质是互相关联的，产业在分布格局上保持内在的成长性和彼此间的相对协调性。③ 周振华认为产业融合是产业边界固化走向产业边界模糊化的过程。④ 李美云认为产业融合是指相互独立、性质各异的几个产业出现边界逐渐模糊甚至消失的过程。⑤ 胡永佳指出，产业融合是产业间专业化程度的提升。⑥ 陈维操指出产业融合是一种不断发展的过程，从融合初期到最终实现产业融合，需要经历不同的发展阶段。⑦ 而于佳禾认为产业融合则是现代信息化发展的一个结果。⑧ 目前，国际上普遍认为产业融合是指不同产业或同一产业不同行业之间的交流和合作，最终形成一个统一的新产业的动态发展过程。

国内外学者尝试从不同角度对产业融合的概念进行界定，结果并没有得到统一的定义内涵。但是学者们普遍认为产业融合是不同产业或同一产业不同行业相互渗透、相互交叉，最终融为一体，逐步形成新产业的动态发展过程。产业融合主要以知识、技术、市场和工业为融合点，产业间的融合同时也导致产业间的连通性和互换性增强。

2. 产业融合的驱动力

随着经济全球化的深入发展，不同产业之间的联系和相互依赖性越来

①　Malhotra A. , Firm Strategy in Converging Industries：An Investigation of US Commercial Bank Responses to US Commercial-investment Banking Convergence, Doctorial Thesis of Maryland University, 2001.

②　植草益：《信息通讯业的产业融合》，《中国工业经济》2001 年第 2 期。

③　吴少平：《产业创新升级与产业融合发展之路径》，《首都经济贸易大学学报》2002 年第 2 期。

④　周振华：《产业融合：产业发展及经济增长的新动力》，《中国工业经济》2003 年第 4 期。

⑤　李美云：《国外产业融合研究新进展》，《外国经济与管理》2005 年第 12 期。

⑥　胡永佳：《产业融合的思想源流：马克思与马歇尔》，《中共中央党校学报》2008 年第 2 期。

⑦　陈维操：《中国农村产业融合机制研究》，博士学位论文，四川大学，2021。

⑧　于佳禾：《吉林省农村三产融合发展研究》，硕士学位论文，东北电力大学，2022。

越强，产业融合发展成为推动经济增长和提高竞争力的重要手段。产业融合的驱动力普遍认为来自技术进步和创新、资源优化配置、政策支持和引导、市场需求和消费升级的引领。

（1）技术进步和创新。技术进步和创新是产业融合的动力，是推动产业融合的根本原因，使产业融合成为可能。互联网的普及和信息技术创新，促成了信息产业与其他产业的融合。技术创新在不同产业之间的扩散，使不同产业形成了共同技术基础，并使它们之间的边界逐渐趋于模糊，最终导致产业融合现象的发生。因此，技术创新是产业融合现象产生的内在驱动力。[①] 新一轮科技革命和产业变革的兴起，推动了不同产业之间的技术融合和创新合作，促进了产业融合的发展，信息技术的发展使得不同地域和产业之间的信息交流和合作变得更加便捷和高效，促进了产业融合发展的进程。首先，技术进步推动传统产业转型升级。随着科技的发展，新的技术不断涌现，传统产业可以通过引进新技术，来提升自身的生产力和竞争力。技术进步和创新为传统产业注入了新的动力，使其适应市场的需求变化，实现产业的融合和升级。其次，不同领域之间的技术交流和融合，常常会孕育出新的产业形态和商业模式。例如，互联网技术的发展促进了传统产业与互联网的深度融合，诞生了电商、共享经济等新兴产业。技术进步和创新，不仅促进了不同行业之间的合作和融合，也加速了新兴产业的涌现和发展。此外，技术进步和创新提供了基础设施和平台支撑，促进了产业融合。例如，云计算、大数据和人工智能等新兴技术为不同产业提供了数据存储、分析和共享的平台，为产业融合提供了技术支持和基础设施。

（2）资源优化配置。产业融合发展可以实现资源的优化配置和协同效应，提高资源利用效率和降低生产成本，符合经济可持续发展的要求。首先，资源优化配置可以促进不同产业间的融合。在传统的产业中，各个行业的竞争和合作关系较为简单和单一，资源配置相对固定。而在产业融合的背景下，不同产业之间的边界变得模糊，不同的产业可以通过资源优化配置实现互利共赢。例如，互联网、人工智能和制造业的融合，可以通过

---

① 于刃刚、李玉红：《论技术创新与产业融合》，《生产力研究》2003 年第 6 期。

优化配置智能化设备实现智能制造，提高产业效益。其次，资源优化配置可以提高资源利用率。随着经济的发展和人口的增加，资源的竞争日益激烈。通过资源优化配置，可以最大限度地提高资源的利用效率，减少资源浪费，实现资源的可持续利用。例如，用物联网技术对城市中的交通、能源和环境等资源进行优化配置，可以实现智慧城市的建设，提高资源利用效率。最后，资源优化配置可以促进产业升级和创新。资源配置的优化，不仅仅是对现有资源的合理利用，还包括对资源的创新和重组。通过资源的优化配置，可以激发产业创新的活力，推动研发和技术的进步，促进产业升级。例如，在电子商务和物流行业的融合中，通过优化配置物流资源，可以实现线上线下的无缝连接，提高物流效率，推动产业的转型升级。

（3）政策支持和引导。政策支持和引导也是产业融合发展的重要推动力。首先，政策支持可以鼓励不同产业间资源的整合和共享，促进产业融合发展。政策可以提供财政补贴、税收优惠等激励措施，鼓励企业进行产业融合，共享资源和技术，提高效率。其次，政策支持与引导能够降低产业融合过程中的风险，为企业提供一定的保障和支持。政策可以提供风险投资、保险等支持措施，鼓励企业进行创新和尝试，推动产业融合发展。此外，政策可以制定产业融合的相关法律法规和标准，规范产业融合的行为，促进产业融合的健康发展。

（4）市场需求和消费升级的引领。消费者对产品和服务的需求日益多样化和个性化，促使企业跨界合作和产业融合发展，满足市场需求和消费升级的要求。市场需求和消费升级的引领可以促进产业融合，满足消费者不断变化的需求，推动产业升级和转型。具体来说，市场需求和消费升级的引领可以发挥以下作用。首先，市场需求和消费升级可以促使企业进行产业融合，整合各种资源和技术，提供更符合消费者需求的产品和服务。消费者对品质、创新、个性化的需求不断提升，企业为了满足这些需求，需要进行产业融合，整合不同产业的优势资源，提供更具竞争力的产品和服务。其次，市场需求和消费升级可以推动产业升级和转型，促使企业不断提高产品质量、技术含量和服务水平。消费者对产品质量、环保、健康等方面的要求逐渐提高，企业需要进行产业融合，引入先进技术和管理理念，提升产品附加值，满足市场需求，推动产业升级。

3. 产业融合类型

根据已有的研究，产业融合在以下三个维度上的分类如下。

一是按产业性质，分为替代性融合和互补性融合。又可细分为需求替代（互补）、供给替代（互补）和技术替代（互补）、产品替代（互补）。替代性融合是指不同产业之间的替代关系，即一个产业的产品或服务可以替代另一个产业的产品或服务，从而导致两个产业之间的融合和交叉，替代性融合通常由技术进步、市场需求变化等因素推动，促使原本独立的产业之间产生相互替代的现象。例如，随着互联网技术的发展和消费者购物习惯的改变，传统零售业与电子商务产业之间出现了替代性融合的现象。互补性融合是指不同产业之间的产品或服务可以相互补充，从而形成新的产业融合形态，这种融合可以使得原本独立的产业之间联系增强，共同创造更大的价值。例如，随着人们对健康意识的提高和科技的不断发展，健身产业和科技产业之间出现了互补性融合，这种互补性融合导致了健身产业和科技产业之间的合作与融合。比如，智能穿戴设备可以监测用户的运动数据，健康监测软件可以分析用户的健康状况，虚拟现实技术可以提供更加生动的健身体验。

二是按产业融合过程，分为功能性融合和机构性融合。功能性融合是指不同产业或领域的功能性模块、技术或服务相互融合，以创造新的功能性整体。这种融合可以使原本独立的功能模块相互结合，形成更加综合和高效的解决方案。例如，功能性融合在智能家居产业中得到了广泛应用，智能家居系统可以集成家庭能源管理系统，通过智能电表、太阳能板和电池储能系统，实现对家庭能源的监测、控制和优化利用。机构性融合是指不同机构或组织之间的合作、整合或联合，以实现资源共享、优势互补、效率提升等目标。这种融合可以跨越不同行业、部门或地域，形成更加综合的组织结构和运营模式。例如，文旅融合促进了文化和旅游部门的融合。

三是按融合技术的新奇程度，分为应用融合、横向融合、潜在融合。

应用融合基于问题提出已解决方案形成新的创造力，如平板电脑；横向融合指的是新技术和已知技术组合，从而产生横向加强的融合类型，如无人驾驶汽车；潜在融合指的是两种或两种以上的新技术的结合产生了新的技术概念，如数据包转换智能手机，将电话和终端多媒体应用结合起来。

（三）指导意义

1. 康养产业和旅游产业融合需遵循产业融合原理

康养产业与旅游产业在传统意义上是各自独立的产业。康养产业是指以健康、养生、康复为主题的产业，包括养老服务、康复医疗、健康旅游、保健品、健身器材等领域。康养产业旨在提供各种健康服务和产品，帮助人们保持身心健康，延缓衰老，提高生活质量。旅游产业是指以当地旅游资源为依托，为旅游者提供食、住、行、游、购、娱等相关旅游产品和服务的综合性产业，主要涉及景区、酒店、交通、购物等。但是，在康养产业和旅游产业各自具备独立性的前提下，人们忽视了两者之间也有共同点。随着相关政策的出台，学者们不断重视康养产业和旅游产业的交叉渗透，进一步促进了康养产业和旅游产业的融合。

2. 康养产业与旅游产业具备产业融合的条件

康养产业与旅游产业同属第三产业，其没有明确产业边界的内在特质以及两者在一定程度上具有互补性和相关性，决定了两者具有天然耦合性。具体而言，康养产业注重人们的健康和养生需求，提供康复疗养、健康管理、养生保健等服务；旅游产业着重于提供休闲度假、文化体验、旅行观光等服务。这两个产业在服务内容上存在交集，可以相互借鉴、融合，从而创造更丰富、多元化的旅游产品和服务。另外，随着人们对健康的关注逐渐增强，康养旅游市场需求不断扩大，这也为两个产业的融合提供了市场基础和商机。因此，康养产业与旅游产业具备产业融合的条件，可以共同发展，满足人们多样化的健康和休闲需求。

3. 康养产业与旅游产业融合能促进业态创新发展

康养产业与旅游产业融合发展，能实现资源整合与优化、服务体验提升、市场需求创新以及产业链延伸与完善。康养产业与旅游产业融合，可以整合各类健康资源，包括温泉、矿泉水、天然风景等，与旅游资源相结合，形成更加丰富的旅游产品。两者融合可以提供更加个性化、专业化的服务，如健康饮食指导、康复护理服务、健身养生指导等，从而提升了旅游产品的附加值，丰富了旅游体验。此外，康养产业与旅游产业融合，可以延伸产业链，涉及健康食品、保健品、健身器材等相关产业，形成了一条更加完整的健康产业链，促进了整个产业的创新发展。康养产业与旅游产业融合发展，有助于促进资源优化配置，实现资源的高效利用和共享，从而最大限度地减少资源浪费；有助于推动产业结构优化升级，打破传统产业壁垒，促进产业结构从单一向多元化、综合化发展，提供更多优质产品和服务；有助于提升产业链附加值，推动产业链的整体升级，有助于企业在竞争中获得更大市场份额和溢价空间。

二 体验经济理论

（一）理论概述

经济发展经历了农业经济、工业经济、服务经济等时代后，体验经济将是最新的发展浪潮。体验经济从服务经济发展而来，是公众需求层次发展的必然结果。体验经济（Experience Economy），也称为体验产业，它起源于美国，是以客户为中心的经济，它反映人类的消费行为和消费心理正在进入一种新的高级形态。体验经济思想源于 20 世纪 70 年代，由"体验工业"、"体验制造者"与"体验生产"等概念发展而来。美国的 JosephPin 和 James Gilmore 最先正式定义"体验经济"，具体概念解析为：企业以服务为舞台，以商品为道具，以消费者为中心，创造能够使消费者参与，值得消费者回忆的活动。[①] 虽然这一概念的提出及其思想的发展仅仅十余年的时间，但已引起学术界、商界等各方的密切关注。20 世纪末，我国学者开始关注体验经济，其研究主要包括以下几方面内容：一是对体验经济的引用与介绍；二是对体验经济与服务经济进行的比较研究；三是从各自不同的

---

① 冯永幸：《基于游客体验的五华山康养旅游提升策略研究》，硕士学位论文，重庆师范大学，2021。

学科领域探索体验经济思想及其市场运作的经济增长意义；四是将体验经济思想应用到旅游、体育、企业管理、市场营销等多个生产与生活领域，对其发展前景及社会价值进行研究。[1]

（二）主要内容

1. 理论概念

在"体验经济"的概念被正式提出之后，体验经济的理念及其对生活各个方面可能产生的影响等问题得到了学者的广泛关注和研究。Andrzej Stasiak 认为体验经济的基本商品是顾客的情感、印象和体验；雷丙寅和王艳霞认为体验经济的产生是人类需求层次提升的必然趋势，表现在更加注重情感需求、追求个性化产品和服务、注重接受产品时的感受、主动参与产品设计与制造方面；曾建明认为体验经济是一种以满足顾客心理感受为主要目的的经济；汪秀英比较了体验经济与非体验经济，认为体验经济是一种消费者能够亲身经历并全方位、全过程感受的经济形态，是一种"顾客经济"；赵放认为，体验经济是在分析消费者的身心感受或心理体验的基础上，为消费者提供其所追求的个性化生产与服务，从而获取利润的经济模式。[2] 由此可见，体验经济理念注重客户对相关产品的体验，通过体验进行感知，并给予一定的评价，如果其体验的效果较好，则会增强其对这一产品的选择倾向；反之，则会导致其弱化选择倾向，不利于产品市场推广。简而言之，这一理念是以客户需求为中心，开展针对性的产品设计，体现了务实的原则。当前，民众收入不断提升，对于康养、旅游等方面的需求也不断增加。同时，相关的产品和服务也日渐增多。在这一过程中，民众的需求不断变化，要求相关方面的产品也随之创新，为了保证产品与客户需求之间的协同性，提升民众的满意度，消除"虚假宣传""误导性宣传""夸张性宣传"等带来的影响，可以采取体验模式，通过民众体验后的效果，定位产品、适当改进。[3]

---

① 赵放：《体验经济思想及其实践方式研究》，博士学位论文，吉林大学，2011。

② 王文萌：《体验经济时代的设计价值研究》，博士学位论文，武汉理工大学，2019。

③ 温彩凤：《基于游客体验的广东南昆山温泉旅游区康养旅游提升策略研究》，硕士学位论文，广西师范大学，2022。

2. 体验经济发展的原因

消费升级是体验经济理论发展的重要因素。随着人们收入水平的提高，消费观念逐渐发生变化，越来越多的人开始追求消费体验，而不仅仅是产品本身。这促进了体验经济理论的发展。随着社会的多元化和个性化发展，基于消费者角度的个性化需求增加，消费者对于个性化、独特化的产品和服务的需求逐渐增加，体验经济正是满足了这一需求。同时，社交媒体的发展对体验经济的发展具有一定影响，社交媒体的兴起，使得消费者更加关注个人的消费体验，并通过分享和传播来获得满足，这加速了体验经济的发展。此外，旅游和休闲需求的变化助推体验经济发展。随着经济发展，旅游和休闲已经不是为了消磨时间，而是为了追求丰富多彩的体验，体验经济正是满足了这一需求。随着科技的不断发展，虚拟现实、增强现实等新技术的应用为体验经济的发展提供了新的可能性和机遇。

3. 体验经济的特性

体验经济指消费者在购买产品或服务时，更加关注产品或服务所带来的感官体验、情感体验和认知体验，而非仅仅关注产品或服务本身的功能和实用性。

一是体验经济的消费过程具有持久性。体验经济注重产品或服务所带来的情感体验，消费者在体验过程中产生的愉悦、满足或者惊喜等情感体验，会在很长时间内影响其对品牌或产品的态度和行为。消费者在体验过程中产生的情感记忆、参与感、故事性体验、社交互动和个性化定制等因素，会在很长时间内影响其对产品或服务的态度和行为。这种持久性的消费影响使得体验经济具有较高的消费者忠诚度和品牌影响力。

二是体验经济提供个性化的服务。体验经济提供个性化的服务，主要是为了更好地满足消费者的多样化需求，提升消费者的参与感和满意度，增强品牌差异化竞争优势，以及通过数据驱动的个性化营销，更好地满足消费者需求。个性化服务的提供，能够为企业赢得消费者的信任和忠诚，从而提升企业的竞争力和市场地位。

三是体验经济强调消费者的直接参与。传统经济的生产过程不需要消

费者参与，体验经济所带来的美好感觉，消费者不会独享，而是会与他人分享，他们会自觉地积极地进行传播或成为体验氛围中的一分子，进而产生放大效应，吸引更多的消费者参与体验生产的过程。在体验活动中，生产者与消费者是强烈互动的，从而形成更具感召力和影响力的"体验品"。体验经济强调消费者的直接参与，主要是为了实现个性化定制、提升消费者参与感、丰富消费者的消费体验、增强品牌与消费者的互动，以及实现共创价值。消费者的直接参与，能够为企业赢得消费者的信任和忠诚，从而提升企业的竞争力和市场地位。

（三）指导意义

1. 康养旅游与体验经济密不可分

康养旅游是康养产业与旅游产业交叉融合的产物，是第三产业的新兴业态，康养旅游的发展离不开市场，因此，康养旅游的本质属性就要求其发展兼顾"顾客体验"。康养旅游产业以顾客为出发点，并由顾客体验作为评价标准。可见，康养旅游的发展必须树立以"顾客体验"为中心的运营原则。一般而言，旅游者的体验需求主要有：放松减压、康养养生、拓展眼界、感受自然、艺术慧知、收获启示等。因而，旅游产品开发成败之关键在于其所蕴含"体验"的丰富程度，以及能否满足顾客差异化的体验需求。

2. 康养旅游产品满足消费者体验

康养旅游产品是消费者实现康养与旅游多维体验的载体，为了满足体验经济时代消费者的需求，根据不同资源禀赋，应设置适宜当地地脉、文脉的参与性、趣味性较强的养生休闲旅游活动。通过参与体验，使游客身心放松和得到教育。一是文化养生，即把优越的生态环境、悠久的文化与现代休闲度假产业相结合，全方位地满足人们日益增长的出游、休憩、健身、养生、求知、度假等复合型需求。二是旅居养生，即以旅游地产开发为主导，根据个人需求，离开现有住宅，选择有内涵、慢行式、异地居住的一种养老方式，享受吃、住、行、玩、乐等全站式服务的养生体验。三是运动养生，即用活动身体的方式维护健康、增强体质、延长寿命、延缓衰老的养生方法，开发不同的运动养生系列产品，如室内瑜伽术、中华武术、ODYPOMP、专业 SPA、形体训练、棋牌、器械等室内运动，以及篮球、网球、垂钓、跑步、骑车健身等户外运动。四是饮食养生，即设计情调独特、别具一格的美食餐厅，通过丰富的菜式、合理的营养搭配，使就餐者身心得到享受。五是医疗养生，即以治疗疾病、康复疗养为目的的特殊养生方式。依托中医、西医、营养学、心理学等知识，结合药物康复、药物治疗，配合一定的休闲活动进行康复养生。六是生理美容养生，即将美容会所中的专业护肤、芳香 SPA 水疗、瑜伽养生、抗衰老美容以及花卉产品开发系列美容产品融入休闲旅游项目。美容养生的外延可以很丰富，头部护理、面部护理、眼部护理、颈部护理、肩颈护理、胸部护理、手部护理、卵巢保养、肾部保养、美背、臀部护理、腿部护理均可作为子产品植入。七是生态养生，即将生态旅游和养生旅游相结合，其往往是依托旅游地优美的生态景观，同时利用诸多的养生手段和完善的养生设施，为游客提供一种集观光、休闲、养生于一体的综合旅游方式。在观光游乐中可开展多种养生活动，以生态为手段，如森林浴养生法、雾浴养生法、生态温汤浴法、生态阳光浴法等。八是休闲养生，即以个人的文化修养为背景，以探求和享受文化生活为目的，以获得现实生活中个人的心理满足、精神愉悦、身体健康为目标的生命活动。

因此，体验经济为康养旅游提供了理论指导和实践基础，有利于提高康养旅游的质量和效果。基于体验经济理论，康养旅游可以打造不同的主题和体验项目，如温泉养生、山水画廊、瑜伽冥想等，丰富了康养旅游产品的种类和形式。体验经济理论也提醒康养旅游从景点、设施到服务等各个环节，都要注重细节和体验的设计，以提升游客的参与度和满意度。通过创新和提升体验价值，康养旅游可以吸引更多的游客，扩大市场份额。

综上所述，体验经济理论为康养旅游提供了理论支撑、创新思路和实践指导，有助于推动康养旅游行业的发展和升级。同时，也为游客提供了更多个性化、愉悦和有意义的康养旅游体验。在康养旅游领域，体验经济理论提供了一种思路和方法，使得康养旅游能够更好地满足游客的个性化需求。康养旅游关注的是人们的身心健康和幸福感，而体验经济理论强调

的是创造独特、个性化和令人愉悦的体验。通过将体验元素融入康养旅游产品和服务中，可以提升游客的满意度和忠诚度，促进康养旅游的可持续发展。体验经济理论强调情感价值和感官体验，这与康养旅游的核心概念相契合。康养旅游强调的是恢复身心平衡和提升生活质量，而体验经济认为情感价值和感官体验是创造积极体验的基础。通过创造愉悦、舒适和放松的环境，康养旅游可以帮助游客解压、恢复精力，提升其身心健康水平。

三　可持续发展理论

（一）理论概述

1962 年，美国生物学家 Rachel Carson 在《寂静的春天》一书中提出了"可持续发展"的理念，此后的一段时间，可持续发展理论得到了进一步的发展。1987 年，联合国世界环境与发展委员会发布了《我们共同的未来》，该报告正式提出可持续发展的概念："一是需要满足世界各国人民的基本利益需要，作为最基本的需要，既需要满足当代人的需求，又要满足后代人的需求不会被威胁。二是限制先进的技术能力和社会各阶层组织，施加在环境资源上的限制需要进行有力调控，保证能够满足当前和将来需要的能力。"可持续发展理论以公平性、持续性、共同性为三大基本原则，最终目的是达到共同、协调、公平、高效、多维的发展。李龙熙对可持续发展理论的定义进行了归纳总结，认为可持续发展理论在各学科领域有自己的定义范围，在康养旅游中的一个重要方面是环境保护。[①]"可持续发展科学"是由 Kates 等开辟的新兴研究领域，其强调"自然-社会"互动机制在发展的名义下的有机融合与强化康养旅游通常与自然环境密切相关，如温泉、森林和海滩等自然资源。[②]通过采取可持续的旅游实践，如合理规划旅游线路、控制游客数量、减少能源消耗等，可以保护自然环境不被过度开发和污染。同时，可持续发展理论在康养旅游中对人们的健康和幸福感也有积

---

① 李龙熙：《对可持续发展理论的诠释与解析》，《行政与法》（吉林省行政学院学报）2005年第 1 期。

② Kates R. W. , Clark W. C. , Corell R. , et al. , "Environment and development. Sustainability science", *Science*, Vol. 292, No. 5517, 2001.

极作用，康养旅游强调身心健康的提升，包括提供健康饮食、休闲娱乐设施和健康监测等服务。通过实施可持续发展的策略，如提供有机食品、减少废物产生和促进体育运动等，可以更好地提供健康和幸福的旅游体验。

可持续发展的理论核心紧密地围绕着两条基础主线。其一，努力把握人与自然之间关系的平衡，寻求人与自然的和谐发展及其关系的合理性。同时，必须把人的发展同资源的消耗、环境的退化、生态的胁迫等联系在一起。其实质就体现了人与自然之间关系的和谐与协同进化。其二，努力实现人与人之间关系的协调。[1] 熊伟和诸大建从对象、主体、过程三个视角，首次提出了以可持续发展为导向的 PPP 模式，不仅为完善 PPP 模式的理论体系提供了更深层次的依据，而且对可持续发展与治理的研究具有一定的启示。[2] 将可持续发展的指导思想引入旅游业，应归功于 1990 年在加拿大举行的全球持续发展大会旅游组行动策划委员会会议，该会议提出了《旅游持续发展行动战略》草案，首次从国家和区域两个层面阐述了可持续旅游发展的主要目的。[3] 朱艳从康养产业整体发展入手，指出发展康养产业的重要意义，分析河南省康养产业发展中存在的问题，有针对性地提出推动河南省康养产业可持续发展的具体对策。[4]

（二）主要内容

1. 概念内涵

可持续发展观点的出现，最早能够追溯到 1980 年，世界自然保护同盟（IUCN）、世界野生动物基金会（WWF）与联合国环境规划署（UNEP）在其共同发表的《世界自然保护纲要》文件中，首次明确提出了可持续发展的概念。可持续发展理论发展至今，各国专家和学者就其定义和内涵给出了自己独到的诠释，而在国际上，关于可持续发展的定义更是超过了一百

---

① 牛文元：《中国可持续发展的理论与实践》，《中国科学院院刊》2012 年第 3 期。

② 熊伟、诸大建：《以可持续发展为导向的 PPP 模式的理论与实践》，《同济大学学报》（社会科学版）2017 年第 1 期。

③ 郭来喜：《中国旅游业可持续发展理论与实践研究——国家自然科学基金"九五"重点旅游课题浅释》，《人文地理》1996 年第 A1 期。

④ 朱艳：《河南省康养产业可持续发展问题及对策研究》，《价值工程》2019 年第 30 期。

种。通过将不同学者、组织、机构对可持续发展的定义加以收集整理，并且参考了不同学者提出的分类之后，可以将现存文献中对可持续发展的定义大致分为以下五个类别。一是可持续发展的终极目标是为了发展和保证人类的生存；二是可持续发展的本质是为了在经济发展与环境生态间寻求一个动态平衡点；三是可持续发展的社会意义在于为人类提供优质的生存环境；四是可持续发展的重中之重是在保证公平性的前提下寻求经济最大程度发展；五是可持续发展的实现要依赖绿色高效的技术。① 可持续发展的内容包括三类：一是生态可持续发展，即以保护自然为基础，与资源环境的承载力相适应；二是经济可持续发展，鼓励经济增长更追求改善质量，提高效益，节约能源；三是社会可持续发展，以改善和提高人们生活质量为目的，与社会进步相适应。从本质上来看，可持续发展理论是一种观念的创新，是以社会文明为基础的新型发展模式。

2. 可持续发展理论原则

一是公平性原则，公平性是指人类满足自身需求的机会对每个人都是平等的，即同代人之间的公平性、代际的公平性和分配有限资源的公平性。同代人应该具有相同的机会，满足自身基本需要以及获得更好生活的需求。

二是可持续性原则，所谓可持续性是指生态系统在受到外界的干扰时，能够保持其原有生产率的能力。资源环境是人类社会赖以生存的基础，因而保持其可持续性是人类社会存在的前提资源和环境的可持续要求。在生活和生产中，对环境和资源应该进行保护性开发。

三是共同性原则，可持续发展的共同性包括两层含义：一是人类社会发展的目标是共同的，即实现公平性和持续性的发展；二是人类拥有共同的环境和资源，为了实现持续发展的目标，必须采取全球共同的联合行动。

（三）指导意义

1. 康养旅游产品开发需要可持续发展理论的支撑

康养旅游通常以自然环境和人文景观为主要资源，因此需要遵循可持续发展理念，保护自然生态环境，防止过度开发和破坏。在开发康养旅游

---

① 戴云菲：《可持续发展理论文献综述》，《商业经济》2016 年第 13 期。

产品和项目时，需要充分考虑生态环境的保护和恢复，采取节能减排、资源循环利用等措施，确保康养旅游的开发具有可持续性与品质化。同时，康养旅游产品的开发和运营，应该在追求经济效益的同时，兼顾环境和社会效益，实现经济、社会和环境的协调发展。通过提供高品质的康养旅游产品，吸引更多游客，促进当地经济增长，实现可持续的经济效益。

2. 可持续发展理论促进康养旅游发展的持续性

康养旅游的高质量发展，要求对可持续发展理论有深刻的理解和应用，以确保其在经济、社会和环境方面的可持续性。首先，经济可持续性，要求康养旅游业务在运作中能够实现利润，同时为当地经济做出正面贡献，促进经济的稳定与发展。其次，社会可持续性，要求康养旅游业务有责任关爱游客的身心健康，同时尊重当地居民及其文化，进行积极的社会互动。最后，环境可持续性，要求康养旅游业务在运作中减少对自然环境的负面影响，保护和恢复生态环境的健康。

综上，可持续发展理论为康养旅游提供了理论指导，使其能够在经济、社会和环境的平衡发展中实现可持续增长；同时，它强调社会公平和包容性，推动康养旅游为社会各个群体提供平等的机会和福利；此外，它也鼓励不同利益方的合作以及合作伙伴关系的建立，以促进康养旅游的可持续发展。可持续发展理论强调经济、社会和环境的平衡发展。康养旅游作为一种注重人的身心健康与环境保护的旅游形式，在实践中需要兼顾经济效益、社会效益和环境效益。可持续发展理论为康养旅游发展提供了理论依据和指导，使康养旅游在发展过程中能够避免过度消耗资源，减少环境污染，实现经济效益和社会效益的可持续增长。此外，可持续发展理论强调社会公平和包容性。康养旅游作为一种注重人的身心健康和个人发展的旅游形式，应该为各个社会群体提供平等的机会和福利。可持续发展理论通过强调社会公平和包容性，使康养旅游在发展过程中能够关注弱势群体的需求，提供包容性的服务，促进社会和谐。同时，可持续发展理论还鼓励合作与合作伙伴关系的建立。康养旅游的发展，需要各方主体的支持和参与，包括政府、企业、社会组织和个人。可持续发展理论强调合作与合作

伙伴关系的建立，通过各方合作、共同承担责任，促进康养旅游的可持续发展。只有不同利益方之间相互合作、协调，才能实现康养旅游的高质量发展。

四　需求层次理论

（一）理论概述

1943 年，西方哲学家马斯洛提出需求层次理论，这是一个激励理论，它包括生理、安全、社交、尊重和自我实现这五级人类需求。[①] 虽然后面补充为八阶模型，但是五阶模型的传播范围较广。这五级需求层次是相互递进的，前四个层次的需求属于缺陷需求，最高级别的需求也就是自我实现的需求属于增长需求。需求层次理论表示当人们低层次的需求得到满足后，就会自主追寻更高层次的需求，而且只有满足了低层次的需求才会产生高层次的需求。康养旅游者有着强烈的社交和自我实现的需求，这些需求属于需求层次理论的高层次需求。Udechukwu 对马斯洛需求层次理论和赫兹伯格的双因素理论进行了简要阐述，并分别通过惩教人员流动率和田纳西州职业阶梯计划中教师与企业中员工的行为不匹配的案例分析，对两种理论进行了更深层次的说明和论述。[②] 成刚从一个新的视角论述了马斯洛需求层次理论，指出马斯洛需求层次理论在现有五层需求的基础上还存在第六层——自我超越的需求，并在此基础上将六层需求归纳为三个理论，即 X理论、Y 理论及 Z 理论，这三个理论使得人类的需求从平面状态上升到立体状态，对需求层次理论有了更进一步的了解和认识。[③] 从某种层面上说，人们追求更高层次的需求，说明人们的生活条件越来越好，不再只局限于能吃饱穿暖，而更多地开始追求高层次的需求，这也体现了社会的进步。人们进行康养旅游显然是为了满足最高层次的需求，除了保养身体之外，能更好地实现身心的和谐统一，能够提高生活质量，更好地实现自己的

---

①　Maslow A. H. , "A theory of human motivation", *Psychological Review*, Vol. 50, No. 4, 1943.

②　Udechukwu I. I. , "Correctional officer turnover: Of Maslow's needs hierarchy and Herzberg's motivation theory", *Public Personnel Management*, Vol. 38, No. 2, 2009.

③　成刚，《马斯洛的需求层次论还有第六层》，《企业管理》2017 年第 1 期。

价值。

Berl 等解释了需求层次理论在划分销售人员薪酬结构中的应用。[①] Deaver 收集了 62 名学生的数据，以需求层次理论为支撑，使用肯德尔等级相关系数进行相关分析，探讨了东南方两所小学四年级、五年级学生参与第一类公立学校辅导计划的频率与被辅导学生自尊之间的关系。[②] 张静为了对我国老年人的需求满足状况有所了解，选取需求层次理论为切入点，结合经济、精神等因素展开深入分析，以期为提高老年人的需求满足程度、制定合理的老年人保障措施提供参考和依据。[③]

（二）主要内容

马斯洛将人看成组织，从组织行为学方面着手研究人的需求。马斯洛认为，人类的需要由高到低分为生理需求（physiological needs），如食物、水分、空气、睡眠、性的需要等，它们在人的需要中最重要；安全需求（safety needs），人们需要稳定、安全、受到保护、有秩序、能免除恐惧和焦虑等；归属和爱的需求（belongingness and love need），一个人要求与其他人建立感情的联系或关系，如结交朋友、追求爱情；尊重需求（esteem needs），自尊和希望得到别人的尊重；自我实现需求（self-actualization need），人们追求实现自己的能力或者潜能，并使之完善化。

马斯洛认为，这些需求层次不但有高低之分，而且有前后顺序，只有低一层次需求获得满足之后，高一层次的需求才会产生。它根据实践研究，将上述五个层次进行划分，其中生理需求、安全需求、归属和爱的需求、尊重需求称为基本需求。只有当个体的基本需求得到满足后，才有助于更高层次需求的形成。

---

① Berl R. L., Williamson N. C., Powell T., "Industrial salesforce motivation: A critique and test of Maslow's hierarchy of need", *Journal of Personal Selling & Sales Management*, Vol. 4, No. 1, 1984.

② Deaver P. A., The Relationship between Students' Participation in Mentoring and Their Self-Esteem in Title I Elementary Schools, Phoenix: Grand Canyon University, 2018, p. 11.

③ 张静：《中国老年人的需求分析——以马斯洛的需求层次理论为切入点》，《思茅师范高等专科学校学报》2010 年第 4 期。

（三）指导意义

1. 康养旅游的发展符合需求层次理论

康养旅游作为一种结合了旅游和健康养生的形式，满足了人们对身心健康的追求，涵盖了需求层次中的多个层次。首先，康养旅游满足了生理需求。康养旅游中，人们可以在美丽的自然环境中享用优质的食物和水源以及安全舒适的住宿环境，也能满足旅游者的基本需求。其次，康养旅游满足了安全需求。包括对个人安全、健康和财物安全的需求。再次，康养旅游满足了归属和爱的需求。归属和爱的需求是需求层次理论中的第三层次需求，指的是人们对友谊、归属感和爱的需要。康养旅游为参与者提供了一个交流互动的平台，通过旅游活动和康养项目的参与，人们可以结识新朋友，分享彼此的经验和感受，增强归属感和社交关系。最后，康养旅游满足了自我实现需求。自我实现需求是需求层次理论中的最高层次，指的是人们对个人成长和自我实现的追求。康养旅游提供了丰富多样的康体活动和培训课程，人们可以通过参与这些活动来提高自我素质和实现自我价值，进一步促进自我成长和满足自我实现需求。

2. 需求层次理论促进康养旅游产业的高质量发展

康养旅游是一种结合了康复和休闲旅游的健康旅游方式，旨在为参与者提供身心健康的福祉体验。需求层次理论的应用，对康养旅游的健康高质量发展起到了积极的促进作用。首先，需求层次理论使康养旅游行业更加了解到人们对旅行的基本需求，如食物、住宿、安全、社交等。通过满足这些基本需求，康养旅游能够提供给游客身心愉悦的健康体验。其次，需求层次理论还将更高层次的需求融入康养旅游中，如尊重需求和自我实现需求。这意味着康养旅游不仅仅是为了满足人们的基本需求，还致力于提供给游客更高层次的体验，如感受自然与人文的融合、追求个人的成长与自我价值实现等。此外，需求层次理论还对康养旅游的产品开发和服务提供起到了指导作用。通过了解人们的需求层次和心理追求，康养旅游行业能够更加科学地设计旅游产品和服务，使其更符合游客的需求，提高游客满意度和体验感。

　　综上，需求层次理论对康养旅游理论与实践的发展具有重要的指导意义，可以帮助游客深入了解消费者需求，开展有针对性的产品设计与营销活动，推动目的地的发展与创新。需求层次理论提供了一个全面而系统的框架，帮助理解康养旅游的消费者需求。根据需求层次理论，人的需求可以分为生理需求、安全需求、归属和爱的需求、尊重需求和自我实现需求五个层次。首先，康养旅游作为一种为了满足个体整体健康需求的旅游方式，可以通过理解消费者在不同层次需求上的关注点和优先级，为其提供个性化与综合化的产品和服务。其次，需求层次理论为康养旅游产品与服务的设计和营销提供了指导。在康养旅游领域，需求层次理论可以引导企业根据消费者的需求关注点，提供相应的健康与养护项目，例如提供饮食计划、健康指导、运动训练等。此外，在产品与服务设计中，需求层次理论可以帮助企业实现差异化定位，满足不同消费者的需求，提供多样化的康养旅游产品与服务。同时，通过分析不同层次需求对康养旅游的影响，目的地规划者可以提供相关的设施和服务，包括优质的住宿、餐饮、娱乐、医疗等，以满足游客在需求层次上的追求。

第二章
康养旅游内涵解读

2016 年 1 月，国家旅游局发布了《国家康养旅游示范基地标准》，将康养旅游确立为新的旅游形式，得到了社会和市场的广泛认同。我国旅游发展战略也多次提及康养旅游，康养旅游将在政策和需求的引领下，在规范化、规模化的道路上越走越远。

第一节　康养旅游概念内涵

随着新时代到来，人民生活质量不断提高，旅游消费观念和消费形式不断更新，外出旅游的品位和质量成为越来越多人关注的重点，作为旅游新形式的康养旅游尤其受到青睐。康养旅游包括保健旅游、医疗旅游、养生旅游、养老旅游等类型，这些概念各有侧重，但同时又有追求健康养生、修身养性的共同指向。

一　概念辨析

从时间顺序看，医疗保健旅游、养生旅游、养老旅游、健康旅游等概念比康养旅游概念提出得更早，并与之有着千丝万缕的联系，因此要研究康养旅游，就必须厘清康养旅游的概念演化过程，回溯康养旅游的概念源头。

（一）医疗保健旅游

1. 概念研究

医疗保健旅游，并非近代才发展出来的旅游形式，但其概念的提出较晚，其发展引起了政府和学术界的关注。Cohen 认为医疗保健旅游并不是一个新现象，最早可以追溯到罗马时代和 19 世纪早期的欧洲温泉旅行[1]，并将医疗旅游定义为：一个国家或地区（母国或母国地区）的患者到另一个国家或地区（目的地国家或目的地地区）的旅行[2]。Connell 也认为最早的旅游与医疗保健有关，作为一种经济活动[3]，保健旅游在 1973 年首次被归类为旅游和旅游业中的一个单独的商业旅游产品[4]，此后 Connell 基于旅行动机、实施的程序以及提供的旅游活动或产品和服务重新定义保健旅游，并根据提供的服务将保健旅游分为水疗、替代疗法和其他健康疗法三大类[5]。也有学者认为医疗保健旅游不同于其他形式的旅游，因为它涉及明确的医疗干预措施[6]，并把医疗保健旅游归为健康旅游的一个子集或健康旅游市场的组成部分[7]。

后来又有学者为了一致性和便于衡量，将医疗保健旅游定义为，旅游设施或目的地通过推广医疗保健服务以及其他旅游服务和设施来吸引游客

---

[1]　Cohen I. G., "Medical tourism: The view from ten thousand feet", *The Hastings Center Report*, Vol. 40, No. 2, 2010.

[2]　Cohen I. G., "Protecting patients with passports: Medical tourism and the patient-protective argument", *Iowa Law Review*, Vol. 95, No. 5, 2009.

[3]　Connell J., "Medical tourism: Sea, sun, sand and...surgery", *Tourism Management*, Vol. 27, No. 6, 2006.

[4]　Sin L. Y. M., Alan C. B., Heung V. C. S., et al., "An analysis of the relationship between market orientation and business performance in the hotel industry", *International Journal of Hospitality Management*, Vol. 24, No. 4, 2005.

[5]　Connell J., "Contemporary medical tourism: Conceptualisation, culture and commodification", *Tourism Management*, Vol. 34, 2013.

[6]　Garcia-Altes A., "The development of health tourism services", *Annals of Tourism Research*, Vol. 32, No. 1, 2005.

[7]　Henderson J. C., "Healthcare tourism in southeast Asia", *Tourism Review International*, Vol. 7, No. 3-4, 2003.

的行为①；还有学者将医疗保健旅游定义为，个人从居住地到其他提供健康服务的地方进行有计划的旅行②。此后，Chambers 和 McIntosh 承袭了 Goodrich 的 "目的说"，认为医疗旅游与传统旅游的不同之处在于，医疗保健和一般医疗是旅游的主要原因，而传统的旅游相关活动在旅游相关决策中是次要的或不存在的。③ 从经济角度来看，医疗保健旅游代表了至少发生在两个部门的经济活动，即医疗保健和旅游，也是医疗保健旅游与其他旅游形式的区别之一。从国外对于医疗保健的概念界定来看，医疗保健旅游是出于消费者的主观选择，旅游吸引物和医疗保健设施是其基础，在维持健康的基础上获得精神上的愉悦是其本质，资金成本、时间成本、服务质量等是其动因，且往往伴随着跨国、跨地区的空间特性。

医疗保健旅游的研究在我国起步较晚，是随着医疗旅游大量的需求和实践慢慢发展的。学者们出于自身不同的理论兴趣和对医疗保健旅游需求和市场的关注，从不同角度和出发点展开了对医疗保健旅游发展的研究。我国学者陈宏奎最先讨论了医疗保健与旅游的关系，认为旅游的快速发展本就是大众对健康追求的体现，游客求得心理的松弛和体力的恢复、增进健康，是医疗保健旅游的基本动机④；1997 年，舒象连提出保健旅游是能满足游客旅游和健身双重目的的出游行为⑤，但缺乏与产品要素的联动；苏峰在此基础上提出保健旅游是指旅游服务行业组织那些有健康问题和健康隐患的老年人、残疾人旅游的活动，在此过程中，通过药膳饮食等治疗疾病，达到康体的目的⑥。

2007 年，我国学者张文菊和杨晓霞首次提出国际医疗旅游的概念，并

---

① Goodrich J. N., Goodrich G. E., "Health-care tourism—an exploration study", *Tourism Management*, Vol. 8, No. 3, 1987.

② Aydın D., Şeker S., Şahan S., *Kamu Hastanelerinde Sağlık Turizmi ve Turistin Sağlığı Uygulama Rehberi*, Ankara: Sağlık Bakanlığı Yayınları, 2011.

③ Chambers D., McIntosh B., "Using authenticity to achieve competitive advantage in medical tourism in the English-speaking caribbean", *Third World Quarterly*, Vol. 29, No. 5, 2008.

④ 陈宏奎：《医疗保健与旅游》，《旅游学刊》1989 年第 2 期。

⑤ 舒象连：《试论保健旅游的开发》，《旅游研究与实践》1997 年第 4 期。

⑥ 苏峰：《保健旅游前景看好》，《技术监督纵横》2000 年第 9 期。

将其定义为：人们由于常住地的医疗服务不够完善或者太昂贵，在异地（尤其是异国）实惠、特色的医疗、保健、旅游等服务或活动的吸引下，到异地（尤其是异国）接受医疗护理、疾病治疗、保健等医疗服务与度假、娱乐等旅游服务的过程。[①] 该定义进一步扩展了医疗保健旅游的研究范围，对医疗保健旅游的各要素有了一定的协调。此后，梁湘萍和甘巧林进一步提出医疗保健旅游的三大支撑动力：医疗服务价格势差、医疗资源供需失衡以及日益增长的医疗保健旅游需要。[②] 刘庭芳等从旅游与健康的双重关系着手，把医疗旅游定义为：一切能为旅游者健康做出贡献的旅游活动，特指在具备一定旅游保健、疾病防治、急救护理、康复、美容、疗养等知识的前提下，以开阔眼界、强身健体、愉悦身心为目的，为旅游者提供亲近自然的机会和环境，倡导旅游者深入体验健康旅游活动。[③] 田广增认为，广义的医疗保健旅游包括医疗旅游和保健旅游两大部分，两者并非孤立存在，而是相互重叠。[④]

随着医疗保健旅游的发展，已经很难从某一个角度对其进行全面而完整定义，学术界对医疗保健旅游的界定没有达成共识，但普遍认同医疗保健旅游以改善身体健康为目的。

2. 类型研究

M. Z. Bookman 和 K. R. Bookman 认为医疗旅游项目是将"高质量的医疗服务与旅游相结合"的医疗旅游产品。[⑤] 医疗旅游产品是旅游目的地为满足医疗旅游者的各类旅游需求，而提供的各种接待条件和相关服务的总和。医疗旅游产品的类型、数量和质量决定了医疗旅游发展的水平。在医疗旅游的目的地国家中，韩国和英国是重要的代表国。两者都对医疗旅游的入

---

① 张文菊、杨晓霞：《国际医疗旅游探析》，《桂林旅游高等专科学校学报》2007年第5期。

② 梁湘萍、甘巧林：《国际医疗旅游的兴起及其对我国的启示》，《华南师范大学学报》（自然科学版）2008年第1期。

③ 刘庭芳、苏延芳、苏承馥：《亚洲医疗旅游产业探悉及其对中国的启示》，《中国医院》2009年第1期。

④ 田广增：《我国医疗保健旅游的发展研究》，《安阳师范学院学报》2007年第5期。

⑤ Bookman M. Z., & Bookman K. R., *Medical Tourism in Developing Countries*, New York：Palgrave Macmillan，2007.

境游客有较大的关注度，两个国家医疗旅游经验丰富，医疗旅游产品综合性强、类型多样。最早的医疗旅游缘起于英国，其医疗旅游发展较为成熟，而韩国是近一二十年里，医疗旅游发展十分迅速的国家，特别是在整形外科方面是重要的医疗旅游目的国。Lunt 等在关于医疗旅游者的调查中得知，到韩国进行医疗旅游的游客所消费的医疗旅游产品主要有内科医疗、健康检查、皮肤病治疗、全科医疗、整形手术、中医治疗、妇产科治疗、矫形治疗、眼科治疗、牙科治疗等，到英国医疗旅游所消费的旅游产品主要类型有整形手术、牙科治疗、减肥治疗等。① 马来西亚的医疗旅游是后起之秀，学者在调查问卷的基础上，对马来西亚医疗旅游者的医疗项目进行了分类，到马来西亚进行医疗旅游所消费的旅游产品类型前三位是整形外科、眼科治疗、心脏内科治疗，其他产品类型还包括不孕治疗、美容、血液类治疗、肿瘤治疗、儿科疾病治疗、耳喉鼻疾病治疗等。②

　　根据医疗旅游者的医疗旅游目的，可以将医疗旅游产品总结为以下几种不同的类型。第一类，治疗疾病类型的医疗旅游，具体的医疗旅游产品有心脏类疾病的治疗，肝脏、肾脏等内科疾病的治疗，以及神经科疾病的治疗等。第二类，整容塑形类型的医疗旅游，旅游者为了整形美容进行医疗旅游，这是现代医疗旅游的典型形式。目前，韩国、马来西亚、泰国、新加坡等国家的整形医疗技术已经成为不可忽视的吸引国外医疗旅游者的重要因素。第三类，养生康健类型的医疗旅游，其是最为传统的医疗旅游产品形式，温泉旅游是最早的养生健康类旅游形式，近十几年来，温泉的治疗养生功能被不断地开发出来，从医疗保健方面来提高温泉旅游的发展水平，同时温泉旅游也是医疗旅游的重要产品形式。随着人们越来越注意用药的健康性，绿色药品开始受到欢迎，中医药产品逐渐受到重视，韩国在植物药品的研制方面有很大的优势，特别是在美容类的医药市场上有举足轻重的地位。健康检查也是人们进行医疗旅游的重要动机之一，在快节

①　Lunt N., Jin K. N., Horsfall D., et al., "Insights on medical tourism: Markets as networks and the role of strong ties", *Korean Social Science Journal*, Vol. 41, 2014.
②　Awadzi W., Panda D., "Medical tourism: Globalization and the marketing of medical services", *Consortium Journal of Hospitality & Tourism*, Vol. 11, No. 1, 2006.

奏的社会进程中，人们越来越多地注意到自己和周围亲人的健康状态，处于亚健康状态的人们，在旅游放松的过程中，希望对自身的身体状况有所了解或者进行改善，因此健康检查与休闲旅游相结合，也是医疗旅游的重要产品形式之一。第四类，体验、观光、游览类型的医疗旅游，具体的医疗旅游活动主要有：参观医药博物馆、药用植物园，寻访特色名医等。①

3. 特征研究

由于医疗保健旅游尚未形成一致的界定标准，预测或者估量医疗保健旅游市场的规模大小较为困难。从国家或者是医疗保健旅游供应商的视角来对医疗保健旅游产业进行准确定义也缺乏依据。然而，从经济规模来看，医疗保健旅游产业是世界上发展最快的产业之一，美国斯坦福研究机构2012年调查结果显示，医疗保健旅游的平均增长速度达到9.9%。② 医疗保健旅游产业发展势头迅猛，究其原因在于，不同国家之间医疗服务的差价以及世界范围内交通运输业的发展和科技的不断进步等因素，整体来说，医疗保健旅游产业的规模处于不断壮大的过程当中。

从旅游活动安排的整体性质来看，医疗旅游不同于一般的旅游方式，它不仅包含医疗保健活动内容，还包含旅游娱乐的内容。医疗保健旅游的游乐项目，都是经过精心策划的，有保健、疗养等功效的旅游活动③，如温泉浴、日光浴、海水浴、森林浴、空气浴以及登山、野营等。医疗机构通过对旅游者的身体情况及病情进行科学分析后，为旅游者量身定做合适的、科学的治疗旅游安排。根据患者手术治疗的需求情况，可将国际医疗旅游者分为手术医疗旅游者和非手术医疗旅游者两类。而手术医疗旅游者，又可以根据其手术要求，分为疾病手术医疗旅游者和美容手术医疗旅游者两类。根据手术医疗旅游者的具体要求，特色旅游将安排在手术实施之前或

---

① Ye B. H., Qiu H. Z., Yuen P. P., "Motivations and experiences of Mainland Chinese medical tourists in Hong Kong", *Tourism Management*, Vol. 32, No. 5, 2011.

② 张希颖、胡睿、张丽扬：《中国与尼泊尔医疗旅游产业合作前景分析》，《辽宁经济》2019年第7期。

③ 叶洋洋、唐代剑：《产业融合视角下医疗旅游融合发展研究》，《经济体制改革》2021年第2期。

康复之后。但对于疾病手术医疗旅游者,其旅游活动大多安排在患者接受手术并康复以后。在手术治疗过程中,也会根据旅游者身体状况安排一些适合的康体娱乐活动。对于非手术医疗旅游者,医疗、旅游服务机构会按照具体情况具体安排。一般而言,他们会在导游、医务人员等的陪同下,一边游山玩水,一边接受科学的治疗。医疗旅游服务机构还会安排沙疗、水疗、泥疗等特色医疗项目,专业医师会在游客玩耍治疗之余,讲授一些相关的保健知识和保健运用方法(如药膳的搭配与烹饪等)。①

从旅游服务流程的特殊链条来看,国际医疗旅游标新立异、独树一帜,当然也有其独特的服务流程。根据有关医疗与旅游机构的实践,在医疗旅游的前期,游客与医疗服务机构一般通过因特网或者医疗旅游服务中介公司进行联系。② 首先,医疗服务机构面向外界发布有关特色医疗项目的信息,病人了解这些医疗信息以后,向医生介绍自己的病情与要求,医生据此做出科学的分析并拟定特殊的治疗与旅游方案,若病人同意医生给出的方案,医院或中介机构就为其预订机票、办理签证等手续,然后病人直接飞往目的地接受全程治疗和旅游服务,待服务结束后,医疗旅游者返回常住地。

从产业供应链的整合程度来看,整条供应链前后整合的程度在不断加强,供应链上合伙商的有效合作可以增强组织的整体竞争力;对于医疗保健旅游来说,合伙商的有效合作主要是信息的沟通分享。医疗保健旅游上游的供应商主要是医疗保健旅游产品或者服务的供应者(例如酒店、航班、医院),下游的供应商主要是指医疗保健旅游产品的促销者(例如旅行社、中间商等)。③ 信息的沟通分享包括,下游供应商将医疗保健旅游需求者对医疗保健旅游产品的需求,同上游的供应商进行反映;同时,上游的供应商将旅游产品的功能信息,通过下游供应商,提供给医疗保健旅游者。医

---

① 张文菊、杨晓霞:《国际医疗旅游探析》,《桂林旅游高等专科学校学报》2007年第5期。

② 刘佳、王娟:《国外医疗旅游研究综述与启示》,《中国海洋大学学报》(社会科学版)2016年第6期。

③ 赵延明、程天祥:《社会责任、政治关联与企业竞争力研究——基于A股116家民营医疗保健企业的数据实证分析》,《科技促进发展》2020年第10期。

疗保健旅游的中间商作为医疗保健旅游者和医疗保健旅游产品的桥梁，一直发挥重要的作用。故此，医疗保健旅游供应链向后整合的程度不断加强。与此同时，医疗保健旅游产业供应链上也存在发展的弊端，最值得关注的便是医疗保健旅游的监管和维权。医疗保健旅游产业处在成长期，其市场成熟度较低，存在许多违规经营现象，造成医疗保健旅游纠纷事故不断。为实现医疗保健旅游产业的健康发展，要加强对医疗保健旅游供应商的监管，主要从准入门槛的设定，以及旅游目的地政府部门的监管干预等方面来采取措施。

（二）养生旅游

1. 概念研究

1959 年，美国医师 Dunn 首先提出了“Wellness”的概念。[1] 此后，许多学者进一步对“Wellness”展开了论述，认为“Wellness”强调平衡协调，在于提高身体、情感和精神健康。2001 年，Mueller 和 Kaufmann 提出了“Wellness Tourism”这一术语，并将其定义为“人们以维护和促进健康为主要动机而进行的旅游活动所产生的所有关系和现象的总和”，认为养生旅游是健康旅游的子类。[2] 其他学者如 Voigt、Brown 和 Howat，认同 Mueller 和 Kaufmann 的观点，认为“保持和促进健康”是养生旅游的核心特征。[3]

国内研究方面，由于我国养生文化流传广泛，养生旅游的研究也与传统养生文化有着紧密的结合。马润花和曹艳英提出，养生旅游是以特定的自然环境为载体，以中医养生理论及传统文化为指导，以放松身心、调理休养、预防疾病为目的而进行的一种旅游活动，但对于在旅游地的逗留时间提出了一定限制[4]；周作明认为“养生旅游”是专项旅游，旅游地的养生

---

① Dunn H. L.，“What high-level wellness means”，*Canadian Journal of Public Health*，Vol. 50，No. 11，1959.

② Mueller H.，Kaufmann E. L.，“Wellness tourism：Market analysis of a special health tourism segment and implications for the hotel industry”，*Journal of Vacation Marketing*，Vol. 7，No. 1，2001.

③ Voigt C.，Brown G.，Howat G.，“Wellness tourists：In search of transformation”，*Tourism Review*，Vol. 66，No. 1，2011.

④ 马润花、曹艳英：《中国养生旅游开发构想》，《生态经济》（学术版）2010 年第 2 期。

资源是开展养生旅游的基础，健康养生是养生旅游的主题活动①。郑四渭和赵云云基于老龄化以及亚健康现象的背景，指出养生旅游是寓养生于旅游、寓旅游于养生的特色旅游活动，主要特点是依托养生资源和文化满足旅游者追求健康的需要，通过旅游服务的延伸，实现养生主题与旅游活动的融合。② 周波和方微认为养生旅游是融养生文化、养生产业和生态旅游方式于一体的一种体验式旅游形式，是旅游形式上的"天人合一"。③ 2011 年，蒋剑岚和曹诗图更加系统地论述了养生与旅游的关系，认为休闲旅游是最适合现代社会的养生活动。④

通过对国内外养生旅游概念的研究可以发现，养生旅游的范畴有扩大化倾向，有学者把养生旅游等同于健康旅游，甚至把健康旅游纳入养生旅游之中。此外，有以东方养生哲学代替西方"Wellness"理念的趋势，这种趋势对于国内学术界来说有利有弊，一方面，与国外养生旅游研究渐行渐远，在一定程度上妨碍养生旅游研究的国际化、本土化；另一方面，养生旅游与我国传统文化结合愈加紧密，有利于构建具有我国特色的养生旅游理论体系和产业体系。

2. 类型研究

丰富的养生旅游资源和众多的养生旅游需求者，为养生旅游产品与项目的策划和设计提供了广阔的舞台。有学者从旅游活动本身所具有的"调整心态，解郁强身"养生功能出发，根据阴阳五行原则，将养生旅游分为动游、静游、怒游、思游和悲游 5 种类型。⑤ 有学者以开展养生旅游的生态环境为特色，归纳出长寿主题类、山林养生类、日光养生类、花卉养生类、生态水疗养生类、四季养生类、民俗类、其他养生类 8 种类型的生态养生旅游产品。⑥

---

① 周作明：《中国内地养生旅游初论》，《林业经济问题》2010 年第 2 期。
② 郑四渭、赵云云：《养生旅游：健康旅游的首选》，《江苏商论》2010 年第 6 期。
③ 周波、方微：《国内养生旅游研究述评》，《旅游论坛》2012 年第 1 期。
④ 蒋剑岚、曹诗图：《试论旅游与养生》，《地理与地理信息科学》2011 年第 2 期。
⑤ 周作明：《中国内地养生旅游初论》，《林业经济问题》2010 年第 2 期。
⑥ 庄东泉：《江西森林旅游资源深度开发研究》，《企业经济》2008 年第 10 期。

目前，在养生旅游市场上行销的养生旅游产品与项目，较多关注旅游活动的养生功能、休闲功能，而依据自然养生资源与人文养生资源，以体现养生为核心要求的旅游产品与项目尚十分有限。[①] 养生旅游产品与项目的设计要考虑三个原则：一是养生与旅游相结合，在休闲基础上有效协调养生旅游活动；二是充分认识和理解中国传统养生科学的原理、方法、技术、功效和内容，按照旅游产品开发的要求，科学选择养生资源；三是充分认识和理解传统养生资源的性质，进行旅游项目设计和旅游产品组织。

依据养生旅游产品与项目的设计原则，可以将养生旅游产品分为静观游、听颂游、动形游、吐纳游、饮食游、浴拿游六大类。静观养生旅游是以静态观赏形式为特点的养生旅游，以获得"静养神"的养生效果。具体可开发宁静的度假村、静养场、垂钓、裸足漫步、观歌舞表演、参观书画展、观摩书画艺术家现场作画、看地方戏、览万亩梯田、风光览胜等静观养生旅游项目。听颂养生旅游是以"听"与"颂"形式为特征的养生旅游产品，以获得科学的养生知识和心胸放松的养生情趣。具体可选择开办养生文化学堂，举办养生文化讲座（讲授中医养生、儒家养生、佛教养生和道教养生等养生文化）、养生经验交流会、音乐欣赏会、辞赋诵读会、歌曲演唱会等听颂养生旅游项目。动形养生旅游是以"动"的方式参与养生术的学习，通过参与养生活动达到养生目的。可开发道教养生术教习、佛教养生术教习、太极教习、武术教习、气功教习、歌舞表演、戏曲弹唱、书画学习等动形养生项目。吐纳养生旅游是以学习古人吐纳之术，达到调节心气的养生目的。可开发空气负离子呼吸区、生态屋、森林吸氧、竹海吸氧等吐纳养生旅游项目。饮食养生旅游是以饮食获得养生需求的旅游产品，可开发生态养生餐厅、山珍宴、道教养生宴、佛教养生膳食、中药保健酒、蛇酒、茶会品茗等饮食养生旅游项目。浴拿养生旅游通过浴身和推拿按摩，达到身体机能调节的养生效果。可根据水、日光、空气、泥沙等不同养生资源，开发森林浴、海水浴、药浴、温泉浴、矿泉浴、泥浴、沙浴、蒸汽浴、足疗、保健等浴拿养生旅游项目，以获得发汗解表、祛风除湿、行气

[①]　王燕：《国内外养生旅游基础理论的比较》，《技术经济与管理研究》2008 年第 3 期。

活血、舒筋活络、调和阴阳、振奋精神等养生作用。

养生旅游产品与项目的设计不仅需要从宏观角度进行养生旅游产品与项目的分类，还需要针对具体养生需求的旅游人群进行具体设计。一般而言，老年游客多寻求高质量的生态环境，青睐静观、听颂、吐纳、饮食等以"静""慢"为主的养生旅游产品，以达延年益寿之效；中年游客除了要求高质量的生态环境之外，多选择吐纳游、饮食游、动形游、浴拿游等以"动"为主的强身、健体、养性的养生旅游产品，以舒缓紧张的生活节奏与疲惫的身心，养精固元。养生旅游是一种特殊的学习性旅游活动，旅游者通过学习儒家养生文化、道教养生术、佛教养生术，学习膳斋调养，学习琴棋书画，学习吐纳、太极、诗词、歌舞、戏曲弹唱，等等，调节心境，缓解躁、忧、悲、惊、怒等情绪，使身体得到科学运动，达到强身健体的养生旅游目的。

3. 特征研究

王燕认为养生旅游的特征是：养生旅游自然环境的科学养生机理，养生旅游市场的无限延展性，养生旅游产品的体验性与健康性，养生旅游效益的无波动性与生态性，养生旅游活动的专业性和教育性。[①] 胥兴安等认为养生旅游的特征是：资源环境要求高、生态效益明显、旅游消费能级高、旅游项目具有健康性与体验性。[②] 郑四渭和赵云云认为养生旅游具有多样性、普适性、知识性、健康性、生态性和综合性等特征。[③] 总结各学者的观点，与传统的观光旅游活动相比，现代养生旅游活动具有以下特点。

普适性，传统观念认为养生旅游活动主要针对的是亚健康人群或老年人群，但实际上，养生休闲涵盖所有追求健康快乐生活的人群，他们不是病人，但又不同于普通的游客，是具有较强养生目的性的群体。因此，其康复休养服务不宜在医院或养老院进行，应根据旅游者不同的心理需要进行多样化的目的地选择。

---

① 王燕：《国内外养生旅游基础理论的比较》，《技术经济与管理研究》2008 年第 3 期。

② 胥兴安、李柏文、杨懿等：《养生旅游理论探析》，《旅游研究》2011 年第 1 期。

③ 郑四渭、赵云云：《养生旅游：健康旅游的首选》，《江苏商论》2010 年第 6 期。

游乐体验性，养生休闲形式丰富多样，包括了人们生活中的方方面面，更易于使游客产生亲切感和归属感，其游憩方式更易于被大众接受，形成一种游客与其习惯性生活方式本身的游乐体验性互动。

综合性，养生旅游是将我国传统的养生方法、理论，同现代生活中有益于人体健康的多种休闲方式结合而成的一种活动，既注重养生的功能，也注重养生过程的休闲性和体验性，实现了养生康复过程的娱乐化、休闲化。传统与现代相结合，旅游、休闲与养生相结合，以及多学科的综合介入、指导形成了多种多样的康复、休闲活动。

科学专业性，养生休闲活动以中医为理论核心基础，强调自然生态的要素，逐步融入了西方、现代康疗方法，具有较强的科学性特点。某些养生休闲活动的开展需要在专业人员的主持指导下，按专业规范和规定程序进行。

教育性，通过参与养生休闲活动，旅游者能够获得"健康教育"，提高"认知水平"，达到增强体质、愉悦身心、提高科学素养和社会适应能力的目的，同时促进人们转变自己的生活方式，提升生活质量。

（三）养老旅游

1. 概念研究

养老旅游概念的出现，也是一个演变的过程。20 世纪 90 年代，养老旅游业开始在我国流行起来。[1] 在学术研究层面，养老旅游和旅游养老的概念是随着实践发展而逐步形成的。李松柏认为养老旅游是一种以老年人为消费主体，以寻找更舒适的养老环境为目的，以异地休闲、度假、养生为活动内容，连续时间不超过一年，将旅游活动与养老活动有机结合的专项旅游项目，其本质为老年旅游。[2] 而梁陶则认为养老旅游是老年旅游者不以获取经济利益为目的，连续时间不超过一年，在异地养老过程中所发生的一切现象和关系的总和。[3] 周刚则更注重老年旅游者旅游过程中的度假、观

①　杨嬜、储德平、李泓沄等：《近二十年中国养老旅游研究态势：基于 1993—2017 年 CNKI 所刊期刊文献的共词可视化分析》，《资源开发与市场》2018 年第 7 期。
②　李松柏：《我国旅游养老的现状、问题及对策研究》，《特区经济》2007 年第 7 期。
③　梁陶：《我国养老旅游产品开发策略研究》，《现代商贸工业》2008 年第 7 期。

光、疗养等要素①；黄璜认为养老旅游具有季节性、多居所、巡回式特征，并在此基础上提出了老年长居旅游的概念，与传统的养老旅游相比，其更加关注老年旅游者生活质量的提高②。也有部分学者对养老旅游与旅游养老、老年旅游、度假旅游等相关概念进行了梳理与辨析，但相对统一的概念仍未形成，在实际研究过程中出现概念不清或混用的现象仍属常态。

2. 类型研究

随着我国步入老龄化社会行列，经济发展与人民生活水平提升的同时，人们对老年生活品质的期望，同现有养老模式之间的矛盾逐渐凸显，学术界对养老旅游类型的关注也更加深入。王玉认为，旅游养老作为一种新的养老模式正初露头角，观光与休闲旅游养老、分时度假旅游养老（候鸟式旅游养老）、观光地养老置换等模式，在国内正呈现良好的发展态势。③ 穆光宗认为异地养老作为新兴的养老方式，是居家养老的重要补充而非替代，具有良好的发展前景。但异地养老旅游业在风险程度、法律法规、价格、体系等方面仍存在一些问题，就其现存问题，穆光宗建议应早日构建异地养老"全国一盘棋"政策和制度环境。④ 周刚则提出通过建设"养老旅游联合体"，来为异地养老旅游的老人提供接待、度假、医疗康复、老年群体聚会、探亲访友等服务。⑤

3. 特征研究

针对养老旅游的特征研究主要有两类，一是在旅游产品中融入养老的内涵，二是将养老产品同旅游产品整合，具体包括旅游目的地选址设计、地产开发、景观设计、配套产品设计等。也有学者指出，旅游养老地产存在容积率低、长期持有经营费用高等问题，建议开发商选择兼容性、互补性、企业能力强，项目投入达标的养老服务运营商。江汇通过分析老年人的感官特征，提出视觉、触觉、听觉、嗅觉、味觉层面的景观设计建议，

① 周刚：《养老旅游理论与实践研究》，《地域研究与开发》2009年第2期。

② 黄璜：《国外养老旅游研究进展与我国借鉴》，《旅游科学》2013年第6期。

③ 王玉：《旅游养老市场需求与模式分析》，《商业经济》2007年第4期。

④ 穆光宗：《关于"异地养老"的几点思考》，《中共浙江省委党校学报》2010年第2期。

⑤ 周刚：《养老旅游开发初步研究》，《桂林旅游高等专科学校学报》2006年第5期。

并指出应实现景观设计师、植物专家、心理医学专家的通力协作。[①] 孟秋莉和邓爱民关注老年人体质问题，提出创建养生药膳馆、老龄度假营等建议，实现从"旅游"到"旅居"的体验升级。[②]

（四）健康旅游

1. 概念研究

健康旅游指以改善个人健康、实现个人治疗和保护其福祉为目的的旅游。[③] 健康旅游的概念经历了从医疗保健旅游到医疗旅游，最后到健康旅游的发展过程。[④] J. N. Goodrich 和 G. E. Goodrich 认为，健康旅游地除了有秀丽的景色外，还能够提供健康服务基础设施，如酒店住宿、水上运动等。[⑤] Tabacchi 认为任何能让游客或其家人感觉更健康的旅行方式，都可以被称为健康旅游[⑥]，Bennett 等把健康旅游看作休闲旅游的一种类型，认为休闲减压是健康旅游的主要特征[⑦]。自 2000 年以来，健康旅游的定义逐渐多样化。Ross 将健康旅游行业视为游客因医疗等健康原因，从居住地前往目的地的相关活动。[⑧] Sheldon 和 Bushell 指出，健康旅游是一种可以改善游客生活和生活质量的旅游，包括医疗、卫生、美容、运动/健身和冒险。[⑨] 而 Hunter-

[①] 江汇：《基于老年人感官体验的养生型景观设计初探：以南宁"幸福南方"养老旅游度假区为例》，《绿色科技》2018 年第 21 期。

[②] 孟秋莉、邓爱民：《全域旅游视阈下乡村旅游产品体系构建》，《社会科学家》2016 年第 10 期。

[③] Büyüközkan G., Mukul E., Kongar E., "Health tourism strategy selection via SWOT analysis and integrated hesitant fuzzy linguistic AHP-MABAC approach", *Socio-Economic Planning Sciences*, Vol. 74, 2021.

[④] Goodrich J. N., "Socialist Cuba: A study of health tourism", *Journal of Travel Research*, Vol. 32, No. 1, 1993.

[⑤] Goodrich J. N., Goodrich G. E., "Health-care tourism—An exploratory study", *Tourism Management*, Vol. 8, No. 3, 1987.

[⑥] Tabacchi M., "Sustaining tourism by managing health and sanitation conditions", *Proceedings of the XVII Inter-American Travel Congress*, San José, Costa Rica, 1997.

[⑦] Bennett M., King B., Milner L., "The health resort sector in Australia: A positioning study", *Journal of Vacation Marketing*, Vol. 10, No. 2, 2004.

[⑧] Ross K., Health Tourism: An Overview, HSMAI Marketing Review, 2001.

[⑨] Sheldon P. J., Bushell R., "Introduction to wellness and tourism", *Wellness and Tourism: Mind, Body, Spirit, Place*, 2009.

Jones 和 Blackburn 则认为，健康旅游的概念比医疗保健旅游、康养旅游的概念相对狭窄。[①] 还有学者认为，健康和医疗养生的概念越来越多地可以互换使用，并提出健康旅游应该包括医疗和治疗方面，且疾病更需要预防而不是治疗。[②] Białk-Wolf 认为健康旅游的核心目的是改善或维持个体的健康状况或者治愈疾病。这种旅游形式旨在通过参与健康活动、体育锻炼、康复疗法、禅修和营养饮食等方式，提升游客的身体健康、心理健康或全面福祉。[③]

我国学术界对于健康旅游的概念界定存在很大的争议。郭鲁芳和虞丹丹认为，一切有益于现代人消解第三状态、增进身心健康的旅游活动都是健康旅游。[④] 薛群慧等将旅游的定义进行延伸，提出健康旅游是一种专项旅游，其以生态环境为基础、以健康养生为主题开展旅游健身活动，包括中医养生、现代医学、心理疏导以及各种有益于身心的艺术、运动、学习等。[⑤] 白鸥认为健康旅游是我国旅游业态转型发展的重要内容和方向，中医药养生、医疗保健是健康旅游的产品类型。[⑥] 杨懿和时蓓蓓认为，旅游业与健康服务业融合重叠部分的相互嵌套造就了健康旅游，在这个嵌套融合过程中，旅游业与健康服务业有着不同的主次关系，分别为"旅游+健康"嵌套和"健康+旅游"嵌套。[⑦] 中商产业研究院提炼以往研究成果，提出：健康旅游是面向全人群，提供预防保健、疾病治疗、康复疗养、休闲养生、健康促进等一体化、全方位服务，实现游客在快乐旅游中增进健康的新型服务模式。[⑧] 该定义涵盖了动机、目的、产品服务，虽过于宽泛，但仍具有

① Hunter-Jones P., Blackburn A., "Understanding the relationship between holiday taking and self-assessed health: An exploratory study of senior tourism", *International Journal of Consumer Studies*, Vol. 31, No. 5, 2007.
② Papp Z., Lőrincz K., "Health tourism trends", *Health*, Vol. 5, No. 3-4, 2016.
③ Białk-Wolf A., "Region Zdrowia Fryburg", *Menedżer Zdrowia*, Vol. 2, 2016.
④ 郭鲁芳、虞丹丹：《健康旅游探析》，《北京第二外国语学院学报》2005 年第 3 期。
⑤ 薛群慧、蔡碧凡、包亚芳：《健康旅游研究对象探析》，《云南社会科学》2014 年第 6 期。
⑥ 白鸥：《健康旅游业创新的多主体共演模式》，《地域研究与开发》2015 年第 2 期。
⑦ 杨懿、时蓓蓓：《健康旅游产业融合发展：动力、机理与路径》，《湖湘论坛》2020 年第 5 期。
⑧ 《2017 国家首批 13 个健康旅游示范基地名单：海南两地入选》，中商产业研究院，http://www.askci.com/news/chanye/20170915/090536107782.Shtml。

一定的代表性。此后，周功梅等提出健康旅游是人们出于健康原因离开居住地并开展旅游活动，其中"恢复、保持和增强健康"是健康旅游的核心内涵①，此概念也是对于旅游定义的延伸，与前文的养生旅游概念相近。陈红玲等提出健康旅游是在社会、自然、人体等生态全要素健康的背景下，以改善和提升人体身、心、德、灵全要素健康为目标，融合医疗、养生保健、休闲放松、心理疏导和文化艺术等形式的现代旅游活动。② 周晓琴等认为，虽然学者们对健康旅游概念的表述有所不同，但本质却是相同的，主要是通过旅游使人们的身心得到改善而更加健康。③

可以看出，不同的学术研究者对健康旅游的内部边界有不同的看法，在中文语境下，康养旅游与健康旅游没有明显的边界，时常互为替换。主要的争议是健康旅游是为了治疗疾病还是为了医疗保健。

2. 类型研究

国外对健康旅游类型的研究相对较少，但已形成一定的认识。在对健康旅游进行界定时，将其划分为保健旅游、美容旅游和医疗旅游。然而，对于美容旅游，很多学者认为它是医疗旅游的一种，而不应该与医疗旅游并列。国际货币基金组织在《国际收支和国际投资头寸手册》中并没有明确提及健康旅游，但将其理解为一个更为广泛的结构，即与医疗旅游相比，健康旅游是一种包含更多内容的概念。很多国外学者认同这种观点，并将健康旅游划分为"Medical Tourism"和"Wellness Tourism"。

国内学者对健康旅游类型探讨较多，已形成十分丰富的分类体系。从作用功能来说，健康旅游可划分为医疗养生、休闲调整、体质增强三种类型。④ 从健康定义来说，健康旅游可划分为身体促进型、心理促进型、社会

① 周功梅、宋瑞、刘倩倩：《国内外康养旅游研究评述与展望》，《资源开发与市场》2021年第1期。
② 陈红玲、张猛、董法尧、赖姝辰：《多视角下的健康旅游研究：综述与展望》，《资源开发与市场》2022年第7期。
③ 周晓琴、明庆忠、陈建波：《山地健康旅游产品体系研究》，《资源开发与市场》2017年第6期。
④ 王艳、高元衡：《健康旅游概念、类型与发展展望》，《桂林旅游高等专科学校学报》2007年第6期。

适应型三种类型。① 从个人意愿来说,健康旅游可划分为主动追求型和被动实现型两种类型。从资源类型来说,健康旅游可划分为养生文化、宗教体验、医疗保健、温泉疗养、森林休闲、山地健身等类型。② 从满足程度来说,健康旅游可划分为恢复健康型、延续健康型和丰富健康型三种类型。③

3. 特征研究

国外学者没有明确提出健康旅游的特征,但已形成一些关于特征的认识,主要体现在健康旅游的跨区域性和治疗性。跨区域性是具有普遍认知的一种认识,在国外被众多学者所认同,认为跨境健康旅行能够更好地解释这一活动。④ 治疗性也是被国外学者广为认同的一个特征。国外很多健康旅游更多体现在医疗旅游方面,导致对健康旅游的治疗性认同较为强烈。甚至一些学者认为健康旅游者并不是出于购物和愉悦,而是出于自身对治疗的需要⑤,其旅游活动更多是一种医学活动,而不是一种休闲活动⑥。

国内学者在对健康旅游研究之后,已得出较为成熟的特征。国内学者薛群慧和白鸥认为健康旅游具有生态性、复合性、康复性、文化性、技术性和高收益性六大特征。⑦ 其中,生态性体现了健康旅游活动的开展需要依赖周围良好的生态环境;复合性体现了健康旅游包含养生、医学、运动、心理疏导、美容、体验等多种复合元素;康复性体现了健康旅游能够缓解和消除人们的亚健康状态;文化性体现了健康旅游与当地社会文化的发展

---

① 吴之杰、郭清:《我国健康旅游产业发展对策研究》,《中国卫生政策研究》2014 年第 3 期。

② 单亚琴、姚国荣:《国内健康旅游研究综述》,《牡丹江大学学报》2015 年第 7 期。

③ 李慧芳、杨效忠、刘惠:《健康旅游的基本特征和开发模式研究》,《皖西学院学报》2017 年第 5 期。

④ Chow C. L. J., Pires G. D., Rosenberger III P. J., "Towards a rigorous conceptual framework for examining international medical travel", *International Journal of Behavioural and Healthcare Research*, Vol. 5, No. 1–2, 2015.

⑤ Connell J., "Contemporary medical tourism: Conceptualisation, culture and commodification", *Tourism Management*, Vol. 34, 2013.

⑥ Lovelock B., Lovelock K., "'We had a ball…as long as you kept taking your painkillers' just how much tourism is there in medical tourism? Experiences of the patient tourist", *Tourism Management*, Vol. 69, 2018.

⑦ 薛群慧、白鸥:《论健康旅游的特征》,《思想战线》2015 年第 6 期。

密切相关；技术性体现了健康旅游对人才、知识、信息、产业等方面有一定程度的要求；高收益性体现了健康旅游投入产出比较高。在此基础上，部分学者提出了健康旅游具有生态性、地域性、康复性、复合性、文化性五个基本特征。[①]

（五）康养旅游

1. 概念研究

康养旅游发展至今，其定义多种多样，国内外文献中这一概念缺乏一致性。一般来说，对康养旅游的定义可以分为两组，分别突出了供给侧和需求侧的重要性，这是确定两种康养游客群体的基础。第一类为有健康问题的游客，他们旅行是为了治疗某种疾病或接受医疗护理。第二组为健康游客，他们去度假是为了保持他们的健康[②]，这些游客认为自己总体上是健康的，并希望通过践行健康的生活方式维持和改善自己的状况[③]。Goeldner强调了康养旅游定义的三个特征[④]，即远离家乡、健康是最重要的动机、在休闲环境中进行，还提出了康养旅游市场的五个组成部分，即休闲旅游、户外娱乐、体育和健康旅游，保健与健康旅游，水疗和养生旅游，医疗旅游，每一个都确定了一个更具体的细分市场。此外还有学者支持这类观点，并将医疗和健康旅游视为康养旅游的子类。因此，在国外学术界中，康养旅游一词是一个总括性术语，涵盖了基于两种不同基本需求的两类游客（医疗和健康）。

在国内，对于康养旅游的理解主要有两种。[⑤] 一是在康养旅游形态上，提出康养旅游可分为森林康养、温泉康养、海滨康养、医疗康养、运动康

---

① 李慧芳、杨效忠、刘惠：《健康旅游的基本特征和开发模式研究》，《皖西学院学报》2017年第5期。

② Mueller H.，Kaufmann E. L.，"Wellness tourism：Market analysis of a special health tourism segment and implications for the hotel industry"，*Journal of Vacation Marketing*，Vol. 7，No. 1，2001.

③ Puczkó L.，Bachvarov M.，"Spa，bath，thermae：What's behind the labels？" *Tourism Recreation Research*，Vol. 31，No. 1，2006.

④ Goeldner C. R.，"English workshop summary"，*Tourist Review*，Vol. 46，No. 4，1991.

⑤ 文平：《基于恢复性环境视角的乡村康养旅游发展研究》，《农业经济》2022年第5期。

养、休闲康养。陈纯将康养旅游定义为健康旅游、医疗旅游、美容旅游等各种类型旅游的集合体。[①] 姜辽和徐红罡认为康养旅游包括健康旅游、养生旅游等。[②] 二是从康养旅游者的动机和目标出发，将康养作为一种以身心健康和休闲度假为主要目标的旅游活动。任宣羽把它看作一种增进游客身体健康，突出自然生态的旅游方式。[③] 国家旅游局在《国家康养旅游示范基地标准》中把康养旅游定义为通过养颜健体、营养膳食、修身养性、关爱环境等各种手段，使人在身体、心智和精神上都能达到自然和谐的优良状态的各种旅游活动的总和。孔令怡等则提出，康养与旅游业是"主体"与"载体"的关系。康养的终极目标是获得身体和精神上的健康，而旅游就是实现这一目标的一种方式，它已经成为人们生活中不可缺少的一部分。[④] 以康养的方式来获取健康，这是休闲游发展的必经之路，而休闲游的过程就是为了满足旅游者对健康的需求，所以康养是休闲游中发展比较快的一种。何莽将"康养"理解为"健康"、"养生"与"养老"的有机结合，"康养"的理念是以"社会"和"科研"的需求为基础的，"康养"已扩展到"旅游""体育""康复"等诸多社会领域。[⑤]

2. 类型研究

较多学者依据市场产品定位、资源条件、区位条件等，对不同发展模式进行了研究。例如，刘庆余和弭宁将康养旅游资源分为自然资源和人文资源两大类别[⑥]；陈建波等认为重庆康养旅游资源包括温泉资源、森林资源、山地资源、水体资源、体育资源和医疗产品六大类别[⑦]。也有学者将我国特色小镇康养旅游模式划分为乡村田园康养、森林康养、阳光康养、温泉康

---

① 陈纯：《国内外康养旅游研究综述》，《攀枝花学院学报》2019 年第 4 期。

② 姜辽、徐红罡：《文学旅游的审美消费：以水泊梁山为例》，《旅游学刊》2017 年第 5 期。

③ 任宣羽：《康养旅游：内涵解析与发展路径》，《旅游学刊》2016 年第 11 期。

④ 孔令怡、吴江、曹芳东：《环渤海地区沿海城市滨海养生旅游适宜性评价研究》，《南京师大学报》（自然科学版）2017 年第 2 期。

⑤ 何莽：《基于需求导向的康养旅游特色小镇建设研究》，《北京联合大学学报》（人文社会科学版）2017 年第 2 期。

⑥ 刘庆余、弭宁：《全域旅游视野下健康养生旅游发展对策》，《旅游学刊》2016 年第 11 期。

⑦ 陈建波、明庆忠、姜思远等：《山地城市健康旅游资源及开发策略研究——以重庆市主城区为例》，《西南师范大学学报》（自然科学版）2016 年第 10 期。

养、文化康养等类型。^① 倪明辉将黑龙江省的康养旅游产品模式总结为："生态康养旅游+服务业""康养旅游+特色农业""康养旅游+文化传播""康养旅游+研学""康养旅游+多元产业"五种供给类型^②；也有学者从养生旅游资源价值、区位条件和区域经济背景三个维度出发，将区域康养旅游开发模式分为全方位开发型、适度超前型、培育新业态型和挖掘整合型四种^③。刘婧倩等指出，旅游"吃、住、行、购"四要素与健康要素耦合，形成山野美味、康疗居住、景区绿道、身体护理等康养产品；"游、娱"两要素与健康要素耦合，形成医疗旅游、美容旅游、森林太极、民族舞蹈等康养产品。^④ 此外，还有部分学者研究发现，尽管国内康养旅游起步较晚，但在高端医疗类、生态养生类、文化养生类、复合类等康养旅游模式发展中，厚积薄发、深耕细作。^⑤

3. 特征研究

康养与一般的养生在目标诉求上是一致的，即追求健康、快乐、幸福和长寿。但康养旅游有自身不同于其他旅游休闲活动的性质特征，而且彼此之间也有很大不同，可以概括为以下三点。

第一，高度注重健康和心理感受。这是由康养的本质决定的。追求健康、舒适、快乐是康养旅游的基本出发点和目标，其决定健康和快乐感受的因素很多，主要包括环境、设施、产品、项目内容、服务及组织管理等。其中，除了环境是天然的，其人为干预效果有限之外，其他因素都是可以由人为干预决定的。因此，环境是康养旅游目的地选择和建设的第一资源。

① 谢晓红、郭倩、吴玉鸣：《我国区域性特色小镇康养旅游模式探究》，《生态经济》2018年第9期。
② 倪明辉：《黑龙江省民族地区康养旅游产业跨界融合模式研究》，《黑龙江民族丛刊》2022年第2期。
③ 赵杨、孙秀亭：《我国沿海地区康养旅游产业创新发展研究——以秦皇岛市为例》，《城市发展研究》2020年第6期。
④ 刘婧倩、时朋飞、李星明：《康养旅游产业耦合发展模式研究——基于审美体验的视角》，《企业经济》2023年第5期。
⑤ 孙抱朴：《"森林康养"是我国大健康产业的新业态、新模式》，《商业文化》2015年第22期。

针对环境这一因素，可从两方面分析，首先是自然生态环境和气候，包括舒适的环境温湿度、清新的空气、清洁甘甜和有利于健康的饮用水、地表水和地下水，以及优美的自然景观——温泉、冰雪、湖泊、溪流、海水、沙滩、森林、草原、山峰等，都是可利用、有利于人们身心健康的资源。其次是人文社会环境，包括居民的好客、友善、亲近程度以及卫生习惯和文明礼貌，舒缓的生活节奏，科学健康且有趣的生活和生产劳动方式，形式与内涵丰富多样的民族、民俗、民间历史文化，这些均是旅游目的地可向游客展示且游客参与、体验、感受程度较高的因素，更是旅游目的地发展康养旅游的软性条件。

第二，高度重视产品和服务的质量及性价比。这也是由康养旅游的目的以及市场经济规则所决定的。除了环境以外的其他因素，人们只能进行选择和有限干预。而对健康、快乐、幸福影响最大、最直接的因素，就是游客进行康养旅游时所消费的各种产品和服务，主要包括餐饮、住宿、休闲旅游活动项目及其所使用的产品、原材料及其配置的时空结构。细分而言，康养旅游项目的选择、组织计划安排、各个环节所提供的服务、康养设施设备的科学规划和设计，以及游客对产品的科学、文化内涵的挖掘、展示、阐释等，都能影响游客的体验程度。在质量水准相同的前提下，康养产品和服务物有所值甚至物超所值，是康养旅游目的地最大的竞争优势，这是由价值决定价格和等价交换这一市场经济基本定律所决定的。具体分析，对于康养旅游者来说，其消费大致包括往返居住地和目的地的交通费、旅游目的地基本生活消费、康养旅游过程中对旅游目的地所提供服务和产品的选择性和延伸性消费三个部分。其中，往返居住地和目的地的交通只有档次和方式的选择，旅游目的地基本生活消费也是由产品和服务档次决定的，延伸性、选择性消费则由游客自己的偏好、意愿和能力决定，游客对后两者的选择弹性较大，而对交通的选择弹性相对较小。交通还直接影响时间成本、舒适性和便捷性——可称为心理成本，这些对康养旅游者来说都非常重要，由此决定了区位和交通是康养旅游目的地发展最重要的制约因素。

第三，在康养地居住时间长和重复消费比例高。康养旅游不同于传统的观光旅游或专项旅游，其目的不仅是游览风景或体验特定的旅游活动，更是注重通过旅游来达到身心健康的目的。因此，康养旅游需要在一个目的地居住生活比较长的时间，以便充分体验和享受旅游带来的益处。另外，康养旅游的重复性特征也与其需求有关。由于康养旅游注重的是身心的长期健康，因此许多旅游者会选择在不同的时间段内，多次前往同一康养目的地。这种重复性不仅有助于旅游者巩固康养效果，而且有助于他们深入了解和体验不同的康养方式。此外，康养旅游的居住时间长和重复性特征，也与其市场定位和产品开发有关。康养旅游项目通常会根据不同客户的需求，提供不同类型和时长的居住套餐，以满足不同群体的需求。同时，为了吸引更多的客户和提高服务质量，康养旅游项目也会注重提高其重复消费比例，通过不断更新和改进服务内容来提高客户的满意度和忠诚度。

（六）概念间关系

目前，康养旅游的概念十分广泛，在康养旅游、养生旅游和医疗旅游的关系方面，主要有"两类说"、"三类说"和"四类说"[1] 三种观点。两类是指将康养旅游划分为养生旅游和医疗旅游两大类别。三类是指国外学者将康养旅游细分为温泉旅游、养生旅游和医疗旅游，国内有学者认为康养旅游包括医疗旅游、保健旅游和养生旅游，分别对应旅游者疾病、亚健康和健康状态。四类具体所指不同，有学者根据医疗程度由深到浅，将健康旅游划分为医疗旅游、健康预防、美容旅游、养生旅游四种类型。整体来看，尽管学者们对健康旅游的子集数量和具体类别看法不同，但多数认为康养旅游范围更广，养生旅游和医疗旅游乃其子集。也有极少数学者认为，与康养旅游相比，养生旅游范围更加广泛。

在康养旅游与健康旅游、养生旅游、医疗旅游的关系方面，学术界也众说纷纭。有学者认为康养旅游就是健康旅游、养生旅游，但未说明其他差异；任宣羽认为康养旅游是健康和养生旅游；冷林燕认为，在中国情境

---

① 周功梅、宋瑞、刘倩倩：《国内外康养旅游研究评述与展望》，《资源开发与市场》2021 年第 1 期。

下康养旅游就是健康旅游，养生旅游和医疗旅游是构成康养旅游的两大方面，且养生旅游和医疗旅游之间有交集；李鹏则认为，康养旅游和医疗旅游是健康旅游的子集，与冷林燕的观点相反。①

总而言之，当前学术界对医疗保健旅游、健康旅游、养生旅游、医疗旅游及康养旅游概念内涵的认知还存在着分歧，而且对概念间的关系也没有清晰的认识，这在一定程度上造成了概念混用的现象。另外，在康养旅游与医疗服务的界限日益模糊的情况下，"概念丛林"已成为制约康养旅游发展的一个重要因素。下一步的研究迫切需要从政策文件、理论研究和实践探索等方面，厘清康养旅游的相关概念和内涵。

二　内涵解读

（一）物候条件是康养旅游的基础

康养旅游是以良好的物候条件为基础，以养生、养老、医疗、休闲度假为目的，具有较高的自然条件要求，同时又有一定排他性的专项度假旅游活动，如同"蓝色旅游"一样。②

其一，环境资源。2015年我国学者提出了生态康养的六度理论，既温度、湿度、高度、洁净度、优产度和绿化度。适宜进行康养活动的区域，往往具备如下地理物理要素：有人体最适宜的气温、湿度、海拔；空气清洁和噪声较少，森林覆盖率高；有充足的阳光、负氧离子、新鲜空气和绿色植被。实证研究结果显示，对康养者来说，自然环境是其选择康养地的第一考量，生态系统维持较好、保持天然性的自然生态区更容易受到康养者青睐，具有区域康养产业排他性的竞争力。③ 康养产业天然属于生态友好、自然友好型产业，自然环境、地理资源对于发展康养产业有强大的推动作用。

其二，疗养资源。疗养资源是指能够满足医疗旅游者疾病治疗、休闲

①　李鹏、赵永明、叶卉悦：《康养旅游相关概念辨析与国际研究进展》，《旅游论坛》2020年第1期。

②　任宣羽：《康养旅游：内涵解析与发展路径》，《旅游学刊》2016年第11期。

③　程臻宇：《区域康养产业内涵、形成要素及发展模式》，《山东社会科学》2018年第12期。

疗养、整形美容、减肥塑形、养生保健、度假娱乐等需求的气候旅游资源、中药资源、中医医术和名医资源以及现代高科技医疗技术资源等。[①] 疗养资源是康养游客最直接的需求之一，合理规划疗养资源一方面能够提高游客的疗养水平和效率，另一方面有助于当地康养产业的可持续发展。

（二）产业融合是康养旅游的条件

旅游产业和康养产业同属于服务业、新兴产业和环保产业，两者具有很强的产业关联性，在资源基础上有互通性、在消费市场上有重叠性、在功能要素上有相似性、在技术基础上有可协作性。[②]

在产业要素方面，旅游产业和康养产业资源属性具有相通性，资源交互构成两大产业协同成长的基础。产业技术创新打破了旅游和康养产业之间的壁垒，先进生产技术在两大产业间的互相转移加速融合发展步伐，增强劳动力流动性，提升两大产业融合协调度。在政府宏观政策的支持和市场需求的激励下，更多的资金涌向康养和旅游产业，构成旅游产业与康养产业融合发展的关键，旅游产业的资金吸收率和转化率较高，能为康养产业提供强大的资金和技术支持，旅游业发展水平越高，其带动康养产业的能力就越强，两者融合发展的水平就越高，稳定性也越好。

在产业结构方面，受旅游和康养产业升级需要和宏观政策的驱动，旅游与康养产业在产业结构上进行融合，主要可以分为广域融合和沉积融合两类。在地区经济发展过程中，对康养产业和旅游产业进行改造升级和创新融合，形成新的产业形态，进而使得地区旅游产业和康养产业的产业占比趋于合理，实现两者产业结构的广泛融合。与此同时，地区旅游产业和康养产业在时间上有先后承接性，发展起步较晚的一方借助另一方的基础进行发展，并对其产生反馈作用，实现两者产业结构的沉积融合。

在产业布局方面，资源要素分布和宏观政策推动旅游产业与康养产业在布局上进行融合。旅游产业和康养产业发展所需的产业资源要素有所不

---

① 张广海、王佳：《中国医疗旅游资源及功能区划研究》，《资源科学》2012 年第 7 期。
② 杨红、夏茂生：《基于动态演化博弈的康养旅游产业融合演化机制及路径研究》，《云南财经大学学报》2022 年第 7 期。

同，康养产业的发展依赖具有康疗作用的资源，例如养生温泉、森林、中医药、康养设施、疗养机构、体育设施等，而旅游业布局更多地依赖具有游览价值的自然资源和人文资源，二者布局既有差异性，又有交叉性。同时，受到地区宏观政策的影响，旅游产业与康养产业融合之后形成的新兴产业会集聚在两大产业要素交叉的区域，形成两大产业交叉布局的空间形态，使地区产业布局进一步优化。

（三）健康需求是康养旅游的动力

其一，进入 21 世纪后，我国开始出现人口老龄化问题。截至 2021 年底，我国 60 岁以上的老年人口已达到 2.67 亿，占总人口的 18.9%。[1] 尽管我国老龄化比例仍然比日本、美国、英国等发达国家更低，但是我国老龄化人口总数全球最多。老龄化群体的不断扩大，直接推动了健康保健、康复医疗和中医养生等康养旅游的迅速发展。因此，从某种程度上来说，人口老龄化不断加剧是推动我国康养旅游发展的一个重要客观因素，尤其是老年人对于更具专业化的康养旅游的需求更加强烈。

其二，中国保健协会在 2021 年的调查结果显示，目前中国的亚健康人口比例高达 75%，也就是 10 亿人左右。[2] 尤其是城市里的白领、IT 行业和通信行业从业者，更是亚健康问题的高发群体。规模如此庞大的亚健康群体，预示着国内大力发展康养旅游有着巨大的市场潜力。通过参加康养旅游活动，在良好的自然环境中，使身心得到放松与休养，从而更好地预防和治疗亚健康问题。尤其是随着国民收入的不断提高，人们对于健康产业和健康服务的消费需求将更加旺盛。

其三，新冠疫情的暴发，给社会各行各业都带来了长远且深刻的影响。在疫情影响下，全社会对于疾病与健康的观念发生了很大的转变。据统计，

① 中国人口与发展研究中心课题组：《中国人口老龄化战略研究》，《经济研究参考》2011 年第 34 期。
② 穆光宗：《我国机构养老发展的困境与对策》，《华中师范大学学报》（人文社会科学版）2012 年第 2 期。

感染新冠的患者中，30~69 岁的患者占 77.8%[1]，这部分患者未来对于康养旅游的需求也会不断增加。此外，康养旅游还兼有病患康复疗养、改善心理状态和提升身体免疫力等新功能。由于庞大的健康需求，旅游企业得以大力发展康养旅游，并且通过康养旅游的发展，让更多人认识到康养旅游并参与进来。

（四）"四生"和谐是康养旅游的目的

对于旅游活动来说，除了旅游产业的经济性外，还要在生态文明的高度上，准确把握其康养福祉的社会性内涵和意义，即充分认识到旅游活动增进公民康养福祉与激发康养产业经济活力的两大意义。[2] 2015 年 10 月，党的十八届五中全会将"健康中国"上升为国家战略。2019 年 1 月，习近平总书记指出"经济要发展，健康要上去，人民的获得感、幸福感、安全感都离不开健康，要大力发展健康事业，要做身体健康的民族"。旅游作为我国大健康产业的一部分，必须明确以人为核心，追求人在生产、生活、生态和生命上的"四生"和谐的发展方向和目标。健康的生命离不开大自然的滋养，离不开和谐社会关系的养护，离不开旅游的康养放松。因此，康养旅游的发展，就是以不断深化生产、生活、生态和生命的"四生"和谐为目的，使人诗意地栖居在大地上。[3]

三　重大意义

（一）康养旅游是"两山论"发展的新实践

习近平总书记的"两山论"，指明了自然世界与人文世界的和解之道，推动着生态文明建设取得历史性成就，为人类可持续发展提供了中国智慧

---

[1]　中国疾病预防控制中心新型冠状病毒肺炎应急响应机制流行病学组：《新型冠状病毒肺炎流行病学特征分析》，《中华流行病学杂志》2020 年第 2 期。

[2]　徐虹、于海波：《大健康时代旅游康养福祉与旅游康养产业创新》，《旅游学刊》2022 年第 3 期。

[3]　杨振之：《论旅游的本质》，《旅游学刊》2014 年第 3 期。

和中国方案。① 发展康养旅游是科学合理利用山水林田等资源、深入践行"两山论"的有效途径，是满足人民美好生活向往的战略选择。康养旅游是基于资源的康养属性发展起来的旅游产业新业态，将自然生态资源转化为旅游康养项目，倡导绿色、低碳、健康的生活方式，延长产业链条，带动医疗、养老、餐饮、体育和文化等相关产业发展，既利用了绿水青山提供的良好环境资源，又有效地保护了绿水青山，满足了人民日益增长的健康和生态环境需求，促进了经济社会与自然环境的协调发展。

（二）康养旅游是供给侧改革的新突破

推进供给侧结构性改革是新时期应对经济新常态的重大决策。② 康养旅游因其自身特性，涵盖了三次产业，推动供给侧结构性改革实现新突破，康养产业就成为重要的突破口。推动三次产业供给侧结构性改革，就是增强三次产业发展的内生动力，着力推进农业、林业、服务业及其他产业的可持续发展，扩大有效供给，减少无效供给，破除供给瓶颈，实现供给倍增，推进各类产业资源与旅游、教育、文化、健康养老等产业深度融合。

（三）康养旅游是健康中国建设的新举措

健康中国是习近平总书记在党的十九大报告中提出的发展战略。③ 康养旅游是我国大健康的重要组成部分，发展康养旅游产业是落实习近平总书记健康中国战略的具体实践，符合"把以治病为中心转变为以人民健康为中心"的新主旨。森林中含有丰富的负氧离子，研究表明，负氧离子含量与人体健康呈现正相关关系，能改善呼吸系统功能，提高人体免疫力，治疗心血管疾病，是人类当之无愧的"保健医生"。康养旅游能够给予人们天然纯净的健康环境，使人心旷神怡，消除紧张感、缓解心理矛盾、增强社会适应能力，提高亚健康人群的生活质量。康养旅游作为健康生活新产业，是人们回归自然的最佳选择。

---

① 周杨：《党的十八大以来习近平生态文明思想研究述评》，《毛泽东邓小平理论研究》2018年第12期。
② 刘彦随：《中国新时代城乡融合与乡村振兴》，《地理学报》2018年第4期。
③ 刘培林、钱滔、黄先海等：《共同富裕的内涵、实现路径与测度方法》，《管理世界》2021年第8期。

（四）康养旅游是产业集群呈现的新形式

产业集群形成特定地理范围内多个产业相互融合、众多类型机构相互联结的共生体。[1] 产业集群从整体出发挖掘特定区域的竞争优势，强调通过竞争促进集群产业提高效率和创新。把优质的康养旅游资源与现代医学和传统中医相结合，按照"生态建设产业化、产业发展生态化"的思路，立足生态资源优势、旅游产业基础和区域板块特色，开展森林游憩、度假、疗养和养生等一系列有益身心健康的活动，建设集康养产品、医养结合和养老保健等产业于一体的康养旅游产业园，释放生态红利，把农业、工业、旅游业、商业、医药业、体育产业和健康服务业等相关产业相互交融延伸，挖掘特定区域的竞争优势，实现森林康养旅游产业多元化发展，打造特色产业链，增强整体竞争力，发展形成现代产业集群，使康养旅游产业与大健康产业一脉相承。

（五）康养旅游是文旅产业转型升级的新领域

新冠疫情以来，我国民众对生命生活的思考逐渐有了新的定位，民众期盼着更专业的康养设施和更贴心的康养旅游服务，以保持身体及精神的健康和体验高质量的愉悦生活，也因此迸发出极大的市场需求。旅游业与健康业的耦合，满足了我国文旅转型升级的需求，同时又符合民众的广泛需要，为社会、经济和生态提供了巨大的价值。

四　基本属性

（一）产业属性

康养旅游业作为一项产业，其根本目的在于发展康养旅游经济。虽然康养旅游经营者会将某些社会、文化或环境事物作为其产品素材，但对于这些素材的使用，只是康养旅游产品的生产特点。由于康养旅游的产业性，康养旅游的发展应基于地方既有的资源优势和区域市场需求，使康养旅游产业和地方经济之间得以协调协同发展，使康养旅游产业的融合、跨界、转型和创新符合产业升级的需求。

---

[1]　何郁冰：《产学研协同创新的理论模式》，《科学学研究》2012 年第 2 期。

（二）创意属性

康养旅游产业的创意属性，使它具有在时间维度和形式维度两个方面的不可限制性和创新渐进性。一方面，创意可以使原创、效仿和纯粹模仿之间更有效地结合与整合，并保持不丧失区域创新创造的能力；另一方面，它需要在产业赋能模式的创设过程中，有识别和判断的眼光、洞见的能力、探索的行动和创新的策略。

（三）资源属性

资源属性是康养旅游的基本属性之一，是康养旅游项目的建设和开发过程中最需要重视的属性。康养旅游产业的资源属性要求厘清政策资源、经济资源、信息资源、金融资源、技术资源、自然资源、公共资源以及人才资源等资源要素，以最大化、有效地发挥其资源优势作用。一方面，政策资源对有效利用和整合各类资源有积极的导向作用；另一方面，通过市场需求和资源配置机制，综合分析各类资源要素间的影响和关系，主动推进产业资源的融合与跨界、转型和升级，并以产业集聚带动人才集聚，使康养旅游产业经济活化。

（四）市场属性

产业发展不仅经常受资源的约束，而且也受市场的约束。由于目前"个性消费"与"服务经济"已成为康养旅游产业的主要表征，康养旅游企业如何通过市场，对资源进行合理调配以及寻求资源的最佳流动和组合，深度分析企业生存和发展的痛点难点，找出企业在经营、管理中的应对策略等，都需要企业在市场中寻求答案。另外，康养旅游是否能实现产业化，其与宏观、中观和微观市场的发育程度也有着密切的联系。高水平的市场发展进程，能更好地促进康养旅游产业赋能模式的构建；但低水平的市场发展进程，则意味着其依旧可能是原经济模式的附庸。

（五）空间属性

产业的专门化发展和区域的全面发展之间，存在着动态平衡与协调的关系。康养旅游的区域空间属性使区域网络、社会网络、信息网络、交易网络、人力资源网络、组织文化网络以及城市设施网络等交互和升级。康养旅游产业的发展所需的配套设施和基础建设在不同空间各有差异，另外，不同区域空间既有着不同的消费群体又有着不同的资源开发环境。因此，要关注不同空间的主流消费客群，要不断地在本区域注入新的产业活力，加大人力资源开发力度，以创造人才集聚环境，增加区域人才多样性和提高人员素质，使之创造更多的人才发展机遇和就业创业机会。

五　主要特点

（一）康养旅游服务于公众

站在全体国民的视角来看，康养产业绝非单纯针对老年人群以及亚健康人群而出现的产业。我国当前的国情决定了国内老年人群和亚健康人群对于康养的需求更为迫切，康养产业可以优先发展其中针对老年人群和亚健康人群的服务。但是，康养产业不能忽视对现有青壮年人群、青少年和儿童进行普及性、公共性康养。必须意识到，中国已全面进入老年社会，并且在以非常快的速度逼近"超老龄社会"，而国内尚未建立起能够充分应对老龄社会的社会保障体系，因此，年轻劳动人口对于国家和区域而言，是宝贵的人力资源财富，其健康需要得到更好的呵护和滋养。康养产业应该是一个面向全民的产业，从年幼到年老，社会各个群体都有必要纳入康养的范围。发展康养产业是体现社会主义优越性、实现全面无差别提升全体人口健康素质的必经之路，关系着我国整体性的国民福祉。

（二）康养旅游特化于资源

我国幅员辽阔，地理气候悬殊，海岛、原始森林、沙漠等自然形态多种多样，以森林康养中最为关键的指标之一森林覆盖率为例，我国省际森林覆盖率高的省份超过 65%、低的省份不足 5%，各省份森林覆盖率差异非常大。① 也就是说，自然禀赋的差异决定了全国大一统的康养产业发展模式行不通，发展较小规模且有特色的区域康养产业才是合理选择。由于区域康养产业发展具有天然的差异性，因此需要顶层规划设计其产业发展政策。

---

① 陈景华、陈姚、陈敏敏：《中国经济高质量发展水平、区域差异及分布动态演进》，《数量经济技术经济研究》2020 年第 12 期。

一区一策、一地一策，严格管制康养资源富集区域陷入同质化竞争，同时用差异化的政策弱化康养产业发展的天然不均衡特征，使得康养资源不足的地区能够通过获得价格补贴、交通补贴等方式，缩小消费成本差距，尽量使不同区域的居民享受到均等的康养国民福利。

（三）康养旅游依赖于生态

适宜进行康养活动的区域通常具备如下地理物理要素：有人体最适宜的气温、湿度、海拔，同时空气清洁和噪声较少、森林覆盖率高。实证研究也证实，对于康养者而言，自然环境是他们选择康养场所的首要考虑因素，越是初始生态系统平衡、保持了原有地理生态环境的天然性区域，越能够获得康养需求者的青睐，越能形成区域康养产业排他性的竞争力。因此，区域康养产业天然属于生态友好、自然友好型产业，发展康养产业，对于促进当地的生态文明、产业绿色升级，都有强大的推动作用。

（四）康养旅游内含于人文

康养所关注的健康是人的身、心、灵3个层次的整体性健康，按照马斯洛需求层次划分，康养属于人类较高层次的需求，除了关注物理意义上的健康，还要关注人类的精神健康。也就是，优质的康养业态应当充满人文关怀。需要强调的是，康养产业的人文性不同于旅游业的人文性，它不需要营造景点，提炼历史事件、神话传说以及名人故事，康养产业的人文性意味着康养产业提供的产品和服务能够使人在精神上得到放松，在精神层面与他人产生良好的沟通，国内外的康养研究也证明了康养者对于这种精神沟通的需求非常显著。由此，康养产业的人文性也对从业人员的人文素质提出了很高的要求。

第二节　康养旅游构成要素

任何产业的高质量发展都离不开对产业要素进行合理配置。一方面要保障基础要素供给稳定，提高要素配置效率；另一方面需要对各构成要素协调筹划，使要素各得其所，最大限度地发挥要素的核心功能。在康养旅游产业中，发展主体由政府、企业、人才培养机构牵头组成[①]，政府负责协调各方权益，营造良好的产业环境；企业负责产品开发与供给，提供优质康养产品，同时促进技术进步，提高社会、经济和生态效益；人才培养机构负责人才供给，提供康养专业化人才，满足产业需求。康养资源是康养旅游产业发展的基础，资源禀赋及其使用情况直接影响康养旅游组织的能力。同时，资源是吸引康养旅游群体出游的重要"拉力"因子。康养群体是康养旅游活动规模化、社会化的直接力量，对于调节、控制康养消费，使康养活动向健康的方向发展有重要的影响。发展动力是康养旅游产业高质量发展的钥匙，本书依据系统理论思想，结合新经济环境下康养旅游产业的发展实践，着重分析康养旅游的市场需求动力、产业供给动力、基础设施动力和外部环境动力。

一 康养旅游主体构成

在康养旅游发展的过程中，政府是产业发展的统筹协调者，负责产业政策的制定和市场秩序的监管，在发展过程中发挥着领导、组织、协调和监管的作用；企业是产业发展的践行者，其成长的速度和整合创新能力直接影响产业发展的效果；人才培养机构是产业发展人才的输送者，人才培养数量、质量和结构影响着产业发展的进程。此外，康旅目的地社区居民以及旅游者也是康养旅游发展的重要主体。

（一）政府

康养旅游的发展，需要政府建立能够协调各方权责利益的管理体制、行业标准，打造一个能充分发挥企业竞争力和创新能力的市场环境，有效激发行业生命力，保证企业活力，培育新业态。同时，细化产业发展方案，增强政策的可操作性。在产业发展的具体指导中，政府除了顶层设计，制定康养旅游产业发展的总体规划以外，还需要细化产业发展方案，明确融合的主题定位、空间布局、产品规划、重点项目、营销策划、投融资、环

[①] 吴后建、但新球、刘世好等：《森林康养：概念内涵、产品类型和发展路径》，《生态学杂志》2018年第7期。

境保护等，构建完整的康养旅游产业链。在产业政策落实方面，还需要通过具体的可操作的实施细则，来促进旅游产业与健康产业的融合发展，催生更多新业态、新产品和新服务。

（二）企业

随着市场环境的变化和消费需求的升级，康养旅游企业通过对人、财、物和信息等经营要素进行重新配置，相应地调整组织结构、经营模式、产品和服务，建立协同创新机制，实现企业之间业务的有效对接，形成康养旅游产业生态链和产业集聚区。此外，物联网、移动互联网、大数据、人工智能等被康养旅游企业广泛应用，促进了康养旅游产业的技术进步、效率提升和商业模式的变革。企业能够依托丰富的康养旅游资源，打造生态养生旅游板块、户外休闲健身旅游板块、中医健康养生旅游板块、温泉度假养生旅游板块和禅宗文化旅游板块等，构建"养身、养心、养神"的大健康旅游产品体系，开发森林养生游、山地运动游、武术健身游、中医药养生游、温泉养生度假游、食疗养生游、美容养生游等特色化和品质化的康养旅游产品，注重旅游者在"吃、住、行、游、购、娱、闲、养、健"各个环节的体验性、健康性和舒适性，促进康养旅游业的正向演化。

（三）人才培养机构

人才培养机构中，高校作为高端人才培养的阵地，侧重培养精通康养旅游专业知识、精通经营管理、精通创新创业的精英人才；高职院校和社会培训机构则注重培养康养旅游产业所需的专业技能人才，培育一批满足康养旅游发展的专业人才。康养旅游领域需要专业复合型人才，不仅要具备基础的医学和护理知识，而且还要具备经济学、管理学、营销学和旅游学等多学科知识。人才培养机构应该根据市场需要，及时调整和修订人才培养体系、方案和课程。高校教育应该在确保学生获得旅游管理和健康服务相关知识的基础上，构建适合康养旅游行业的定制化、模块化课程体系。

（四）社区居民

首先，居民的参与能够为康养旅游提供更真实、更贴切的服务。康养旅游不仅是一项简单的旅游活动，它还需要融入当地的文化、风俗和生活方式，而当地居民正是这些文化的传承者和实践者。通过与当地居民的互动，康养旅游者可以更深入地了解当地的文化和风土人情，更全面地体验和感受康养旅游的魅力。同时，居民的参与也有助于提高康养旅游的服务质量和水平，因为居民最了解当地的需求和特点，能够为游客提供更符合他们需求的服务。其次，社区的参与能够促进康养旅游的可持续发展。康养旅游的发展需要与当地社区的发展紧密结合，以实现经济、社会和环境的协调发展。社区的参与可以促进当地经济的发展，提高当地居民的生活水平，同时也可以为康养旅游提供更稳定和可持续的发展环境。此外，社区的参与还可以促进康养旅游的公平发展，保障当地居民的权益，避免康养旅游开发过程中可能出现的资源分配不公和社会冲突问题。最后，居民和社区的参与还有助于提高康养旅游的知名度和美誉度。康养旅游的发展需要大量的宣传和推广，而当地居民和社区正是最直接、最有效的宣传力量。居民和社区的参与可以增加康养旅游的知名度和美誉度，吸引更多的游客前来体验和消费。同时，居民和社区的参与也有助于提高游客的满意度和忠诚度，促进康养旅游的长期发展。

（五）旅游者

旅游者即游客作为参与主体，在康养旅游的发展中，扮演着非常重要的角色。游客是康养旅游的主要消费者，他们通过购买康养旅游产品和服务来满足自身的健康、休闲和养生需求。游客的消费行为可以直接影响康养旅游市场的繁荣和发展。游客是康养旅游的体验者，他们通过亲身体验和感受康养旅游的服务和活动，对康养旅游的质量和效果进行评价和反馈。游客的体验感和满意度是衡量康养旅游发展质量的重要标准。游客是康养旅游的宣传者，他们通过口口相传、社交媒体等方式，分享自己的旅游体验和感受，帮助康养旅游吸引更多的潜在游客。同时，游客也可以通过参与各种活动和组织，与当地居民和其他游客进行交流和互动，进一步扩大康养旅游的影响力和知名度。游客是康养旅游的监督者，他们通过评价和反馈康养旅游的服务和质量，对康养旅游机构进行监督和制约，促进康养旅游不断完善和提升服务质量。

二　康养旅游资源构成

康养旅游资源有广义和狭义之分。[①] 狭义的康养旅游资源一般是指有形的健康旅游资源，包括有益健康的自然旅游资源和人文旅游资源；广义的康养旅游资源除有形的旅游资源外，还包括健康旅游服务、养生、文化、保健方式等无形的旅游资源。本书所指的康养旅游资源是其广义概念。

（一）自然资源

1. 森林资源

森林资源不仅能缓解视觉疲劳，还具有提升听觉感受、平缓情绪和刺激嗅觉等功效。同时，森林环境中的空气含氧量和负氧离子浓度高，可有效改善心肺功能、促进人体新陈代谢和增强免疫力，是疗养的佳境。

2. 水景资源

水景资源是康养旅游资源的重要组成部分，其康养功效主要表现在生理、心理和社交等方面。水体能溶解部分有害气体，来改善空气质量。瀑布、溪流等流动型水景，可释放大量负氧离子，提高环境舒适度，促进人体健康，提升康养效益。温泉是康养旅游中常见的水景资源，其适宜的温度和丰富的矿物质，有治疗疾病、改善亚健康和美容等功效。

3. 地质地貌资源

地质地貌资源具有观赏、游乐、科研和科普教育等价值，能满足人们求新、猎奇、寻乐的心理需求。地质地貌可单独成景作为康养基地的主景，也可作配景，搭配森林、湖泊等其他康养元素，以其强烈的感染力为主景，增加美感和意境，为康养活动注入活力。

4. 气象资源

气象资源也是康养旅游资源中独具特色的重要资源，可借景构景，常与人文景观相融合，形成别具魅力的气象景观，其朦胧的意境美对疗养者有极强的吸引力。同时，气象具有造景育景功能，在不同条件下可形成具有不同观赏价值的气象景观。我国复杂多样的气候造就了丰富多彩的气象

---

① 肖岳峰、傅倩楠：《桂林发展康养研学旅行的思考》，《社会科学家》2020年第2期。

景观。例如，峨眉山国际旅游度假村森林康养基地，日出、云海、佛光、圣灯四大奇景闻名遐迩，雨凇、雪凇和雾凇等气象景观吸引了无数人慕名前往。[①]

5. 中草药资源

药用植物是中医药文化的载体，具有极高的观赏价值和药用价值，可帮助疗养者舒缓心情、预防和治疗慢性疾病，在康养旅游资源中具有重要地位。相比于普通森林植物，药用植物的芬多精疗养价值更高，且能释放更多负氧离子，使疗养达到事半功倍的效果。同时，以景观手法将药用植物与中草药科普相结合，让疗养者可在观赏的同时了解中草药知识。此外，利用特色中草药资源制作药膳和开发保健品，可丰富康养旅游的内容和形式，提高康养内涵。

（二）人文资源

人文资源是在人类社会历史发展过程中所创造的物质文明和精神文明成果的总和，带有鲜明的时代特性和历史印记，可分为历史遗迹类、民族民俗类、宗教文化类、城乡风貌类四种类型。[②] 其主要作用于人的心理，能陶冶情操，满足文化需求，使人获得心灵满足。在康养旅游中融入丰富的人文资源，可提升康养活动的吸引力，从而打造出令人印象深刻的精品康养项目，形成文化品牌。

1. 历史遗迹类

历史遗迹类资源包括古建筑、古园林、古战场遗址、古村落遗址、古寺庙遗址等。这类资源记载了我国社会发展和历史变迁的历程。当人们处于具有历史遗迹的康养旅游地时，不仅可以加深对历史文化的认识，还能引发人们思古、忆古、怀古之情，深化人们"牢记历史、不忘过去"的历史情感。

---

① 毕钰：《洪雅·峨眉半山七里坪森林康养景观设计》，《美与时代》（城市版）2021年第5期。

② 庄伟杰、李慧、申倩倩：《日本森林疗养资源利用与产品开发》，《世界林业研究》2022年第1期。

2. 民族民俗类

民族民俗是各民族的民间风俗、生活文化的统称，具有自然性、地域性、人情味浓厚等特性，能满足疗养者猎奇和求知的心理需求。将丰富多彩的民族民俗文化融入康养实践中，既为康养旅游产业注入文化底蕴，又有助于衍生出多种特色体验互动项目，如民族风味美食的制作和品尝、体验民俗活动、欣赏民族风情表演、参与手工艺术制作等。这些特色康养项目可以丰富参与者体验、刺激参与者感官和大脑，促进康养旅游者提高专注力、增强沟通能力、降低孤独感和提升积极情绪。

3. 宗教文化类

宗教文化资源主要有寺庙、宫观、庵等，对于拓宽康养旅游市场、打造多元化的康养旅游产品具有重要意义。宗教文化是人文资源的重要组成部分，具有社会整合、心理调节和康体养生等作用。将其融入康养旅游中，可丰富康养的内涵，提升康养效果。

4. 城乡风貌类

城乡风貌在康养旅游中主要是指当地的风采和面貌，能反映出当地的传统生活模式和状态，具有原始古朴性、地域和民族性、情感和文化体验性等特性，能满足疗养者求知、求美、求乐、求根的精神需求。具体资源有历史文化名城、现代都市风光、田园风光、古镇村落等。

（三）其他资源

1. 养生文化资源

中国古代养生文化是一种涉及面很广的保持身体健康、延缓人体衰老、延长人类寿命的知识。从先秦到明清各代都对养生术有很好的总结，如彭祖养生术、儒道佛等宗教的养生术。这些养生文化使食养、食节、食忌、食禁的饮食养生和利用药养、药治、药忌、药禁等药物保健养生，以及针灸、按摩、推拿、拔火罐等养生旅游活动，具有科学依据，是我国珍贵的康养资源。

2. 武术康体资源

中国武术文化，其上乘功法以健身为宗旨。比如，太极拳是一种活络肌肉的运动；气功是一种自我身心锻炼的养生保健方法，通过调心（控制意识、松弛身心）、调息（均匀和缓、深长地呼吸）、调身（调整身体姿势、轻松自然地运动肢体），使身心融为一体，百脉通畅，脏腑调和，达到强身保健的目的。武术文化能够与其他康养资源相辅相成，提高康养旅游地的吸引力。

三　康养旅游群体构成

（一）康养群体

1. 按年龄划分

大中专学生健康旅游者。主要指年龄在 13～24 岁的学生群体，尤其是以都市在校大学生为代表。这一群体是开展青少年科普教育、探险、户外运动、观光旅游等活动的目标人群，也是未来健康休闲、度假的潜在群体，是不可忽视的健康旅游客源市场。

中青年健康旅游者。主要指大都市、经济发达地区的消费水平比较高的人群，特别是都市白领阶层，他们对于走出办公室去享受大自然是极为推崇的。这些地区的白领阶层年龄在 25 岁以上 60 岁以下，受教育程度为大专及以上，他们工作压力大，部分人处于亚健康状态，对于健康休闲、度假的需求很高，将会成为生态健康旅游的主力军。

老年养生度假旅游者。主要指年龄在 60 岁以上的老年人，也称为银发族。他们的身体大多有劳损、慢性疾病，所以对健康问题很重视，也是对养生、健康的需求最强烈的群体。这些老年人每年 6～8 月到山清水秀的地方旅游，少则十天半月，多则一至两个月，而且往往是夫妻、亲戚、朋友结伴同行。

2. 按功能划分

按照康养的养心、养生、养老的不同功能，可将我国康养群体分为养心群体、养生群体和养老群体三个不同层次。

一是养心群体。当前，我国居民身体健康状况不容乐观，根据世界卫生组织的划分标准，我国亚健康群体占国家总人口的近七成，在另外三成

非亚健康人口中，一半是健康人口，一半是疾病人口。同时，工作和生活压力给人们带来不同程度的心理疾病。二是养生群体。近年来，随着居民收入水平不断提高，人们在追求高质量生活的同时，更加注重健康维护，养生保健支出占消费总支出份额较大。三是养老群体。联合国确定的老龄化社会标准是 60 岁以上人口占国家人口 10% 以上或 65 岁以上人口占国家人口 7%。2015 年我国 60 周岁及以上老年人口超过两亿人，占国家人口的 16.1%，根据此标准，我国已经进入人口老龄化社会，而且在今后几十年老龄化程度将更加严重。

（二）需求构成

不同的康养群体有不同的康养需求，相同的康养群体中的不同个体同样有不同的康养需求。但总体上，这些需求可以分为四类：自然环境需求、康养氛围需求、社会交际需求和康养设施需求。

1. 自然环境需求

有研究表明，康养旅游发展首先需要"靠天吃饭"。[1] 康养旅游者要求最高的是气候、空气、水和卫生这些自然条件。也就是说，自然环境是可以满足旅游者休闲度假需求和养生需求的空间载体，同时也是康养旅游目的地吸引物以及康养旅游者旅游体验的一部分，是开展康养旅游不可或缺的核心需求。

2. 康养氛围需求

康养旅游需要人文氛围。康养旅游者需要这样一个适宜养生的氛围：有一定的熟悉感，并感受到良好自然环境对于身心健康的正面影响。从康养旅游者需求来看，他们更倾向于选择在离家较近、生活习惯和饮食习惯都与常住地相似的地方康养。之所以倾向选择与居住地距离较近的目的地，一方面是希望能够减轻因交通时间过长而导致的不舒适感，另一方面则希望能够尽量贴近原有的生活习惯及饮食习惯，降低适应难度。

---

① 何莽：《基于需求导向的康养旅游特色小镇建设研究》，《北京联合大学学报》（人文社会科学版）2017 年第 2 期。

3. 社会交际需求

一些康养旅游者期望群体活动，有着较强的社会交际需求，他们希望通过康养旅游活动，改变现有的生活方式，尝试新的生活环境，但又期望这种尝试和改变在较为熟悉的环境和范围之内实现（即在新的而又相对习惯的环境中康养）；另外，康养旅游者倾向与亲朋好友结伴出游，或期望在新的环境和生活中结交新朋友。有研究发现，康养旅游者对社交的需求不同于普通游客，他们不太情愿单独出游，通常会结伴前往相对熟悉的新环境，或以康养旅游为"借口"积极拓展交际空间，在与他人的交往中获得一种精神满足。因此，开展群体性康养活动、营造良好的社交氛围，有利于康养旅游发展。

4. 康养设施需求

康养旅游需要硬件支撑。许多学者认为，发展康养旅游重点需要依靠康养相关的设施设备等硬件条件，并提出了康养旅游者对硬件设施的两个需求：其一，医疗健康设施及休闲娱乐运动设施，这表明康养旅游地的建设，需要医疗与休闲等相关硬件设施的支撑；其二，虽然康养旅游者对硬件设施有需求，但重要性和吸引力与其他需求要素相比较弱。

四 康养旅游动力构成

康养旅游产业的发展动力与其他旅游产业相似，由市场需求、产业供给、基础设施和外部环境四个要素构成，各要素发挥的作用各不相同。[①] 市场需求是消费原动力，产业供给是生产原动力，两者分别从市场端和供给端影响康养旅游产业发展的方向；基础设施是物质保障动力，它是保障康养旅游产业系统有序运行的物质条件；外部环境则是诱导动力，它从政治、经济、文化、科技等方面，为康养旅游产业的良性发展提供支持。

（一）外部环境动力

大旅游时代中，康养旅游产业的政治环境、经济环境、文化环境、科

---

① 李莉、陈雪钧：《康养旅游产业创新发展的动力因素研究——基于共享经济视角》，《技术经济与管理研究》2021年第4期。

技环境发生了重大变化，政策叠加效应、经济转型发展、社会文化变革、科学技术创新，成为推动康养旅游产业不断向前发展的重要动因。

1. 政治环境

随着我国人口老龄化程度的日益加深，康养旅游产业作为健康产业的重要组成部分，逐渐得到中央及地方政府的重视和支持，政府出台了一系列优惠政策，如 2013 年国务院印发《关于促进健康服务业发展的若干意见》、2015 年国家旅游局和国家中医药管理局联合下发《关于促进中医药健康旅游发展的指导意见》等，力图在投资、审批、税费、土地、管理、人才等方面，对康养旅游产业给予多种优惠政策。政策的叠加效应不仅能够投入大量财政资金用于增加社会保障支出，提高国民生活水平；而且能够吸引社会资本进入康养旅游产业，形成良好的市场引导机制，成为推动康养旅游产业发展的重要动因。

2. 经济环境

新时期全球经济处于下行态势，中国经济进入了新常态，经济从高速增长转为高质量增长，从规模速度型粗放增长转向质量效率型集约增长，从要素投资驱动转向创新驱动。受经济环境的影响，人们收入降低、失业率不断上升、可支配收入减少，市场购买力相对下降。因此，人们开始重新审视消费观念，越来越多的人逐渐接受分享消费方式，以降低消费成本和增加收入来源。分享经济的迅速发展扩大了康养旅游市场需求规模，提高了需求水平和购买力，刺激了康养旅游产业扩大再生产和创新升级。分享经济模式通过闲置资源货币化方式，将闲置资源用于生产经营，极大丰富了康养旅游产业的经营资源供给，降低了资源使用成本并化解了产能过剩，促使康养旅游产业从规模型粗放发展转向质量型集约发展，从重资产经营方式转向轻资产经营方式，从资本驱动转向创新驱动。

3. 文化环境

新时期我国人口老龄化程度逐步加深、人口流动更趋频繁以及现代生活节奏日益加快，使得中国家庭结构和功能都发生了巨大变化。家庭结构趋于小型化和空巢化，家庭功能趋于核心化，导致家庭养老功能不断弱化，越来越多的家庭寻求社会服务来满足养老需求。康养旅游市场需求迅速增长与市场供给相对不足的矛盾，迫使康养旅游产业亟须创新。另外，新经济环境下消费观念的变化，使得康养旅游者从重视产品所有权向重视产品使用权转变，从偏好大众消费转向个性消费，从注重物质消费转向精神文化消费，从崇尚过度消费转向绿色可持续消费。消费观念的变化，直接引起康养旅游者的消费行为与消费模式随之变化，成为推动康养旅游产业发展和创新的重要力量。

4. 科技环境

随着技术环境发生重大变化，互联网、大数据、云计算、移动支付、人工智能、物联网等先进科学技术，对康养旅游产业的产品、生产经营方式、市场、供应链、组织等方面持续渗透和优化，在康养旅游产业发展进程中，进行持续反复的细微创新，直至积累成为质变的颠覆性创新，形成产业螺旋式上升的发展轨迹。技术创新会加快康养旅游新产品的开发进程，缩短现有康养旅游产品的生命周期，加速产品升级换代。技术创新创造了"供给者-共享平台-消费者"的平台经济商业模式，改变了传统供需关系。同时，技术创新通过交易流程优化、制度变迁等方式降低成本，从而推动康养旅游产业创新，实现了供给与需求的即时最优匹配，减少了信息不对称，有效降低了交易的金钱成本和时间成本，成为康养旅游产业发展中不可或缺的力量。

（二）服务设施动力

基础设施既是康养旅游经济活动有序运行的基础物质条件，也是推动康养旅游产业创新的动力因素之一。康养旅游企业在基础设施条件良好的地区开展生产经营活动的成本会低于其他地区；同时，基础设施良好的地区会拥有更大的市场规模和市场机会，对康养旅游企业具有更大的吸引力。基础设施动力系统包括医疗设施、交通设施、文化体育设施与商业服务设施等要素。

1. 医疗设施

医疗设施在康养旅游发展中扮演着重要的角色，因为康养旅游不仅仅

是为了让游客休闲和放松，更是为了关注和促进游客的健康。医疗设施如医院、疗养机构、中医药服务区等，不仅可以为游客提供基本的医疗服务，如治疗感冒、发烧等常见疾病，还可以提供一些特色医疗服务，如中医理疗、康复治疗等。这些特色医疗服务，可以满足一些游客对传统医学和康复治疗的需求，提高他们的满意度和忠诚度。

2. 交通设施

交通设施是康养旅游发展中最基础的组成部分，以使游客方便快捷地到达目的地。交通设施包括公路、铁路、航空和水路等，可以为游客提供多种交通方式的选择。例如，游客可以选择乘坐公交车或出租车前往目的地，或者选择自驾游前往康养旅游地。此外，一些高端的康养旅游项目，还可能提供接送服务，让游客更加方便快捷地到达目的地。

3. 文化体育设施

文化体育设施可以为康养旅游提供更多的元素和体验项目，让游客在旅游过程中得到更多的乐趣和收获。文化体育设施包括博物馆、图书馆、艺术馆、健身房、游泳池等，可以让游客了解当地的历史、文化、艺术和社会风情，同时也可以锻炼身体、提高健康水平。这些设施不仅可以满足游客的文化和体育需求，还可以为当地创造更多的就业机会和经济效益。

4. 商业服务设施

商业服务设施是康养旅游中必不可少的部分，因为游客需要购买必要的商品和服务。商业服务设施包括商场、超市、酒店、会议室等，可以让游客在旅游过程中，得到必要的购物和商务服务。例如，游客可以在商场或超市购买当地的特色商品和食品，或者在酒店或会议室开展商务会议或活动。这些设施不仅可以满足游客的购物和商务需求，还可以为当地创造更多的就业机会和经济收入。

（三）市场需求动力

疫情发生以来，康养旅游市场需求发生重大变化，市场需求规模的扩大、市场消费结构的升级、市场需求方式的转型，都在不断推动康养旅游产业发展。

1. 市场需求规模

新时期随着我国社会经济的快速发展以及人民生活水平的不断提高，人们对健康与旅游的双重需求推动康养旅游市场需求迅猛增长。互联网、云计算、大数据、智能终端等技术手段提升了闲置资源的利用效率，使康养旅游者尤其是老年消费群体能以更低的成本获得舒适的康养旅游服务，提升了康养旅游者的消费能力，带动了社会总购买力，提高了整个康养旅游消费者的福利水平，从而刺激了康养旅游市场的多样化需求。

2. 市场消费结构

随着共享经济的发展，供需匹配效率得到显著提升，市场的消费水平不断提高、消费范围不断拓展，使得提高生活品质成为康养旅游消费者的普遍追求，从而推动康养旅游市场消费结构由观光型消费向体验型消费升级、由物质型消费向服务型消费升级、由生理型消费向精神型消费升级。康养旅游者在休闲娱乐、身心健康、文化体验、社会情感交流以及价值实现等非基本旅游消费的花费中所占的比重上升，而基本旅游消费的花费所占的比重却下降。康养旅游市场消费结构升级直接推动国内康养旅游产品升级换代、康养旅游产业链解构与重构以及产业生产经营变革，推动了康养旅游产业创新发展。

（四）产业供给动力

康养旅游产业供给在外部产业竞争与内部产业升级等方面发生重大变化，推动康养旅游产业发展。

1. 外部产业竞争

外部产业竞争动力是康养旅游产业在市场环境中面临的替代竞争对手的竞争。共享经济打破了传统的产业竞争格局，促使康养旅游产业创新活动进行适应性调整，从而影响产业创新的范围、方向和程度。康养旅游产业的替代竞争对手包括满足康养旅游者食、住、行、游、娱、购、养、学、闲、情等需求的护理服务、康养食品、医疗保健、旅游地产、教育培训、休闲娱乐等行业。康养旅游产业的替代竞争对手借助互联网、大数据、云计算等高科技手段，能够更高效、更经济地建立与消费者的连接渠道，降

低了市场准入门槛，增加了市场供给，从而推动了产业竞争与创新。总之，外部产业竞争成为促进康养旅游产业创新发展的重要动力。

2. 内部产业升级

追逐利润是推动康养旅游产业向前发展的经济性动因。利润最大化、成本最小化是康养旅游产业内部升级的根本动力。新的市场机会是利润的源泉。康养旅游市场需求逐渐呈现出多元化、个性化、分散化、小众化趋势，这对康养旅游产业的供给方式和效率提出了新的要求。康养旅游产业内部的企业为了开拓新的市场，逐渐加大经营、营销、研发等方面的资源投入，不断加强产品创新、市场边界拓展及技术创新等方面的能力。通过降低成本，康养旅游企业能够以更高性价比的产品提高市场占有率和扩大再生产，从而促进生产与消费的良性互动。因此，康养旅游产业内部升级也是驱使其不断发展的重要动力。

第三节　康养旅游基本类型

康养产业作为大健康服务业中的新兴产业，蕴含拉动经济发展的巨大潜力，它一头连接民生福祉，一头连接经济社会发展，正在成为我国又一个新兴的战略性支柱产业。康养产业覆盖面广、产业链长，能推动健康、养生、养老、医疗、旅游、体育、保险、文化、科技信息、绿色农业等诸多领域产业的有机融合，能对众多上下游产业发展产生强劲的推动效应，具有强大的生命力。康养旅游与其他各领域的结合促成了我国目前康养旅游广阔的市场，如"康养旅游+生态"衍生的森林康养模式、山地康养模式、温泉康养模式等；"康养旅游+文化"衍生的特色小镇康养模式、乡村康养模式等；"康养旅游+医疗"衍生的康疗养生模式等；"康养旅游+养老"衍生的健康享老模式等。

一　与生态环境相结合的生态健康旅游

生态健康旅游主要是通过旅游目的地现有的丰富资源和良好的生态环

境，进一步对其进行养生保健设施和项目的开发，使消费者达到增益身心健康的目的，这类康养旅游产业的特点是以生态资源为依托，借助体验、观光、学习相关文化等手段，达到休养身心的目的。

（一）森林康养旅游

森林康养是借助森林环境中的美景、森林绿视率、森林色彩、负氧离子、芬多精、植物挥发物、植物精油、芳香植物、森林气象环境（湿度、温度、风速、光照、紫外线）等森林疗法因子，开展森林康养活动。森林康养基地如果处于气候条件较好的地区，可以为康养人群提供更长时间的康养活动。

1. 森林康养旅游的内涵

森林康养以人为本。世界卫生组织对人类健康状况调查显示，经医院诊断患各种疾病的占 20%，处于亚健康状态的占 75%，符合真正健康标准的人仅占 5%。森林康养坚持以人为本理念，强调满足不同人群对不同健康层次的需求，有针对性地开展康养活动。

森林康养以林为基。森林康养的基础在于优质的森林资源。有学者认为优质的森林资源需满足以下条件：第一，具有一定规模的集中连片森林；第二，景观优美，森林风景质量等级应达到 GB/T 18005-1999《中国森林公园风景资源质量等级评定》标准二级以上，附近没有工业、矿山等污染源；第三，充足的两气一离子，即氧气、植物精气和空气负离子。

森林康养以康为义。森林康养的最终目的是恢复、维护和促进人体健康，实现人类的健康长寿。"康"是森林康养的意义所在，是森林康养的归宿。"康"的保障在于优质森林资源的"优"要有数据支撑，准确健康体检的"准"要有保障，技术精良的康养从业人员的"精"要有国家职业资格认定。

森林康养以养为要。森林康养的要点在于"养"。实现这个"养"，不仅需要一片优质的森林资源，还需要融合现代医学和传统医学。森林康养区别于大众化森林旅游和低端化森林观光之处便在于此。它是以现代医学和传统医学为手段，监测人们在开展森林康养活动前后的身体状况，以寻

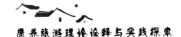
求人在森林中进行活动后健康得到恢复和促进的科学行为。森林康养注重人与自然的融合，提倡以回归自然的方式进行养生，即养身、养眼、养心、养颜、养病。

2. 森林康养旅游的主要类型

休闲娱乐类。这类产品主要指在不破坏森林资源的基础上，依托森林自然资源开发不同类型疗养者在休闲娱乐过程中所需要的设施和服务等。休闲娱乐类产品具有多样化、全民化、新颖化和时尚化等特点，开展健康的休闲娱乐活动，可有效调节情绪、松弛身体，起到消除疲劳、愉悦身心和恢复精力等功效，对疗养者的身心健康有积极影响。

观光体验类。观光体验是通过感官感受和认知森林及其环境、文化习俗的康养活动。这类产品集观光旅游与种植、养殖、手工制作、民风和民俗于一体，并融入康养文化体验，使产品内容和形式更加丰富多彩，满足疗养者的多样化需求。其最大的特点是参与性，疗养者置身于大自然中，感受森林、山水风光和当地文化的独特魅力，并达到陶冶性情和调节身心健康的目的。

运动康养类。运动康养是指依托优质的森林环境，并结合森林地形，以适宜的运动方式，来增强机体活力和促进身心健康，具有养生为先、注重体验、主动训练、综合康养等特点，具备辅助治疗疾病、康复治疗和提升健康等功效。主要产品有户外拓展、极限运动、丛林探险、森林慢跑等，疗养者可根据自身需求选择合适的运动方式。

保健养生类。这类产品借助森林康养基地优越的景观资源、丰富的负氧离子、植物释放的芬多精和养生药膳等，开展慢节奏、静养式康养活动，如森林浴、养生药膳、中药浴、森林瑜伽、森林太极等。清新的空气、慢节奏养生运动和养生食疗的有机结合，能有效调节人体机能、促进身心健康，达到休养身心的效果。

病体康复类。这是利用森林中的各种资源，配以专业医疗设施和人员，结合康复治疗、术后恢复和心理疏导等多种方式，使疗养者身心得以恢复的产品类型。主要有亚健康、病后康复，慢性病辅助医治和职业病疗养等康复疗养产品，还有艾灸、推拿按摩、中医理疗、芳香疗法等特色康复治疗项目，疗养者可根据实际情况和需求选择适合的产品和项目。

科普教育类。这类产品以森林环境为背景，开展森林知识科普、生态观测等活动，集科普教育、康养、休闲观光于一体，使森林资源物尽其用，让教育更具趣味性，进而提升科普教育效果。不仅可以起到宣传科普知识和提高国民科学素质的作用，还对环境保护有着潜移默化的积极影响，满足人们尤其是青少年亲近自然、认识自然、保护自然的需求。

（二）山地康养旅游

山地康养旅游是山地旅游中一种新的旅游方式。山地康养旅游是以山地资源为依托，以休闲康养为主要目的，以山地自然景观、人文景观和山地生产经营活动为内容，配以系统的配套设施设备，吸引健康游客前来休闲度假的一种旅游活动方式。其中的山地旅游资源通常从广义角度考虑，即以地文景观为载体的多种旅游资源组合而成的旅游综合体，不仅包括山地本身，还包括与之相关的生物景观、水文景观、天象景观等。

1. 山地康养旅游的内涵

资源原生性。山地康养旅游以山地资源为依托，山地旅游资源自然性强，同一区域常融合了自然景观与人文景观，即使在同一区域从不同角度捕捉的风貌也各具特色。由山地资源的特点衍生的丰富性、季节性、地域差异性以及多层次性等特征，使得游客能够选择更灵活的康养方式，强调了游客的原生体验性。

运动体验性。开发山地康养旅游产品必须依托山地资源，一方面可以"无中生有"去创造旅游产品，另一方面又必须结合现有山地资源。当前一部分山地康养旅游开发出了各类运动，如攀岩、滑雪、溯溪等，山地康养旅游产品以原生态为主基调，同时又结合了都市旅游新形式，产品的运动量适中、选择面广，能够满足不同层次康养群体的需求。

产品多样性。打造集山地旅游和健康功能于一体的旅游产品，实现山地资源的综合利用，使得山地资源由单一的功能向多功能转化，实现自然风光集康养和休闲娱乐于一体；实现文化宗教集教育传承和环境保护于一

体；实现科学考察集科技示范和康体疗养于一体。成功开发山地休闲旅游产品，可实现生态、经济、社会效益的统一，实现多方共赢。

2. 山地康养旅游的主要类型

康体健身类。康体健身类山地健康旅游产品是以山地空间环境为要素，如自然观光性和科普性旅游资源，主要有户外拓展训练、山地自行车、山地摩托越野、登山、探险、野营体验、山地科考、夏令营等健康旅游产品，特点在于充满动感与活力，主要对象是身体处于健康状态的中年与青少年群体，也包括部分身体健康但心理处于亚健康状态的旅游者。该群体精力较充沛，充满挑战和好奇心理，愿意并能够参与较剧烈的运动。开发康体健身类的山地健康旅游产品的目的，在于强健人们的身心，锻炼个体意志力和磨炼自我人格，提高旅游者的自信心，达到锻炼意志、强健体魄的目的。

休闲养心类。休闲养心类山地健康旅游产品主要是通过对山地空间环境，尤其是对山地森林、花卉、气候等资源产品的开发，强调环境营造和静态养生型旅游产品，遵循以"静"养生的原则。比如，山地型景区的慢行绿道、森林浴、花卉浴、山间瑜伽、体操休闲、山地酒吧、山间温泉、宗教祈福等养生类旅游产品。休闲养心类山地健康旅游产品，主要适用于追求健康身心的群体，尤其是都市女性白领、商务人士和银发群体。该类群体渴望享受慢的旅程和慢的心情，追求慢的休闲体验。休闲养心类山地健康旅游产品，旨在使旅游者学会慢下脚步、放下压力、亲近自然，达到静心慢养、恢复精神、治愈心灵的效果。

保健疗养类。此类旅游产品强调的是山地空间与山地资源的综合利用，尤其是山地中的自然疗养因子，对追求以健康为主的旅游者的机体治疗与恢复、实现疗养功能具有重要作用。保健疗养型旅游产品以康复疗养和益寿为目的，主要针对身心处于亚健康状态的旅游者，以健康养老群体和部分伤病群体为主。由于老年群体身体机能衰退、伤病者免疫力较低，因此更需要优质的疗养环境。一般选址于低山气候区，并针对不同的疾病和不同的健康状况，开发相应的山地健康旅游产品。依托山地的特殊气候和特色中药材、山野菜等具备健康功能的资源，可开发具有山地特色的山地气候疗养、养生会馆、山谷疗养、地形疗法、膳食保健、中医药理疗、药浴、健康医学学术交流等多种形式的旅游产品。

（三）水体康养旅游

水体康养旅游是依托水资源，如温泉、湖泊、海洋、河流等，在旅游过程中实现调养身体，改善亚健康状态，放松身心的旅游活动。适当泡温泉对人体的皮肤具有杀菌消炎作用，能增强人体抵抗力，提高身体的新陈代谢能力，能够使得人体身心彻底放松。水上活动的开展，能使人体得到锻炼，身心放松。常见的水体康养形式包括温泉水疗、漂流、游泳、冲浪等能强身健体的项目。

1. 温泉康养旅游

温泉康养旅游是以温泉资源为旅游吸引物，以养生和休闲为主要目的的一种旅游方式。我国早在先秦时期，已经懂得用温泉来治疗疾病、进行养生的道理。但真正大规模发展温泉旅游是从 20 世纪 90 年代开始的，据不完全统计，我国已经发现的矿泉有 3000 多处，遍及全国各地。

而对于温泉康养旅游项目，有学者又将其细分为 A、B 两种类型，A 类指温泉康养旅游功能与温泉休闲娱乐功能并重发展的温泉旅游项目；B 类指以温泉康养旅游为主体功能或利用温泉资源开展健康医疗旅游的项目。在实际温泉康养旅游发展中，大部分是 A 类项目，即产品叠加，在原有的休闲娱乐产品上，结合生态、环境、中医药等开发温泉健康产品。

2. 湖泊康养旅游

湖泊康养旅游是借助优质的湖泊生态资源、康养环境和养生功能，辅以康体养生服务设施开展的促进人体身心和谐、健康的旅游活动，它包括以修身养性、调节身体机能、健体养颜、养生养老为目的的湖泊游憩、休闲、养生保健等一系列活动。

湖泊康养旅游是一种结合湖泊旅游和健康养生的旅游形式。湖泊康养旅游通常会选择一些自然环境优美、空气清新、水质优良的湖区进行体验。游客可以通过参与舒缓的湖边休闲活动，如钓鱼、划船、游泳等来缓解身

心疲劳，同时也可以参加一些健康养生课程，如瑜伽、太极、艺术美育等，来促进身心健康。许多湖泊康养旅游还提供美食、温泉等服务，以满足游客的需求。这种旅游形式在现代社会越来越受到人们的追捧，成为一种新兴的旅游模式。

3. 滨海康养旅游

滨海康养旅游是指在一定的社会经济条件下，以沿海岸线陆域和海岸为依托，以满足人们精神修养和身体康复需求以及不同经济主体利益为目的而进行的海陆观光、休闲养生和度假等旅游活动所产生的现象和关系的总和。滨海康养旅游产品，主要是滨海康疗游，在生态环保原则下，开发滨海旅游地疗养院，推出海水浴、日光浴、泥沙浴、温泉浴等康疗旅游产品，体验特色海滨文化。

二 与养生养老相结合的健康享老旅游

享老旅游主要是将医疗、气候、生态、康复、休闲等多种元素融入养老产业，发展康复疗养、旅居养老、休闲度假型"候鸟"养老、老年体育、老年教育、老年文化活动等业态，打造集养老居住、养老医疗、养老服务于一体的养老度假基地等综合开发项目。需要有一定的环境资源，目标客户是拥有一定经济实力的老年群体。现如今，人们生活质量的改善使老年人的旅游需求日益旺盛，而养老服务模式也在此基础上得到了进一步发展，并出现了享老旅游服务模式。

（一）基于享老特性的角度

1. 观光休闲类养老模式

观光休闲类养老模式面向身体较为健康，有着较强经济实力的老年人，通过帮助这些老年人到异地欣赏自然风光及历史遗迹，使老年人产生身心愉悦的感受，进而实现养老目的。该种养老服务不局限于固定的目的地，流动性较强，并且到异地养老的时间也可长可短。

2. 康复疗养类养老模式

康复疗养类养老模式能够帮助老年人战胜或预防身体与心灵上所产生

的疾病与痛苦，其旅游目的地往往是固定的，但旅游形式却非常多样化，如森林氧吧游、滨海疗养游等。

3. 度假养生类养老模式

该模式将老年人带到一些避暑避寒的地方进行旅游和生活，以使老年人的身心得到有效调节，使其保持身心健康。这种服务模式所面向的老年人群体具有一定的经济实力，他们通常会在这些气候条件适合避暑避寒的地方购买房产，这样既达到养老目的，又能进行一定的投资。

（二）基于享老资源的角度

1. 景区旅居养老模式

景区旅居养老模式依托山林、湖泊、海洋、温泉等生态资源，以远离城市的喧嚣与躁动为主旨，打造独特的生态依托型养老产业项目，形成了山水叠墅、野奢享老公寓、山水康疗基地、山水营地、温泉养老综合体等不同组合的景区旅居养老基地。

2. 田园旅居养老模式

田园旅居养老主要是指那些以农家乐、乡村绿色田园的景观、农事娱乐体验、特色乡村风情为依托，以休闲度假为目标的享老产业开发项目。游客不仅可以观光、采摘、体验农作、度假、游乐、了解农民生活、享受乡土情趣，还可以体验酒庄、农庄、渔庄、茶庄、牧庄、林庄等特色庄园式养老产业项目。

3. 运动旅居养老模式

"动则不衰"是中华民族养生、健身的传统观点。老年人因为体质和年龄的特殊性，更注重体育锻炼，运动康体成为旅居养老的重要组成部分。养生的目的是维护健康、增强体质、延缓衰老、延长寿命。以养精、练气、调神为基本特点，以运动休闲项目的适度开发为核心吸引物，辅以养老产业配套设施和服务，打造运动旅居养老模式。

4. 康体旅居养老模式

其一，以中医养生为核心，开发中医诊堂，中医理疗中心，中草药种植园，药膳养生会所，中医养生会馆，针灸、推拿、按摩等中医理疗项目，

并针对不同人群的身体健康状况开发不同的服务项目。其二，以西医疗养为核心，以大型医院雄厚的医疗资源或全面专业的医疗设施设备为依托，以专业的医疗护理服务为特色，形成涵盖身体健康检查、医疗器械监测、健康咨询管理等多个领域的立体化产业体系，并设置医护辅助中心、理疗课堂、康健中心等多种养老服务项目。

三　与体育运动相结合的运动康体旅游

运动康体旅游主要以该地或其周边的运动资源或者大型的运动活动为依托，以运动的参与或者体育赛事的观赏为主要内容，同时以配套的休闲、养生设施和项目为辅助，以达到促进消费者身体健康的目的。这类康养旅游产业的特点是，以消费者参与赛事或活动组织为主要形式。一般消费客体主要为身心健康程度较好，对生活质量追求较高的游客。

（一）运动康体旅游的内涵

1. 以体育为载体

从服务功能层面分析，运动康养是以体育运动的方式达成修身养性的健身目标，康养是以追求健康的各种健身方式来实现养生与提升健康。运动康养项目、传统民族体育项目与中医养生功法等，是二者的交互领域，也是二者赖以创新和发展的基本载体。运动康体旅游就是让人们把体育运动当作休息、养生、度假、保健，甚至养老的一种载体，实现享受森林氧吧、大自然阳光、心旷神怡的风景与身心健康的有机统一。

2. 以健康为目标

运动康养以体育的方式，让民众在旅游中强身健体与保持健康，康养产业依托各具特色的自然资源，服务于民众的健身、疗养、医疗与康复等需求，二者目标统一于民众的身心健康。随着现代运动项目的发展，森林健步、划水、游泳、爬山与少数民族传统养生武术等运动康养项目，逐渐成为康养产业中的重要支撑性内容，实现了运动、养生、疗养与康复等有机结合。在"健康中国"战略下，运动康养是康养产业的重要发展形式，康养产业是运动康养得以产业化与群众化的成长和发展基地，二者都服务于广大群众的健康追求与健身实践。

（二）运动康体旅游的主要类型

1. "森林+有氧运动"模式

森林康养是一种依托森林资源的天然优势，以旅游、疗养、休闲的形式，实现促进人体健康的康养模式，将之与休闲体育相结合，构建集康复、疗养、运动、休闲、旅游等于一体，适合人群多样化健康需求的运动森林康养基地，是发展森林康养的新趋势。该模式将户外活动、休闲娱乐、身体疗养融合在一起，开展森林夏令营、森林马拉松、森林越野、森林探险、森林户外拓展等项目。依托森林公园、湿地公园、自然保护区等，建设以疗养和康复为主的森林康养基地，开发森林瑜伽、森林冥想、芳香疗养、森林太极、森林健步、森林骑行等森林康养项目，建设以运动康养为主的森林康养基地。

2. "水体+水上运动"模式

湖泊、温泉、江流等水体资源，由于其特性可开展游泳、水球、水上冲关挑战、水上游戏、水上健身运动、水中康复等体育活动。另外，滨海、沙滩等水体资源，还为人民提供天然的健身和休闲娱乐环境，将日光浴活动、沙滩排球活动、沙滩游戏活动、沙滩障碍赛、沙滩马拉松等沙滩体育运动，以及冲浪、帆船、赛艇、滑水、潜水、皮划艇等海洋体育运动加入滨海康养中，突出"运动健康，滨海旅居"的康养理念，集滨海度假、康复疗养、健康管理、体育锻炼于一体，个性多元的体育滨海康养体验将是康养旅游又一风景线。

四　与医疗保健相结合的康疗养生旅游

康疗养生旅游主要的康养旅游主题是疾病的预防与护理、身体的康养与修复，该类型康养旅游产业主要依托康养旅游地的医疗保健设施和机构，利用当地的医疗保健资源，吸引消费者到康养旅游目的地进行医疗护理、医疗保健、体检、康复等消费活动，该类型的康养旅游产业对旅游目的地的医疗水平要求较高。目前我国较为推广的是以传统中医资源为依托的中

医药康养旅游。

（一）康疗养生旅游的特点

1. 康复性

康复性是康疗养生旅游区别于一般旅游活动最主要的特点，游客前往目的地是为了接受治疗、消除疾病实现身心康复。

2. 休闲性

休闲性则是康疗养生旅游同普通的旅游活动最为相似的地方，游客能够在治疗疾病和身体休养的过程中，欣赏当地的自然风光和进行娱乐活动。

3. 地域性

主要是指不同国家、不同地域有不同的资源条件，如韩国整形技术突出、泰国健康检查深受欢迎、中国中医博大精深等，每个国家都有其独特的医疗方式。

4. 效益性

经济效益。康疗养生旅游融合医疗产业与旅游产业的资源，将二者融为一体，产生大于医疗效益与旅游效益之和的经济效益，即实现"1+1＞2"的效果，通过技术、品牌、文化等无形资产，互补、共享双方在医疗旅游产业中的资源。在互惠共生的模式下，医疗和旅游产生有正作用力的影响，双方获得更大的经济效益。

社会效应。康疗养生产业对于地区来讲，不仅能带来直接的经济效益，同时也可带来较大的社会效益。尤其是民族特色的医疗旅游产业，能有效展示地区的城市品牌形象，提升当地的知名度。同时，还可以深化与各国政府之间、社会团体之间的合作与联系，推动互访互通，带动地区的医疗卫生和旅游事业以及文化的综合发展及有效传播。

环境效应。康疗养生旅游以丰富多彩的自然、文化生态资源为保障，具有特殊的环境效益，体现在保护旅游资源和生态环境、维护基础设施、建立可持续发展的旅游产业模式，从而确保医疗旅游资源的扩展性和持续性等方面。

（二）康疗养生旅游的类型

1. 疾病治疗类

目前存在一些身患疾病甚至是疑难杂症的医疗旅游者，因为国内医疗资源不足、医疗水平低等问题的限制，又或者是由于支付不起国内高昂的医疗费用而选择出国求医，这是康疗养生旅游最早兴起的主要原因。这类医疗旅游活动的侧重点在于病人治疗疾病的过程，偶尔也可能会伴随一些个别的旅游活动，且这些活动多是在旅游者身体痊愈之后的即兴活动。这种医疗旅游者一般包括两种：前者是医疗技术落后国家的高收入者，他们追求先进医疗技术和医疗设备；后者是低收入者，他们追求的主要是同等技术水平下更低的医疗费用。

2. 美容整形类

医疗美容在当前国际市场中非常受欢迎，因此美容整形类的医疗旅游业也随之得到快速发展，从韩国、泰国、日本等国家整容行业的飞速发展中可以看出，整形美容具有巨大的国际市场。这类医疗旅游者以女性为主，她们出于对美的追求，想要实现自己身体局部修复或整体特征的彻底改变。随着各国整形行业的不断发展，整容技术不断进步，高水平的整容医生也越来越多，现在的整形行业逐渐摆脱了以前的高风险特征，每年吸引着大批游客前往这些整容技术发达的国家进行手术。人们会普遍因为个人因素和社会态度问题，选择到别国做整形手术。目前社会大众整体上对整容还是持保守的态度，大部分人仍然对整容者存在偏见，因而选择在当地进行手术很容易招来非议，相反，到国外进行整形手术，尤其是到技术好、收费低的地区，既能够摆脱外界非议又能够享受更好的服务和医疗效果。

3. 养生疗养类

最初，医疗保健活动是康疗养生旅游的主要表现形式，也是一种基本的医疗旅游类型，到现在仍然在医疗旅游业发展中占据重要地位。随着经济全球化发展，人民的生活水平日益提高，对医疗过程中药品和治疗方式的使用要求也越来越高，能够在最低副作用的情况下改善身体状况，成为人们的普遍追求。在这种情况下，中草药以其独特的健康特性和低污染性

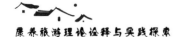

受到医疗旅游者的欢迎。另外，温泉、海滨、森林等疗养地，也因为环境优美而成为医疗旅游者追捧的地方。除了疗养地本身的疗养保健功能外，医疗旅游机构为了追求医疗旅游环境的优美、宜人，不惜花重金将医疗旅游项目设置在知名的疗养地，也有不少疗养地积极参与康疗养生旅游。

五　与乡风民俗相结合的乡村康养旅游

乡村康养旅游作为一种新兴业态，是秉承新发展理念，在地方性资源利用、后生产主义乡村价值兴起、农村产业融合驱动、城乡地域共同体功能再造、康养政策引领与市场开发的共同作用下发展起来的。在实践中，通过对自然资源、文化资源、中医药资源和森林资源的开发，与乡村旅游、文化体验、休闲度假、景观游赏等相融合，发展出田园康养、文化康养、医疗康养和森林康养等新型形态，在一定程度上满足了老年群体多样化的养老需求，建立了互益性城乡交流渠道，推动了乡村产业振兴和社区建设。

（一）乡村康养旅游的内涵

1. 乡村资源的优势驱动

随着后工业社会的到来，居民对生活水平和质量的要求逐渐提高，城市空气与噪声污染、交通拥挤等问题也日渐凸显，出现了大批城市居民前往环境较好、自然舒适性较强的郊区和乡村生活的现象。而乡村的资源优势是指乡村具有让人感到舒适和愉悦的特征，主要表现如下：在生态环境方面，乡村主要以优质的自然资源为核心，包括田园风光、自然村落、山水地理、开阔的户外空间，以及丰富的耕种、畜牧、采摘资源等，便于开展休闲、游憩、康养、亲近自然之类的活动；在人口方面，乡村有着低密度的人口空间，不会出现交通拥堵与住房紧张的现象；在生活方式方面，乡村具有缓慢的生活节奏、丰富的人文历史与民俗传统，其在审美、居住、休闲、康养等方面的功能，更易吸引以体验乡村生活为目的的城市居民进行短期游憩和长期居住。

2. 乡村价值的守正创新

随着人们消费理念的变化及乡村多元功能的开发，乡村的生产性功能不断消解，并逐渐向非生产性功能转化，乡村不只是生产农产品的地方，农业也不再是乡村经济发展的全部，乡村的生活功能和生态功能得到了不同程度的关注和开发。乡村价值主要体现在生态价值、生产价值、社会价值和文化价值四个方面：乡村的生态价值表现为乡村生态环境是村落自然与人工的统一体，如优美的山水田园景观、干净的水源、清新的空气和肥沃的土壤，为人们放松身心和陶冶情操提供了适宜的环境；乡村的生产价值表现为乡村是实现产业融合的有效平台，涵盖了农业、手工业、旅游业等多种产业形态；乡村的社会价值表现为乡村既可以满足人们对低碳、绿色、健康的生活方式的追求，还具备稳定社会和保障安全作用；乡村的文化价值表现为乡村在传承传统文化、保护文化遗址、重塑乡村凝聚力方面发挥的重要作用。乡村多重价值的展现，不仅促使三次产业融合的新业态不断涌现，乡村产业的增值渠道得到扩充，还吸引了部分城市群体到农村居住和生活，满足其在农业生产、生活休闲、观光旅游、文化交流等方面的多种需求，达到重塑其精神生活的目的。

3. 乡村产业的融合探索

乡村产业融合是指以农业为依托，对资本、技术、劳动力、资源等生产要素进行产业之间的跨界重组，实现农业产业链延伸、产业范围扩展、农民收入增加等目标。从农村产业融合的实践形式上看，农村产业融合一般指农业与现代信息产业和现代工业的融合，也包括农业与旅游、休闲、健康、文化、养老等服务业的融合。在乡村振兴战略的推动下，通过产业跨界重组、要素跨界配置、主体跨界联合等方式，各地农村不断探索出"农业+"的多元形态，农业所蕴含的粮食生产、经济保障、就业吸纳、教化人心、文化传承等多种功能，不断得到开发利用，产业融合发展的趋势非常明显。此外，发展农村康养产业，还为城乡交流创造了机会，通过农村三次产业要素的重新配置，在城乡间建立起紧密的产业链，在提高地区经济发展水平的同时，达到城乡资源互补的目的。

4. 政策市场的双重推进

由于发展康养产业能够促进我国经济发展，并有效填补社会养老服务

缺口，自 2013 年起，中央和地方政府频繁出台支持康养产业发展的利好政策，尤其是伴随健康中国行动、老年健康促进行动、乡村振兴战略的全面启动，康养产业建设已被纳入国家发展战略，相关支持包括体系建设、设施布局、产业规划等。在产业形式方面，从鼓励社会资本进入、促进多种行业深度融合发展，到创新康养市场；在市场方面，近年来我国健康养老的消费需求持续攀升，老龄健康产业规模不断扩大，预计到 2030 年我国健康产业和养老产业规模将分别达到 16 万亿元和 22 万亿元。农村地区因其独特的生态环境和自然资源，正在成为发展康养产业的首选之地，吸引众多企业、社会组织、个体农户投资创业，康养地产、康养旅游、康养科技等新业态越来越丰富，休闲、运动、度假、农耕、养老、养生、医疗、康复、教育等多种功能日趋完善，消费群体也逐渐从老年人扩大到各年龄段群体，市场前景非常广阔。

（二）乡村康养旅游的主要类型

1. 乡村田园康养

乡村田园康养是一种以乡村田园为生活空间，以农家、农事、农活为生活内容，以体验回归自然、修身养性、休闲旅游、颐养天年为生活方式的实践形态，充分体现了人们对生态、生产、生活空间功能融合的需求。目前，田园康养产业的服务对象主要为偏爱农家生活、追求田园气息和享受乡村慢生活节奏的人群。旅游者居住时间比较长，且很少受到季节的约束，这是其发展的主要优势之一，但乡村田园康养如何统筹多方利益、建立共享机制是发展的关键。

2. 乡村文化康养

乡村文化康养是将传统养生、国学或者佛教、道教等文化资源，融入乡村生产、生活、生态，通过开发系列文化产品，将静态的康养文化打造成动态可体验的文化主题活动、康养活动的实践形态。但这一实践形态高度依赖地方文化特色，要求康养产业开发必须立足当地资源禀赋，深挖文化内涵和历史底蕴，避免同质化竞争。

3. 乡村医疗康养

乡村医疗康养是依托中医药资源，以中医养生为主，开发药养、食疗、气疗等中药体验产品，将中医药理念融入康养生活的实践形态。不同于现代医学，中医药诊疗强调人应该顺应自然生态环境的变化、四季时令的变更，调整生活作息和运动习惯，以达到健康养生的目的，这种"防患于未然"的思想，恰与康养理念中"治未病"的思想不谋而合。但乡村医疗康养本身对目的地医药资源的依赖性较高，因而具有一定特殊性。

4. 乡村森林康养

乡村森林康养是指依托森林生态优势，通过景观提升、产业链延伸、林上和林下经济发展等，达到促进身心健康和延缓生命衰老目的的实践形态。由于这一实践形态对森林资源有特殊性要求，因此大都集中在我国的四川、湖南、陕西等植被覆盖率较高的地区，具有一定特殊性；但其服务功能较为单一，大多仍停留于吃、住、看等休闲旅游层面，对森林的生态、景观、食药和文化等资源开发利用不够，医养融合也不足。

六 与休闲度假相结合的居住养生旅游

休闲度假康养旅游的主要消费产品是休闲娱乐设施以及具有高度人性化和个性化的康养旅游服务。一般消费群体利用闲暇时间参与该类型的康养旅游活动，通过体验、参与进而实现与自然环境的亲近，实现身体和心灵的享受放松。这类康养旅游群体，一般在康养旅游目的地逗留时间较长，主要消费需求即休息和享受生活。

（一）居住养生旅游的内涵

1. 时间跨度长

居住养生旅游与传统观光旅游的重要区别在于度假旅游对目的地的指向比较集中。与观光旅游者所追求的"多走多看"的价值和心态不同，休闲度假者往往在一个地方停留较长的时间，而且消费的目的性非常明确。一方面，游客会花更长时间去欣赏和品味居住地的自然景观和文化古迹、领略民俗风情，以增长见识、开阔眼界和愉悦心情；另一方面，消遣娱乐、康体健身、休憩疗养、放松身心等旅游目的和消费习惯，能够在其中更好地体现出来。由于其时间跨度长，既使游客获得了更好的康养效果，又给

目的地带来较好的综合效益。

2. 需求层次广

居住养生旅游群体由休闲度假和健康养生旅游群体逐渐发展演变而来，居住养生游客旅游消费的进一步成熟，会产生更高的文化需求，这是因为，游客的体验已经不是到森林度假区呼吸新鲜空气，或者去温泉度假区泡温泉浴，而是更加追求度假地的文化氛围和内涵。因此，如果度假地经营能够在文化层次上满足游客的多方要求，度假地的度假文化就会逐步成熟，就会成为巩固游客对目的地忠诚度的驱动力。

3. 重游率高

重游率是居住养生旅游的一个显著特点，康养游客对其认同的度假居住地具有持久的兴趣和稳定的忠诚度，甚至对一家自己喜欢的度假酒店也有非常稳定的忠诚度。健康养生游客对度假目的地带来的熟悉感、亲切感非常在意，很关注外出度假感觉和在家里生活感觉的内在联系。因此，度假居住目的地会拥有一批稳定的回头客，这一群体越庞大，度假地服务的针对性就越强，针对该群体提供服务的人性化程度就越高，又反向促进了居住养生旅游者的故地重游行为。

（二）居住养生旅游的主要类型

1. 分时度假旅游

分时度假就是把酒店或度假村的一间客房或一套旅游公寓的使用权分成若干个周次，按 10~40 年甚至更长的期限，以会员制的方式一次性出售给客户，会员可每年到酒店或度假村住宿 7 天的一种休闲度假方式。而且通过交换服务系统，会员把自己的客房使用权与其他会员异地客房使用权进行交换，以此实现低成本到各地旅游度假的目的。目前，我国分时度假产品的位置较为集中，主要坐落在一些著名的海滨旅游城市，如秦皇岛的维多利亚海湾、三亚的海景温泉大酒店、大连的海昌新城等。分时度假产品的消费者主要为高收入阶层，国内大多数旅游度假城市大都存在这种现象，分时度假旅游的客户群大都来自目前国内的"富裕家庭"，他们购买分时度假产品主要出于投资动机，通过房产增值来获得稳定投资回报，顺带也为自己的旅游度假活动提供便利。

2. 季节性度假旅游

季节性被认为是旅游业或旅游休假活动最显著的特征之一，通常表现为客源流向、流量集中于一年中相对较短的时间内。通俗讲季节性就是指旅游接待人次、宾馆入住率等方面所反映出来的明显的淡旺季表现。比如避暑景区旅游人群多集中在夏天，北方冰雪景区多集中在冬天。季节性度假旅游介于观光游与移民活动之间，这种现象常被称为"居家旅游""生活移民""别居旅游"。无论在旅游还是移民中，都受到气候及社会制度的制约。一年中的常规气候变化，如气温、降雨、降雪及日照等因素，直接影响了人们对旅游目的地的选择。

此外，基于资源特征的居住养生类旅游，如乡村居住养生、森林居住养生等类型，基于目的特征的居住养生类旅游，如度假养老等类型，因前文已经讨论，此处不再赘述。

第三章
康养旅游发展历程

康养旅游作为旅游与健康养生融合发展的新业态[1]，不仅丰富了旅游产品和服务的内容，也拓展了旅游业的产业链条和经济增长点。当前世界范围内康养旅游发展如火如荼，美国、德国、日本、泰国等国家已然成为康养旅游发展的领先者。[2] 面对人口老龄化加剧的趋势，康养旅游迎来了发展契机。因此，探究国内外康养旅游的发展历程及政策实施过程，对我国康养旅游产业发展具有重要的现实意义。

第一节　国外康养旅游发展脉络

新时期，在"健康中国"战略和旅游业转型升级发展的背景下，在旅游消费观念迭代升级和内外环境变化的推动下，中国康养旅游产业迅速崛起。[3] 然而，我国的康养旅游业仍处在初级阶段。只有参考国外康养旅游发展历程，从中汲取经验教训，发展具有中国特色的康养旅游，才有助于我国康养产业蓬勃发展。

一　世界康养旅游产业发展历程

康养旅游兴起于国外，德国、日本和韩国都是康养产业发展比较成熟

---

① 彭健怡、王丽：《国内外康养旅游发展模式研究》，《太原城市职业技术学院学报》2022 年第 6 期。

② 刘海汀：《国际养生旅游的发展经验及启示》，《中州学刊》2020 年第 9 期。

③ 李茜燕：《后疫情时期康养旅游产业发展的机遇及对策研究》，《江苏商论》2021 年第 10 期。

的国家，这些国家的康养旅游产业在发展过程中充分结合了本国的自然和文化资源，形成了具有特色的康养旅游产品和服务。

（一）第一阶段：孕育期

康养旅游源自健康旅游，起源于古希腊时期的温泉疗法。古希腊时代的希波克拉提斯就曾使用温泉进行疾病治疗，并专门研究温泉对于人体机能的治疗功效。在罗马帝国时期，温泉疗养 SPA 开始在民间盛行，当时兴修了大量的温泉浴场用于公共沐浴，兼具保健和社交的功能，当地人通过在温泉中沐浴来治疗各种疾病，这也标志着健康旅游的形成。然而，一直到 18 世纪，健康旅游依然以温泉资源的简单利用为主，相继形成了英国巴斯、德国巴登巴登等温泉胜地。

此时的健康旅游主要依托温泉资源，与其他旅游形式没有太大的区别，没有向其他资源拓展，也没有发展出新模式。究其原因，除了人们认识的局限性，也与当时人类开发利用自然资源的能力有限有关。

（二）第二阶段：初步形成期

19 世纪是康养旅游发展的重要时期。随着工业革命的完成，人类对自然资源的改造能力大幅提升，但也带来了一系列环境问题和气候问题。为了解决这些问题，许多健康服务项目，如海滨疗养、SPA 疗养、森林疗养、农场养生等应运而生，这些都为康养旅游的发展奠定了基础。在这个时期，德国的巴特·威利斯赫恩小镇创立了世界上第一个森林疗养基地，建立了50 处森林疗养所。同时，法国的 DeLa Bonnardiere 医生，于 1869 年提出了"海洋疗法"，即利用天然的海水、海泥、海沙、海藻、海风及海滨的日光等要素，预防和治疗疾病。

这些健康服务项目的出现和发展，不仅为人们提供了新的康养旅游选择，也促进了人们对自然环境和生态环境的保护和改善。同时，这些项目也反映了人们对健康和休闲的追求不断提高，对康养旅游的需求不断增长。

（三）第三阶段：快速发展期

康养旅游概念的提出可以追溯到 20 世纪 60 年代，当时美国医生 Halber Dunn 创造了组合词"Wellness"，即现在所说的"康养"。康养旅游是顺应

时代发展而产生的新的旅游产品，它不是对传统疗养旅游的颠覆，而是继承和发展。

20世纪90年代，部分欧洲国家经历了经济危机后，开始修改健康保险法案，将温泉酒店和疗养机构从保险报销名目中剔除，这导致许多以浴疗为主营业务的温泉酒店和疗养中心失去了大量顾客。为了应对这一变革，这些温泉酒店和疗养中心开始转向康养旅游市场，开发了一系列健康产品，如健康餐饮、美容、按摩、心理疗养和医疗护理等各式各样能够满足顾客健康需求的配套项目，以吸引新客源。① 康养旅游在欧美国家得到广泛发展，许多国家开始将康养旅游与医疗、养老等产业相结合，发展出了医疗旅游、养老旅游等新模式。这些新模式，不仅为人们提供了更多的健康和休闲选择，也促进了相关产业的发展和升级。②

（四）第四阶段：百花齐放期

随着整个产业的发展壮大，康养旅游也越来越注重产业特色。世界各地根据自身资源禀赋和文化特点，开发出具有核心竞争力的康养旅游产品，形成各具特色的康养旅游发展模式。

1. 欧洲地区

欧洲一直是康养旅游发展中的佼佼者，如瑞士的卢塞恩市。该市以其美丽的自然景观和健康疗养设施而闻名，其最著名的康养旅游景点是"水疗中心"（SPA），这是一个集休闲、疗养、健身和美容于一体的综合性健康中心。此外，卢塞恩市还开发了许多户外运动，如徒步旅行、攀岩、滑雪等，为游客提供了多样化的健康旅游体验。近年来，越来越多"温和"的户外运动得到规模化发展，如徒步旅行和自行车运动，体现了德国人健康意识的提升。德国把康养旅游作为基本国策。公民在"国家自然景观公园"的开销均可列入国家公费医疗的范围，同时强制要求公务员进行康养

---

① 李鹏、赵永明、叶卉悦：《康养旅游相关概念辨析与国际研究进展》，《旅游论坛》2020年第1期。

② 苗雨婷：《世界康养旅游的发展历程及经验启示》，《西部旅游》2022年第22期。

旅游。[①] 德国在大规模地推行康养旅游项目后，医疗、养老、养生、旅游等要素不断融合，国民健康水平不断提升，国家医疗费用总支付锐减30%。总的来说，欧洲地区的康养旅游发展案例具有多样性，既包括利用自然环境的度假村和温泉，也包括结合医学、心理学等专业知识提供的健康服务。

2. 北美地区

北美地区是康养旅游支出金额最高的地区。以美国太阳河度假区为例，该度假区针对家庭客户开发了具有针对性的游憩场所、运动设施和商业休闲设施，提供超过1300万平方米的全年家庭娱乐区，并被投票选为"家庭团聚"十大度假区之一。此外，该度假区还拥有丰富多样的主题度假设施，如运动类设施、康体疗养设施和休闲观光设施等，以及自行车道、婚礼小教堂等特色设施，丰富活动类型，让旅游者拥有多样的选择。在会议及团体旅游方面，太阳河度假区获得过智能会议铂金奖，拥有美国西北部最大的会议接待设施，以会议为主的度假活动从春季开始就有集会团体登记，一直延续到秋季。

3. 亚太地区

在亚太地区，澳大利亚是处于领先地位的康养旅游目的地，自2002年以来，其水疗设施增加了29%。泰国的竞争力也越来越强，马来西亚紧随其后。2004年，泰国首开亚洲先河，针对养生水疗、传统泰式按摩、养生产品和服务，制定了"安全、卫生、优质"的指导方针和标准。泰国的康养旅游多年来持续稳步发展，与其邻国的竞争一直处于优势地位。这与泰国在服务和运营方面的优势密切相关，譬如接待者温和礼貌、旅游价格适中，这些都给游客留下了良好的印象。泰国康养旅游的目标消费群体是全球旅游市场，又对具体的目标市场做出区分，重点围绕中国、中东区域国家两大目标市场。因此，泰国鼓励越来越多的中东游客、中国游客前往，并为不同国家的游客准备合适的目的地产品。调查发现，中东游客更青睐健康服务，如泰国传统的健康疗法、水疗、美容疗法，尤其是众所周知的

---

① 郭思斯：《基于语料库的中美康养旅游外宣语言特征研究》，《石家庄学院学报》2023年第25期。

传统泰式按摩。[1]

二 世界康养旅游产业经验借鉴

（一）增强国民环保意识，贯彻可持续发展方针

纵观世界康养旅游的发展历程，康养旅游要想持续发展，必须以可持续发展为基本原则。首先，必须加强环境保护教育，旅游区需要采取措施对违反规定者进行严厉处罚，以确保环保规定得以遵守。同时，政府也应该禁止对自然资源的过度开发，并且投入更多的资金来保护自然环境。其次，应强化对环境承载力的管控，在吸引游客的同时，必须确保不会对当地环境造成不可接受的负面影响。在不给本地环境带来无法承受的消极影响的情况下，确保游客体验的品质。康养旅游的可持续发展，需要多方面的努力和投入。只有在遵循环保原则的前提下，康养旅游才能真正实现其价值，并为游客提供身心健康的服务和体验。

（二）实施全民健康教育，提倡健康生活方式

纵观世界康养旅游的发展历程，康养旅游持续发展与国民的健康意识觉醒息息相关。随着全球经济的发展和生活水平的提高，人们对健康的关注和需求也逐渐增加。日本在康养旅游方面的发展经验值得我们借鉴，他们通过推行国民健康促进计划，建立了全面的健康保障体系，使得国民的健康意识和参与康养保健活动的意愿得到了提高。此外，日本政府还通过提供多项免费的疾病筛查服务和价格低廉的癌症筛查服务，增强了国民的健康意识和参与度。然而，目前我国的人口结构日趋老龄化，容易患病的人群趋于年轻化，慢性疾病的患病人数不断增加，我国政府应加大对康养旅游的支持力度，促进跨部门合作，加强健康教育和宣传，发展多元化的康养旅游产品，以提高国民健康意识，贯彻健康生活方式，促进我国康养旅游的发展。

（三）融入优秀传统文化，发展特色康养旅游

中华传统文化源远流长，博大精深。在康养旅游中，可以融入中华传

---

[1]　李新泰：《国外健康旅游的发展路径与启示》，《人文天下》2019 年第 5 期。

统文化的元素，如中医养生理念、太极拳、针灸、中草药等，形成具有中国特色的康养旅游产品。同时，还可以通过举办传统文化活动，如书法、绘画、茶艺等，营造浓厚的文化氛围，让游客更好地了解和感受中华传统文化的魅力。传统医学在养生保健方面有着独特的见解和方法。在康养旅游中，可以结合中医的理念和方法，开发出具有中医特色的养生产品。例如，中医认为食疗对养生有着重要的作用，可以推出一些具有中医特色的食疗产品，如药膳等。中国康养旅游发展要以中国特征为导向，从文化传承、地理优势、传统医学、生活方式和生态环保等方面入手，彰显本土特征。同时也要不断创新和丰富康养旅游产品和服务形式，以满足不同人群的需求和期望，推动中国康养旅游事业的可持续发展。

第二节　国内康养旅游发展脉络

党的十九大报告指出，要积极应对人口老龄化问题，加快老龄事业和产业发展。在此背景下，涵盖养老、医疗、养生、体育、文化、旅游等诸多业态的康养产业，作为新兴产业应运而生并迅速发展。[①] 新时期的康养旅游政策变革有着全新的内涵，已由过去的政府指导转化为政府部门共同推动，体现出旅游管理体制的重大变革。在此过程中，政策导向至关重要。

一　国内康养旅游产业发展历程

康养旅游政策变革的背景是多方面的，包括国民经济水平的提高、人口老龄化的加剧、旅游产业的转型升级和政府政策的支持等。这些因素共同促进了康养旅游产业的快速发展和变革。

（一）行政主导事业接待型阶段

1949 年新中国成立至 20 世纪 80 年代初期，是我国康养旅游产业发展的行政主导事业接待型阶段，其典型特征是政府行政主导下的计划经济发

---

① 卜从哲、徐晶：《我国康养旅游市场开发的必要性和可行性分析》，《河北企业》2018 年第 4 期。

展模式。① 新中国成立以后，为了保障国家干部、军人、劳动群众的身体健康，国家及各省市的工会系统率先开办疗养事业；同时，中央各部委及各省市的事业单位逐渐开办各种类型的疗养院、休养所等，这成为我国康养旅游产业的起源，尚不属于严格意义上的产业范畴。其间，我国逐渐形成了具有鲜明资源特色的大规模疗养区，包括海滨气候疗养区（如北戴河、青岛、大连、厦门等）、矿泉疗养区（如小汤山温泉、从化温泉、重庆南温泉、黑龙江五大连池等）、山地气候疗养区（如庐山、黄山等）、湖滨疗养区（如无锡太湖、杭州西湖、武汉东湖等）。截至 1982 年底，全国各级各类疗养院休养所数量达到 5931 所、床位 7794 张。在行政主导事业接待型阶段，我国康养旅游局限于单一的福利型疗养模式，服务对象主要是各部门和单位的劳动模范、先进个人等；管理模式实行高度集中的行政管理体制，疗（休）养院（所）完全按照上级管理部门的指令开展业务。

（二）市场化改革规模发展阶段

20 世纪 80 年代中期至 20 世纪末，随着我国改革开放的全面展开，国内疗养事业和旅游业逐步开展市场化改革，康养旅游产业开始孕育并逐渐发展壮大。1985 年全国总工会出台了《关于职工疗（休）养事业体制改革的决定》，提出指导疗养事业市场化改革的主要方针。此后，国内疗（休）养院（所）逐渐由单一疗（休）养型向多功能经营服务型转变，由行政管理体制向企业化经营机制转变，由单一公有制向多种所有制转变，从而推动了我国疗养事业的多元化转型发展。国内疗（休）养院（所）逐渐转型发展成为以疗（休）养为主，养生、休闲、度假、旅游、医疗、康复、保健、体检等多功能综合服务兼具，并逐渐发展成为国内康养旅游产业的重要业态之一。

此外，国内旅游业由计划经济体制下的政治接待型，向社会主义市场经济体制下的经济事业型转变。1995 年以前，旅游行业主要经营入境旅游业务，很少接待国内旅游者。1996 年 10 月，国务院发布《旅行社管理条例》

---

① 李莉、陈雪钧：《中国康养旅游产业的发展历程、演进规律及经验启示》，《社会科学家》2020 年第 5 期。

（中华人民共和国国务院令第 205 号），将旅行社分为国际旅行社和国内旅行社；同时，允许旅行社的所有制形式可以为非公有制。政策的放开以及国内大众旅游的兴起，使得大量社会和民间资本进入旅游产业。而随着银发旅游市场的形成，国内旅游业按照市场化运作，为老年人群体提供各种主题的"夕阳红"观光旅游，这成为 20 世纪 90 年代最成功的康养旅游产品之一。在市场化改革规模发展阶段，我国康养旅游业逐渐由事业型向产业型过渡，政府主管部门逐渐从经营转变为宏观管理和制度供给；康养旅游的所有制形式更加多元化，社会和民间资本所占比重逐渐增加；康养旅游产业供给迅速扩大，康养旅游产品以老年观光旅游为主，产品类型单一，但市场规模大。

（三）市场深化改革提档升级阶段

2001 年中国加入 WTO 以后，中国进入全方位开放、与世界经济全面接轨的新发展时期。国内经济改革进一步深化，市场经济体制日益完善，市场逐渐成为影响旅游经济运行的主导力量，我国康养旅游产业发展，由粗放式规模发展阶段逐渐转向集约式提档升级阶段。

1. 业务范围跨界延伸

基于应对市场竞争、获取利润分散风险、强化品牌效应等目的，国内康养旅游产业的业务范围普遍跨界延伸至多元业务领域，不仅涵盖老年餐饮业、老年房地产业、旅游交通服务业、景区景点业、娱乐业、日常生活用品业、医疗与养生业、教育文化业等康养旅游核心业务，而且涵盖相关产业和衍生产业业务领域。产业业务边界日益模糊化，产业融合发展与混业发展渐成趋势。国内康养旅游产业业务向多元化延伸，首先在康养旅游的核心业务领域开展横向延伸，通过扩大康养旅游业务的经营规模，获得规模经济效应；然后以品牌、市场、资本等为纽带，实施业务纵向延伸，向康养旅游上下游的食品生产与加工业旅游咨询服务业、老年用品制造业、信息咨询服务业、家政服务业、劳务服务业、公共服务业等相关产业领域延伸，以获得旅游产业链上下游环节的利润。在积累了足够的经营资源以后，康养旅游产业向相关产业的先行产业和后续产业延伸，包括原材料供

给行业、保险业、金融业、建筑业、政务服务业等。产业关联的增强和产业协同的深化，促进了康养旅游产业业务领域向多元化延伸，使其获得规模经济和范围经济效应。例如，泰康人寿、合众人寿、中国人寿、万达集团、保利地产、首创置业、绿地集团等知名企业集团，运用控股、参股持股等资本运营手段经营旅游养老地产、老年公寓、康养度假酒店、体育与休闲俱乐部、医院和疗养保健机构、购物商业设施、文化教育设施等多元业务领域。

2. 产品类型多元创新

国内康养旅游业经过多年的发展，逐渐形成类型众多、特色鲜明的多元化康养旅游产品体系，产品类型涉及养老旅游、养生旅游、体育休闲旅游、医药健康旅游等；在各大类康养旅游产品中，又衍生出众多细分的子类型康养旅游产品（见表3-1）。目前，国内康养旅游产品类型，以温泉康养旅游、森林康养旅游、中医药康养旅游和体育旅游为主。以2016年9月国家旅游局评选的五个国家康养旅游示范基地为例，江苏泰州中国医药城、河北以岭健康城属于中医药康养旅游类型；黑龙江五大连池、湖南灰汤温泉属于温泉康养旅游类型；贵州赤水属于森林康养旅游、体育旅游类型。其他类型的康养旅游产品，虽然数量多、规模大，但整体上产品品质较低、产品特色和吸引力不强，大多数康养旅游产品本质上仍以观光旅游功能为主，缺乏康养功能与特色。

表 3-1　国内康养旅游产品类型

产品大类	产品子类型	典型案例
养老旅游	观光型养老旅游、探亲型养老旅游、休闲型养老旅游、疗养型养老旅游、投资型养老旅游	"夕阳红"旅游、海南"候鸟式"养老、大连市"互动式异地"养老
养生旅游	生态水疗、森林养生、美食养生、美容养生、季节养生	浙江天目山"森林康复医院"、湖南灰汤温泉
体育旅游	体育旅游、山地健身旅游、水体游憩旅游	河北张家口冰雪体育旅游、北京奥林匹克公园
医药健康旅游	医疗旅游、中医药健康旅游、保健旅游	河北以岭健康城、江苏泰州中国医药城、海南博鳌乐城国际医疗旅游先行区

3. 产业发展规范管理

进入 21 世纪，我国康养旅游产业跨入规范化发展新阶段。一是国家部委出台康养旅游产业的国家规范标准。2016 年国家旅游局发布《国家康养旅游示范基地标准》（LB/T 051-2016），首次确立了康养旅游的国家标准，标志着我国康养旅游产业发展进入规范化发展道路。2017 年国家旅游局颁布了《温泉旅游企业星级划分与评定》（LB/T 016-2017）、《温泉旅游泉质等级划分》（LB/T 070-2017）等行业标准。国家部委出台的一系列康养旅游的规范标准，对康养旅游产业提档升级发挥着重大指导和促进作用，标志着我国康养旅游产业发展进入了全面提档升级阶段。二是国家部委和地方政府制定康养旅游产业发展规划和政策。新时期康养旅游产业逐渐受到中央及地方政府的重视和支持，国家出台了一系列优惠政策以引导康养旅游产业快速发展。比如《国务院关于促进健康服务业发展的若干意见》（国发〔2013〕40 号）、《国务院关于促进旅游业改革发展的若干意见》（国发〔2014〕31 号）、《国家旅游局 国家体育总局关于大力发展体育旅游的指导意见》（旅发〔2016〕172 号）、《国家卫生计生委关于促进健康旅游发展的指导意见》（国卫规划发〔2017〕30 号）、《国家林业和草原局 民政部国家卫生健康委员会 国家中医药管理局关于促进森林康养产业发展的意见》（林改发〔2019〕20 号）等。一系列支持性政策在投资、审批、税费、土地、管理、人才等方面，给予康养旅游产业多种扶持性政策，加速了国内康养旅游产业的跨越式发展。同时，在经济新常态背景下，国内各省市旅游业面临供给侧结构性改革的巨大挑战。攀枝花市编制《中国阳光康养旅游城市发展规划（2012~2020 年）》，首次提出建设"中国阳光康养旅游城市"目标，正式拉开了国内政府主导康养旅游产业发展的序幕。此后，国内大多数省（自治区、直辖市）陆续出台了各省份的康养旅游产业发展规划，从全省战略高度科学规划地方康养旅游产业布局与发展战略，引导地方康养旅游产业走上规范化和差异化的发展道路，标志着国内康养旅游产业发展进入全新时期。

二　国内康养旅游产业政策特征

康养旅游市场是一个持续发展的市场，政策的演化也需要不断适应市场的变化和创新。政策的创新可以促进康养旅游市场的拓展和升级，满足游客不断变化的需求。同时，市场的需求也促使政策的制定者不断创新和改进政策，以更好地适应市场的变化和发展。

（一）"自上而下"与"自下而上"并存

"自上而下"的政策推行方式指的是中央政府制定政策，地方政府执行政策。在这种方式下，中央政府通过制定全国性的政策和法规，来规范和引导康养旅游市场的发展，同时地方政府也需要根据当地的情况，来具体执行这些政策和法规。"自下而上"的政策推行方式，则是指地方政府根据当地的问题和需求，自行制定相应的政策和法规，然后推荐给中央政府进行审批和实施。在这种方式下，地方政府拥有更多的自主权和灵活性，能够更快地适应市场的变化和需求，同时也能够为中央政府的政策制定提供实践经验和参考。

康养旅游政策的发展过程中，初期以"自下而上"的需求导向为主，即地方政府根据市场需求和当地资源情况来制定相应的政策和法规。但是随着市场的发展和需求的不断变化，中央政府也开始介入并主导政策的制定和实施，形成了"自上而下"的以供给导向为主的局面。然而，"自上而下"的顶层设计并不能单独发挥作用，还需要"自下而上"的民意诉求作为新的动力来推动政策的出台和发展。因此，康养旅游政策的制定和实施，需要中央政府和地方政府相互协作、相互配合，共同推动产业的发展和市场的规范。

（二）从顶层设计到精细化实践

1. 中央政府的顶层设计

中央政府在康养旅游政策内容上，更注重宏观指导，如建设国家级康养旅游示范基地、开发康养旅游产品、促进旅游与康养的融合发展等，发挥着顶层设计的效用，引领地方政府进行产业布局。这种指导方式旨在推动康养旅游产业的规范化、标准化和可持续化发展，为地方政府的康养旅游发展提供指导和支持。同时，康养旅游政策的关注点也在不断变化和拓展。从最初的"康养、旅游、服务、发展、度假、乡村"等关注点，逐渐向"消费、改革、农村、融合、体验"等过渡。这表明康养旅游政策方向的转变，更加注重消费市场的开发、农村地区的融合发展、体验式旅游等新领域，以实现康养旅游产业的多元化和全面发展。

总体上，我国康养旅游政策呈现出以改善身心健康为理念，以增进人民福祉为目标，以设立标准规范、构建示范基地、丰富产业链等多项措施并举为路径，以民生保障为根本保障的发展格局。这种发展格局体现了政府对人民福祉的关注和对民生保障的重视，旨在推动康养旅游产业的可持续发展，满足人民群众对健康和养老的需求。

2. 地方政府的精细化实践

随着中央政府对康养旅游政策的不断推进和引导，地方政府也逐步调整和转变了关注点。从最初的"康养、健康、养生、发展、服务、休闲、文化、特色"等领域，逐渐转向"温泉、医疗、生态、中医药、体育、森林"等更具体的领域。这种转变与中央政府的顶层设计相适应，同时也体现了地方政府在推动康养旅游产业发展中的主动性和创新性。在实施措施方面，地方政府不仅对不同业态融合做出了详细的专项计划，还在基础设施建设、技术整合、资金支持、人才培育等方面，提出了精细化的实践措施。这些措施旨在推动康养旅游产业的多元化和全面发展，促进不同业态之间的融合和互动，为游客提供更加优质和全面的旅游服务。同时，随着多业态融合发展康养旅游时代的到来，森林康养旅游、温泉养生旅游、滨水康养旅游、中医药健康旅游等特色项目纷纷落地。这些项目的实施，不仅丰富了康养旅游的产品和服务种类，也进一步推动了不同业态之间的融合和发展。

综上所述，地方政府在康养旅游政策方面的关注点和实施措施正在不断调整和优化，同时多业态融合发展的趋势也日益明显。这种发展格局有利于推动康养旅游产业的可持续发展，满足人民群众对健康和养老的需求，

同时也为地方经济的繁荣和社会的发展提供了有力的支撑。

三 国内康养旅游产业政策演化

康养旅游的演化特点指的是，康养旅游在发展过程中，由于受到各种因素的影响而发生的变化和演进。这些因素包括市场需求、政策支持、技术发展、社会认知等。康养旅游的演化特点，旨在探讨康养旅游在发展过程中的变化规律和趋势，以及各种因素之间的相互作用和影响。

（一）不断追求政策长效价值

自改革开放以来，我国康养旅游政策的价值导向逐渐从有效发展与持久发展，向可持续性发展转变。在初期，我国对康养旅游的政策主要基于国家本位制，强调其社会经济意义，将目标定位于推动国家产业发展、提高劳动生产率水平、转移农村剩余劳动力、适应国家社会政治经济发展的新需求。然而，随着时间的推移，我国康养旅游政策的价值导向逐渐转变为推动其持续性发展。当前，我国康养旅游政策紧紧围绕国家统筹推动"五位一体"总体布局和协调推进"四个全面"战略布局，致力于推动康养旅游的可持续发展。这意味着我国康养旅游政策的发展已经完成了从追求生产率效益提高，到推动持续性发展的价值选择。为了进一步推动康养旅游的可持续发展，需要采取一系列措施。首先，应该加强政策导向，推动市场供需衔接，积极拓展对康养旅游政策措施的服务性支持作用。其次，应该构建校企合作长效机制，促进产教整合发展，提高民营企业积极参与康养旅游发展的积极性和主动性。最后，应该形成民营企业长效化发展的利益导向，推动康养旅游的可持续发展。

（二）不断完善政策精准对接

随着改革开放的深入推进，康养旅游得到了快速发展。康养旅游不仅关注数量的增加，更注重产业链的构建与拓展、国民经济结构的调整和行业转变等方面。为了适应这一发展趋势，我国政府出台了一系列政策来促进康养旅游供给侧与行业需求侧精确、无缝连接。其中，产教一体化政策成为康养旅游发展的重要推动力。康养旅游的产教一体化政策是指，将康养旅游的教育培训与行业需求紧密结合，实现康养旅游供给侧与行业需求侧的精准对接。这一政策成为职业学校和行业之间联系的黏合剂与平衡杆，有效地改善了"一头热"的尴尬现状。同时，协调提高康养旅游供给侧与行业需求侧之间的发展机制与政策能力，也变得尤为重要。政府应制定相关政策，来促进康养旅游供给侧与行业需求侧之间的协调发展，形成合理协调、互利公平的共同体，推动中国特色社会主义市场经济的高水平、高质量发展。

（三）不断打破政策主体边界

康养旅游政策措施的产生过程，是各个利益相关群体将自己的权利诉求投入政策制定过程中，参与者按照各自需要对不同权利进行调节。政府部门、行业和院校成为康养旅游政策制定的权利主体，掌握各种形式的权利资源。随着现行康养旅游体制的改革和完善，政府部门、行业和院校积极寻求与其他主体的沟通和协作，共同融入区域发展体制，打破主体身份固化。同时，在康养旅游知识在高等院校和企业之间流转的基础上，突破身份转移的政策壁垒，逐步实现人员的双向流转，为高等院校创业类导师和企业专家之间的交流提供政策保障。

（四）不断延伸政策导向特征

1. 政策工具愈加均衡，法律法规愈加完善

国家在制定康养旅游政策时，会根据政策的目标和实施情境进行综合考虑，尽可能均衡地使用政策工具，避免工具单一化。[1] 在政策的制定过程中，会更加合理运用强制性词语以及能反映国家意志的词语，减少模糊性词语的使用；加大激励工具的使用力度，通过"金融+土地+税收+财政"等多种方式，来激励行业企业；增加对系统变革工具的使用，通过增设相关的社会组织，来促进康养旅游的协同发展。

此外，完善的法律法规是政策能否顺利实施的一大关键因素。康养旅

---

[1]　刘紫娟、陈秋萍：《中国康养旅游政策的央地互动逻辑及地方响应异质性》，《西南交通大学学报》（社会科学版）2022年第2期；袁晓华、张淼：《基于政策工具视角的我国职业教育产教融合政策文本分析》，《无锡商业职业技术学院学报》2022年第3期。

游的相关法律法规将不断完善，从法律层面明确各方利益主体的权与责，保障各利益相关者在参与协同发展时，自身利益不会受损。虽然目前我国已出台的政策文本未能从法律层面对康养旅游进行相关规定，但康养旅游的深入发展以及与创新康养旅游产业的协同发展，最终还是需要法律层面的约束和规范。

2. 联动机制愈加成熟，组织实施愈加有效

全球各国的康养旅游政策，在其制定过程中，都经历了政府、企业、社区团体、游客等诸多方面的长期博弈。这充分反映了各种利益相关者的参与和广泛合作。为了推动康养旅游的发展，需要搭建一个利益共享平台，充分倾听各方面的建议和要求，找到共享的价值，并建立起与之相适应的良性互动机制。同时，地方人民政府也应该提出适合当地经济社会发展和经济建设需要、适应当地资源情况的合理的康养旅游发展方案，注重结合地方特色，推出适合当地经济社会发展的配套政策措施。这些政策措施应该包括对康养旅游发展的支持、激励和规范等方面，以提升康养旅游的发展水平和品质，促进地方经济的增长和社会的进步。

在制定康养旅游政策时，需要充分考虑政策的目标和实施情境。政策制定者需要运用多种政策工具，包括强制性词语、激励工具和系统变革工具等，以实现康养旅游的多元化、协同发展和良性互动。同时，还需要完善相关的法律法规，保障游客的权益和安全，推动康养旅游市场的规范化和良性竞争。

3. 治理模式愈加创新，激励机制愈加配套

推进康养旅游协同发展治理模式现代化，是完善相关政策的关键。坚持"以人为本"的经营思想，通过切实有效的政策措施，使企业在康养旅游融合的过程中，真正体现出各方面的需求与利益；坚决落实监督、约束康养旅游融合工作，落实考核，吸收重要意见和建议。同时，应构建政策平台、改革企业治理方式、理顺行政体制，形成康养旅游共同发展的合力；应改革康养旅游现代化治理模式，为未来完善康养旅游发展形成有效切入点。

改善资金投入方式，实施相应的激励措施。一是要健全政府投资主体的投资体制。在我国"康养旅游融合"的大背景下，要加强对国家财政的支持，并要建立健全财政预算与分配机制。二是通过财政政策，来推动社会多元化的投资；引导多种社会资本与康养旅游融合，既可以构建一个稳定的、多元化的资金来源体系，又可以有效地减轻政府在康养旅游融合方面的资金投入负担。在此基础上，要进一步完善利益补偿与保障机制，以减少康养旅游融合过程中所面临的各类风险。

第三节　康养旅游产业发展趋势

新冠疫情增强了人们对健康生活方式和健康消费理念的认知，人们开始将对健康的关注与对生命质量的追求内化到日常生活中，这为康养旅游带来新机遇。康养旅游发展呈现出自由化出行、数字化变革、年轻化消费、互动化营销和沉浸式体验等特点。为了适应这些趋势，康养旅游产业需要不断创新和升级，提高服务质量和游客体验效果，为游客提供更加健康、舒适、便捷的服务。

一　康养旅游产业升级动力

（一）各类扶持政策助力产业发展

2006~2016年，旅游、乡村发展、医疗及养老政策，均在各自轨道上不断完善，"健康中国"概念在此期间亦不断完善。2016年《"健康中国2030"规划纲要》颁布，"推进健康中国建设，提高人民健康水平"成为国家战略，也成为康养融合的重要政策背景。此后至今，以健康中国为核心，多部门均出台扶持政策，助力康养产业发展。未来很长一段时间内，跨产业、泛行业深度融合发展将成为支撑康养旅游产业发展的政策基础。

（二）客群需求变化推动产品迭代

不同年龄层对康养的不同需求进一步丰富了康养元素，"80后""90后"成为康养旅游的C位客群。以健康为基准元素，融合医疗、养老、中

医养生、体育及"互联网＋"等元素的新兴康旅产品，成为满足不同年龄层康养需求的新探索。比如季节性康旅、空气型康旅、养颜养心的新康旅等。

（三）多元主体投入丰富市场供给

政策夯实、客群泛化、需求迭代、元素年轻化及多元化，将驱动康养旅游投资方在选择产品组合时，逐渐实现由满足短期、周期性度假需求的单体度假区，向上下游集聚形成产业闭环，且具有一定旅游条件的园区进一步向多重相关产业集聚，与旅游产业融合形成特色小镇，直至扩展为大规模的产城融合型旅游城，单一市场主体参与投资、建设、运营的康养旅游产品或被"术业有专攻"的联合体所取代。

二　康养旅游产业前景展望

（一）自由化出行

随着出游方式越来越多，康养旅游逐渐由组团旅游转变为自驾游、自由行、自助游的自游模式。自驾游可以满足游客的自由行需求，但由于自驾游多是自助游，需要游客自行驾驶车辆出行，这就给旅游区带来了一定的压力。为了缓解旅游区压力，需要针对自驾游推出更多的服务和产品。因此，康养旅游自由化出行需要不断完善自由行服务体系和提供个性化的服务，以及通过与相关产业的融合，来开发多样化的康养旅游产品。

1. 提供多样化产品

康养旅游可以提供多种旅游产品选择，包括短途、中途、长途、国际等不同行程，以及主题旅游、家庭旅游、团队旅游等不同形式。通过提供多样化的旅游产品，满足游客不同的需求和偏好，让游客自由选择适合自己的旅游线路和行程。例如，日本 Hato bus（豪华巴士）旅游车项目，连接东京与德岛的巴士座椅可放倒，并配备电视、插座、耳机、毛毯、拖鞋等设施。[①] 这种巴士旅游项目适合老年游客，可以根据他们的需求定制路线，

---

① 黄猛、舒伯阳：《移动互联环境下旅游供应链挑战与变革研究》，《现代商贸工业》2015 年
　　第 1 期。

实现差异化的竞争。

2. 提供个性化项目

康养旅游应该根据游客的个性化需求，提供定制化的旅游服务，可以为游客量身定制旅游行程、安排符合其需求的康养项目等。通过提供个性化的项目，让游客感受到定制化和个性化的旅游体验。例如，苏州农场项目以"运动、餐饮、疗愈、住宿、体验、购物"六大体验，来满足客户需求，突出特色。游客可以亲身参与到农业生产活动中来，学习蔬菜种植、蔬果采摘、即时烹饪等。

3. 提供定制化服务

康养旅游需要完善自由行服务体系，提供旅游信息查询、酒店预订、机票购买、景点门票购买等服务。通过建立完善自由行服务体系，方便游客自由规划行程，提高便利性和自由度。例如，"丽江+香格里拉+梅里雪山"自由行线路，该线路可以让年轻游客入住梅里雪山雪景房、徒步穿越明永冰川、漫步森林公园、观景日照金山，感受一场解压之旅[1]；"南宁+巴马+德天瀑布+北海涠洲岛"线路为中老年游客提供了探访世界著名长寿之乡巴马、泛舟百鸟岩感受水上芦笛岩的光影变幻、漫步北海银滩和原生态火山岛屿等项目，让游客享受悠闲的慢生活[2]。

（二）数字化变革

随着新媒体的快速发展，数字化变革已成大势所趋。人们越来越注重数字生活、数字消费和数字体验，康养旅游也逐渐从线下走向线上，开始了数字化转型。智慧康养已经成为康养旅游发展的重要引擎。随着数字经济的发展，数字技术与康养旅游的融合将会加速。

1. 建设数字化平台

通过建设数字化平台，如智慧康养旅游平台，整合康养旅游资源，实现信息共享、数据交互、服务协同等目标。数字化平台可以提高康养旅游的管理效率和服务质量，提升游客的旅游体验。比如"智游天府"平台，

---

① 孟妮：《康养旅游开启活力新场景》，《老年日报》2022年3月11日，第2版。

② 赵珊：《康养旅游为幸福生活加码》，《人民日报海外版》2022年3月11日，第12版。

充分运用云计算、大数据、物联网、移动互联网等技术，以面向文旅行业领域的关键共性技术能力建设为核心，以文旅行业信息化应用为重点，构建并形成了开放互联、共生共赢的文旅数字"新基建"。该平台汇集各方数据资源，实现了全川文旅数据大融合，为提升文旅行业运行监管水平、增强文旅资源适配能力、科学引导文旅文明消费、持续改善宣传推广精准度、辅助应急指挥调度等工作，提供了精准的数据支撑。

2. 应用大数据技术

通过大数据技术对康养旅游的数据进行挖掘和分析，了解游客的需求和行为习惯，为康养旅游的规划和发展提供数据支持。例如，利用大数据分析游客的消费习惯、兴趣偏好等，为康养旅游的产品设计和服务优化提供依据。康养机构还可以通过建立数字化健康管理系统，提供定制化的健康管理方案。该系统可以监测游客的身体状况、健康数据等，为其提供个性化的健康指导和建议。这种数字化健康管理方式，有助于提高游客的健康水平和生活质量。

3. 推进智能化发展

通过智能化手段，如人工智能、物联网等技术，提高康养旅游的服务质量和效率。比如，利用人工智能为游客提供智能导览、智能客服等服务，提高游客旅游的便利性和满意度。旅游区可以通过引入智能导览系统，为游客提供智能化的导览服务。该系统可以通过移动设备，为游客提供实时的景点介绍、路线规划、信息查询等服务，提高游客旅游的便利性和满意度。同时，智能导览系统还可以通过数据分析优化服务体验，提升景区的管理水平和服务质量。

（三）年轻化消费

康养旅游群体逐渐从中老年游客向年轻人转变，这一变化主要体现在两个方面：一是从追求性价比向追求高品质转变；二是从观光型向体验型转变。康养旅游年轻化消费，需要关注年轻消费者的需求和喜好，注重产品创新、营销推广和体验优化等方面的工作。通过提供具有吸引力和创意的康养旅游产品，以及打造年轻化的旅游氛围，可以更好地满足年轻消费者的需求，推动康养旅游市场的发展。

1. 创新产品服务

针对年轻人的需求和喜好，开发具有创新性和个性化的康养旅游产品和服务。比如，提供多样化的健身和健康管理项目、开发结合当地文化和特色的体验活动、创新注重社交和互动的旅游方式等，让年轻人感受到康养旅游的新鲜感和独特魅力。某康养旅游度假区针对年轻消费群体推出了一系列创新性的康养旅游产品。其中，"森林瑜伽之旅"让游客可以在森林中参加瑜伽课程，感受大自然的清新与宁静；"户外探险之旅"则带领游客徒步穿越山林，体验探险的乐趣和意义。此外，该度假区还注重打造年轻化的旅游氛围，设置了时尚的酒吧、咖啡厅等社交场所，让年轻人可以在轻松愉快的氛围中享受康养旅游。

2. 强化品牌形象

树立年轻化、时尚化、品质化的康养旅游品牌形象，与年轻人的价值观和生活方式相契合。通过创意的宣传和推广手段，打造独特的品牌个性和口碑，提高年轻消费者对康养旅游的认知度和认同感。利用社交媒体、短视频、直播等新媒体渠道，加强与年轻人的互动和沟通。通过创意的内容营销、网红合作、KOL 推荐等方式，提高康养旅游在年轻人中的知名度和影响力。同时，结合年轻人的兴趣点和话题，开展有针对性的营销活动，激发他们的参与热情。

3. 提升体验质量

注重提升康养旅游的体验质量，提供高品质的住宿、餐饮、旅游设施和活动，确保年轻人在旅游过程中享受到舒适、愉悦和有价值的体验。同时，加强服务人员的培训和管理，提高服务水平和专业素养，让年轻消费者感受到贴心和专业的服务。与其他相关产业和品牌建立合作伙伴关系，共同推广康养旅游。通过跨界合作、资源共享等方式，扩大康养旅游的市场份额和影响力，吸引更多年轻人参与。

（四）互动化营销

随着体验经济的到来，康养旅游逐渐开始注重互动化营销。游客不是

只关注旅游产品本身，而是更加关注体验过程和感受。康养旅游互动化营销需要充分利用线上平台、体验式活动、短视频和直播等手段，与潜在游客建立情感联系，提高品牌知名度和忠诚度。同时，通过与其他产业的合作营销，可以扩大市场份额和影响力，推动康养旅游市场的持续发展。

1. 建立线上平台

通过建立康养旅游线上平台，如官方网站、社交媒体账号等，与潜在游客进行互动，展示旅游产品和服务。同时，通过线上平台，收集用户数据，了解游客的需求和偏好，为个性化营销提供数据支持。旅游区可以通过建立官方网站和社交媒体账号，与游客进行线上互动。在网站上发布旅游资讯、活动信息和健康养生知识等内容，吸引游客关注。同时，旅游区还可以组织健康讲座、瑜伽课程等体验式活动，邀请游客免费参加。此外，旅游区还可以利用短视频和直播平台进行宣传推广，通过直播活动，展示旅游区的美景和文化特色，吸引更多游客前来参观和体验。

2. 开展体验活动

组织各种体验式活动，如利用虚拟现实（VR）技术为消费者提供线上康养旅游体验。消费者可以在家中通过 VR 设备，身临其境地感受康养旅游的美景和服务。同时，旅游区应举办康养旅游相关的线下活动，如健康讲座、养生瑜伽课程、康复疗养体验等，让消费者亲身感受康养旅游的魅力。此外，旅游区可以与健康管理机构合作，推出"健康养生游"产品。游客在旅游区内不仅可以欣赏美景，还可以参加健康讲座、体验中医理疗、参加瑜伽课程等活动。旅游区还可以设置健康监测站点，为游客提供血压、心率等基础健康监测服务。同时，旅游区通过社交媒体平台，分享游客的健康养生经验和游记，吸引更多目标客户参与。这种互动式营销方式，不仅提高了旅游区的品牌知名度和美誉度，也增加了游客的黏性和忠诚度。

（五）沉浸式体验

2016 年 10 月 25 日，中共中央、国务院印发了《"健康中国 2030"规划纲要》，定下明确目标：到 2020 年，健康服务业总规模超 8 万亿元，到 2030 年达 16 万亿元。另外，2022 年 5 月，中共中央办公厅、国务院办公厅印发《关于推进以县城为重要载体的城镇化建设的意见》，提出将对县城公共设施和服务能力提质升级，其中就包括以康养为重点发展健康生活目的地、推进医疗卫生与养老服务融合发展等内容。作为文旅行业重要组成部分的康养旅游，也在政策和市场的推动下迎来了新的发展契机。

1. 营造沉浸体验氛围

从视觉、听觉、嗅觉、味觉和触觉等方面入手，打造全方位的沉浸式体验场景。通过精美的景观设计、音乐和香氛等营造身临其境的氛围，提供特色美食和舒适的住宿条件等，让游客全方位地感受康养旅游的独特魅力。比如，武夷山茶文化养生之旅项目，以武夷山的茶文化为主题，通过品茶、制茶、学茶艺等活动，让游客深入了解武夷山茶文化的历史和内涵。同时，该项目还结合当地的自然景观和温泉资源，为游客提供沉浸式的康养旅游体验。

2. 引入科技手段

利用现代科技手段，如虚拟现实、增强现实等技术，为游客打造沉浸式的体验场景。通过虚拟现实技术，让游客身临其境地体验康复疗养的过程，或者利用增强现实技术为游客提供互动式的导览服务等。比如，浙江安吉天使小镇，以健康养生和休闲度假为主题，通过精美的景观设计、特色美食和文化活动等，为游客打造全方位的沉浸式体验场景。小镇还利用虚拟现实技术，为游客提供沉浸式的导览服务，让他们更加深入地了解小镇的文化和历史。

3. 结合文化元素

将当地的文化元素融入康养旅游项目中，打造具有文化特色的沉浸式体验活动。比如，通过举办民俗活动、文化演出等形式，让游客深入了解当地的文化传统和风俗习惯，增强沉浸式体验的趣味性和互动性。莫干山民宿群，以健康养生和休闲度假为主题，通过精美的景观设计和舒适的住宿条件等，为游客打造全方位的沉浸式体验场景。同时，民宿群还提供各种康体养生活动，如瑜伽、太极等，让游客在自然环境中得到身心的放松和滋养。

第四章
康养旅游供给体系

康养旅游是健康服务和休闲旅游融合发展的新业态，康养旅游供给体系的精髓在于系统性、科学性和完整性，其构成要素也丰富多元。康养旅游供给体系包括资源整合、设施建设、服务体系、运营管理、综合配套等方面。康养旅游资源不仅单纯地指旅游资源，而且包含自然资源、文化资源、社会资源、经济资源以及科技资源。康养旅游设施既包括度假区、酒店、民宿、旅行社、景点等旅游设施，还包括康养馆、康养中心、康养医院等康养设施。康养旅游服务体系，关乎游客的体验感和满意度。康养旅游运营管理包括市场营销、品牌管理、财务管理、人力资源管理等方面。康养旅游综合配套包括基础配套（交通、水电）、服务配套（餐饮、购物、休闲）以及康养配套（康养设施、医疗保健）等。以上五个方面，共同构成了康养旅游的综合吸引力。

第一节　康养旅游资源整合

康养旅游以自然景观、生态环境、人文历史等资源为基础，通过整合休闲度假、康体养生、康复治疗等服务，致力于为游客提供全方位的健康养生体验。康养旅游作为旅游业与健康服务业的融合产业，正展现出其独特的魅力和巨大的潜力。全面阐释康养旅游资源整合的概念、原则、作用、形式和机制，能为我国康养旅游的蓬勃发展提供有益的借鉴和启示。

一 康养旅游资源整合概念

"整合"是将各要素进行重新组合，是对原有事物的结构进行调整，使各要素协调统一，使原有事物得到发展和完善。对一个事物内在结构或其内在与外在环境的联系加以调整，会使事物改变原有形态，甚至原有性质，从而创造出新的事物。因此，整合过程也是一种创新过程。

"资源整合"源于系统论，指通过合理的配置方式，对分散无联系的资源进行组织和协调，以实现资源效用的最大化。资源整合能够更好地优化配置相关资源，根据发展战略和市场需求，提高资源组织的利用率，凸显组织核心竞争力，增强竞争优势，达到和谐互惠的发展目标。

康养旅游资源整合，指旅游资源的管理者和经营者根据区域旅游发展的总体目标和旅游市场供求情况，借助法律、行政、经济和技术等手段，把各种相关资源要素组合成为具有统一功能的整体，从而实现区域旅游资源市场价值最大化和综合效益最大化的过程。康养旅游资源整合，是将康养产业与旅游产业的各类资源进行有效融合与优化配置，以创造出新的价值和发展机会的过程。这一过程涉及多个层面的资源整合，包括自然资源、文化资源、医疗资源、设施资源以及人力资源等。通过整合，实现资源共享、优势互补，创造出更高品质的康养旅游产品和服务，满足市场和消费者的需求。同时，资源整合还有助于实现康养旅游的可持续发展，促进地方经济的繁荣和社会的和谐发展。这一概念强调了在康养旅游领域，各类资源的共同合作和整合，不仅为游客提供了度假休闲的机会，更为其提供了身体康复、心灵慰藉和文化熏陶的综合体验。

资源条件是开展康养旅游活动的基础，以高品质资源为依托，能够有效提高康养旅游的适宜性水平。① 而对其进行资源整合，则是这一切实现的前提。在康养旅游资源整合过程中，天然资源扮演着重要角色，如温泉、森林、湖泊等，这些自然环境不仅能提供清新的空气和美丽的景色，还具

---

① 段树国、李晓玉：《新疆康养旅游开发适宜性评价》，《石河子大学学报》（哲学社会科学版）2021年第4期。

有独特的疗愈效果。文化资源也是整合的重要组成部分，如传统的中医疗法、瑜伽冥想、文化遗产等，为游客提供了身心的全面养护服务功能。

此外，康养旅游还需包括现代医疗设施、专业康复机构等资源，以应对游客可能面临的健康问题，为他们提供专业的医疗服务。康养旅游资源整合的背后是各行业的紧密协作。旅游机构、医疗保健机构、文化传承机构等，需要建立起合作伙伴关系，共同制定康养旅游的方案和服务标准。这不仅是为了实现旅游资源的最大化利用，也是提升康养旅游品质的关键所在。总的来说，康养旅游资源整合，旨在为人们提供一个更加全面的康养旅游体验，不仅满足了他们对度假休闲的需求，更关注了他们身心健康的全面提升。这一概念的实践不仅会推动旅游业的发展，也会促进健康产业的繁荣，为社会的全面进步贡献力量。

二 康养旅游资源整合作用

面临复杂且庞大的康养旅游资源体系，整合工作显得尤为关键。康养旅游资源整合已成为当今旅游业中备受关注的议题，其在多个层面均具有重要作用与价值。具体来说，其在促进身心健康、丰富文化体验、优化空间布局等方面具有重大作用。通过各类资源的整合，康养旅游能够实现资源共通、优势互补，打造高品质的康养旅游产品与服务，以满足市场与消费者的需求。同时，资源整合有助于旅游业与健康产业的进一步融合，激发产业创新与升级活力，实现可持续发展。此外，康养旅游资源整合，还有助于促进就业、提升地域吸引力、推进社会和谐进步。总之，康养旅游资源整合对于产业发展、经济增长及民生改善，具有显著的推动作用。

（一）促进身心健康

随着城镇化的发展和信息技术的进步，人们工作压力越来越大，生活节奏日益加快，处于疾病状态及亚健康状态的人群数量也逐步增加。[①] 康养旅游资源整合的重要功能在于推动身体和心理健康水平的改善。康养旅游

---

① 金丽：《乡村康养旅游多维开发模式研究》，《沈阳师范大学学报》（社会科学版）2023 年第 5 期。

集合了多种疗养和康复服务，比如温泉治疗、康体活动、瑜伽和冥想等。这些服务有助于放松身心、增强身体素质、减轻压力、增强免疫力，从而提升游客的身心健康水平。此外，康养旅游资源整合还着重强调了心理健康的重要性，通过提供心理健康咨询、冥想和放松技术，帮助游客改善情绪状态和心理健康。这对于应对现代生活中的焦虑、抑郁和压力等问题，具有不可忽视的作用。

比如，巴厘岛的康养旅游中心就专门提供温泉疗养、瑜伽、冥想和心理咨询等服务。游客可以根据自己的需要选择不同的服务项目，以达到放松身心、增强身体素质、缓解压力和提高心理健康水平的目的。巴厘岛康养旅游中心的员工都经过专业培训，能够提供个性化的服务，满足游客的个性化需求。因此，这家康养旅游中心吸引了大量的游客。

（二）丰富文化体验

康养旅游资源整合涵盖了文化传承和教育元素。旅客有机会参与传统文化活动，学习传统医疗知识，了解当地文化和历史。这为旅游者提供了更深层次的文化体验，帮助他们更好地理解和尊重不同的文化传统。这对于文化的传承和保护具有积极作用。这种资源整合依托当地历史文化资源，体现养生文化和养生观念，发掘国学文化、中医药文化等文化中的康养元素，创新文化康养旅游业态，开发研学、禅修等文化康养旅游产品，科技赋能文化康养旅游产品，实现心灵康养和精神提振。[1]

比如日本的和歌山县，该地区拥有丰富的文化和自然景观，包括美丽的花园、温泉、山脉和海滩。当地旅游局与医疗机构合作，将传统的日本康养文化与现代化的健康旅游相结合，为游客提供全面的身心健康体验。旅客可以在和歌山的温泉中放松身心，享受温泉浴，或者参加传统的茶道、花道、日本剑道等文化活动。这些活动不仅让旅客有机会体验和学习日本的传统医疗知识和文化，还为游客提供了身心放松和心灵休养的机会。

---

① 《江西省人民政府办公厅关于推进康养旅游发展的意见》，江西省人民政府网，http://www.jiangxi.gov.cn/art/2021/12/7/art_4975_3773647.html。

（三）优化空间布局

康养旅游产业是一项综合性很强的产业，它的发展对区域内房产、服务业、交通、商业等部门具有巨大的带动作用，促进区域格局在旅游业的带动下产生空间整合的联动效应。因此，整合区域内的康养旅游资源，形成区域旅游发展合力，不仅是区域康养旅游业发展的内在要求，也是康养旅游业与区域内其他产业互动发展、实现各地共谋多赢的必然选择。同时，康养旅游资源的合理布局和科学开发利用，也可以推进基础设施的建设，优化旅游目的地空间布局，避免重复建设，节约建设成本。

比如辽宁丹东，其旅游资源占地面积 1500 平方千米，占丹东市土地面积的 10%。境内有江、河、湖、海、山、泉、林、岛等自然景观，开发形成国家级、省级以上旅游风景区、自然保护区和森林公园 24 处。通过整合其自然景观、人文景观与少数民族文化、红色文化等旅游资源，丹东将中朝界河鸭绿江流经丹东 210 千米的沿途六大景区、100 多个景点打造成一幅独具风情的边陲画卷和蔚为壮观的鸭绿江百里文化旅游长廊，与沈阳、大连构成辽宁旅游的"金三角"。

三　康养旅游资源整合原则

康养旅游资源整合应注重整体性，确保各个要素的协同发展；强调多元化，丰富旅游内涵；注重可持续，保护生态环境；遵循市场导向原则，满足需求；重视专业化，提供高品质服务。这些原则是指导康养旅游资源整合的基础，有助于实现资源的最大化利用和产业的协同化发展。

（一）整体性原则

整体性原则是指在康养旅游资源整合过程中，从整体出发，全面考虑各种资源的整体性和协同性。康养旅游涉及健康、养生、休闲、旅游等多个方面，每个方面都有其特定的资源和要素。因此，在资源整合过程中，需要将这些方面进行全面考虑，形成"整体大于其部分之和"的效应。

比如，在康养旅游中，健康是最重要的因素之一。因此，在资源整合过程中，需要将与健康相关的各种资源进行有机整合，包括医疗资源、体育资源、食品资源等。这些资源之间相互联系、相互影响，只有将其进行整体性整合，才能发挥出最大的效用。

（二）多元化原则

多元化原则指在康养旅游资源整合过程中，要注重资源的多样性，避免单一化的资源整合方式。康养旅游涉及多种资源和要素，每个地区和每个项目都有其独特的资源和优势。因此，在资源整合过程中，需要充分挖掘和利用这些独特的资源和优势，形成多元化的资源整合方式。

比如，在康养旅游中，每个地区都有其独特的自然景观和人文景观。因此，在资源整合过程中，需要将这些景观进行多元化整合，包括自然景观、历史景观、文化景观等。这些景观之间存在差异和互补关系，只有将其进行多元化整合，才能形成独特的康养旅游品牌和特色。

（三）可持续原则

可持续原则指在康养旅游资源整合过程中，要注重资源的可持续利用和环境的保护。康养旅游是一项长期性的产业，需要不断地更新和扩展其资源和要素。因此，在资源整合过程中，需要注重资源的可持续利用和环境的保护，确保康养旅游的可持续发展。

比如，在康养旅游中，水资源是非常重要的资源之一。因此，在资源整合过程中，需要注重水资源的可持续利用和保护。可以通过采用节水技术和措施来减少水资源的浪费和污染；同时也可以通过合理规划和管理水资源，来保证水资源的长期稳定供应。此外，还需要注重生态环境的保护和修复，确保康养旅游与生态环境之间和谐共生。

（四）专业化原则

专业化原则指在康养旅游资源整合过程中，要注重资源的专业化分类和分工合作。康养旅游涉及多种专业领域和技能要求，包括医疗、养生、体育、旅游等。因此，在资源整合过程中，需要将各种资源进行专业化分类和分工合作，形成专业化的服务体系和产业链条。

比如，在康养旅游中，医疗服务是非常重要的服务类别之一。因此，在资源整合过程中，需要将医疗服务进行专业化的分类和分工合作。可以

通过与医疗机构和专业医生合作，来提供专业的医疗服务；同时，也可以通过建立专业的健康管理团队，来提供个性化的健康管理和咨询服务；此外，还可以通过与养生机构合作，来提供专业的养生服务和产品。

（五）市场导向原则

市场导向原则指以市场需求为导向，充分了解游客的需求和偏好，根据市场需求进行资源配置和整合。在开发旅游资源时，需要深入市场调研和分析，以确定哪些资源能够满足游客需求，哪些资源需要进行整合和优化。同时，还需要根据市场变化及时调整旅游产品和服务，以适应不同时期游客需求。在实践中，一些成功的案例表明，以市场需求为导向整合康养旅游资源可以带来许多好处。

比如，一些旅游目的地通过提供个性化的服务和体验，成功吸引了更多游客。一些旅游企业则通过创新的产品和服务，满足了不同年龄段和消费层次游客的需求。以市场需求为导向的康养旅游资源整合，可以帮助旅游企业提高市场竞争力，实现可持续发展。

四　康养旅游资源整合形式

康养旅游资源整合是一项需要精细化操作的庞大工程，在遵循发展原则和发展规律的前提下，资源整合的内容形式也是多种多样的。康养旅游资源整合并非一成不变，可以根据实际需求和资源特点采取不同的形式。综合来看，有空间整合、线路整合、市场整合三种形式。这些形式的整合各有侧重点，但最终目的都是实现康养旅游资源的最大化利用，提升康养旅游的整体品质和市场竞争力。

（一）空间整合

空间整合指对康养旅游区域内各种资源进行重组和优化，以形成特定的康养旅游空间。康养旅游资源的形成、整合与开发，均受到特定区域环境的制约，其以点、线、面的形式呈现，这是由康养旅游资源的空间分布特性所决定的。康养旅游资源的空间结构，或分散，或集聚，或呈现线性的分布状态，或呈现圈层的分布状态，等等，这些均为区域康养旅游资源的整合提供了基础和依据。将康养旅游目的地同属于一个空间层次的康养旅游资源整合起来，形成大的旅游资源，建设大景区，扩大规模，提升档次，集中力量在更为广阔的空间里开发产品，从而更好地开拓市场。

比如，河南省洛阳市就在加快推进创建全域旅游示范区时提出了"一心两翼两带"的城市旅游空间布局，以华夏历史文明传承创新区为核心，建设北翼黄河文化精品旅游带和南翼伏牛山国民休闲旅游度假地，打造洛河人文历史旅游体验带和伊河生态休闲旅游体验带，形成"一心两翼两带"的文化旅游空间布局，建设国际文化旅游名城、国际人文交往中心、华夏文化传承创新示范区、全国沉浸式文旅目的地和全省文化中心。[①]

（二）线路整合

线路整合指为了最大限度地提高游客的康养效果和体验感，将多个旅游城市或景点的康养旅游资源通过合理的交通线连接起来，形成具有针对性和特色的康养旅游线路。康养旅游线路的设计，既需要充分考虑康养旅游项目的特殊功能、游客需求以及资源特色，又要注重各旅游要素之间的时空联系，以实现旅游目的地旅游服务项目的最佳组合和配置。在整合康养旅游线路时，应以康养旅游资源在交通、区位和功能上的联系为基础，将区域内分散的康养旅游资源进行整合，形成完整的旅游线路整体推出。这样可以共享客源市场，丰富旅游内容，提高旅行社运作的可行性，并增强对游客的吸引力。

比如，在开发精品线路方面，攀枝花市围绕西昌、米易两个天府旅游名县，实现攀西地区资源"以点画线，以线画面"的连接，达到"好玩—玩好—留下"的开发建设目的，完善旅游服务功能，侧重培育文化产品，建设观光走廊，全面建设全域旅游，让外地游客感受攀西经济区的优美生态、现代气息、多彩人文和安逸生活。[②]

---

① 《文旅融合咋发展？〈洛阳市"十四五"文化旅游融合发展规划〉给出答案》，河南日报客户端，https://app-api.henandaily.cn/mobile/view/news/64204002992062464249376。

② 《〈关于加快推进攀西经济区转型升级的实施意见〉主要内容》，四川省人民政府官网，https://www.sc.gov.cn/10462/10464/10797/2019/1/2/52c837b32a844e3287afaa7ba0aca39c.shtml。

（三）市场整合

市场整合则侧重于对康养旅游市场的分析和研究，以实现市场需求的精准定位和市场资源的优化配置。目前康养旅游已成为全球旅游市场的重要组成部分，越来越多的游客选择前往康养胜地，以寻求身体、心理和精神的健康与平衡。为了满足不同类型游客的需求，康养旅游产品的开发需要更加精细化、多样化。根据区域康养旅游的目标市场定位，可以将不同类型康养旅游产品中核心目标市场一致的旅游资源捆绑开发，打造多类型的旅游产品，增加游客的停留时间和消费额，实现客源的充分利用。

比如，山西省素有"北药宝库"之誉，具有丰富的中医药资源。山西省的中医药康养旅游主要分布在晋中市、晋城市以及其他一些城市，这些城市都在积极发展中医药康养旅游。地理空间的临近也给了这几座城市康养旅游市场整合的可能性。通过市场整合，山西省的中医药资源实现了高效利用和宣传。

五　康养旅游资源整合机制

康养旅游资源整合并非依靠开发商单打独斗，而是需要市场竞争、企业参与、政府干预以及优势互补等多种机制共同作用。市场竞争机制可以促进资源的有效配置和优胜劣汰，企业参与机制能够推动整合过程的实施和运营，政府干预机制可以通过政策引导和监管保障整合工作的顺利进行，优势互补机制强调不同资源之间的协同效应，以实现资源的最大化利用。

（一）市场竞争

随着康养旅游行业的迅速发展和民众生活水平的提升，康养旅游资源的开发力度、康养旅游经济的总体规模以及游客的旅游消费水平，均发生了显著的改变。简单的资源开发已无法满足游客的需求，无法在激烈的旅游市场竞争中立足。因此，急需一系列旅游资源整合开发方式来改进与优化旅游产品。对区域内康养旅游资源进行有效整合，合理规划区域内康养旅游景点、景区和线路，同时注重打造具有特色的康养旅游产品，借助区域旅游资源优势，构建区域旅游资源吸引力系统，将极大地提升自身的竞争优势。

比如，黄山在康养旅游资源的开发中，首先对区域内的旅游资源进行了有效的整合，将山岳、森林、温泉、中医药等康养元素进行了合理规划，形成了完整的康养旅游线路。同时，也注重特色康养旅游产品的打造，推出以温泉养生、中医药养生、户外探险等为主题的系列产品，满足不同游客的需求。此外，黄山还借助其区域旅游资源优势，构建区域旅游资源吸引力系统。与周边地区的旅游景点和景区合作，共同推出了一系列旅游产品和服务，如与宏村、西递等古村落合作，推出"黄山—宏村—西递"文化古迹游；与九华山、天柱山等名山合作，推出"黄山—九华山—天柱山"名山探险游等。这些产品的推出，极大地提升了黄山的竞争优势，也满足了游客的多元化、个性化旅游需求。

（二）企业参与

相关企业是康养旅游资源整合的重要参与方之一。其参与方式有两种，一是引导本地康养旅游企业参与，二是引入国内外大型康养旅游企业参与。因此，在引导本地企业参与的同时，还需引进国内外的人才、技术、资金以及管理经验等，并加强与国内外大型康养旅游企业的合作合资。通过这种方式，可以充分利用国内既有的精品康养旅游资源、线路等，并结合国际客源组织渠道，构建康养旅游产业的国际化营销网络系统。

比如日本箱根温泉度假村，是一个著名的康养旅游目的地①，其成功经验可以为我国康养旅游资源整合提供借鉴。箱根温泉度假村在整合康养旅游资源时，积极引导当地企业参与康养旅游资源的整合，如酒店、温泉、旅游景点经营方等。这些企业为游客提供了丰富的康养旅游产品和服务。同时，企业也借助康养旅游资源整合的机会，扩大了自身的业务范围和市场影响力。此外，箱根温泉度假村还积极引入国内外大型康养旅游企业参与资源整合，如国际酒店集团、温泉管理公司等。这些企业在技术、管理、品牌等方面具有优势，可以为当地企业提供支持，并共同开发更高端的康

---

① 《箱根｜目的地｜日本国家旅游局（JNTO）》，日本国家旅游局官网，https://www.japan-travel.cn/destinations/kanto/kanagawa/hakone-and-around/。

养旅游产品和服务。

（三）政府干预

在一般情况下，市场能够实现资源的最佳配置。然而，市场并非万能的，可能会出现市场失灵的情况。当前，我国的市场经济体制尚不健全，现代企业制度尚未有效建立，技术、信息等流通渠道不够畅通，市场调节机制存在自发性、盲目性、滞后性等弱点。同时，康养旅游业作为正在快速发展的新兴产业，具有关联性强、综合性强等特点，单纯依靠市场进行资源配置是不合理且行不通的。因此，要用好政府这只"看得见的手"，充分发挥区域协同发展机制，落实好"清单制＋责任制"管理制度，可借鉴其他区域协同发展搞得好的地区，设立联合方案实施进程表。①

比如，辽宁省为了实现各项经济资源的合理配置，提高效率，降低经济体系的运行成本，做到政策先行，在具体执行中还借鉴了其他省份的成功经验。以2016年1月海南省人民政府发布的《关于提升旅游产业发展质量与水平的若干意见》为例，这种细分到具体项目的做法，不仅能有效防止资源浪费、降低内耗，而且能把旅游业与康养、医疗等行业精准结合起来融合发展，形成区域核心竞争力。②

（四）优势互补

康养旅游资源的互补性是指，在康养旅游发展过程中，各地区独特的康养旅游资源、结构、功能与优势的相互联系和相互补给。由于康养旅游资源在时空上分布不均，因此各地区形成了独特的旅游结构、旅游功能与旅游优势，而互补性和差异性是促使康养旅游产生空间互补效应的基础，也是推动游客进行旅游选择的动力所在。通过整合、创新和优化具有互补性和差异性的康养旅游资源，可以有效提升康养旅游产品的质量，塑造旅游品牌，利用区域内康养资源数量和种类的优势，丰富康养旅游活动的内容，从而延长游客的旅游逗留时间，增强组成旅游系统的各要素或个体的

① 周雪娟、张国洁、周菊：《攀西经济区康养旅游发展现状 SWOT 分析及策略选择》，《西昌学院学报》（社会科学版）2020 年第 4 期。
② 何欣、于桐：《辽宁省康养与旅游产业融合发展路径探析》，《鞍山师范学院学报》2022 年第 5 期。

吸引力。

比如，赣南苏区就将康养元素与红色文化、客家风情、中医药文化特色深度融合，形成赣南苏区康养旅游核心竞争力。以赣南苏区全国知名的红色旅游资源、珍贵的客家文化历史遗产和独有的客家中医药文化为亮点和突破口，打造了森林康养和温泉康养、文旅融合康养、中医药结合养生等康养旅游项目，形成以瑞金、兴国、宁都、石城、会昌等为代表的"红色康养"旅游目的地，以全南县、大余县、崇义县、上犹县、安远县等地为中心的"森林康养"旅游目的地，以石城县、会昌县、安远县、上犹县等地为中心的"温泉康养"旅游目的地。①

第二节　康养旅游设施建设

康养旅游设施建设是促进康养旅游业发展、提升旅游体验和满足人们健康需求的重要方面。康养旅游设施建设包括基础设施建设、服务设施建设和环境设施建设等。

一　康养旅游设施建设概念

康养旅游设施建设指在一定的地域范围内，依据康养旅游的发展需求，规划和建设一系列以提供健康、休闲和康复服务为主的旅游基础设施和公共服务设施。康养旅游设施不仅包括传统的旅游基础设施，如交通、住宿、餐饮等，还包括更为专业和特色的设施，如养生中心、康复中心、健康监测中心、休闲娱乐设施等。虽然从基本的构成来看，康养旅游的设施与服务包括吃、住、行、游、购、娱等多方面的内容，但同其他旅游形式相比，康养旅游的设施与服务特别强调养生的作用与功能。②

康养旅游基础设施也被称为市政设施，指在城市区、镇（乡）规划建

---

① 贺阳、罗元大、邓俊红：《赣南苏区发展康养旅游的若干思考》，《老区建设》2022年第7期。
② 谢春山、廉荣悦：《康养旅游的基本理论及其产业优化研究》，《广东农工商职业技术学院学报》2021年第2期。

设范围内，政府为居民提供有偿或无偿公共产品和服务的各种建筑物、构筑物、设备等，如常见的城市道路、桥梁、地铁、地下管线、隧道、河道、轨道交通、污水处理、垃圾处理等设施，又如与生活紧密相关的水力、电力、电信、热力、燃气等设施，还有广场、城市绿化等建设。公共服务设施则按照吃、住、行、游、娱、购等功能，可分为饮食服务设施、住宿服务设施、交通服务设施、游览服务设施、娱乐设施、购物设施和其他设施。

二　康养旅游设施建设作用

在当今社会，康养旅游逐渐成为人们追求健康和休闲的重要方式。而康养旅游设施建设作为支撑和推动康养旅游发展的重要环节，发挥着不可忽视的作用。

（一）提升供应质量，满足多样需求

随着经济的繁荣和人们生活水平的提高，消费升级成为一种普遍趋势，越来越多的人开始重视身心健康，并将健康养生纳入自己的生活方式中。这也导致消费者对康养旅游产品的需求与日俱增。然而，纵观国内市场，康养旅游产品的供应却显得捉襟见肘，产品种类单一，缺乏创新和特色，无法满足消费者日益增长的多样化需求。为了改变这一现状，康养旅游设施建设显得尤为重要。通过精心规划和设计，可以打开思路，充分挖掘和利用本地的文旅特色和资源优势，打造出更为丰富、多元、创新的康养旅游产品。

无论是依托山水风光的生态康养旅游，还是融入传统文化元素的文化康养旅游，都能为消费者提供全新的健康养生体验。同时，康养旅游设施建设不仅可以满足消费者的基本健康需求，而且能根据消费者的不同偏好和消费能力提供个性化的服务。无论是追求宁静的老年人，还是喜欢户外运动的年轻人，或是寻求特色疗养的病患，都能在这里找到适合自己的康养旅游产品。通过加强康养旅游设施建设，不仅可以解决康养旅游产品供应不足的问题，还能推动相关产业的发展，为当地经济注入新的活力。更重要的是，可以满足人们对健康生活的渴望，让他们在享受美景的同时，

也能感受到身心的滋养和愉悦。

（二）促进区域发展，实现产业升级

康养旅游产业作为一种新兴的综合性产业，具有高附加值、高技术含量和高就业率的特点。它不仅涵盖了旅游、休闲、康复等多个方面，还与医疗保健、文化创意、农业生态等多个产业密切相关。因此，康养旅游产业的发展可以带动这些相关产业的繁荣，形成产业间的协同发展效应。更为重要的是，康养旅游不仅可以在区域内促进经济发展，还可以通过吸引外地游客来本地消费，促进区域间的协调发展。

这样不仅可以缩小城乡差距，让更多的人享受到经济发展的成果，还可以提升地方形象和竞争力，吸引更多的投资和人才。通过康养旅游设施建设，还可以实现资源的优化配置，提高资源利用效率和效益。这意味着可以更好地利用和保护自然资源，避免资源浪费和过度开发。同时，完善的基础设施不仅有利于保障康养旅游产业生态圈的高效运行，而且其本身也可以成为吸引康养旅游者的旅游资源。[1]

（三）保护传承文化，实现持续发展

我国拥有悠久的历史和灿烂的文化，这些丰富的自然文化资源不仅具有重要的生态价值，还承载了深厚的文化价值。然而，由于开发不规范、管理不到位、保护不力等原因，这些珍贵的资源面临着严重的破坏和流失风险。通过康养旅游设施建设，可以在保护和传承文化的前提下，实现资源的科学开发和利用。这包括在设施建设和规划过程中，科学分配区域内旅游发展空间，系统布局各类康养旅游设施，充分考虑自然环境承载力和生态平衡等因素。

总之，通过康养旅游设施建设，不仅可以实现对自然文化资源的科学开发和利用，保护和传承传统文化，还能遵循生态文明建设的原则，实现人与自然的和谐共生。同时，注重可持续发展和资源回收利用，也为康养旅游产业的持续发展提供了有力保障，为未来的生态文明建设贡献了力量。

---

[1]　李莉、陈雪钧：《基于共享经济的康养旅游产业生态圈构建》，《学术交流》2020年第6期。

三 康养旅游设施建设原则

康养旅游设施建设是一项系统工程，需要遵循环保生态、健康舒适、人文关怀、科技智能、创新发展、个性特色、品质安全等原则，以确保其发展方向和实际效果。这些原则不仅为康养旅游设施建设提供了基本遵循，而且对于推动康养旅游业的持续健康发展具有重要的指导意义。

（一）注重环保与生态原则

康养旅游设施在建设中要注重保护自然环境，合理利用资源，确保设施与周围环境和谐融合。比如，可以采取绿色建筑设计和可再生能源利用等技术手段，减少对自然环境的破坏和污染。同时，要强调生态修复和生态保护，为游客提供一个健康、自然的康养环境，包括种植本土植物、恢复湿地和保护野生动植物等措施。

（二）强调健康与舒适原则

康养旅游设施要满足游客的健康需求，为游客提供有益于身心健康的休闲活动和养生方式。比如，可以提供健身中心、瑜伽和太极课程等运动设施，以及健康餐饮和中草药按摩等养生服务。同时，设施本身要注重舒适性，如宽敞明亮的客房、温馨舒适的床品，以及友善周到的服务等。

（三）体现人文与关怀原则

康养旅游设施建设应充分考虑地域文化和特色，将人文关怀融入设计中，让游客在享受康养服务的同时，感受到浓厚的人文氛围。例如，可以展示当地的历史文化、艺术和手工艺等，以及提供传统医学和养生方法的咨询服务。

（四）强化科技与智能原则

如今，现代科技与旅游业深度融合趋势凸显，智慧旅游改变了传统旅途体验，虚拟现实（VR）、增强现实（AR）、全息投影等技术的应用催生了旅游新产品，旅游管理和旅游服务在数字技术的加持下更加高效便捷。①

---

① 鲁元珍：《科技赋能，让旅游插上智慧"翅膀"》，《光明日报》2023年12月3日，第5版。

运用现代科技手段，实现设施的智能化、信息化和现代化，提高服务质量和管理效率。比如，可以通过智能化的安保系统、智能家居系统和无人超市等设施，提高游客旅游的便利性和安全性。同时，通过科技手段为游客提供更加便捷、个性化的服务体验。这包括人工智能语音助手、智能化的房间控制系统等。

（五）坚持创新与发展原则

康养旅游设施建设要紧跟时代步伐不断创新和发展，引入新的理念和技术，满足游客不断变化的需求。例如，可以引入虚拟现实（VR）和增强现实（AR）等技术，提供新颖的康复治疗和娱乐活动。同时，要注重与地方经济的融合，带动地方经济和社会的发展。这就包括支持当地的农业和手工艺产业，以及为当地居民提供就业机会等。

（六）聚焦个性与特色原则

针对不同客群的需求差异，康养旅游设施建设要注重个性化和特色化，提供多样化的产品和服务，满足不同游客的需求和期望。比如，可以为老年人提供专门的医疗服务和康复设施，为年轻人提供更多的健身和娱乐设施等。

（七）追求品质与安全原则

康养旅游设施建设要注重品质管控和安全管理，确保设施的质量和安全标准符合要求。比如，可以引入高品质的建筑材料和设备，以及实行严格的质量检测和安全管理制度。同时，要建立健全的安全管理制度和应急预案，为游客提供一个安心、安全的康养环境。这包括定期的安全演练和应急演习等措施。

四 康养旅游设施建设内容

康养旅游设施建设是康养旅游发展的重要组成部分，其内容涵盖了基础设施建设、公共服务设施建设等多个方面。基础设施建设是康养旅游发展的基础，包括交通、通信、供水供电等；公共服务设施建设则关乎游客的康养体验，包括医疗、教育、文化等。

（一）基础设施建设

基础设施指为社会生产和居民生活提供公共服务的物质工程设施，是用于保证国家或地区社会经济活动正常进行的公共服务设施。它是社会赖以生存发展的一般物质条件。基础设施包括交通、邮电、供水供电、商业服务、科研与技术服务、园林绿化、环境保护、文化教育、卫生事业等市政公用工程设施和公共生活服务设施等，是国民经济各项事业发展的基础。在现代社会中，经济越发展，对基础设施的要求越高。完善的基础设施对加速社会经济活动、促进其空间分布形态演变起着巨大的推动作用。建立完善的基础设施往往需要较长的时间和巨额的投资。对新建、扩建项目，特别是远离城市的重大项目和基地建设，更需要优先发展基础设施，以便项目建成后尽快发挥效益。

基础设施包含广义和狭义两种：从狭义上来说，主要指经营性基础设施，包括交通系统、通信设备、环卫设施等；从广义上来说，它不仅包括狭义上的基础设施，还包括一些提供无形产品的部门，如教育、卫生、法律等部门。

1. 道路基础设施建设

康养旅游景区的道路基础设施建设是保障游客安全、提升旅游体验感的重要环节。通过加强路网建设、完善标识建设、优化停车管理、倡导文明交通等方式，可以有效提升康养旅游景区的交通便捷性、安全性和舒适性，为游客提供更好的旅游体验。

（1）加强路网建设。首先，应减少和避免交通对环境的破坏，还应有利于景区内的环境改善。其次，应尽量避免城市快速路和主干道穿越景区重要地段，合理控制景区的路网密度，限制过境车辆穿越旅游区。最后，应在道路红线内布局必要的绿化设施来吸收噪声和尾气，同时应考虑道路与历史建筑、景观小品的关系，加强康养旅游区的标识度和认知性。同时，道路宽度、路肩宽度和边坡等参数，也需要符合相关标准和规范，以确保游客的安全。

此外，步行道和自行车道的建设也是康养旅游设施建设中不可忽视的一部分。这些设施应该与道路分开，设置专门的标识和标线，以确保游客的安全和舒适度。同时，这些设施也需要与周围的自然景观相融合，避免游客产生割裂感，为游客提供愉悦的出行体验。只有这样，才能为游客提供便捷、安全、舒适的旅游环境。

（2）完善标识建设。交通标志设计在旅游区中起着至关重要的作用，它不仅为游客提供指引，还是旅游区形象的重要组成部分。为了更好地融入旅游区风格环境，在设计交通标志时，应充分考虑旅游区的风格和环境特点，使标志与周围环境相融合，避免突兀和冲突。同时，为了维护景区风貌的统一性，交通标志应在规划的指导下进行统一布置，确保标志的设置位置、形式、色彩等方面的一致性。

此外，要根据旅游区的特点和游客的需求，选择适当的标志类型和技术手段，如采用夜光材料使标志在夜晚仍能清晰可见，为游客提供全天候的指引服务等。最后，为了满足不同国籍游客的需求，交通标志上应采用多种语言进行标注，确保信息能准确传达。通过这样的设计，不仅能提升游客的旅游体验，还能展现旅游区的国际化形象。

（3）优化停车管理。目前停车难、行车难现象严重，成为大多数康养旅游区吸引游客客源和居民出行的瓶颈。应综合考虑建筑类型、周边道路特点、出行便利性等因素，尽可能通过交通组织、交通管制等措施，疏导景区内的交通流量，缓解交通压力。在条件允许的情况下，兴建地下停车场或立体停车场。提高公共交通的服务水平，将公共交通的服务辐射到整个旅游区。同时旅游区内应重视交通接驳设施建设，这将极大优化旅游区道路资源，营造旅游区内适宜的步行空间和原有的街坊环境。

（4）倡导文明交通。在这些硬件设施完善的基础上，如果没有良好的"软件"支撑，其效率也会大打折扣。倡导慢交通就是一种文明的交通参与。旅游区内应将慢交通作为主要的出行方式。慢交通具有环保低碳、网络密度高、可达性高、连通性好等特点。旅游区的街巷虽宽窄不一，但四通八达、曲径通幽，推广慢交通，可使旅游区返璞归真，恢复以往的宁静。拆除乱搭乱建的建筑物，适度拓宽有条件改造的步行空间，能使慢交通的

通行能力得到提升，为现代化市政基础设施的接入提供条件，居民的生活品质也有望得到改善。从而使旅游区潜在的商业与旅游价值得以更好开发与利用，对旅游区活力的延续与提升起到有力的推动作用。

2. 网络基础设施建设

进入共享经济时代，技术环境发生重大变化，互联网、大数据、云计算、移动支付、人工智能、物联网等先进科学技术，对康养旅游产业的产品、生产经营方式、市场、供应链、组织等方面持续渗透和优化。[①] 为了满足游客在旅游过程中的信息需求，提升旅游体验，需从移动通信基站、宽带网络热点、信息服务中心等方面建设网络基础设施，以有效提升康养旅游景区的通信质量、信息传播速度和游客服务水平。

（1）移动通信基站。建设完善的移动通信基站是基础。在康养旅游地，游客的数量会随着时间的推移而增加，因此，建立一个能够覆盖整个区域的移动通信基站至关重要。这样，游客无论身处何地，都能够保持与外界的紧密联系，获取最新的旅游信息，以及在紧急情况下及时求助。在特殊节假日及重大活动纪念日时，要增加移动信号增强车的配置，避免出现网络拥堵，降低游客的游览体验感。

（2）宽带网络热点。宽带网络接入和 Wi-Fi 热点的设置，也是必不可少的。在康养旅游中，许多游客会选择远程旅行，因此，提供稳定、快速的宽带网络是至关重要的。同时，设置 Wi-Fi 热点不仅可以满足游客的日常沟通需求，还可以满足游客的社交媒体需求。现在越来越多的人开始在社交媒体上分享、发布旅游地的相关内容，如通过图片、视频、人物、故事等来吸引更多人的关注。这些内容都可轻易被其他用户搜索到，并进行分享和转发。由此，旅游地获得了更多的流量和关注度，达到了更好的推广和营销效果。[②]

（3）信息服务中心。设置信息服务中心也是非常必要的。在信息服务

---

① 李莉、陈雪钧：《康养旅游产业创新发展的动力因素研究——基于共享经济视角》，《技术经济与管理研究》2021 年第 4 期。

② 姚志明、方程：《社交媒体对旅地意象建构的影响及对策——以"丁真现象"为例》，《浙江树人大学学报》（人文社会科学版）2023 年第 3 期。

中心，游客可以获取最新的旅游信息，如景点开放时间、活动日程、天气预报等。同时，信息服务中心还应该提供紧急救援服务，以便在游客遇到紧急情况时能够得到及时的援助。总之，为了满足康养旅游地游客的需求，建立一个完善的信息服务中心，不仅可以提高游客的旅游体验感，还可以确保游客在紧急情况下得到及时的援助。

3. 环卫基础设施建设

环卫基础设施建设是康养旅游区不可或缺的部分，它直接关系到旅游区的环境质量和游客的康养体验。为了打造清洁、舒适的旅游环境，需从公共厕所建设、垃圾处理设施、污水处理设施、清洁环保作业等方面，建设旅游区环卫基础设施，以有效提升康养旅游区的环境品质，保障游客的健康与舒适。

（1）公共厕所建设。以筹备 1990 年北京亚运会为契机，中国拉开了"厕所革命"的序幕，并在农村轰轰烈烈地开展起来，厕所质量要求不断提高，配套设施不断完善。[①] 对于游客来说，公共卫生间的方便性和卫生程度，直接影响到他们对旅游区的印象和满意度。因此，旅游区需要合理规划公共卫生间的布局和数量，确保在高峰期能够满足游客的需求。同时，公共卫生间需要保持良好的卫生状况，包括清洁地面、冲洗厕所、定期消毒等。

（2）垃圾处理设施。垃圾处理设施也是旅游区必不可少的设施之一。游客在旅游区内产生的垃圾，需要得到及时的处理和清理，以避免对环境和游客造成影响。因此，旅游区需要设立专门的垃圾处理设施，包括垃圾桶、垃圾袋等，并定期清理和处理垃圾。此外，旅游区还需要加强宣传和教育，增强游客的环保意识和垃圾分类意识。

（3）污水处理设施。污水处理设施也是旅游区环境卫生设施的重要组成部分。旅游区的污水处理主要指对游客产生的污水进行处理和排放。因此，旅游区需要建立完善的污水处理设施，确保污水得到妥善处理和排放，

---

① 肖楚新：《旅游景区公厕建筑设计探析——以郴州市新农村旅游景区为例》，《美与时代》（城市版）2019 年第 12 期。

以避免对环境和周边水源造成污染。

（4）清洁环保作业。景区内的清洁工作也是非常重要的一环。为了确保环境的整洁和美观，旅游区需要设立专业的清洁队伍，负责旅游区的日常清洁和维护工作。这包括清理地面、清理水体、修剪植物等。同时，旅游区还需要加强对破坏环境行为的监督和管理，以维护旅游区的整体形象和环境质量，只有这样才能够保障旅游区的可持续发展和游客的健康安全。

4. 防灾基础设施建设

防灾基础设施建设是康养旅游区安全保障的关键，对于预防和减轻自然灾害具有重要意义。为了确保游客的生命安全和旅游设施的完好，需从消防设施、救援设施、地震监测设施等方面建设防灾基础设施，以有效提升康养旅游区的安全防护能力，为游客提供安全稳定的旅游环境。

（1）消防设施。2013 年 4 月 19 日凌晨 5 点左右，凤凰古城景区内发生火灾，起火地点为虹桥附近的观景亭和一栋商用房。火势蔓延到附近的一些建筑，大火 6 点左右被扑灭。而在十年后的 2023 年，该景区再一次发生了火灾。类似的新闻比比皆是，所以旅游景区内消防设施的建设变得越来越重要。在康养旅游景区内，游客数量众多，人流密集，一旦发生火灾，后果不堪设想。因此，加强消防设施的建设和管理，是旅游区安全管理的重要一环。除了合理布置消防设施外，还应该定期检查和保养消防设备，确保其处于良好的工作状态。此外，旅游区管理方还应该制定科学的应急预案，定期组织演练，提高景区应对火灾等突发事件的处置能力。[1] 只有这样，才能确保游客的生命财产安全，让游客在欣赏美景的同时，感受到安全和温暖。

（2）救援设施。为了确保游客的安全，康养旅游区还需要建立完善的紧急救援设施。这些设施不仅包括急救箱、救生圈、应急照明灯等基础设备，还需要配备专业的救援人员和医疗队伍。在紧急情况下，救援人员需要及时响应，迅速到达现场，为游客提供及时的救援和急救服务。同时，旅游区还需要制定紧急救援预案，定期进行演练和培训，确保能够迅速、

---

① 李建厂：《从避暑山庄外八庙看古建筑防火》，《山东社会科学》2014 年第 A2 期。

有效地应对突发情况。

（3）地震监测设施。地震监测设施对于地震多发地区的康养旅游发展尤为重要。这些设施能够实时监测地震活动，及时发出预警信号，为游客和员工提供宝贵的时间进行疏散和自我保护。除了硬件设施的建设，灾害应急预案的制定和实施也是至关重要的。这包括明确应急流程、责任分工以及与外部救援力量进行联系等。通过培训员工如何处理紧急情况，可以增强他们在危急时刻的应对能力，为游客提供更加及时和有效的帮助。

综上所述，防灾减灾设施建设是康养旅游地不可或缺的一部分。通过合理规划和建设这些设施，可以有效降低灾害风险，保障游客和员工的安全。同时，通过开展灾害演练活动和培训员工处理紧急情况，可以增强游客和员工的安全意识和自救互救能力，为康养旅游地的安全保驾护航。

5. 医疗基础设施建设

医疗基础设施建设对于康养旅游区提供及时有效的医疗服务、提升游客康养体验具有关键作用。需从医疗诊所、急救中心、医疗服务设施等方面建设医疗基础设施，以有效提升康养旅游区的医疗服务水平，为游客提供便捷、高效的医疗保障。

（1）医疗诊所。医疗诊所可以为游客提供常见病的治疗、药品销售、健康咨询等服务。同时，为了保障游客的健康安全，这些设施还需要进行定期的药品检查和设备维护，以保证药品的质量和设备的有效性。

（2）急救中心。急救中心的建设更是至关重要。在康养旅游中，游客可能会遇到各种突发状况，如突发疾病、意外伤害等。因此，急救中心需要配备专业的急救团队和先进的急救设备，能够在紧急情况下为游客提供及时的救援和治疗。同时，为了确保急救的及时性和有效性，急救中心还需要与当地医疗机构建立紧密的合作关系，确保在紧急情况下病人能够及时得到转运和治疗。

（3）医疗服务设施。除了基本的医疗服务外，康养旅游中的医疗服务设施还可以提供一系列的特色服务，以满足游客的不同需求。例如，健康咨询和体检服务可以帮助游客更好地了解自己的身体状况，预防接种服务

则可以帮助游客提高免疫力，减少患病的风险。此外，为了满足不同游客的需求，这些设施还可以提供个性化的治疗方案和服务计划，让游客在享受康养旅游的同时，也能够获得更好的治疗效果。

（二）公共服务设施建设

康养旅游区公共服务设施能为旅游者提供特定的公共服务，以满足旅游者在康养旅游过程中对于相应公共服务的需要，具有公共性、辅助性等特征。公共服务设施建设是康养旅游景区吸引游客、提升旅游体验的核心要素之一。需从餐饮服务设施建设、住宿服务设施建设、购物服务设施建设等方面着手，有效提升康养旅游区的服务水平，增强游客的满意度和忠诚度。

1. 餐饮服务设施建设

餐饮服务指通过即时制作加工、商业销售和服务性劳动等，满足游客餐饮需求的基础性项目，康养景区餐饮服务是旅游区的重要组成部分，要满足游客对餐饮产品和服务的需求，其服务应具有多元性、地方性、季节性等特征。

游客来自世界或全国各地，由于所处自然环境、经济水平、社会制度、文化修养、风俗习惯等不同，具有明显的地域差异性，游客的地域差异性要求旅游区餐饮产品的经营必须多样化，以满足不同地域游客的餐饮需求。

康养旅游区餐饮是旅游区整体产品的一部分，旅游区餐饮不仅为游客提供基本的餐饮服务，还可满足游客求新、求奇的心理，丰富游客的旅游体验，让游客不仅饱眼福还可饱口福。旅游区经营的地方特色餐饮，不仅是弘扬地方饮食文化、扬名地方特色餐饮的好机会，同时还能拉动当地土特产的消费，提高当地居民的收入，可谓一举多得。

2. 住宿服务设施建设

旅游区住宿服务设施的建设，是保障游客舒适度的重要一环。在建设过程中，需要充分考虑游客的需求，包括住宿设施的舒适度、安全性、便利性等方面。同时，还需要注重环境保护和可持续发展，确保住宿服务设施的建设与自然环境相协调，实现生态友好发展。

住宿服务设施的建设需要结合旅游区的特色和资源优势，打造具有特色的住宿体验。比如，可以利用当地的自然资源，建设具有地域特色的民宿、木屋、帐篷等住宿设施，提供与大自然亲密接触的机会。同时，也可以结合当地的传统文化，建设具有历史韵味和文化内涵的住宿设施，让游客在康养旅游中深入了解当地的文化底蕴。

除了提供基本的住宿服务外，旅游区还需要注重提升服务品质，提高游客的满意度。例如，可以提供个性化的服务，满足不同游客的需求。可以提供健康餐饮、SPA、健身中心等多样化的服务项目，让游客在旅游区中得到全方位的呵护。同时，还需要注重服务人员的培训和管理，提高服务水平，确保游客得到优质的服务体验。

3. 购物服务设施建设

旅游购物指游客在旅游活动中购买各种实物商品的行为，包括对衣服、工具、纪念品、珠宝、玩具、报刊书籍、影像资料、美容用品及个人生活物品和药品等的购买。游客购买的商品称为旅游商品，旅游商品是旅游区的重要收入来源，往往具有纪念性和当地特色。旅游商品种类多、范围广，根据其自身的性质和特点，划分为旅游纪念品、旅游实用品、旅游消耗品等。当前我国旅游市场游客数量不断增加，文创产品在游客中受欢迎程度不断提升。当前的旅游纪念品"正在跳出上一波纸胶带、手机壳的义乌小百货模式"[①]。

为了提升游客的购物体验，旅游区需要加强购物服务设施的建设。首先，要建立完善的商品销售体系，包括提供丰富的商品种类、保证商品质量、制定合理的价格等。同时，要注重营造良好的购物环境，保持商店的整洁、美观，提供舒适的购物空间。其次，为了方便游客购物，旅游区可以提供多种支付方式，如现金、银行卡、移动支付等。另外，加强导购服务也是必要的，可以设置导购地图、提供购物咨询服务等，以帮助游客更好地选择和购买商品。最后，为了提升游客的购物体验，可以举办促销活

---

① 《2022旅游纪念品行业发展现状及前景分析》，中研网，https://www.chinairn.com/scfx/20220413/14591741.shtml。

动、打折活动等，以吸引更多的游客前来购物。

五　康养旅游设施建设模式

在康养旅游设施建设过程中，不同建设模式的选择对于项目的实施效果和长远发展具有重要影响。本书旨在探讨康养旅游设施建设的模式选择及其适用性，将重点从政府主导模式、市场主导模式和公私合作模式3个方面进行阐述。这些模式各自具有一定的优势和特点，对于推动康养旅游设施建设发挥着关键作用。

（一）政府主导模式

在这种模式下，政府扮演着主要投资者和推动者的角色，负责全面规划和建设康养旅游设施。这些设施不仅包括硬件设施，也包括软件设施。政府通过制定相关的政策，如土地使用政策、投资政策、税收政策等，引导和规范康养旅游市场的发展。例如，政府可以通过出台土地使用政策，为康养旅游设施的建设提供充足的土地资源；此外，政府还可以通过财政补贴、税收优惠等措施，鼓励企业和个人积极参与康养旅游设施的建设。国内已经有一些地方开始尝试建设康养旅游设施。

以海南省为例，政府已经出台了一系列政策，鼓励社会资本进入康养旅游领域，推动健康养生旅游产业的发展。这些政策不仅吸引了大量社会资本的关注，也成功地推动了康养旅游产业的快速发展。同时，海南省还规划建设了一批康养旅游项目，如博鳌乐城国际医疗旅游先行区等。这些项目旨在打造一个集医疗、康复、养生、休闲于一体的综合性康养旅游目的地，为游客提供全方位、高品质的康养旅游服务。

政府作为主要投资者和推动者，通过制定相关政策引导和规范康养旅游市场的发展是非常重要的。同时，社会资本的积极参与和地方政府的积极推动，也为康养旅游产业的发展注入了新的活力。

（二）市场主导模式

市场主导模式是一种独特的机制模式，它充分尊重市场自由竞争和供求关系的力量，允许企业和个人根据市场需求，自发投资建设康养旅游设施。在这种模式下，政府扮演着一个相对辅助的角色，通过制定相关法规和规范来监管市场，确保公平竞争并维护消费者权益。

以泰国为例，其在发展康养旅游方面就采用了市场主导模式，并且取得了显著的成功。泰国政府通过采取一系列措施，如简化审批程序、提供税收优惠等，积极鼓励企业和个人投资建设康养旅游设施。这些措施为泰国康养旅游市场注入了创新活力，推动了其快速发展。同时，泰国还建立了一系列的监管机构和法规，以确保康养旅游市场的规范和健康发展。这些机构和法规的设立，有效地监督了市场行为，保障了消费者的权益，并确保了康养旅游设施的建设和运营符合国家规定的标准和要求。这种市场主导模式下的政府监管措施，为泰国康养旅游市场的持续繁荣提供了坚实的保障。

（三）公私合作模式

公私合作模式是一种独特的策略，它使政府与企业能够携手合作，共同推进康养旅游设施的建设。在这种模式下，政府与私营部门相互补充，各自发挥其独特的优势，共同为康养旅游设施的建设和管理贡献力量。具体来说，政府通过提供资金和土地等资源，为项目的实施提供了坚实的保障。政府的参与，确保了项目的公共利益导向，有利于实现社会福利的最大化。企业则带来了丰富的市场经验、先进的管理理念和技术，以及追求效率的精神。企业的加入，使得康养旅游设施的建设和管理更加专业化、高效化。

比如四川广元，为了打造生态康养旅游城市，立足现状，发现短板，夯实基础，改进提升。在环境保护设施领域，以政府和社会资本合作方式，推进城市生态、污水、垃圾治理，新增和扩建城市生活垃圾无害化处理基地，对乡镇农村生活垃圾进行无害化处理。新建污水管网，改造老旧管网，实现各城镇污水自主收集、处理，深入推进"厕所革命"，推进生态厕所建设。[①]

---

①　陈格：《广元康养旅游经济开发路径探究》，《山东商业职业技术学院学报》2019年第5期。

第三节　康养旅游服务体系

在当今健康意识日益增强的社会背景下，康养旅游作为融合了健康、休闲与旅游元素的新型旅游模式，受到了广泛关注。康养旅游服务体系作为其发展的基础和保障，具有重要意义。本节旨在对康养旅游服务体系进行深入探讨，分析其概念、作用、原则、内容以及运行模式等方面。通过这些方面的阐述，可以全面了解康养旅游服务体系的特点和构成，为实践中的应用和发展提供理论指导和参考。

一　康养旅游服务体系概念

服务指为他人提供有益或有偿的无形劳动，旨在满足他人的需求，通常不涉及实物形态。而体系则是一个由多个相互关联的事务和意识组成的系统结构，旨在实现某个共同的目标。康养旅游服务体系是指，在康养旅游活动中，为满足游客身心健康需求而提供的一系列服务内容和设施的集合。它以旅游为基础，融合了健康促进、康复治疗、休闲娱乐等多种服务，旨在为游客提供全方位的健康保障并提升其旅游体验。康养旅游服务体系涵盖了医疗、康复、餐饮、住宿、交通、休闲娱乐等各个方面，通过整合各类资源，为游客打造一个健康、舒适、愉悦的旅游环境。

然而当前旅游业发展不平衡不充分的矛盾比较突出，旅游资源错配现象较为严重，旅游公共服务还有待完善。[①] 这就需要康养旅游服务在康养旅游产业链各个环节之间，构建一个实现高效资源整合、协同创新、价值共享和风险共担的综合体系，进而为消费者提供个性化、专业化、多元化、高品质的康养旅游产品和服务。康养旅游服务体系的构建，不仅推动了当地旅游业和健康产业的深度融合，为游客打造出更加专业化的健康养生旅游产品和服务，同时也为社会和经济发展带来了新的机遇和活力。在未来，

---

① 徐金海、夏杰长：《中国式现代化视域下的现代旅游业体系构建》，《社会科学家》2023 年第 8 期。

康养旅游服务体系将继续传承和发扬中华传统文化的精髓，将健康养生理念融入现代旅游业，为游客带来更加美好的健康旅游体验。

二　康养旅游服务体系作用

（一）满足人民群众日益增长的健康需求

据统计，人均 GDP 达到 3000 美元，康养旅游就会迎来发展期，2008 年中国人均 GDP 达到 3000 美元，因此 2009 年就产生了康养旅游的市场需求。[①] 随着生活品质的改善，人们对健康的关注度逐渐增强。康养旅游服务体系为满足这一需求提供了有效的途径，它使游客在旅游过程中可以放松身心，同时提升健康水平。康养旅游服务体系的核心在于关注人的健康和养生，它通过提供全方位的养生保健和健康管理服务，为游客的健康与生活质量提升提供有力支持。特别是针对需要康复治疗的群体，康养旅游服务体系提供专业的康复治疗和护理服务，帮助他们恢复身体机能，提升生活质量。

（二）推动旅游业转型升级的必然要求

保持康养旅游服务的独特性及内容的原创性，是推进康养旅游产业高质量发展的关键。综观当前康养旅游市场，旅游服务内容同质化问题严重影响到康养旅游的高质量发展。[②] 而康养旅游服务体系的构建，将一定程度上改变这一现状，推动旅游业转型升级。康养旅游服务体系将为康养旅游注入新的发展理念，改变传统旅游业的运作模式和发展思路。它提供新的发展模式和路径，拓展旅游业业务范围和市场空间，带动相关产业发展，形成多元化产业生态链。总之，康养旅游服务体系的构建，有助于推动旅游业转型升级，满足现代人对高品质、个性化旅游体验的需求，提升旅游业品质和竞争力。

（三）促进健康产业协同发展的本质要求

康养旅游服务体系的发展，本质是促进健康产业协同，涉及医疗、健

---

① 李伟杰、刘岗、钟新周：《康养旅游的分类与特点分析》，《经济研究导刊》2021 年第 15 期。

② 李敏：《乡村康养旅游产业高质量发展研究》，《普洱学院学报》2023 年第 2 期。

身、餐饮等多领域。比如，医疗领域需提高技术和服务水平，健身领域需提供多样健身方式和指导，餐饮领域需提供营养均衡的餐饮服务。只有各领域协同，才能推动康养旅游服务体系的健康发展。

（四）完善我国公共服务体系的必然要求

我国已进入中高收入国家行列，旅游成为人民群众的普遍需求，康养旅游公共服务成为公共服务体系的重要组成部分。发展康养旅游公共服务，是完善我国公共服务体系的必然要求。康养旅游市场需求增长，但我国康养旅游公共服务存在供给不足、服务质量不高等问题。因此，必须加快发展康养旅游公共服务，政府、市场和社会力量需共同参与。政府应加大投入力度，提高基本公共服务的覆盖面和质量，引导支持社会力量参与康养旅游公共服务建设；市场应发挥资源配置的优势，创新康养旅游产品和服务方式；社会力量应积极参与康养旅游公共服务。只有政府、市场和社会力量共同努力，加强政策支持、创新供给模式、注重文化传承和创新，才能推动我国康养旅游公共服务的健康发展，满足人民群众保持健康和提升生活品质的需求。

三　康养旅游服务体系原则

（一）需求导向原则

建设康养旅游公共服务体系，应以游客需求为导向，以科学发展观为指引，结合当地旅游资源的类别，提供相应的旅游公共服务。在康养旅游公共服务的建设过程中，应以广大游客的实际需求和旅游感受为依据，始终贯彻以人为本的理念，使旅游活动更加安全、便捷、利民，不断提高游客的旅游体验和福利，让游客享受到更有尊严、更有价值的康养旅游活动。

（二）全面系统原则

构建康养旅游公共服务体系时，应全面考虑旅游业发展的各个方面，并在各旅游领域中找出游客最需要、最迫切的公共服务进行建设。同时，要以系统论为指导，认真分析旅游公共服务体系各要素及其与整体的关系，找出各要素之间的内在联系，从而有针对性地进行规划建设。在借鉴国际经验的基础上，通过标准化、规范化的引领，开展示范工程、标准推广等活动，推动旅游公共服务的全面发展。

（三）多方参与原则

在康养旅游公共服务体系建设中，政府扮演着主要责任者的角色，不仅有责任推动康养旅游公共服务的建设，而且有义务确保这些服务能够满足社会的需求。然而，由于财力和精力的限制，政府不可能亲自负责所有康养旅游公共服务的建设，这也不符合效率的原则。因此，引入市场机制，充分利用政府与市场之间的互补性，通过合同制、特许经营等手段，实现多元化供给，是保证康养旅游公共服务体系建设可持续发展的有效途径。

（四）文化传承原则

在构建康养旅游服务体系时，必须重视文化传承的原则。这一原则强调对优秀地域文化和民族文化的深入挖掘与传承，将其精髓融入康养旅游服务中，以提升康养旅游的品质和吸引力。同时，还要关注文化的创新与发展，推动传统文化的现代化转型，使其更好地与现代社会相适应。

（五）以人为本原则

康养旅游服务体系的建设，必须始终坚持以人为本的原则，关注游客的需求和体验，提供个性化、人性化的服务。为了使游客在康养旅游过程中感受到关怀和温暖，需要从游客的角度出发，了解他们的需求和期望，并针对不同的游客提供不同的服务。康养旅游服务体系的建设是一个长期的过程，需要不断地完善和改进。只有通过不断创新和努力，才能为游客提供更加优质、专业的服务，让游客在康养旅游过程中感受到关怀和温暖。

四　康养旅游服务体系内容

（一）基础性体系

基础性体系是一个综合性的信息架构，旨在为特定的消费群体提供及时、精准的产品信息。在康养旅游服务领域，这种体系被广泛应用。比如，康养旅游服务机构通常会建立一个完善的康养旅游服务网站，该网站不仅提供各类康养旅游产品的详细信息，如价格、服务内容、注意事项等，还

提供旅游者反馈和建议的接收平台。这个基础性体系能够使旅游者更加便捷地获取康养旅游产品的各类信息，从而帮助他们做出更合适的消费决策。此外，通过接收旅游者的反馈和建议，康养旅游服务机构可以及时了解服务中的问题，进而改进服务质量。

在构建和完善基础性体系的过程中，康养旅游服务机构需要注重几个关键方面。首先，需要确保网站、微信公众号和手机 App 等平台的信息准确、更新及时，以提供给旅游者最新、最全面的康养旅游产品信息。其次，需要提供多样化的信息展示方式，如文字、图片、短视频等，以满足不同旅游者的信息获取需求。比如，新加坡旅游公共信息服务体系就以众多游客咨询中心为基础，配合官方网站与旅游咨询热线，向境内和海外游客提供 24 小时服务。[①]

（二）服务性体系

服务性体系在康养旅游中占据了至关重要的地位。它不仅涵盖了为康养旅游者提供各种服务的供应商，还包括住宿、餐饮、交通、导游、购物、娱乐等各种服务。这些服务的质量，直接影响到康养旅游者的体验感和满意度，进而影响到整个康养旅游行业的声誉和可持续发展。

以住宿服务为例，康养旅游者对于住宿设施的要求，不再仅仅是满足基本的住宿需求，更追求住宿环境的舒适性和健康性。因此，康养旅游服务机构应与优质的住宿供应商建立紧密的合作关系，确保提供的住宿环境能够满足不同类型康养旅游者的需求。同时，对于餐饮服务，除了注重食品的营养和健康外，还应考虑到如糖尿病、高血压等慢性病患者的特殊饮食需求。为了确保服务性体系的高效运转和持续改进，康养旅游服务机构应建立严格的服务质量标准和监督机制。这包括对各类服务供应商进行定期评估和调整，以及对其服务质量进行持续监测和改进。比如韩国旅游公共服务体系就包含了韩服试穿体验、韩餐体验馆、韩流馆、地方特产展示

---

① 《新加坡旅游公共信息服务体系》，奇创旅游规划咨询机构网，https://www.kchance.com/LandingPage/TourismService1.html#singapore。

卖场等服务元素。[①]

同时，一定要注意的是，作为服务行业，康养旅游服务机构还应建立完善的投诉处理机制，以便及时处理康养旅游者的投诉和反馈，从而不断提高服务质量。

（三）支持性体系

在康养旅游服务中，支持性体系是一个不可或缺的组成部分。这个体系包括政府主管部门、行业协会、救援组织等机构，它们为康养旅游服务提供支持和保障。在这些机构的帮助下，康养旅游服务能够更加规范、安全、完善的发展。

政府主管部门在对康养旅游服务的支持和保障中，扮演着重要的角色。它们负责制定和实施相关的政策和法规，以确保康养旅游服务的合法性和规范性。行业协会也是康养旅游服务支持性体系中的重要组成部分。行业协会通常由康养旅游服务机构、相关企业和社会人士组成，它们在行业自律、规范制定、信息共享等方面，发挥着重要的作用。通过行业协会，康养旅游服务机构可以更好地了解行业动态和市场需求，与其他企业进行交流和合作，共同推动行业的发展和进步。

在康养旅游服务中，安全是最重要的因素之一。救援组织可以为康养旅游服务提供必要的安全保障和救援服务，确保游客的人身安全和财产安全。通过与政府主管部门合作，康养旅游服务机构可以了解政策走向和法规变化，及时调整自己的经营策略和业务范围。与行业协会合作，可以帮助康养旅游服务机构了解市场需求和竞争态势，促进与其他企业的交流和合作。与救援组织合作，则可以确保康养旅游服务的安全性和可靠性，为游客提供更加优质的服务体验。

（四）营销性体系

营销性体系是推动康养旅游发展的重要组成部分，它涵盖了一系列的机构和活动，专注于对康养旅游产品的宣传和推广。而数字化技术手段的

[①]　《韩国旅游公共信息服务体系》，奇创旅游规划咨询机构网，https://www.kchance.com/LandingPage/TourismService1.html#korea。

运用，也会给营销体系有效匹配不同类型的服务需求。① 这些机构利用多元化的手段，如广告、宣传片、网络推广等，将康养旅游产品的独特魅力和价值传递给潜在的旅游者。

广告是提高产品知名度和美誉度的关键手段，精美的广告能够吸引人们的眼球，激发他们的兴趣，进一步引导他们了解和选择康养旅游产品。宣传片则通过生动的影像和声音，向观众展示康养旅游产品的独特魅力和特色，从而引发他们的好奇心和探索欲望。网络推广则利用社交媒体、旅游网站、手机应用程序等渠道，将康养旅游产品推广到更广泛的潜在人群中。

比如，浙江温州在发展乡村康养旅游时就与各知名品牌旅游网站加强合作，并优化各大微信公众号功能，开通网上预约、预售、付款功能，定时开展网上促销活动，采取发放优惠券、惠民卡、月卡、年卡等措施，充分利用现代信息技术拓展市场。鉴于常规旅游群体中"90后"及"00后"占比较大，其通过加强与微博、抖音、快手、小红书等在年轻人中影响力大的软件的合作，与拥有百万粉丝的公众号、博主等合作，邀请粉丝量大的博主参加森林康养旅游活动并在线上宣传体验感受等方式，扩大了温州乡村康养旅游的宣传范围和影响力。②

五 康养旅游服务体系运行模式

康养旅游服务体系是一个完整的系统，一个系统要正常运转必须具备一套完善的运行模式。康养旅游服务体系运行模式主要包括畅通的信息机制、高效的激励机制、完善的评价机制、系统的保障机制。在这些机制的共同作用下，康养旅游服务体系的功能才得以发挥，才能最大限度地提升公共服务水平。

---

① 张贝尔、王红、李元：《康养旅游产业数字化水平调查与提升策略》，《经济纵横》2022 年第 12 期。

② 史册、葛冰、陈章纯等：《温州乡村康养旅游发展现状与对策》，《温州职业技术学院学报》2020 年第 2 期。

（一）畅通的信息机制

在康养旅游服务体系的运作中，信息的流通至关重要。一个畅通无阻的信息机制不仅是高质量决策的基础，更是康养旅游服务体系整体功能发挥的必要条件。只有充分了解信息，才能做出正确的决策，才能处理好体系内部以及和体系外部各相关要素的关系。信息机制是一个复杂的系统，它通过对与康养旅游服务体系相关的信息进行整理和加工处理，从而为决策提供依据。这就像人体的神经系统将各种感官信息整合在一起，进而形成对外部世界的全面理解。

在康养旅游服务体系中，信息机制的作用主要体现在以下几个方面。首先，信息机制是决策者了解市场需求的重要途径。通过对市场数据的收集、整理和分析，决策者可以了解消费者的需求和偏好，从而制定出更符合市场需求的策略。例如，如果数据显示大多数游客偏好于自然风光，那么决策者就可以在规划中加大自然景观的比重。其次，信息机制可以帮助决策者了解体系的运行状况。通过对康养旅游服务体系的运行数据进行收集和分析，决策者可以了解体系的运行效率和服务质量，从而及时发现问题并采取相应的措施。此外，信息机制还可以帮助决策者处理好其与外部相关要素的关系。通过对相关政策、法规以及行业动态的收集和分析，决策者可以了解外部环境的变化，从而调整策略以适应外部环境的变化。

（二）高效的激励机制

建立健全康养旅游服务激励机制，是确保康养旅游服务功能得以充分发挥的重要保障。激励机制的力度，直接影响到康养旅游服务体系的效能。只有通过提供高效的激励机制，才能激发康养旅游服务者充分发挥主观能动性，以提升公共服务水平。在构建康养旅游服务体系时，应通过制定相应的制度安排，建立健全有效的激励机制。这不仅需要激励康养旅游服务的供给方，包括政府部门、旅游企业和其他组织，而且还需落实到每一个具体的工作人员，并对社会成员参与公共服务建设给予更多的鼓励和支持。

具体而言，激励方式可分为两种。一是物质性激励，即基于人对现实利益的追求而设计的激励措施，将劳动者的贡献与货币收益相结合，如工

资、奖金、津贴、实物补助等；二是非物质性激励，主要是为做出突出贡献的劳动者提供名誉、社会地位等精神奖励，以激发其工作热情，如将劳动者评为"先进工作者"，使其产生自豪感等。在康养旅游服务体系的激励机制中，应将物质性激励与非物质性激励有机结合，使其相互补充，发挥各自不同的功能，以达到最佳的激励效果。只有这样，才能提高康养旅游服务体系的效率，促使所有劳动者以更积极的态度去做好工作，减少偷懒和"搭便车"行为，进而形成康养旅游服务体系的凝聚力和进取精神，从而发挥整个系统的最大效率。

（三）完善的评价机制

要完善康养旅游服务体系，必须对其进行有效的评价，并根据结果反馈进行改善。加强对康养旅游服务质量、游客满意度的测评，建立有效的评价机制。具体来讲，首先，要建立科学的评价指标体系。康养旅游服务体系的评价指标，应该包括服务质量、游客满意度、设施设备、环境等多个方面。其中，服务质量是评价的重点，包括服务态度、专业水平、反应速度等方面。游客满意度是评价的难点，需要通过调查问卷、在线评价等方式获取游客的真实反馈。其次，要采用多种评价方法。包括定量评价和定性评价、主观评价和客观评价等。定量评价可以通过数据统计和分析得出客观结果，而定性评价则可以通过专家评审、游客反馈等方式得出主观评价结果。主观评价和客观评价相结合，可以更全面地反映康养旅游服务体系的质量和水平。最后，建立评价结果反馈机制。康养旅游服务体系的评价结果应该及时反馈给相关部门和人员，以便于进行改善。同时，应该建立有效的监督机制，确保评价结果的客观性和公正性。对于评价结果中反映出的问题，应该采取措施进行整改和提升，不断提高康养旅游服务体系的质量和水平。

总之，完善的评价机制是完善康养旅游服务体系的重要保障。只有建立科学的评价指标体系、采用多种评价方法、建立评价结果反馈机制，才能对康养旅游服务体系进行有效的评价，并根据结果反馈进行改善，不断提高康养旅游服务体系的质量和水平。

（四）系统的保障机制

要完善康养旅游服务体系，必须建立系统的保障机制，包括政策保障、资金保障、人才保障等多个方面。

1. 政策保障

政策保障是康养旅游服务体系建立和发展的基础。政府应该加大对康养旅游产业的扶持力度，制定相应的政策措施，促进康养旅游产业的健康发展。比如，可以出台康养旅游产业发展的专项政策，明确康养旅游产业的定位和发展方向，同时给予一定的政策优惠和支持。

2. 资金保障

资金保障是康养旅游服务体系建立和发展的关键。康养旅游产业是一个需要大量资金投入的产业，必须通过多种渠道筹措资金，确保康养旅游服务体系的建设和发展。政府需要围绕该产业建设情况与需求，合理制定相关扶持优惠激励政策，为中小企业提供符合它们需求的贷款政策，充分保障它们的贷款资金使用需求，推动我国康养旅游产业的升级发展。[1] 同时，政府也可以通过引导投资、给予财政补贴等方式，支持康养旅游产业的发展，包括吸引社会资本进入康养旅游产业等，都可以共同推动康养旅游产业的快速发展。

3. 人才保障

人才保障是康养旅游服务体系建立和发展的核心。康养旅游产业需要具备专业知识和技能的人才支撑，必须加强人才培养和引进。一方面可以引进一批懂管理、会经营的高素质人才或团队，提升康养旅游的开发设计、旅游区运营的专业化水平；另一方面是抓好人才培养，加强与专业院校合作，同时有针对性地进行组织培训、交流互动等，提升康养旅游管理和服务人员的业务能力。[2]

总之，建立系统的保障机制是完善康养旅游服务体系的重要环节。只有政策、资金、人才等多个方面得到充分保障，才能推动康养旅游产业的

---

[1]　温振迪、陈立春：《体育与康养旅游的融合分析》，《当代体育科技》2023 年第 13 期。

[2]　赵小红：《宝鸡发展康养旅游的思路与建议》，《新丝路》（下旬）2020 年第 6 期。

健康快速发展，为广大游客提供更加优质的康养旅游服务。

第四节　康养旅游运营管理

随着人们对健康和生活质量追求的不断提升，康养旅游运营管理作为提升服务质量和游客体验的核心，正日益受到重视。本节将从概念、作用、原则、内容、机制等多个角度对康养旅游运营管理进行全面剖析，从而为康养旅游的顺利运营和长远发展奠定坚实基础。

一　康养旅游运营管理概念

康养旅游运营管理指的是通过一系列精心策划与实施的管理活动，实现对康养旅游资源的优化配置，以提升游客体验和满意度，同时推动康养旅游事业的发展。这种管理方式融合了旅游、健康、养生等多个领域，形成了一种全新的管理模式。

首先，康养旅游运营管理着眼于资源的优化配置。这包括对康养旅游资源的有效整合，如旅游景点、设施、服务等方面。通过合理配置资源，康养旅游运营管理能够为游客提供更为完善、更为贴心的旅游服务，从而提升游客的旅游体验感和满意度。

其次，康养旅游运营管理强调计划、组织、领导、控制等管理职能的发挥。计划是指根据康养旅游事业的发展目标，制订可行的方案和计划；组织是指建立健全的机构和制度，确保康养旅游活动的有序进行；领导是指通过有效的指导和激励，调动员工的积极性和创造性；控制是指对康养旅游活动的执行情况进行监督和评估，以确保活动的顺利进行。

最后，康养旅游运营管理注重游客体验感和满意度的提升。通过了解游客的需求和期望，康养旅游运营管理能够提供更为贴心、更为个性化的服务，从而增强游客的体验感和满意度。康养旅游运营管理是一种全新的管理方式，它通过策划和实施一系列的管理活动，协调和优化康养旅游资源的配置，实现游客体验感和满意度提升、康养旅游事业发展的双重目标。

随着康养旅游事业的不断发展，其运营管理的地位和作用将越来越重要。

二　康养旅游运营管理作用

（一）提升服务质量

康养旅游作为新兴的旅游方式，其服务质量是吸引游客的关键。为了提升服务质量，许多地方制定了"康养文旅综合体建设与运营服务指南"等地方标准，对康养旅游的服务流程、服务质量等方面进行了规范。[①]

这些地方标准的实施，不仅为游客提供了高水准的康养度假体验，也提高了康养旅游行业的整体水平。在制定地方标准的过程中，需要对康养旅游的服务质量进行深入的探讨和研究。这包括对服务流程的优化、服务人员的培训、服务质量的监控等方面进行全面考虑。通过这些措施，可以确保康养旅游的服务质量达到较高的水平，提高游客的满意度和忠诚度。

（二）促进产业发展

康养旅游的运营管理在推动康养产业发展中扮演着重要的角色。随着人们健康意识的提高和休闲需求的增长，康养旅游已经成为一种备受关注的旅游方式。康养旅游的运营管理通过提供健康服务和休闲娱乐等方式，在满足人们的需求、提升服务质量的同时促进了产业发展。

良好的运营管理能加强对服务提供者的监督和评估，确保服务的质量和安全，通过品牌建设、市场推广和人才培养等手段，促进产业可持续发展。为了实现长远发展，运营管理还需要关注细节，例如服务提供者的培训和考核、与相关产业之间的合作以及关注游客的需求和反馈等。总之，康养旅游的运营管理对于推动康养产业向专业化、科学化发展具有重要意义。

（三）增强客户体验

康养旅游项目凭借其特色的康养民宿体验和自然环境下的休闲活动，为游客带来身心放松和提升旅行体验的效果。通过良好的运营管理以及细

---

① 《湖南省文化和旅游厅关于制定〈康养文旅综合体建设与运营服务指南〉的招标公告》，湖南省文化和旅游厅官网，https://whhlyt.hunan.gov.cn/whhlyt/xxgk2019/xxgkml/tzgg/202210/t20221031_29111243.html。

致入微的服务，让游客感受到无微不至的关怀和关注，体验到独特的康养旅游服务与健康的生活方式。这些特色服务与活动，不仅为游客带来更多乐趣和满足感，还提高了他们的满意度和忠诚度。

比如，黑龙江伊春通过跨区域合作，与邻近省市采取区域营销管理模式，互换客源，不断加大旅游营销力度；与国旅、青旅等行业龙头企业合作，在中国旅游日等与旅游相关的节日，开展定点景区免票和夏季避暑优惠等活动来增强客户体验。此外，还与伊春本地旅行社合作，推出具有特色的康养旅游线路，统一赠送具有康养特色的山珍旅游产品和工艺旅游产品，这些都能给初到伊春的游客留下深刻的印象，大大增加了游客的"回头率"。①

（四）创新业务模式

康养旅游的运营管理不仅包括了传统的旅游服务，还融入了健康养护、养生保健等元素，形成了旅游、养生、保健、文化、教育多位一体的新型旅游业务模式。这种模式不仅为游客提供了更加丰富、全面的旅游体验，还推动了旅游业的转型升级和可持续发展。在康养旅游的运营管理中，创新业务模式的发展得益于对传统旅游服务的深入挖掘和拓展。

传统的旅游服务往往只关注游客的游览体验，但在康养旅游中，服务提供商们更加注重游客的健康养护和养生保健需求。此外，传统的旅游业务模式往往只关注旅游服务的提供，而忽视了游客的个性化需求。这在一定程度上既没有做到业务模式创新，又丢失了旅游服务本就该提供的功能。

比如博鳌恒大·养生谷，它由颐养园、长乐园、康益园和亲子园四大园组成，向会员提供医养服务、体检服务、健康保险服务和"购租旅"优惠等，以养生谷为载体，向游客提供健康管理及颐养服务，融入了老中青少全龄段健康养生新生活理念。恒大·养生谷采用全方位、多维度、高品质健康管理理念，创建了"全方位全龄化健康养生新生活、高精准多维度健康管理新模式"，完善了康养旅游运营管理理念，也为其他景区开发建设

① 李颖、祝招玲：《浅析特色旅游开发——以伊春康养旅游为例》，《对外经贸》2016 年第 12 期。

提供了借鉴参考。

（五）强化品牌建设

在康养旅游行业，品牌建设的重要性不言而喻。通过实施规范化运营管理及优质服务，可以有效地树立起品牌的示范性形象，并进一步提升品牌在行业中的知名度和影响力。规范化运营管理是品牌建设的基础。只有在规范的框架下，才能确保康养旅游的服务质量，提高客户满意度。这包括对员工进行定期培训，确保他们具备提供高质量服务所需的技能和知识。同时，也需要建立一套完善的客户反馈机制，以便能及时了解并解决客户的问题和需求。

优质服务是品牌建设的核心。康养旅游行业本身就是一个高度竞争的行业，只有提供优质的服务，才能在竞争中脱颖而出。优质的服务不仅包括周到的接待和安排，更包括对客户需求的深入理解和满足。在实施规范化运营管理和优质服务的过程中，还需要注重与客户的沟通和互动。良好的沟通和互动可以增强客户对品牌的信任感和归属感，从而提高品牌的知名度和影响力。可以定期组织客户座谈会或满意度调查，以便了解客户的真实需求和反馈，进而在服务中进行改进。

比如，在健康中国发展战略与国际旅游岛建设的大背景下，海南省就利用气候条件及生态资源优势，树立"健康海南"品牌，2013 年以来，海南省先后 4 家单位获批建设为全国健康旅游示范基地和中医药健康旅游示范基地，吸引众多康养旅游者到访消费，2017 年全省实现旅游总收入 811.99 亿元。[①]

三 康养旅游运营管理原则

（一）社会化

我国拥有众多的旅游行业协会和组织，其会员包括众多旅游企业、知名企业家、高等院校学者等，具有相当的权威性和专业性。因此，应积极发挥这些行业协会和组织在社会化方面的作用，如宣传理念、行业培训等。

[①] 易慧玲、李志刚：《产业融合视角下康养旅游发展模式及路径探析》，《南宁师范大学学报》（哲学社会科学版）2019 年第 5 期。

国务院在 2009 年发布的《关于加快发展旅游业的意见》和 2014 年发布的《关于促进旅游业改革发展的若干意见》等文件中明确要求政府适当放权，因此，各级旅游行政管理部门可以将旅游人才培训、景区 A 级评定、星级酒店评定等职能，逐渐转移给旅游行业协会或中介组织。然而，社会化并不等同于完全放开。一方面，旅游行政管理部门应适当放权，加强与行业协会和组织在行业监管、人员培训、宣传推广等多方面的合作；另一方面，旅游行政管理部门也应履行对行业协会和组织的监督管理职责，确保整个行业健康有序发展。

（二）宏观化

宏观化运营管理有助于整体规划康养旅游的发展。旅游行政管理部门应从全局出发，对康养旅游进行顶层设计，制定长远的发展战略和规划，包括对康养旅游资源的整合、对市场需求的调研、对服务体系的完善等。通过宏观规划，可以避免康养旅游发展的盲目性和短期行为，确保资源的合理配置和市场的有序竞争。同时，宏观化运营管理有助于规范康养旅游的市场秩序。针对康养旅游市场的乱象，旅游行政管理部门应加大监管力度，完善相关法规和政策，建立公平、公正的市场环境。

（三）服务化

康养旅游运营管理的本质是提供更优质、更贴心的服务，以满足广大旅游消费者的需求，并促进康养旅游产业的持续、稳定和健康发展。因此，在康养旅游运营管理体系中，服务本位的思想原则具有至关重要的地位，必须始终贯穿于整个管理过程。具体而言，康养旅游运营管理需要以消费者为中心，关注旅游者的需求，通过提供个性化、专业化的服务，使游客在旅游过程中，感受到更多的关怀和温暖。同时，为了维护康养旅游产业的健康发展，运营管理还需要注重资源的合理配置、环境的保护与治理、安全与质量的保障等方面，确保康养旅游的服务质量和社会效益得到有效提升。

四　康养旅游运营管理内容

（一）设施管理

设施管理在康养旅游运营管理中占有举足轻重的地位，它涉及康养旅游地设施的规划、建设、维护以及更新等一系列任务。康养旅游地的设施，不仅是游客开展体验活动的重要载体，也是康养旅游服务提供的核心要素。设施管理的目标是通过高效的管理手段，确保设施的稳定性和可靠性，以满足游客的需求并提升康养旅游的整体形象。

1. 设施规划

设施规划是康养旅游地设施管理的首要环节，需要考虑康养旅游地的自然环境、文化背景、客源市场以及游客需求等因素，通过深入调研和科学分析，制订出符合当地实际情况的设施规划方案。设施规划不仅要注重设施的数量和质量，还要关注设施的布局和相互之间的联系，以形成一个功能完善、高效运作的康养旅游服务体系。

2. 设施建设

设施建设是康养旅游地设施管理的关键环节。在设施建设过程中，需要严格遵守相关法规和标准，确保设施的建设质量和安全性能。同时，设施建设还要注重与当地自然环境和文化特色的融合，以提升康养旅游地的整体形象和吸引力。另外，设施建设还需要考虑环保和节能等方面的要求，采用环保材料和节能技术，以实现康养旅游地的可持续发展。

3. 设施维护和更新

设施维护和更新是康养旅游地设施管理的重要环节。设施在使用过程中难免会受到磨损和老化等问题的影响，因此，需要定期对设施进行检查和维护，及时发现并解决设施存在的问题。同时，随着时间的推移和技术的不断更新，需要对设施进行升级和改造，以提高设施的使用效率和康养旅游服务的质量。在设施维护和更新过程中，还需要注重与环保和节能等方面的要求相结合，以实现康养旅游地的可持续发展。

总之，设施管理作为康养旅游运营管理的基本要求，对于提升康养旅游服务质量和游客体验感具有重要意义。通过对设施的规划、建设、维护和更新等环节进行科学管理，可以确保康养旅游地设施的稳定性和可靠性，提高游客满意度和忠诚度，为康养旅游业的可持续发展奠定坚实基础。

（二）服务管理

服务管理在康养旅游运营管理中占据了核心地位，它涵盖了多个方面，

包括对康养旅游目的地服务团队、服务流程和服务质量的有效管理。

1. 服务团队的管理

服务团队是康养旅游中的关键因素。服务团队的素质和能力，直接影响到游客的体验感和满意度。因此，对服务团队的管理是至关重要的。这包括员工的选拔、培训、激励和评估等方面。只有具备专业知识和良好态度的服务团队，才能为游客提供优质的服务。

2. 服务流程的管理

服务流程是康养旅游运营管理中的另一个重要环节。服务流程的设计和管理需要考虑游客的需求和期望，以确保游客能够得到及时、高效和周到的服务。这包括预订、接待、住宿、餐饮、活动安排和离店等环节。服务流程的顺畅和高效，能够提高游客的满意度和忠诚度。

3. 服务质量的管理

服务质量是康养旅游运营管理的核心。服务质量直接影响到游客的体验和旅游地的口碑。优质的服务能够让游客感到舒适和愉悦，从而增加他们的满意度和忠诚度。因此，对服务质量的监控和管理是至关重要的。这包括对服务的策划、实施、评估和改进等方面。只有不断提高服务质量，才能在激烈的市场竞争中保持领先地位。

比如在服务质量方面，山东省济南·泉世界文化旅游休闲景区拥有智能完善的景区配套设施及公共服务体系，为游客打造了安全舒适的景区环境。该景区标识引导系统完备，游客服务中心集合了咨询服务、文化展示、休闲文创、医疗救护、便民服务、多语种人工讲解、智能导航等功能，同时，景区免费 Wi-Fi 信号全覆盖，为游客提供线上咨询、预订、支付服务，还配有多语种智能语音讲解机器人。①

（三）环境管理

环境是一个综合广义的概念，它包括自然环境、社会环境、文化环境等多个方面。在康养旅游运营管理中，环境管理同样在旅游活动全过程中

① 《解开国家级旅游休闲街区高质量发展密码》，中国文化产业网，http://www.cnci.net.cn/content/2023-12/04/content_30627024.htm。

有着不可替代的作用。具体来讲包括环境组织管理、环境容貌管理、环境监督管理等方面内容。

1. 环境组织管理

在环境组织管理方面，康养旅游区应该设有环境卫生管理机构，负责旅游区的环境卫生和饮食服务卫生管理工作；要制定环境卫生管理办法和工作制度；成立环境卫生专业队伍，负责环境卫生清扫、垃圾粪便处理。对旅游区内的公共厕所、垃圾箱、果皮箱等公共设施与道路进行定期清理，保持旅游区内清洁卫生；同时旅游区内公共厕所要做到基本无臭味、无蚊蝇、无蛆虫、无随地便溺现象；此外还需对旅游区内粪便、污水、垃圾等废弃物进行无害化处理，对生活垃圾及时清运，做到日产日清；旅游区的废水、废气、废渣等有害物质，要按照国家有关标准经过处理后排放。

2. 环境容貌管理

在环境容貌管理方面，要保护好景物，保持环境整洁、清新，严厉制止损害景物、污染环境和影响观瞻的行为；维持旅游区道路、公共场地秩序，保证无违章堆物、无违章搭建；及时清洁旅游区内河、湖等各种水域；及时清洁保养供游客游览、休息的设施建设物、景点标牌等。

3. 环境监督管理

在环境监督管理方面，要对旅游区内饮食服务行业和食品加工单位执行食品卫生法及有关卫生管理条例等方面的检查，保证食品、餐具、饮用水达到国家标准。对旅游区内的酒店、旅馆、招待所等客房各类用具清洗消毒情况进行检查，保证客房内所有客用物品安全卫生。加强对旅游区内定点摊贩的卫生检查，确保摊位及周围清洁、无尘土污染和虫蝇。督促、指导旅游区内相关单位建立健全卫生管理制度，配备必要的卫生设施，加强日常管理。

（四）游客管理

康养旅游活动行为的执行主体是游客，他们的社会背景不同，年龄结构和性别结构复杂。因此，在康养旅游的运营管理体系中，游客管理占据着举足轻重的地位。具体对应在容量管理、分流管理、队列管理及投诉管理等方面。

1. 游客容量管理

旅游区内游客数量过多，超过旅游区环境容量会给旅游区资源环境、设备设施以及供给带来压力，构成安全隐患。旅游区应该通过一些方法控制游客数量。虽然对游客的数量控制已被证明存在一定的缺陷，但不可否认的是，游客的体验水平和对环境的负面感知程度与游客数量存在相关关系，这也是环境容量理论在被越来越多地发现存在缺陷后，还能一直在实践中被运用的缘故。为此，在很多情况下，旅游区必须考虑限制游客进入的数量。游客容量管理最简单的方法就是限制游客数量，但考虑到对旅行社业务、游客出游计划的影响，一般采取建立客流信息系统、预订系统、价格策略等措施来加以调节控制。有些旅游区可以采用适当保持或提高景区进入难度、减少宣传等手段，来控制游客数量。

2. 游客分流管理

控制游客进入数量，对于游客来说总是不愉快的事，因为这常会导致游客计划好的旅游目标无法实现。因此，对于游客人数与环境影响并无主要关联的多数旅游区，应该考虑的是实施游客分流，降低游客在旅游区内局部景点的时空集中程度，从而减少各局部旅游区游客拥挤的现象。及时掌握游览线路顺序、时间安排、客流时空分布的情况，这非常有助于对游客实行分流管理。另外通过信息的及时传递，还可组织引导游客分流或实现游客自发分流。

3. 游客队列管理

分流措施并不总是能解决游客数量过多的问题，而且其效果与措施的实施成本也有联系，因此排队现象经常是难以避免的。排队是影响游客总体体验质量的重要因素，要尽量采取措施缩短游客的排队时间。可借鉴一些改善游客体验的队列管理方法，如在现场设置智慧大屏幕，展示排队的详细资料、超额估算剩余时间等信息；在队列两旁放置景区宣传手册、播放宣传片等，让人们排队时有事可做，以减少或避免游客因等待而产生不耐烦的情绪。

4. 游客投诉管理

随着游客自我保护意识的增强，游客对旅游区的期望值也越来越高。

游客在旅游的同时，也在评估他所得到的服务是否"物有所值"。当预期效果不如愿或者不理想时，游客就会投诉旅游区。面对游客的投诉，旅游区管理者应该以积极的心态与游客及时沟通和协调，及时妥善地解决问题。为此，需要建立一套完善的投诉处理程序。首先，必须有一个完善便捷的投诉受理渠道；其次，对游客的投诉要做出及时和适当的回应，注意对游客的意见做到耐心倾听，给游客以安慰，主动承担责任；最后，能快捷地给出一个使投诉游客满意的处理方案。

五　康养旅游运营管理机制

（一）综合协调管理导向机制

康养旅游作为新兴的旅游形式，需要政府、企业、社会等多方力量的综合协调，形成自上而下的管理导向机制。政府应发挥主导作用，制定相关政策法规，规范康养旅游市场，引导与支持企业和社会资本进入。同时，政府还需要与相关机构合作，如与医疗机构合作，确保康养旅游项目的科学性和安全性。

（二）多元共建管理主体机制

康养旅游的运营管理需要政府、企业、社会等多方共同参与，形成多元化的管理主体机制。政府应制定相关政策法规，提供必要的支持和引导，同时对市场进行监管，保障公平竞争。企业则需发挥自身优势，提供专业的服务和产品，并承担相应的社会责任。社会则需发挥监督作用，对政府和企业进行监督和评价，推动康养旅游市场的健康发展。

（三）高效科学管理技术机制

康养旅游的运营管理需要高效科学的管理技术机制作为支撑。首先，应建立完善的信息管理系统，对康养旅游的相关信息进行收集、整理和分析，以便政府和企业做出科学决策。其次，应引入先进的管理方法和技术手段，如大数据、人工智能等，提高管理效率和服务质量。最后，还需加强人才培养和引进，为康养旅游的发展提供充足的人力资源保障。

在综合协调的管理导向机制、多元共建的管理主体机制以及高效科学

的管理技术机制的基础上，康养旅游的运营管理将更加规范化、科学化和专业化。同时，政府、企业和社会等多方力量的协同合作也将为康养旅游的发展提供强大的支持和保障。未来，随着康养旅游市场的不断扩大和深入发展，有理由相信这一新兴的旅游形式将会给人们创造出更幸福、更美好的生活。

第五节 康养旅游综合配套

随着康养旅游逐渐成为人们追求健康与休闲的首选，其所需的基础设施和服务体系的整体配套显得尤为关键。本节将重点探讨康养旅游综合配套的各个方面，包括其概念、作用、原则、内容、机制等，以期为实践提供理论上的指导和参考。接下来的内容将详细分析这些要素，帮助读者全面把握康养旅游综合配套的核心概念和实际应用，为进一步推动康养旅游的全面发展奠定坚实的基础。

一 康养旅游综合配套概念

康养旅游综合配套指为了满足游客在康养旅游过程中的各种需求，所提供的包括硬件设施、软件服务、健康活动、文化体验等一系列相互关联、相互补充的服务和设施。这些配套服务和设施共同构成了一个完整的康养旅游环境，旨在为游客提供愉悦身心、健康养生、休闲的旅游体验。

康养旅游综合配套不仅包括传统的旅游服务，如住宿、餐饮、交通等，还强调健康养生服务，如健身、瑜伽、SPA、中医理疗等。此外，康养旅游综合配套还涉及文化、体育等相关产业，如文化艺术展览、文艺演出、体育赛事等。康养旅游综合配套的概念内涵具有广泛性、综合性、创新性和可持续性的特点。它不仅关注旅游者的体验和需求，更注重旅游产业与健康养生产业的融合发展，旨在打造一个全方位的养生休闲服务平台，满足人们对身心健康的需求，同时推动相关产业的协同发展和可持续发展。此外，康养旅游综合配套的发展，还需要政府、企业和社会各界的共同努力。

二　康养旅游综合配套作用

（一）提升康养旅游体验

康养旅游的配套设施可进一步优化并提供更佳的康养旅游体验。这些配套服务能满足游客在旅游过程中，无论是身体、心理、社会还是文化方面的需求。举例而言，可以为游客提供舒适的住宿条件、高品质的餐饮服务、多样化的娱乐活动、专业的医疗保健、科学的养生指导以及丰富的文化教育。这样既能让游客享受自然风光与人文景观，又能放松身心，提高健康水平，拓宽视野。

而针对不同游客的特性和需求，可以提供个性化和定制化的服务和产品，让游客感受到被尊重和关爱，从而增强满意度和忠诚度。同时，也可以为老年人、儿童、残疾人等特殊群体，提供专门的设施、设备、服务人员及定制化活动，以保障他们能够安全、舒适和愉快地参与旅游活动。总之，综合配套作为一种整合型配套资源，能够全方位、多角度地为旅游者提供最优的康养旅游体验。

（二）增强康养旅游竞争力

康养旅游综合配套策略作为一种增加收益及提升竞争力的手段，能够有力地提升康养旅游品牌的影响力、吸引力，同时，也可扩大康养旅游市场的规模及覆盖范围，以及深度挖掘康养旅游市场的消费潜能。同时通过创建具备独特个性、显著特征及优质水准的康养旅游品牌，能够提升康养旅游目的地或区域在国内外市场的知名度及美誉度，增强康养旅游品牌的核心竞争力。

比如，2021中国文化和旅游高峰论坛主论坛正式发布了"中国康养旅游城市百强榜单"，海口、重庆、三亚、北京、杭州、丽江、桂林、成都、南京和武汉上榜。值得注意的是，海口位居第一，重庆、三亚分别位居第二、第三。① 通过观察不难发现，这些目的地都配备了完善的康养旅游综合

---

① 《中国康养旅游城市百强榜单：海口杭州桂林上榜》，中国网，http://travel.china.com.cn/txt/2021-12/08/content_77917256.html。

配套服务和产品体系,吸引了大量国内外游客前往。

（三）满足康养旅游需求

康养旅游综合配套也能满足不同层次、类型和年龄段游客对康养旅游的多样化需求,进一步扩大康养旅游市场的规模和范围,深度挖掘康养旅游市场的消费潜能。比如,根据中国旅游研究院发布的数据,2019年中国康养旅游市场规模达到17000亿元,占旅游总消费的28.8%,康养旅游人数达到1100万人次,占旅游总人数的29.4%[①],康养旅游市场发展向好。

此外,康养旅游综合配套也是提升康养旅游附加值的主要手段之一,根据《康养蓝皮书:中国康养产业发展报告（2020）》,2019年中国康养旅游人均消费为1630元,超过普通旅游人均消费的1200元,康养旅游综合配套服务和产品已成为提高康养旅游人均消费水平的关键因素之一。

（四）促进地方经济发展

康养旅游综合配套可推动地方经济的振兴,缘于其能将康养旅游产业与其他相关产业深度协调并融为一体,形成产业链上下游互动、横向协作、纵向延伸的良好发展态势,助推康养旅游产业及相关产业的创新发展。具体而言,康养旅游综合配套能带动交通、住宿、餐饮、娱乐等传统服务产业扩张,增加就业机会和税收,从而提升居民收入和福利水平。康养旅游综合配套还能促进医疗、保健、养生、文化、教育等新兴服务产业的发展,提升新产品和新服务的供给与创新,从而优化产业结构,提升产品质量。最后,在产业结构形态调整方面也具有正面影响,有助于推动传统农业、林业、渔业、畜牧业等产业的转型升级,增加绿色生态产品和服务的供应以及品牌建设,从而提升资源利用率和环境保护水平。

比如,新疆吐鲁番因四季降水少,具备独特的光热气候条件,成为沙疗康养的天然场所。2015年,该市还专门建设了"沙疗小镇",小镇将上湖村进入沙疗中心主干道两旁的旧居改建成统一的地方特色建筑,这些极具地方风情的民宿吸引了全国各地的游客观光体验。类似综合配套设施的完

---

① 《2019年旅游市场基本情况》,文化和旅游部政府门户网站,https://www.mct.gov.cn/whzx/whyw/202003/t20200310_851786.htm。

善，为游客提供了更好的住宿、餐饮和休闲娱乐的环境。相关部门也积极推进沙疗健康产业，逐步将吐鲁番建设成为重要的风湿病治疗基地，实现沙疗和医疗的有效结合，这为康养旅游的发展提供了政策保障和发展信心。据统计，吐鲁番2017年"五一"接待游客276700万人，旅游综合消费13700万元；2018年"五一"接待游客285600万人，旅游综合消费25000万元；2019年"五一"接待游客717800万人，旅游综合消费53400万元。[①]这一个个直线上升的数据有力证明了综合配套设施的完善对于促进地方经济发展的作用是显著的。

三 康养旅游综合配套原则

（一）整体规划，统筹兼顾

为了确保康养旅游综合配套的协调性和可持续性，应以整体规划为基础，全面考虑当地的自然环境、人文资源、经济发展等因素，进行统筹兼顾。这包括对当地自然环境的保护、对人文资源的挖掘和利用、对经济发展的促进等方面。只有通过整体规划，才能确保各项设施和服务的协调性和可持续性，为游客提供更好的康养旅游体验。

（二）健康为本，服务为先

康养旅游综合配套应以健康为本，提供全方位的健康服务和养生体验。这包括健康检查、康复治疗、健身锻炼、健康饮食等多个方面。同时，为了满足游客的需求和期望，应注重服务质量，提高服务人员的专业素养和沟通能力，确保游客能够得到及时、周到的服务。

（三）生态环保，绿色发展

康养旅游综合配套应注重生态环保，保护当地自然环境和生态资源。这包括对当地植被的保护、对野生动物栖息地的保护、对水源的保护等方面。同时，为了实现可持续发展，应推行绿色发展理念，打造低碳、环保的康养旅游产品。这包括推广绿色能源、减少碳排放、减少水资源浪费等

---

① 闫雪：《康养旅游高质量发展研究——以吐鲁番沙疗为例》，《边疆经济与文化》2021年第12期。

方面。

（四）创新驱动，科技支撑

我国智慧旅游发展潜力巨大。《全国智慧旅游发展报告2023》指出，2023年我国在线旅游预订用户规模达到4.54亿人，中国已经成为世界上规模最大的在线旅游市场。① 康养旅游综合配套应注重科技创新，引入先进的科技手段和智能化设备，提高服务效率和质量。这包括引入智能化系统、大数据分析等先进技术，以提高服务效率和质量。同时，为了打造具有吸引力和竞争力的康养旅游品牌，应以创新驱动产品和服务发展，提高游客的满意度和忠诚度。

（五）文化传承，特色发展

康养旅游综合配套应注重文化传承和特色发展，挖掘当地的传统文化和特色资源。这包括对当地历史文化的挖掘、对民俗风情的传承等各个方面。同时，为了打造具有地域特色的康养旅游产品，应注重对当地特色资源的利用和开发。通过深入挖掘当地的文化和特色资源，可以提升康养旅游产品的独特性和吸引力，也有助于传承和发扬当地的非物质文化遗产。

（六）产业协同，融合发展

康养旅游综合配套应注重产业协同和融合发展。通过推动康养旅游与其他产业的融合，可以促进资源的优化配置和产业链的完善，实现经济、社会和生态效益的全面提升。同时，这种产业协同和融合发展，还可以促进地方经济的转型和升级，为地方经济发展注入新的动力和活力。

四　康养旅游综合配套内容

（一）基础设施

基础设施是康养旅游综合配套的必要形式，是康养旅游活动得以开展的基础服务形式（见表4-1）。

---

① 惠梦：《为旅游业插上智慧的翅膀——智慧旅游发展大会暨智慧旅游示范展示活动见闻》，《中国财经报》2023年12月7日，第7版。

表 4-1 康养旅游基础设施类目与形式

设施类目	内容形式
交通设施	建设便捷的交通网络，包括公路、铁路、航空等多种交通方式，为游客提供方便的出行条件
住宿设施	提供各种类型的住宿设施，包括豪华酒店、度假村、民宿等，以满足不同游客的需求
餐饮设施	提供多样化的餐饮服务，包括当地特色美食、国际美食等，让游客在品尝美食的同时也能感受到不同的文化氛围
购物设施	设置商业购物区域，提供各种商品和服务，以满足游客的购物需求
养生馆	设计专门的养生馆，提供专业的养生保健服务，如温泉、SPA、艾灸等
康复中心	建设设备齐全的康复中心，提供专业的康复治疗服务，如物理治疗、康复训练等
医疗设施	配备先进的医疗设施和专业的医疗团队，为游客提供及时的医疗服务

（二）康养服务

康养服务作为"软设施"，同样是康养旅游综合配套的重要组成，其服务水平的高低一定程度上决定着游客的游览体验感与忠诚度（见表4-2）。

表 4-2 康养旅游服务类目与形式

服务类目	内容形式
健康检查	设立健康检查中心，为游客提供全面的健康检查服务，及时发现并预防潜在的健康问题
康复治疗	提供各种康复治疗方法，如物理治疗、职业治疗、语言治疗等，帮助游客恢复身体功能
养生保健	提供养生保健咨询服务，指导游客如何通过饮食、运动等方式保持身心健康
心理咨询	设立心理咨询中心，为游客提供心理咨询服务，帮助解决情感问题、压力问题等
健康教育	组织健康教育活动，增强游客的健康意识和自我保健能力

（三）休闲活动

休闲活动是旅游中的重要一环，结合康养旅游的特性，其综合配套服务也需要有相关的休闲活动体现（见表4-3）。

表 4-3　康养旅游休闲活动类目与形式

活动类目	内容形式
徒步	设计徒步线路，带领游客感受大自然的美景和清新的空气
瑜伽	组织瑜伽课程，帮助游客放松身心、增强身体柔韧性
太极	教授太极拳法，让游客在练习中体验传统文化的魅力
养生课程	开设养生课程，教授简单的养生方法，如气功、按摩等

（四）文化体验

作为体验类目，康养旅游中的文化体验是其重要组成部分，其可以在旅游体验提升的同时获得文化享受（见表 4-4）。

表 4-4　康养旅游文化体验类目与形式

体验类目	内容形式
民俗体验	组织游客参与当地的民俗活动，如传统手工艺制作、民族舞蹈学习等
手工艺品制作	提供手工艺品制作体验活动，让游客亲手制作当地特色手工艺品
当地艺术表演	安排当地艺术团体进行表演，如传统音乐、舞蹈、戏剧等

（五）智慧旅游

当前智慧产业发展迅猛，作为康养旅游综合配套的一环，智慧类目同样体现了科技与传统产业结合的最好成果（见表 4-5）。

表 4-5　康养旅游智慧旅游类目与形式

智慧类目	内容形式
大数据	利用大数据技术分析游客的行为和需求，为游客提供个性化的旅游服务
物联网	通过物联网技术连接各种设备和服务，提高旅游服务的便利性和效率
人工智能	应用人工智能技术为游客提供智能化的旅游服务，如智能导游、智能预订等

（六）生态环境

生态环境是康养旅游综合配套的重要体现，主要作为游客开展旅游活动的环境背景，一个良好的生态环境是康养旅游综合配套的必要前提（见表 4-6）。

表 4-6　康养旅游生态环境类目与形式

环境类目	内容形式
清新的空气	保持空气清新，为游客提供一个宜人的旅游环境
优美的自然景观	保护和利用自然景观资源，为游客呈现美丽的自然风光
舒适的气候条件	保持舒适的气候条件，如适宜的温度、湿度等，为游客提供一个宜居的旅游环境

（七）社区参与

社区是康养旅游综合配套的另一个组成部分，社区居民的参与可以实现社区与康养旅游的共同发展（见表 4-7）。

表 4-7　康养旅游社区参与类目与形式

社区类目	内容形式
社区居民参与	鼓励社区居民积极参与康养旅游的发展，为游客提供更地道、更真实的当地文化体验
提升社区居民生活质量	通过康养旅游的发展带动社区居民的经济发展，增加就业机会，提升其生活质量
实现社区与旅游业的共赢	通过社区居民的参与和共同努力，实现社区与旅游业的共同发展，实现共赢

五　康养旅游综合配套机制

（一）资源整合机制

资源整合机制是康养旅游产业的核心机制之一，其目的是将各类资源进行优化配置，实现资源共享和优势互补，最高效率地组成康养旅游综合配套。这些资源包括自然资源、文化资源、人力资源、资金资源等，可以通过多种方式进行整合，如共建康养小镇、康养社区等。以共建康养小镇为例，政府、企业、居民、游客等各方可以共同参与，利用当地的自然资源、文化资源等优势，结合现代化的医疗保健、文化体验、体育健身等元素，打造具有特色的康养小镇。这样既可以吸引更多的游客前来旅游，也可以提高当地居民的生活质量，同时还可以带动相关产业的发展，实现资

源共享和优势互补。

（二）产业协同机制

康养旅游产业涉及多个行业和领域，包括旅游业、医疗保健业、文化业、体育业等。产业协同机制旨在促进这些行业之间的合作与交流，实现产业联动和协同发展。以康养旅游项目中的医疗保健元素为例，可以引入医疗机构和医生等资源，为游客提供专业的医疗保健服务。同时也可以与当地的医疗机构合作，开展健康检查、康复治疗等服务，满足游客对医疗保健的需求。这样的合作不仅可以提高项目的综合性和吸引力，也可以促进医疗保健业与旅游业之间的协同发展。

（三）利益共享机制

共同利益是合作的前提，而各主体要素之间实现良好有效的沟通则是利益共享的重要保障。[①] 康养旅游产业的发展涉及众多利益相关者，包括政府、企业、居民、游客等。利益共享机制旨在平衡各方的利益诉求，实现利益共享和共赢。以建立利益共享平台为例，政府可以与企业、居民、游客等各方共同合作，建立透明的利益共享平台，制定明确的利益共享规则。通过这种方式，可以确保各方的利益得到充分保障和实现。同时也可以通过制定税收政策、土地政策等措施，鼓励企业投资康养旅游产业，实现政府与企业之间的利益共享。

（四）环境保护机制

康养旅游产业的发展，必须建立在保护环境的基础之上。环境保护机制旨在确保康养旅游活动不会对环境造成不良影响，实现绿色发展和可持续发展。以采取环保措施为例，政府可以制定环保法规和标准，鼓励企业在开发康养旅游项目时采取环保措施。同时也可以开展环保教育活动，增强游客和从业人员的环保意识。通过这些措施可以保护康养旅游地的生态环境，实现可持续发展。

---

① 杨雨蕾、上官淑蓉、张妲：《基于共生理论的乡村旅游校乡协同服务设计》，《设计》2023年第22期。

（五）政策支持机制

康养旅游产业的发展，需要政府的大力支持和引导，要不断完善康养旅游发展政策。创新发展思路，重点在康养旅游保障体系、资金支持、用地保障、管理服务、宣传推广等方面进行机制创新，加强政策保障，推动康养旅游高质量发展。[①] 政策支持机制旨在为康养旅游产业提供政策扶持和法律保障，促进产业的健康发展。以制定优惠政策为例，政府可以出台土地使用、税收等方面的优惠政策，鼓励企业投资康养旅游产业。同时也可以提供资金支持，如通过贷款、担保等方式帮助企业解决资金问题。此外政府还可以加强行业监管，确保康养旅游市场的规范发展。这些政策支持将为康养旅游产业的发展提供有力的保障。

[①]　白明刚：《康养旅游发展概述及河北省康养旅游发展对策研究》，《中国集体经济》2021 年第 2 期。

第五章
康养旅游需求分析

康养产业作为落实健康中国、乡村振兴和积极应对人口老龄化等国家重大战略的集成产业，被视为促进产业结构调整、改善民生的"新引擎"和建设健康中国的"大处方"。作为康养产业的重要形态，康养旅游是新时期旅游发展的新业态和新趋势，能将传统旅游与健康产业、体育产业、文化产业等不同产业进行融合，是消费提质升级、旅游产业升级和经济高质量发展的重要载体。[①]

第一节　康养旅游需求概述

快速的城市化带来了自然生态系统的损害和退化，大气污染、水污染、噪声污染、垃圾污染等生态环境问题，加上快节奏的生活方式和高强度工作，人们的生理和心理健康面临着严重威胁。据世界卫生组织（WHO）健康调查：全球真正符合健康标准的人仅有 5%，25% 的人患有经医院诊断的疾病，70% 的人处于亚健康状态。[②] 随着经济社会发展水平的提高，人们对保健、养生等高品质产品的需求更加旺盛。作为旅游业和大健康产业的融合产物，康养旅游通过养颜健体、修身养性、营养膳食等手段可以减轻压

---

① 郭强、张志文、陈小兰：《政策引领下的海洋康养旅游发展创新》，《旅游学刊》2023 年第 12 期。
② 朱冬芳、钟林生、虞虎：《康养旅游研究的国内外对比与展望》，《世界地理研究》2023 年第 11 期。

力、缓解焦虑、降低血压、改善人体心肺功能。

一 康养旅游需求概念

（一）需求

欲望是人们对大千世界的内心想法，往往是无穷无尽的，但是人类的欲望并不能一一实现，能实现的欲望叫做需求。对于康养旅游需求来说，有两个重要条件。一是旅游者自身有购买的意愿。这要从旅游者自身需求、产品的吸引力等方面进行综合分析，如果旅游者对自身的健康、情感的发泄以及家庭关系亲密度的加强等方面有一定的期望，就会选择康养旅游；如果康养旅游产品具有创新性、个性化，康养旅游地基础设施完善等，便能够吸引游客来旅游。二是旅游者需要有一定的消费能力。在康养旅游过程中，如果交通、吃住、景点门票等支出高于旅游者的消费能力，就会降低旅游者对康养旅游的需求。

（二）旅游需求

据了解，直到20世纪90年代，学者们关于旅游需求的研究才逐渐丰富和深化。然而迄今为止，对于旅游需求概念的界定，国内外学者尚未形成统一的观点。对旅游需求的研究起源于20世纪60年代，然而，这些早期的研究大多缺乏深入的理论探究。进入20世纪80年代，我国学者开始涉足这一领域，主要工作是引进和介绍国外学者的研究成果。到了20世纪90年代，我国学者对旅游需求的研究逐渐丰富和深入，不断拓展和深化了对这个领域的认识和理解。不过，尽管经过数十年的研究，关于旅游需求的定义至今尚未达成广泛的共识。

在旅游经济学领域，对旅游需求的研究是一个经久不衰的话题。然而，尽管国外学者在这方面的研究起步较早，但这个领域的研究仍然较为基础和分散，专门且系统的研究较为稀缺，多数是在其他相关专题的研究中顺带涉及。西方对旅游需求的研究从20世纪60年代开始，在旅游需求方面的研究著作丰富，且注重研究结果的应用价值。在研究内容上，更侧重于对旅游需求的预测以及模型的探讨与应用；而在研究方法上，则偏重于定量研究方法的使用和探索，同时亦注重定量与定性方法的结合应用，这种方法为该领域的研究提供了更全面且深入的视角。

在旅游需求影响因素的研究方面，外国旅游学者结合了定性与定量分析理论、描述与实证研究。例如，Geoffrey Crouch 发现，在不同研究对象中，价格、收入等因素对国际旅游需求的影响程度各不相同。[①] 考虑到旅游需求的强烈波动性，我们很难从宏观角度全面掌握其发展趋势。为了更准确地预测旅游需求的未来动向，国外专家和学者采用了各种数学方法和模型，如回归分析、时间序列分析、计量经济学模型和德尔菲法等。这些工具和方法，为深入研究旅游需求提供了强有力的支持和保障。

国内旅游学者对旅游需求的研究起步相对较晚，20 世纪 80 年代以理论研究为主，在吸收和借鉴西方旅游学界研究成果的基础上，不断丰富研究内容，逐渐形成较为完整的旅游需求研究体系。有些专家对旅游需求进行量化研究，认为旅游需求是指旅游者对某一旅游目的地产品所需的具体数量。[②] 然而，这种定义可能会引起混淆，因为旅游需求本身就包含了数量方面的因素，将其等同于旅游产品的需求量，可能会造成概念上的重叠和混淆。[③]

一些学者从需求是价格的函数这一视角来定义旅游需求，认为旅游需求指的是在一定时间和各种旅游产品价格下，潜在旅游者愿意并能够购买的旅游产品的数量。[④] 这种定义明确了旅游需求的主体是潜在旅游者，客体是核心旅游产品，而旅游需求则是两者之间的数量关系。虽然有些学者认为该定义区分了旅游需求和旅游需求数量之间的关系，但也有学者认为在计算总旅游需求时，理论上可能存在困难。还有学者认为，旅游需求是旅

① 陶伟：《国外游憩需求研究 20 年——〈Annals of Tourism Research〉所反映的学术态势》，《热带地理》2005 年第 2 期。
② 汪海霞：《基于旅游需求的杭州市分时度假产品开发研究》，硕士学位论文，杭州电子科技大学，2011；谢彦君：《基础旅游学》（第一版），中国旅游出版社，1999，第 101～123 页。
③ 金胜权：《国际旅游需求影响因素分析：以韩国入境旅游为例》，硕士学位论文，延边大学，2013。
④ 张辉编著《旅游经济学》，陕西旅游出版社，1991，第 89～100 页；孙媛媛：《我国居民国内旅游需求研究》，硕士学位论文，成都信息工程大学，2018。

游欲望和支付能力的结合，只有当潜在游客既有购买旅游产品的欲望，又有相应的支付能力时，才能形成有效的旅游需求。缺乏任何一个条件，都不能构成有效的需求。此外，考虑到旅游活动的独特性，学者们还强调了闲暇时间对游客旅游需求的重要影响。

（三）康养旅游需求

康养旅游需求指具备一定支付能力和闲暇时间的人，对于购买某种康养旅游产品的渴望。这种渴望在主观上反映了人们对于康养旅游产品的购买欲望，人们能否将这种欲望转化为实际的康养旅游需求，则取决于自身的可支配收入、实际经济能力以及康养产品的吸引力。

二　康养旅游需求内涵

（一）以供给为依托

康养旅游需求以供给为依托。康养旅游供给体系包括康养旅游资源、康养旅游市场、康养旅游产业、体制机制及政策保障等。因此，完善康养旅游供给体系，需要综合考虑资源、科技、人才、服务、政策等方面因素，以满足旅游者的康养旅游需求。

1. 资源可持续供给

合理利用并保护资源，确保康养旅游与生态和谐共生。康养旅游需要利用和整合各类资源，但资源的可持续性是其长期发展的基础。这不仅包括自然资源的可持续利用，如森林、温泉等，也包括社会文化资源的保护与传承。比如，尤溪县利用每年 3 月 3 日"野生动植物日"进行宣传，倡导人与自然和谐共生，保护生物多样性，助推其森林康养旅游可持续发展。[1]

2. 科技智能化供给

随着科技的进步，运用大数据、物联网、AI 等技术，能提升康养旅游服务的智能化和个性化。通过大数据分析，可以了解游客的需求和行为模式，从而提供定制化的服务。比如，一些酒店使用智能化的入住系统和机器人服务生，为游客提供便利和个性化的服务。

---

[1]　李铭：《福建尤溪森林康养旅游发展路径研究》，硕士学位论文，武汉轻工大学，2023。

3. 人才专业化供给

康养旅游产业发展需要培养德智体美劳全面发展，具备扎实的科学文化基础和康养旅游、休闲旅游的基础知识，具有康养旅游和休闲旅游服务能力，具有良好的服务意识、工匠精神和信息素养的高素质技术技能人才。面向休闲旅游度假区、户外教育营地、休闲旅游景区、体育赛事公司、康养旅游小镇、康养旅游基地、健康管理公司、健康教育机构等单位，从事康养休闲旅游策划与推广、旅游咨询与服务、专题讲解与培训、健康旅游顾问、户外拓展领队等工作。同时，对于在职员工，提供持续的培训和教育也是必要的。

4. 服务多元化供给

根据不同游客的需求，提供定制化的康养旅游服务。康养旅游的需求是多元化的，不同年龄、不同健康状况的游客有不同的需求。比如，针对老年人的慢性病管理、康复训练等，一些度假村提供了专业的健康检查和康复治疗服务；针对年轻人的健康生活方式推广、健身活动等，一些酒店开设了健身房和瑜伽课程。

5. 政策法治化供给

政府出台相关政策，规范市场行为，保障公平竞争。除了提供必要的财政支持和税收优惠外，还需要制定和完善相关的政策和法规。比如，政府可以出台相关政策，鼓励企业投资康养旅游产业，提供税收减免等优惠。同时，制定严格的服务标准和监管机制，保障游客的权益和人身安全。

（二）以产品为核心

康养旅游产品是一种特殊的旅游产品，旨在满足旅游者对身心健康和幸福感的追求。康养旅游产品是旅游目的地提供的物品与服务的总和，是旅游相关企业或政府及其相关部门为满足康养旅游者审美和享受的需求而开发、生产出来以供销售的。提高康养旅游产品质量，以满足游客日益增长的健康需求，促进康养旅游产业的可持续发展。

1. 开发具有文化特色的产品

让游客参与到文化活动中，组织游客参加当地的传统手工艺制作课程、地方戏剧表演班等。比如，江西省利用九江、宜春、赣州等地的温泉资源，将其与热敏灸产业结合，建设热敏灸温泉康养基地、热敏灸养生小镇；利用庐山的中医杏林文化和樟树的中药材炮制技艺，创造中医药康养旅游产品。①

2. 打造具有品牌形象的产品

康养旅游地的产品营销，既要依靠广告宣传形式，又要通过故事营销、口碑传播等方式，树立品牌形象。比如，通过讲述旅游目的地与当地文化的融合故事，来激发游客的兴趣和好奇心。与知名的健康、旅游机构合作，提高品牌的权威性和知名度。

3. 提供能够满足不同游客需求的产品

对政策进行深入研究，结合实际情况，创新产品和服务。根据当地政策支持的方向，开发符合政策要求的康养旅游产品或服务。同时，对游客进行跟踪调查，获取他们的反馈和建议，持续优化产品和服务。比如，山西孟母养生健康城利用旅游费用差异化的现实设置了多样化的旅游产品，从游客的经济能力和不同需求出发，开发了不同层次的旅游产品和服务。②

（三）以康养为功能

"康"为"健康"的意思，"养"为"养生"抑或"养老"的意思。健康是促进人类发展的特殊需要，也是经济和社会发展的基本状态。一个国家经济发展水平越高，人民的精神追求越丰富，国民对康养旅游的关注度持续升高，以提升自身的身体素质，达到健康状态。因此，需要从完善智能化管理功能、体现产业链整合功能、贯彻可持续环保理念等方面努力，丰富康养旅游业态，满足消费者多样化的需求。

1. 完善智能化管理功能

利用大数据、物联网、AI等技术，对康养旅游服务进行智能化管理。通过数据收集和分析，了解消费者的喜好和行为模式，为他们提供更加精

---

① 江泽慧、张俊、徐铁龙：《江西省中医药康养旅游SWOT分析及发展策略研究》，《中国医院》2024年第1期。

② 杨慧萍：《山西孟母养生健康城的康养旅游产品提升研究》，硕士学位论文，广西师范大学，2023。

准的服务。同时，技术也可以用于提高服务效率和质量，如使用智能设备进行健康监测、通过移动应用进行预约和支付等。

2. 体现产业链整合功能

除了提供传统的康养旅游服务，康养旅游还可以与其他产业进行深度合作，如医疗、教育、体育等。通过跨界合作，延长康养旅游的产业链，提供更加全面的服务。比如，与医疗机构合作，为游客提供专业的健康检查和咨询服务；与教育机构合作，开展健康养生知识讲座和培训活动；与体育机构合作，组织户外运动和健身活动等。

3. 贯彻可持续环保理念

在发展康养旅游的同时，要注重环境的保护和可持续发展。要采取环保措施，减少对当地生态环境的负面影响。提倡使用可再生能源，减少浪费，保护自然资源，让游客在享受康养服务的同时，树立绿色环保的意识。

（四）以市场为导向

深入分析市场细分因素，如年龄层次、健康状况、兴趣爱好以及消费能力等，有助于企业发掘潜在需求，精准定位目标市场，提供更加符合需求的产品和服务，提升市场竞争力。

1. 满足目标客群健康诉求

不同健康状况的人群对康养旅游的需求不同。中国康养产业发展报告提出了全生命周期康养需求理论，认为妇幼中青老等各年龄段的人对康养有不同程度的需求，并根据生命的自由度，将康养人群分为健康、亚健康和病患三类人群，其中亚健康人群占据了较高比例。[1] 有学者通过对康养旅游市场进行调查研究后提出，亚健康人群、中老年人群、病患人群和对生活品质有更高追求的人群是康养旅游市场的主体。[2] 老年人对旅游的需求主要包括养生、医疗、休闲、健身等方面，康养旅游可以通过提供温泉浴、休闲娱乐活动、医疗保健等服务，促进老年人身心健康的发展；中年人由

---

① 何莽主编《康养蓝皮书：中国康养产业发展报告（2017）》，社会科学文献出版社，2017，第 68 页。

② 赖启航：《攀枝花康养旅游产业集群发展初探》，《攀枝花学院学报》2016 年第 6 期。

于工作、家庭等原因，希望可以通过旅游来缓解压力、放松身心，康养旅游通过提供瑜伽、冥想等服务，满足中年人的需求。

2. 迎合目标客群消费动机

游客需求的内涵丰富多样，其中探索体验、放松身心、社交互动以及学习成长等需求尤为凸显。在旅行过程中，游客期望能够走进陌生的地域，感知新颖的文化、拓宽视野、丰富人生经验。同时，他们也希望通过旅游来舒缓日常生活的压力，让自己的身心得到充分的休息与舒缓。此外，游客也期待在旅游过程中建立新的社交关系，结交来自世界各地的朋友，拓展人际网络。对于一些游客来说，通过旅游来学习和成长也是非常重要的。他们希望了解不同的知识、文化和社会现象，从中获得新的认知和感悟。

3. 洞察目标客群消费意愿

不同消费能力的游客对康养旅游的需求不同。比如，高端消费者可能更注重私人定制和高端服务，如私人导游、豪华酒店等；而大众消费者则可能更注重性价比和多元化服务，如团购、自由行等。

三　康养旅游需求特征

康养旅游并不是传统意义上的出行游玩，而是一种集医疗、养生、科技等于一体的现代化新兴产业。康养旅游地需要具有良好的自然生态、可供娱乐的设施、维持身心健康的医护服务等多方面的条件，是一种特殊的旅游综合体。

（一）季节性

康养旅游需求的季节性，不仅表现在客流量、项目选择和目的地选择等方面，还涉及游客的心理健康、生理健康和精神层面的需求。

1. 客流量的季节性波动

康养旅游目的地的客流量波动与季节变化密切相关。在适宜的季节，如春末夏初和秋季，气候温和宜人，自然景观优美，吸引了大量游客。而在冬季或夏季，由于气候寒冷或炎热，一些游客可能会减少出行。比如，在北半球的温带地区，夏季是海滩度假游的热门季节，吸引了大量游客前

往海滩享受阳光、开展海滨旅游活动。而在冬季，一些高山滑雪胜地成为游客体验冰雪运动乐趣的热门选择。

2. 旅游项目的季节性选择

游客在选择康养旅游项目时，不仅会考虑气候和景色因素，还会关注参与项目的适宜性和体验感。比如，在夏季，游客可能更倾向于选择水上活动，如浮潜、冲浪等，或沙滩休闲项目，如日光浴、沙滩排球等。而在冬季，游客则可能更倾向于选择泡温泉、滑雪等活动。

3. 旅游目的地的季节性选择

不同季节，游客对旅游目的地的选择也会有不同偏好。这不仅与气候和景色有关，还涉及目的地的文化和活动特色。比如，在春季和秋季，游客可能更喜欢选择具有丰富户外活动和自然景观的目的地，如国家公园和山区度假村。而在冬季，一些提供冰雪活动的目的地，如北欧的冰岛、挪威等则成为游客热门选择。

4. 心理健康的季节性需求

康养旅游不仅能使身体得到放松和舒缓，还能使心理得到调适。游客在不同季节的心理健康需求也有所不同。例如：夏季阳光充足，植被丰茂，有助于改善人们的情绪和精神状态；而冬季由于日照时间短、气温低，人们可能会感到抑郁或焦虑，此时，一些提供冥想、瑜伽等心理调适活动的目的地，成为受欢迎的选择。

5. 精神层面的季节性需求

季节也会影响游客精神层面的需求。比如，春季和秋季气候温和宜人，为游客提供了放松身心的环境，有助于舒缓身心、沉思冥想；冬季则是宗教朝圣活动的热门时期，一些具有宗教意义的旅游目的地，如耶路撒冷等地，成为出游者的热门选择。

（二）地域性

康养旅游需求的地域性差异，主要表现为不同地区的游客对康养旅游的需求存在明显区别。

1. 城市与乡村游客需求的差异

乡村游客往往寻求的是现代化的设施、舒适的环境和高品质的服务，

可能更倾向于选择具有五星级设施和服务的度假村或温泉中心，享受高级
SPA 和健身设施。

城市游客则更倾向于选择能让他们亲近大自然、体验乡村文化的地方。
他们可能更喜欢在具有乡土气息的民宿中住上一段时间，享受乡村美食，
参与农耕活动，与大自然和谐共处。

2. 北方与南方游客需求的差异

北方的冬天较为寒冷，因此北方游客在选择康养旅游时，往往更倾向
于选择具有冬季休闲养生特色的项目，如东北地区的温泉浴、滑雪等。

南方地区夏季高温多雨，因此南方游客更喜欢选择具有夏季避暑特色
的康养旅游项目，如海滨度假、森林氧吧等。对于南方游客来说，海滨城
市的清新空气和沙滩运动是极具吸引力的。

3. 国际和国内游客需求的差异

国际游客对康养旅游的需求，往往更倾向于体验当地文化和特色。他
们可能对中国的中医、针灸、太极等传统疗法感兴趣，或者希望学习中国
茶艺、书法等传统文化。因此，为他们提供的康养旅游项目，应注重文化
体验和特色。

国内游客则更注重康养旅游的舒适度和便利性。他们可能更喜欢现代
化的设施、便利的交通和优质的服务。对于国内游客来说，具有良好口碑
和知名度的康养旅游品牌往往更有吸引力。

（三）治愈性

康养旅游需求的治愈性，就像一种心灵的滋养，能让人们在短暂的旅
程中得到身心的放松与调整。这种治愈性体现在多个方面，并具有积极的
影响。

1. 精神治愈的需求

在快节奏的现代生活中，人们常常面临各种压力和焦虑。康养旅游为
大众提供了一个暂时逃离日常喧嚣、放松心情的机会。在大自然的怀抱中，
人们可以感受到宁静与和谐，让心灵得到安抚和治愈。此外，通过参与冥
想、瑜伽等心灵休养活动，游客可以深入了解自己的内心世界，舒缓压力，

提升精神层面的满足感。

2. 心理治愈的需求

除了精神层面的治愈，康养旅游还关注心理层面的恢复。通过参与绘画、书法、音乐等艺术活动，游客可以释放内心的情感，缓解心理压力。同时，康养旅游也为游客提供了一个倾诉和寻求专业指导的平台，通过与心理专家或心理咨询师交流，有助于解决游客的心理问题，增强其心理素质。

3. 社交治愈的需求

康养旅游不仅有利于个人的身心恢复，还有利于参与者人际关系的建立和维护。在康养旅游的过程中，游客有机会结识来自各地的朋友，分享彼此的经历和故事。这种社交互动，不仅丰富了游客旅途中的体验，还为游客提供了一个相互支持、共同成长的平台。通过与他人的交流和互动，人们能够走出孤独、获得情感支持，建立更加健康和积极的人际关系。

（四）综合性

康养旅游需求的综合性表现在多个维度上，这些维度相互交织、相互影响，共同构成了康养旅游需求的综合特性。

1. 年龄与健康需求的多样性

不同年龄段的游客，有着不同的健康需求和偏好。年轻游客可能更青睐于户外探险、瑜伽等健身活动，中年游客可能更注重放松身心、缓解压力的休闲项目，而老年游客则更注重医疗保健、康复疗养等服务。因此，康养旅游活动需要针对不同年龄段的游客，提供定制化的服务和产品，以满足他们多样化的健康需求。

2. 旅游体验的深度与广度

康养旅游不仅仅是关于健康和疗愈的活动，更是一种深度的旅游体验。游客在康养旅游过程中，追求的不仅仅是身体的放松和恢复，更是心灵的滋养和成长。康养旅游者希望深入了解当地的文化、风俗和自然景观，与当地居民进行交流互动，获得更加丰富和深刻的旅游体验。同时，康养旅游项目也需要提供多样化的活动和体验，以满足游客在广度上的需求。

3. 衣食住行的综合性

衣食住行作为旅游体验中的基础要素，在康养旅游中有着独特的综合性。比如，在饮食方面，康养旅游项目可以为游客提供当地特色的健康食材和疗愈饮品。在温泉度假胜地，游客可以品尝到当地的温泉鸡蛋、温泉豆腐等特色美食，这些美食不仅美味可口，还有益于身体健康。同时，在住宿方面，康养旅游地也需要为游客提供舒适、干净、安全的住宿环境。比如，一些康养旅游地会提供温泉酒店或度假村，游客可以在享受温泉的同时，体验当地的自然风光和文化氛围。

（五）养生性

康养旅游旨在满足人们对身心健康和较高生活质量的追求，其养生性的表现更是关键所在。因此，康养旅游作为一种以健康和养生为主题的旅游活动，正好满足了人们对于身心放松和健康养生的需求。

1. 全龄友好的养生需求

康养旅游不仅适用于特定年龄段，而且覆盖了全年龄层。年轻人可以通过户外探险、自然体验等活动，来达到锻炼身体和丰富内心的效果；而中老年人则更倾向于选择具有养生、保健功能的项目，如温泉疗养、中医理疗等。

2. 个性化关怀的养生需求

每个人的健康状况、兴趣爱好和需求都不同，因此康养旅游项目需要提供个性化的服务和体验活动。游客可以根据自己的需求，选择适合自己的活动和项目，如健康咨询、定制化活动、个人护理等。

3. 身心双重呵护的养生需求

在快节奏的生活中，人们往往感到焦虑和不安，这种情绪对身心健康有不良影响。在康养旅游中，游客可以通过一些活动来追求内心平静，如瑜伽、冥想等。这些活动可以帮助游客平静内心，达到身心合一的境界，同时也可以帮助他们调整心态、增强自我意识，达到身心健康的目的。

四 康养旅游需求类型

（一） 生态康养旅游

1. 生态康养旅游概念

生态康养旅游是在健康旅游和养生旅游的基础上，逐步发展形成的。生态康养旅游是一种新兴的旅游方式，它融合了生态旅游、健康旅游、养生旅游、康养旅游、医疗旅游等多个概念，强调对自然生态环境的尊重和利用，以及促进人类身心健康的全方位提升。目前，学术界对于生态康养旅游的研究还处于定性研究的初期阶段，对其概念模型、概念框架等方面的研究相对较少。李后强等明确了生态康养的概念，即指"在有充沛的阳光、适宜的湿度和高度、洁净的空气、安静的环境、优质的物产、优美的市政环境、完善的配套设施等良好的人居环境中生活，并通过运动健身、休闲度假、医药调节等一系列活动调养身心，以实现人的健康长寿。生态康养注重人与环境的适应和融合，强调外部环境对人体的影响，即外部自然、社会环境通过影响人的生活、行为，进而改善人体机能，提高人体健康水平"。[1]

2. 生态康养旅游内涵

生态康养旅游强调对生态环境和生活条件的严格要求。为了满足这些要求，它寻求创建一个适合老龄和病弱人群生活的场所，让人们能够沉浸在自然的怀抱中，享受宁静与和谐。生态康养旅游不仅关注自然环境的优美和安全，还注重提供必要的医疗和健康支持。这意味着它要确保空气清新、水质纯净，并提供必要的医疗设施和服务，以满足老弱病患者的特殊需求。为了减少外部环境对健康的不利影响，生态康养旅游强调与可能致病的环境和其他不利因素隔离。它致力于创建一个充满阳光、温暖和积极氛围的康养环境，使人们可以在这里远离城市的喧嚣和压力，专注于身心的恢复与放松。

---

[1] 李后强、廖祖君、蓝定香：《生态康养第十一讲》，四川人民出版社，2019，第16页。

3. 生态康养旅游类型

根据相关文件和资料统计，生态康养旅游主要分为自然生态康养旅游和人文生态康养旅游两大类。自然生态康养旅游涵盖了丰富多样的自然景观。其中，地文景观包括雄伟的山岳、广袤的森林、翠绿的草地、盆地和田园等地形地貌，为游客提供了宜人的自然康养环境。水域风光则包括温泉、河口与海面、天然湖泊与池沼等独特景观，这些地方不仅具有观赏价值，还能满足游客对养生和休闲的需求。例如，地热泉和矿泉具有治疗和康复作用，游憩海域和海岛则能提供滨海养生的环境和活动。湖滨养生与湿地观光游憩活动，则为游客提供了亲近自然的机会。此外，气候环境也是生态康养旅游的重要组成部分，主要包括空气清新、阳光明媚等元素，为游客打造宜人的养生环境。通过建设阳光康养社区、老年医院和抗衰老中心等，结合自然环境和专业医疗设施，为游客提供全面的养生服务。

人文生态康养旅游则着重于传承和发扬地方文化和民俗风情。民间传统习俗包括宗教养生活动、民俗体验活动、休闲活动、传统康养文化、中国传统中草药养生文化以及民间传统艺术等，这些活动将养生与文化相结合，为游客提供了丰富的康养旅游体验。同时，医疗康体作为人文生态康养旅游的重要内容之一，涵盖了医疗卫生保健、医疗卫生健康恢复和护理照料等多元化的人文活动。[①] 这些活动结合了现代医疗技术和传统养生方法，为游客提供专业的健康服务，如医疗美容、美体等项目，旨在帮助游客保持年轻和健康的状态。

（二）休闲康养旅游

1. 休闲康养旅游概念

休闲康养旅游也被称为健康养生旅游，是基于自然生态和人文环境的深度旅游体验活动。这种旅游形式结合了观光旅游、康复治疗、休闲度假等多个元素，旨在帮助游客放松身心、怡情养性，并达到祛邪扶正、延年益寿的目的。

---

① 蒋贝贝：《森林康养旅游研究及开发》，《吉林农业》2018 年第 10 期。

2. 休闲康养旅游内涵

休闲康养旅游关注游客的身心健康。在快节奏的生活中，人们容易处于亚健康状态，而休闲康养旅游则强调身心的放松与调整。游客可以在旅途中尝试各种养生疗法，如温泉疗养、森林疗养、瑜伽疗养等，以缓解压力、改善体质。

休闲康养旅游注重文化体验。游客可以深入了解当地的历史、艺术、音乐、美食等文化元素，感受独特的文化魅力。通过参与文化活动、品尝地道美食、欣赏民间艺术等，游客能够丰富自己的见识与体验。

休闲康养旅游强调对自然环境的尊重与保护。在自然环境中进行户外活动，如徒步旅行、露营、划船等，可以让游客亲近大自然，感受大自然的美丽与神秘。同时，休闲康养旅游也注重生态保护，倡导绿色出行和低碳生活。

休闲康养旅游关注生活方式的培养。游客可以在旅途中学习健康饮食、养生、传统运动等，将健康生活方式融入日常生活。这不仅有助于改善游客的生活质量，还能提升他们的幸福感和满足感。

3. 休闲康养旅游类型

休闲康养旅游与健康生活方式，以及对经济和全球化的影响紧密相连。根据现有文献，休闲康养旅游可分为医疗和幸福两个不同领域。

在医疗领域，休闲康养旅游主要涉及生物学研究范畴的疾病、外科手术或治疗等方面。这一领域的研究和实践，关注于通过医疗技术和手段来改善和恢复人体健康。休闲康养旅游在医疗领域的表现形式包括温泉疗养、森林疗法、养老护理等，这些方式旨在通过专业医疗设施和服务，来促进游客的身心康复。

而在幸福领域的研究和实践，关注于提高人们的生活质量和幸福感，即通过关注个人内在需求和外部环境，来促进身心平衡和提升满足感。休闲康养旅游在幸福领域的表现形式包括瑜伽、冥想、心灵修行等，这些方式旨在通过专业导师的引导和集体活动的参与，来帮助游客提升内在修养和幸福感。

（三）医疗康养旅游

1. 医疗康养旅游概念

许多研究表明，医疗康养旅游是康养旅游的一个子类别，也可以被视为康养旅游的一个扩展类别。对于医疗康养旅游的定义，不同的学者从不同的角度进行了阐述。例如，Kelley 将其定义为医疗旅游者跨越国界，前往其他国家或地区寻求医疗保健的旅游行为。[①] 这种行为通常包括在假期中接受治疗。同时，Crooks 等认为，医疗康养旅游是患者有意出国寻找非紧急治疗的行动。[②] Lunt 等将医疗旅游定义为外国游客离开祖国接受治疗的行为，可能包括整容手术、牙科治疗、骨科手术等按照医生的治疗方案进行治疗的行为。[③] 而 Heung 等认为，医疗旅游是跨境旅行到其他国家以接受治疗，获得比本国更高标准的医疗服务的行为。[④]

医疗康养旅游指人们为了寻求医疗服务和康复治疗，而前往其他国家或地区进行的一种旅游活动。[⑤] 这些国家或地区的医疗服务水平，通常与游客所在国相当或更高，同时价格也较为合理。除了接受医疗服务外，游客还可以在目的地享受旅游活动，如购物、城市观光等。医疗康养旅游不仅包括前往外国接受治疗的行为，也包括在旅游过程中接受身体康复治疗和其他相关医疗服务的行为。

2. 医疗康养旅游类型

从医疗康养旅游的定义范围来看，它更强调的是寻求医疗和身体康复的目的。因此，医疗康养旅游可以分为健康促进旅游、健康恢复旅游两类。

健康促进旅游是一种以促进和改善身心健康为主要目的的旅游方式。

---

① Kelley E. , Medical Tourism, WTO Patient Safety Program, 2013.

② Crooks V. A. , et al. , "What is known about the patient's experience of medical tourism? A scoping review", *International Journal for Equity in Health*, Vol. 9, No. 1, 2010.

③ Lunt N. , et al. , Medical Tourism: Treatments, Markets and Health System Implications: A Scoping Review, Organization for Economic Cooperation and Development, 2011.

④ Heung V. C. S. , et al. , "A conceptual model of medical tourism: Implications for future research", *Journal of Travel & Tourism Marketing*, Vol. 27, No. 3, 2010.

⑤ 何妙珍：《外国游客对泰国医疗康养旅游的满意度研究》，硕士学位论文，云南大学，2022。

游客可以在旅途中欣赏大自然的美丽景色，感受自然的魅力，同时参加各种专业的康复活动，学习如何调节心情和保持健康。这些活动包括矿物水浴、温泉浴、按摩、药蒸、香薰疗法、水疗等，可以帮助游客恢复体力、增强免疫力、改善心理状态。此外，游客还可以在旅游期间，与他人交流分享生活经验和进行社交聚会，这有助于促进身体健康和心理健康。通过健康促进旅游，游客可以改变自己的行为、态度和价值观，从而促进更全面的身心健康恢复。

健康恢复旅游的目的是通过旅行来放松身心，同时获得专业的健康治疗服务。游客可以在旅途中，享受各种医疗和美容服务，如体检、疾病治疗、牙科治疗、美容手术和变性手术等。这些服务不仅关注游客的健康利益，还为需要长时间在院外进行康复训练的人群提供支持。健康恢复旅游为游客提供了放松身心的机会，同时通过专业的治疗服务，促进了他们的健康恢复。

3. 医疗康养旅游意义

医疗康养旅游通过一系列的健康检查和康复治疗活动，帮助游客改善身体健康状况，增强体质，预防疾病。此外，游客通过参与户外运动和养生保健活动，可以更好地认识身体和健康状况，学习保持健康的生活方式。

医疗康养旅游为游客提供了一个远离日常压力和烦恼的场所，在这里，他们可以放松身心。在旅途中，游客可以参加各种专业的康复活动，如矿物水浴、温泉浴、按摩、药蒸、香薰疗法、水疗等，有助于恢复体力、增强免疫力、改善心理状态。

在医疗康养旅游中，游客可以享受宁静的环境和专业的康复服务，有助于改善睡眠质量。良好的睡眠质量对于恢复身心健康至关重要，能够提高人体免疫力和恢复体力。

（四）文化康养旅游

1. 文化康养旅游概念

文化康养旅游是一种深度融合文化、养生和旅游的综合性体验，旨在借助文化资源的魅力，促进游客的身心健康、提高游客的生活质量。它以文化所在地的物质文化与非物质文化的整体或其要素为吸引物，通过精心设计的旅游产品和活动，让游客达到"养心""养神""养身"等康养目的。

2. 文化康养旅游类型

养心的文化康养旅游形式。瑜伽和冥想，在度假村或酒店提供的宁静的自然环境中进行瑜伽和冥想活动，有助于游客放松身心，提高专注力和平静内心；艺术欣赏，通过欣赏当地的传统音乐、舞蹈、戏剧等，或参加当地的文艺演出或艺术展览活动，可以让游客感受当地文化的独特魅力，同时也可以促进身心放松和愉悦心情。

养神的文化康养旅游形式。宗教体验，参观和体验当地的宗教场所，如寺庙、教堂等，可以了解当地的宗教文化和信仰体系，感受宁静的宗教氛围，达到放松身心、养神的目的；传统医学服务，了解和学习当地传统的医学知识和疗法，如中医药、针灸、推拿等，可以在接受医学服务的过程中放松身心，促进身心的平衡，达到养神的目的。

养身的文化康养旅游形式。温泉疗养，在风景优美的温泉景区提供温泉浴、水疗、按摩等养生项目，可以让游客在此放松身心，享受专业的养生护理；森林康养，在森林覆盖率高、生态环境良好的地区，开展森林浴、森林氧吧、森林漫步等活动，可以让游客在森林中感受大自然的清新空气和宁静氛围，达到放松身心的效果；田园养生，利用农村的生产、生活、生态资源，为游客提供农耕体验、采摘蔬果、制作当地美食等养生项目，这些活动可以让游客亲身感受田园生活的美好，同时体验当地的农耕文化和传统手工艺。

3. 文化康养旅游意义

文化康养旅游为传统文化的传承和发展提供了新的途径。在文化康养旅游的开发过程中，传统文化的内涵和形式得以充分挖掘和利用，通过与现代旅游业的结合，传统文化得以创新和发展，以新的姿态呈现在游客面前，从而吸引了更多人的关注和了解。这种传承和发展，不仅有助于保护传统文化的独特性和多样性，还能为当地社区带来经济收益，提升当地居

民的文化自豪感。

文化康养旅游对于增强文化自信有着积极的作用。在深入了解和体验当地文化的过程中，游客会逐渐认识到传统文化的独特魅力和价值，从而增强文化认同感和文化自信。这种自信不仅体现在对自身文化的认知上，也体现在对其他文化的理解和尊重上，有助于促进文化的多样性。文化自信的增强，也有助于当地社区更加自豪地传承和发展自己的文化传统。

文化康养旅游对于推动乡村振兴有着重要的作用。在农村地区发展文化康养旅游，可以促进农村经济的转型和发展，提高农民收入和生活水平。同时，农村地区丰富的文化资源和自然环境，也为文化康养旅游提供了得天独厚的条件，使得农村地区的传统文化得以更好地保护和传承。将传统文化与现代元素相结合，可以打造具有特色的文化创意产品和服务，促进农村经济的持续发展。比如，武平深入贯彻"两山"理念，顺应康养产业发展的态势，以文化资源为依托，着力打造健康养生、森林旅游、林下经济、绿色农产品开发等产业，逐步实现优质森林康养、环境培育和康养产品开发等的有机统一。①

五 康养旅游需求意义

（一）促进旅游业转型升级

随着国民经济总量的扩大和发展进程的推进，民众在旅游方面的消费水平也在不断提高，社会上高品质养生旅游产品不断涌现。康养旅游是将休闲、养生、观光、科技等融合在一起的全新旅游形式，是旅游市场转型升级的产物。从发展模式看，康养旅游所倡导的产业融合、产业转型，将带动产业创新和各种新业态产生，发展康养旅游产业的过程，也是对产业结构改进优化的过程。②

---

① 钟国文：《"两山"理论视域下的农村产业发展路径探索——以武平文化康养产业发展为例》，《闽西职业技术学院学报》2022年第4期。
② 许亚萍、赵旭：《乡村振兴视角下康养旅游产业发展路径探究——以赣州市为例》，《广东蚕业》2023年第10期。

1. 丰富了旅游产品项目选择

在传统的观光旅游基础上，康养旅游增加了养生、保健、文化、体育等多个领域的旅游产品和服务，为旅游者提供了更加丰富和多样化的选择。这些旅游产品不仅关注旅游者的体验感，更注重旅游对人们身心健康的影响。

2. 提高了旅游业的品质和效益

康养旅游为旅游者提供更加舒适和愉悦的旅游环境，包括优质的住宿条件、亲善的餐饮服务、丰富的文化体验以及专业的保健服务等。这些高品质的服务和体验，不仅可以吸引更多的旅游者，还可以提高旅游业的附加值和竞争力。

3. 促进了旅游管理的科技化

利用先进的技术手段，提高旅游服务的效率和质量，是当前旅游业发展的重要趋势。通过人工智能、大数据等技术手段，可以实现旅游信息的智能化处理、旅游资源的优化配置，以及旅游服务的精准推送。这些技术手段的应用，不仅可以提高旅游服务的效率和质量，还可以为旅游业带来更多的创新和发展机会。

（二）推进旅游适老化服务

在社会人口结构变化的大背景下，康养旅游需求呈现出与以往不同的特点和趋势。这种变化不仅反映了社会老龄化进程的加速，也反映了人们对健康、休闲和养生的高度重视。

1. 满足老年人康养需求

中国一直以来都是人口大国，人口基数大，随着社会经济的发展，中国的人口结构发生了较显著的变化，老年人群体不断壮大，出现了"未富先老"的现象。社会更加关注老年人这一消费群体，因为老年人对康养旅游产品和服务的消费需求较大，是潜在的消费群体。中国已经进入老龄化社会，积极面对老龄化问题、发展康养旅游具有重要的现实意义。休闲养老和医疗康复是康养旅游的主要表现形式，能够满足老年人的生理和心理需求，适应社会人口结构变化的现状，促进社会的发展。

2. 提升社会福利水平

康养旅游的发展有助于提升社会福利水平。老年人作为社会的重要群体，他们的福祉直接关系到社会的稳定和发展。康养旅游可以为老年人提供更好的生活体验和精神享受，有助于提高他们的身心健康水平和生活质量。

3. 提高国民素质

参与康养旅游的旅游者，可以通过与他人的交流和体验拓宽视野、增长见识。这种经历可以激发他们的学习热情和积极性，提高国民素质。

（三）满足中产阶级消费需求

随着社会的发展和人们生活水平的提高，中产阶级逐渐成为社会消费的主力军。他们注重生活品质和身心健康，追求更加丰富多样的旅游体验。康养旅游作为一种新兴的旅游形式，满足了中产阶级对身心健康、文化体验和社交互动等方面的需求。

1. 促进中产阶级身心健康发展

康养旅游对于促进中产阶级的身心健康具有积极作用。中产阶级在生活和工作中承受着较大的压力，需要释放和缓解。康养旅游提供了专业的健康管理、养生和心理辅导等服务，帮助中产阶级在旅途中放松身心、缓解压力、提高身心健康水平。比如，巴城湿地生态公园中的"园中夕露园"，以暖色调的日落为景，暖阳的鲜明色调能促进游客产生积极向上的情绪；冷色饱和的绿荫（封闭式的绿化）借由"灌木+乔木"高低配合形成层次分明的群落，形成具有隐秘性和兼具隔音功能的私人空间，能够为游客提供冥想区域，借此起到静心的效果。①

2. 提升中产阶级幸福感和满足感

康养旅游可以提升中产阶级的幸福感和满足感。在康养旅游中，中产阶级能够享受到优美的自然环境、体验当地的文化风情、品味当地的特色美食，这些都有助于丰富他们的生活体验和精神阅历。同时，康养旅游中

---

① 吉欣等：《五感景观视角下康养旅游的实践应用——以昆山巴城环湖带为例》，《现代园艺》2023 年第 23 期。

的社交互动和分享交流环节，也能够让中产阶级结交志同道合的朋友，分享彼此的生活经验和情感，从而提升幸福感和满足感。

3. 促进中产阶级社交互动

康养旅游还能够促进中产阶级进行社交互动。在康养旅游过程中，中产阶级能够参加各种团体活动、文化体验活动和手工艺制作活动等，这些活动不仅能够增强他们的社交能力和人际关系，还能够让他们更深入地了解不同地域的文化传统和风土人情，丰富他们的文化知识和体验。

（四）传承创新优秀传统文化

中国有发展康养旅游的优良条件，如横贯古今的历史文化、博大精深的中医疗法、星罗棋布的河流森林等。康养旅游作为一种新兴的旅游形式，不仅关注旅游者的身心健康，更注重文化传承与发扬。在中国，康养旅游与传统文化紧密结合，为传统文化的传承与发展提供了新的契机。

1. 增强文化自信和文化认同

在康养旅游中，旅游者能够亲身感受传统文化的魅力，了解其内涵与价值。通过参与传统技艺、手工艺等活动，旅游者能够深入了解和认识传统文化，从而增强文化自信和文化认同。

2. 扩大文化的影响力

康养旅游可以扩大中国传统文化的影响力。在康养旅游的发展过程中，中国传统文化被传播到更广泛的受众中，让更多人了解和认识中国各地的传统文化和风土人情。这种跨文化交流，能够增强中华文化的国际影响力，推动中华文化的传承和发展。

3. 促进文化的保护和创新

康养旅游为传统文化的保护和创新提供了支持。在康养旅游的开发过程中，需要对传统文化进行保护和挖掘，同时也需要将传统文化与现代元素相结合，创新出更加符合现代人需求的旅游产品和文化体验活动。这种保护和创新，不仅可以满足旅游者的需求，还可以为传统文化的传承和发展提供资金和技术支持，使其更加具有时代感和吸引力。

第二节　康养旅游影响因素

康养旅游的目的是让人们学会取天地之美以养其身，参万物之道以正其行，进而达到全面提升身心健康水平的效果。[①] 认识大健康时代中的康养旅游消费大势，深入分析康养旅游发展的影响因素，挖掘康养旅游的正面效应，对于提高业界康养旅游战略认识、培养大众积极生活态度、倡导居民健康生活方式、提升人民生活品质、促进社会全面进步，具有重要的参考价值。

一　内部因素和外部因素

（一）内部因素

1. 性别影响康养旅游需求

不同性别的康养旅游者对于旅游的需求和偏好存在显著差异。男性康养旅游者往往更注重旅游的体验性和冒险性，他们更喜欢参与一些户外运动、极限挑战等活动，以寻求刺激和满足。相比之下，女性康养旅游者则更注重旅游的安全性和舒适度，她们更倾向于选择一些轻松愉快、休闲放松的旅游方式，如泡温泉、SPA、购物等。

不同性别的康养旅游者在旅游过程中，对服务和产品的需求也存在差异。例如，女性康养旅游者可能更注重美容、美发、美甲等服务，而男性康养旅游者则可能更注重健身、体育运动等方面的服务。

2. 年龄影响康养旅游需求

年龄因素对康养旅游需求的影响不容忽视，不同年龄段的康养旅游者对于旅游的需求和偏好各不相同。

30 岁及以下的康养旅游者，通常具有较强的活力和好奇心，喜欢体验尝试新的旅游方式。除了注重户外运动和亲近自然外，这一群体热衷于参

---

① 徐虹、于海波：《大健康时代旅游康养福祉与旅游康养产业创新》，《旅游学刊》2022 年第 3 期。

与一些文化交流和研学活动，以达到拓宽视野和丰富知识储备的目的。

30~50 岁的康养旅游者，更加侧重于休闲和放松，更喜欢进行美容足疗、品茶、观鸟钓鱼等活动。同时，也倾向于参与一些户外亲子活动，以达到增强家庭凝聚力和提高亲子互动质量的目的。

50~60 岁的康养旅游者，具有关注养性和养生方式的需求特征，如参与禅修、灵修、太极等活动。还可能追求一些调养养生方式，如温泉疗养、中医养生等。

60 岁以上的康养旅游者，更加具备医疗养生和护理照料服务的需求特征。这一群体可能需要进行健康检查、康复训练等活动，并需要相应的药物疗法来维持健康。此外，也可能需要一些护理照料服务，如家庭医生、居家护士等。

3. 职业影响康养旅游需求

不同职业的康养旅游者对于旅游的需求和偏好各不相同，而职业因素对康养旅游需求的表现与职业特点和职业压力密切相关。

商务人员经常出差，更倾向于选择能够提供商务会议、养生保健等服务的旅游目的地。

医务人员对于健康养生方面的知识较为丰富，更倾向于选择能够提供健康检查、康复疗养等服务的旅游目的地。

教育工作者对于文化、历史等方面的知识较为关注，更倾向于选择能够提供文化体验、知识探索等服务的旅游目的地。

金融从业者由于工作性质的特点，常常需要处理大量的数据和金融产品，这样的工作压力和长时间的精神集中，可能导致他们身心疲劳、易出现应激反应以及处于亚健康状态。因此，他们更倾向于寻找能够提供心理咨询服务、冥想课程、放松疗法的康养旅游目的地。

服务业从业者工作较为灵活，更倾向于选择能够提供户外探险、野营等亲近自然、放松身心的旅游目的地。

4. 知觉影响康养旅游需求

康养旅游者的知觉主要涉及对环境质量、历史文化价值、自然景观和

生态价值以及设施与服务的感知，同时还要考虑到康养旅游者的个人特征和心理需求。

康养旅游者对环境质量和健康风险的关注度较高。对康养旅游的需求，更倾向于选择空气清新、水质纯净、噪声小、污染少的地方，同时也会考虑目的地的安全性，如食品安全、环境安全等。

康养旅游者会关注旅游目的地的历史文化价值。对康养旅游的需求，更倾向于选择那些具有深厚文化底蕴和历史传承的地区，如文化遗产地、古建筑等。这些地方能够让康养旅游者感受到不同的文化氛围和历史价值，满足感受文化和探究历史的需求。

自然景观和生态价值也是康养旅游者关注的重点。对康养旅游的需求，更倾向于选择那些拥有优美自然景观和良好生态环境的地区，如海滨、山区、森林公园等。这些地方能够让康养旅游者亲近大自然，享受宁静优美的环境，同时满足生态环保和可持续发展的需求。

5. 感觉影响康养旅游需求

感觉因素在康养旅游需求中扮演着举足轻重的角色。这些因素涵盖了视觉、听觉、嗅觉、味觉和触觉等各个层面，为康养旅游者提供了全方位的感官体验。

视觉体验是康养旅游者最重视的感觉之一。从视觉角度，可以使个体了解到事物的大小、形体、色彩等，故通过对色彩的冷暖色调的视觉感受，能够带给人们不同的情绪体验感受。康养旅游者追求的是舒适和愉悦，喜欢欣赏自然风光，如森林、湖泊、温泉等自然景观，以及这些景观中的色彩、形状、纹理等细节。此外，还可能喜欢看到精心设计的花园、艺术品和特色建筑等人工景观，这些都能让他们感到心情愉悦。

听觉体验也是康养旅游中非常重要的感官体验之一。康养旅游者追求的是身心放松，在康养旅游中，溪流声、海浪声、风吹过树林的声音等，都能够让人们感到平静和放松。这些声音能够遮盖城市的喧嚣，让人们更好地专注于呼吸和冥想等放松活动。

嗅觉体验同样能够增强康养旅游者的体验感。康养旅游者追求的是清新的空气和宜人的香气，它们能够让人们感到心旷神怡。经常置身于芬芳、静谧的植物丛中，可使人的皮肤温度降低1~2℃，脉搏每分钟平均减少4~8次，呼吸舒缓而均匀，血流减缓，心脏负担减轻，使人的嗅觉和思维活动的灵敏度增强。[①]

味觉体验也是康养旅游中不可或缺的一部分。品尝当地特色美食，不仅是味蕾的享受，康养旅游者还可以更深入地了解当地的文化和风土人情。

触觉体验也是康养旅游中非常重要的一环。在康养旅游中，触觉体验能够让人们更加沉浸于自然环境中。比如，泡温泉可以让人感受到温泉的温暖和舒适；在海边的沙滩上赤脚漫步，可以让人感受到沙子的柔软和海风的柔媚；在森林中散步，可以让人感受到大自然的美丽和宁静。

（二）外部因素

1. 旅游信息的来源影响康养旅游需求

不同的旅游信息来源对康养旅游需求有不同的影响。康养旅游者会根据自己的偏好和需求，选择适合自己的信息获取渠道，以便更好地了解康养旅游目的地及其活动和酒店等信息，并做出更明智的旅行决策。

首先，通过旅游网站和社交媒体，康养旅游者可以获取丰富多样的旅游信息。通过浏览这些平台，康养旅游者可以与当地居民和其他旅游者进行交流，更深入地了解目的地的情况，为自己的旅行决策提供依据。

其次，对于一些康养旅游者来说，传统的旅游指南和旅游丛书仍然是获取旅游信息的重要来源。这些指南和书籍提供了详细、可靠的旅游信息和攻略，包括景点的介绍、交通指南、美食推荐等，为康养旅游者提供了便利的信息获取渠道。

最后，朋友和家人的推荐也是康养旅游者获取旅游信息的重要途径之一。通过分享经验和建议，为康养旅游者提供了更真实、可靠的旅游目的地的信息和其他旅行者的评价。

---

① 张文秀、张媛：《植物在园艺疗法中的作用探讨》，《农业科技与信息》（现代园林）2021年第2期。

2. 同游人数影响康养旅游需求

同游人数能够影响康养旅游者的需求决策。当康养旅游者独自旅行时，可能会感到孤独和不安，而与朋友或家人一起旅行，则可以增加互动和互相照顾的机会，提升旅游的乐趣和舒适度。同时，与他人一起旅行，可以为康养旅游者提供更多的社交机会，结识新朋友，拓展社交圈子。与他人一起旅行时，康养旅游者更容易接受推荐和安排，更容易进行集体消费，如共同预订酒店、餐饮、旅游活动等。

3. 同伴类型影响康养旅游需求

不同类型的同伴可能导致康养旅游者对旅游目的地的选择和偏好不同。比如，一些人可能更喜欢与家人一起旅游，因为家庭成员能够提供更温馨、舒适的氛围；而另一些人可能更喜欢与朋友或同事一起旅游，因为彼此之间可以共同分享旅行中的乐趣。与家人一起旅游时，康养旅游者可能更注重家庭的整体消费和预算，同时也需要考虑到家庭成员的需求和舒适度；而与朋友或同事一起旅游时，则可能更注重集体的消费体验，如团购、拼单等。

4. 家庭规模影响康养旅游需求

家庭规模会影响康养旅游需求，从而影响目的地的选择。大型家庭可能更喜欢选择设施丰富、适合全家游玩的康养旅游目的地，如拥有大型游乐场、动物园或水族馆等设施的旅游目的地。而小型家庭则可能更倾向于选择风景优美、亲近自然的小型旅游目的地，如山区、海滩或葡萄酒庄园等。在规划康养旅游活动时，家庭成员之间需要沟通和协调预算、活动选择和时间安排等。大型家庭可能需要更多的协调工作，以满足每个家庭成员的需求和期望。相比之下，小型家庭则更容易达成共识，从而在旅游过程中更加顺利。

5. 家庭总收入影响康养旅游需求

家庭总收入会影响康养旅游需求，从而影响目的地的选择。收入较高的家庭，可能更倾向于选择设施豪华、服务高端的旅游目的地，以获得更全面的康养体验。这些目的地通常提供诸如温泉、水疗、按摩等额外的康养服务，为游客带来舒适和放松的体验。相比之下，收入较低的家庭，则可能更注重实用性和性价比，会选择一些经济实惠的旅游目的地，如自然风光区或农家乐园等，更注重亲近自然和体验当地文化。

收入较高的家庭可能更注重个性化定制和自主决策，希望通过自由行的方式更好地探索目的地并满足个人需求，他们更注重放松和享受，追求更深层次的旅游体验；而收入较低的家庭则可能更注重安全和便利性，选择一些跟团游的方式，以确保旅行安全和方便。良好的家庭氛围可以增强康养旅游的体验感和满意度，而矛盾和不和谐则可能会破坏旅游的氛围，影响旅游的效果。

二 主观因素和客观因素

（一）主观因素

1. 出行时间影响康养旅游需求

出游时间的选择与康养旅游需求的满足程度密切相关。游客需要根据自己的时间安排和假期长度，来合理选择出游时间。比如，在工作日或周末进行短途康养旅游，可以充分利用时间来放松身心、调整状态；而在寒暑假或法定节假日，则可以选择长途康养旅游，以便游览更多的旅游地，丰富自己的旅游体验。

2. 停留时间影响康养旅游需求

停留时间在康养旅游中扮演着重要的角色。康养旅游不仅是为了旅行游玩，更是为了追求身心的健康与放松。因此，停留时间的合理安排，对游客的旅游体验和需求有着直接的影响。

停留时间可以帮助游客更好地融入当地的生活和文化。在较长的停留时间内，游客可以有足够的时间去深入体验当地的风土人情、自然风光以及各种特色活动，从而更好地了解当地文化，并满足自己的康养需求。比如，在温泉度假地停留一段时间，游客可以充分享受温泉浴的疗效，让身体得到放松和舒缓。

停留时间过短，可能会让游客感到匆忙和紧张，无法充分体验康养旅游的乐趣和效果。短时间内游览多个景点，可能会导致身体和精神疲劳，

无法真正达到放松身心的目的。因此，游客更加倾向于选择康养项目少、交通便利的旅游目的地。

3. 旅游次数影响康养旅游需求

旅游次数对康养旅游需求的表现具有重要影响。随着旅游次数的增加，游客对康养旅游的需求和认知也逐渐增加，他们更注重旅游的质量和体验，并具备更多的旅游经验和技能，以提升康养旅游的乐趣和效果。

有多次旅游经历的游客，通常对旅游的目的和意义有更深入的理解，他们更关注旅游对自身身心健康的影响和放松体验。因此，他们更可能选择康养旅游，以追求身心的健康与放松。对于一些经常开展康养旅游活动的游客来说，他们可能会形成一套适合自己的旅游方式。这些游客通常注重养生保健、环保意识等方面的问题，并愿意为此付出更多的时间和金钱。他们可能会选择一些具有养生保健功能的旅游项目和产品，如瑜伽、温泉浴、森林浴等，以更好地满足自己的康养需求。

4. 旅游目的影响康养旅游需求

旅游目的对康养旅游需求具有显著影响，游客的期望和需求因旅游目的的不同而有所侧重。

对于以放松身心为目的的康养旅游者，游客追求的是身心的放松和舒缓；对于以探索未知为目的的康养旅游者，游客追求的是对新鲜事物的好奇心和求知欲的满足；对于以增进亲子关系为目的的康养旅游者，游客追求的是家庭和谐和亲子之间的互动；对于以健康养生为目的的康养旅游者，游客追求的是身体健康和生活方式的改善；对于以社交活动为目的的康养旅游者，游客追求的是人际交往和结识新朋友。

5. 旅游偏好影响康养旅游需求

对于钟爱自然景观的游客，他们倾向于选择自然环境优美的康养旅游目的地，如山区、海滨等。

对于喜欢人文景观的游客，他们可能选择历史文化底蕴深厚的康养旅游目的地，如古城、古镇等。

对于注重休闲度假的游客，他们可能选择提供休闲度假服务的康养旅游目的地，如温泉度假酒店、养生中心等。

对特定主题感兴趣的游客，他们可能选择提供相关主题旅游服务的康养旅游目的地，如养生旅游、探险旅游、体育旅游等。

（二）客观因素

1. 政策因素影响康养旅游需求

政策支持力度不断加大，为康养旅游提供了强有力的保障。国家发布了一系列政策文件和指导意见，从宏观层面为康养旅游提供了发展方向。此外，各级政府还出台了具体的财政、税收、土地等方面的优惠政策，为康养旅游市场发展注入了强大的信心和动力。政策对康养旅游的发展起到了积极的引导作用。

各级政府出台的相关政策，为康养旅游提供了指导方针、指明了发展方向，鼓励和引导金融、保险、养老等产业与康养旅游业融合发展。政府出台的优惠政策，如税收减免、土地优惠等，吸引了更多的投资者和企业在康养旅游领域进行投资和开发。这些优惠政策的实施，有助于降低康养旅游项目的开发成本，提高其竞争力，从而刺激了康养旅游需求。

2. 经济因素影响康养旅游需求

随着经济的发展和人民收入的提高，康养旅游逐渐成为人们追求健康与休闲的重要方式。

随着人均收入的增加，人们对于生活质量的要求不断提高，康养旅游成为越来越多人的选择。收入水平的提高，为康养旅游提供了更多的需求和可能性，推动了康养旅游市场的发展。

随着消费结构的调整，人们在旅游和健康方面的支出比例逐渐增加。这种消费结构的调整，为康养旅游提供了更多的市场需求，促使康养旅游市场不断壮大。

3. 人口因素影响康养旅游需求

人口结构的变化对康养旅游需求产生了影响。随着社会经济的发展和人们生活水平的提高，人们对于健康和休闲的需求不断增加。这种需求变化反映在消费结构上，表现为对康养旅游的支出比例不断增加。同时，家

庭结构的变化也为康养旅游市场带来了新的机遇。越来越多的人选择与家人一起参与康养旅游活动，这为康养旅游市场提供了更广阔的发展空间。此外，人口分布和人口特征也是影响康养旅游需求的重要因素。不同地区的人口密度和分布情况，直接影响着康养旅游需求的空间分布。不同的人口特征，如年龄、性别、职业、文化背景等，也对康养旅游的需求和偏好产生影响。

4. 社会文化因素影响康养旅游需求

社会结构也是影响康养旅游需求的重要因素。一个社会稳定、治安良好的地区通常更容易吸引游客，而一个社会动荡、治安不佳的地区，则可能对康养旅游需求产生负面影响。此外，社会结构的变化也会对康养旅游需求产生影响。中产阶级的崛起和人口老龄化等社会现象，都会对康养旅游需求产生影响。文化传统对康养旅游需求的影响也非常显著，不同的文化传统和价值观，使得人们对康养旅游的目的和意义有不同的理解。

5. 资源因素影响康养旅游需求

自然资源如温泉、森林、山地等，为康养旅游提供了优越的环境和丰富的体验。这些自然资源不仅可以让人们亲近大自然，还能满足他们放松身心、保持健康的需求。例如，温泉资源可以帮助人们缓解疲劳、舒缓身心。森林资源则可以提供宁静的环境和清新的空气，让人们感受到大自然的神奇和魅力。文化资源也是开展康养旅游的重要支撑。一个地区独特的民俗、医药、茶道等文化，可以为康养旅游提供更加丰富和多样的文化体验。这些文化资源可以让游客深入了解和体验当地的传统文化和养生方法，从而更好地满足他们的康养需求。例如，学习当地的医药知识、参与医药养生活动，或者品味当地的特色茶道文化，都可以让游客在康养旅游中获得更多的知识和体验。

三 推力因素和拉力因素

（一）推力因素

1. 人际关系影响康养旅游需求

游客对人际关系的需求，如通过旅游结交志同道合的朋友、拓展交友范围以及参与有关家庭活动,是影响游客旅游需求的重要因素。结交朋友的人际关系需求,体现了游客在内心深处渴望去结识朋友和维护友谊,渴望去拓展人脉,满足自身与社会、自身与他人之间情感交流的需要。人是一种情感动物,每个人的情感特征不同,所造就的人的性格也会不同,人们在社会中进行的人际交往都是以情感为基础展开的,人们能够通过旅游进行人际交往,获取自身的幸福和满足,并且人类是群居动物,具有从众的特征,因此游客在旅游中喜欢和朋友或者家人结伴而行。

人际关系一直都是康养游客所关注的重点,促进人际关系的良好发展,能够给旅游者带来诸多好处。例如,选择森林康养旅游的旅游者可以在旅游过程中加深同伴之间的感情、获得更加深厚的友谊。老年人是参与康养旅游的重要群体,老年人特别关注人际关系,在旅游过程中导游会组织唱红歌活动或者个人经历分享活动,来增强老年人之间的互动,拉近老年人之间的心灵距离,从而帮助老年人结交新友,满足自身需求。康养旅游也是进行亲子活动的重要载体,许多游客喜欢和家人一起去春游或者野餐,参与一些家庭活动,如森林康养旅游者可以和家人一起进行野外活动,促进家庭和睦、增进亲情联结。

2. 健康影响康养旅游需求

游客对健康的需求是影响旅游动机的重要因素。随着社会的发展,亚健康人群不断壮大,亚健康问题日益显著,加之老龄化速度加快,越来越多的人消费观念发生改变,由关注物质消费转变为关注精神消费,更加注重满足个人情感,愿意将时间和金钱投入旅游中。康养旅游也逐渐进入人们的视野,如森林中含有大量的负氧离子,不仅可以起到美容养颜的作用,还可以对存在心肺疾病的患者起到康复治疗辅助作用。另外,生活在城市的人们,由于社会竞争激烈,生存压力过大,便有了想要通过旅游来纾解心中压力的实际行动。旅游者通过跑步、散步、瑜伽等活动,可以呼吸到大自然的新鲜空气,在增强体质的同时,还能缓解内心压力,促进身心健康发展。

3. 社会文化价值影响康养旅游需求

旅游者对文化价值的需求也是其开展旅游活动的重要动机。通过康养

旅游的方式，拓展自身的知识面，提高自身的文化价值。比如，旅游者通过参观动物园、花卉园、草场等动植物野生基地，可以学习到关于动物生活习性的知识，了解植物的种类和种植栽培方法等，树立人与自然和谐发展的人地协调观念。青少年对世界充满好奇，具有超强的探索欲，康养旅游地通过提供户外探险、智力开发等服务，开发青少年的智力，培养他们动手操作的能力，让青少年在快乐中学习到新知识、培养文化兴趣、提升文化素养，促进全面发展。老年人经过岁月的磨炼，有了对人生更深的体悟，在旅游时更加关注文化层面的获得，因此讲解员在进行讲解时要注重语言的趣味性和启发性，把握讲解内容的深度和广度。

（二）拉力因素

1. 便利设施影响康养旅游需求

便利设施是影响游客选择旅游目的地的重要因素，包括餐饮服务设施、交通便利程度、居住条件。大多数游客喜欢品尝具有当地特色的美食，渴望优美的饮食环境，希望在满足味蕾的同时陶冶情操。比如，在森林建设特色主题餐厅，游客可以在大自然中品尝美食；在乡村建设农家院，游客可感受农村的淳朴风俗和品尝特色农家菜。旅游地的交通便利程度是游客选择旅游目的地的重要衡量指标之一。当代人通过上网等方式，可以轻松地获取旅游地的交通等相关信息，交通越发达的地方，游客越多，反之，交通不发达的地方，游客体验感较差，因而游客会变少。越来越多的人为了更好地体验旅游带来的乐趣，往往会选择在旅游目的地留宿来进行更深程度的体验。拥有较好的居住环境对游客选择旅游地起着重要作用。比如，在景区内建设酒店，提供康养产品和自助餐以及相关的娱乐设施，满足游客的各种需求。

2. 服务管理影响康养旅游需求

服务管理水平影响游客旅游的体验感，进而影响人们来该地区旅游的意向。如果某地区的服务管理水平差，就会造成游客的旅游体验感差和服务感低，在内部因素与外部因素的共同作用下，旅客就不会选择该地区作为旅游场所。所以一地要想可持续地发展康养旅游，必须加强服务管理，拥有良好的服务素质。游客会因为服务人员的热情服务而选择重游，旅游区需制定完善的服务管理制度，通过定期培训，提高服务人员的素养。

四　客源地因素和目的地因素

（一）客源地因素

1. 经济发展水平影响康养旅游需求

经济发展水平影响旅游消费能力。在经济发展水平较高的地区，人们的收入水平相对较高，因此有更多的经济条件去参与康养旅游活动。经济发展水平影响旅游消费结构。在经济发展水平较高的地区，消费者通常更注重旅游体验质量。因此，更倾向于选择高品质的康养旅游产品和服务，包括高端的医疗保健、SPA、瑜伽等。此外，经济发展水平还影响消费者的经济状况。在经济发展水平较高的地区，消费者的收入水平相对较高，从而更有可能产生更高层次的需求。

2. 社会风俗习惯影响康养旅游需求

不同地区的饮食文化差异很大，如四川的辣、广东的清淡等。这些不同的饮食文化，会对康养旅游者的需求产生影响。比如，喜欢吃辣的人，可能会选择前往四川进行康养旅游；而口味清淡的人，可能会选择前往广东进行康养旅游。

不同地区的节日庆典各具特色。春节、端午节、中秋节等节日庆典，通常与当地的传统文化和风俗密切相关，会对康养旅游者的需求产生影响。比如，在端午节，康养旅游者可能会选择前往龙舟赛举办地观看比赛，体验当地的节日氛围和文化。

不同地区的居住环境也各具特色，如江南的水乡、北方的四合院等。这些不同的居住环境会影响康养旅游者的需求，如喜欢水乡氛围的人，可能会选择前往江南进行康养旅游；而喜欢四合院的人，可能会选择前往北方进行康养旅游。

3. 气候条件影响康养旅游需求

气候条件对旅游时间安排的影响最为明显，如我国北方地区的游客通

常会选择在冬季前往南方地区进行康养旅游，以享受阳光和海滩。相反，南方地区的游客则可能会选择在夏季前往北方地区进行康养旅游，以逃避高温和潮湿的天气。不同气候条件的地区，适合的康养旅游项目也不同，海南的热带气候和海岛风光适合进行海滩和温泉旅游，而黑龙江的冰雪景观则适合进行冰雪运动和温泉旅游。游客可能会因此而选择不同的目的地，以体验不同的康养旅游项目。气候条件也会影响游客在康养旅游过程中的活动安排，在炎热的夏季，游客可能会更喜欢进行水上运动和海滩活动，而在寒冷的冬季，游客则可能更喜欢进行温泉和SPA等室内活动。

4. 区位交通条件影响康养旅游需求

客源地区的交通便利性对康养旅游需求的影响最为直接。游客来自不同的地区，如果客源地区交通便利，游客可以更加便捷地到达目的地，减少旅行时间和成本，从而提高康养旅游的便利性和效率。这也会使游客更加愿意出行并开展康养旅游。

客源地区的旅游可进入性是影响康养旅游需求的重要因素。如果客源地区与康养旅游目的地之间交通网络发达，游客可以更加方便地前往目的地，提高旅游的便利性和可行性。这使得游客可以选择更加适合自己的交通方式，如飞机、火车、汽车等，以更加高效地到达目的地。

客源地区的区位交通条件会影响游客对康养旅游行程的规划。游客可以根据交通便利性和可进入性等因素，来合理安排旅游行程，确保行程顺利和高效。比如，游客可以在交通便利的地区，选择更多的景点和活动，以获得更丰富的旅游体验和更高的旅游质量。此外，客源地区的区位交通条件也会影响游客对康养旅游目的地的选择。如果客源地交通便利且可进入性好，游客可能会选择距离较远的康养旅游目的地，以获得更丰富的旅游体验和更高的旅游质量。相反，如果交通便利性较差或可进入性不强，游客可能会选择距离较近的康养旅游目的地，以节省旅行时间和成本。

（二）目的地因素

1. 旅游基础设施影响康养旅游需求

目的地的住宿设施对康养旅游需求产生重要影响。旅游目的地需要有充足的住宿设施，来满足不同游客的需求。这些住宿设施应当具备高品质、舒适、安全的特点，同时还要提供专业的健康和养生服务，如健身设施、SPA 中心、医疗保健服务等。对于一些需要特殊照顾的游客，如老年人、残疾人等，还需要提供无障碍设计和特殊关怀。

目的地的餐饮设施是影响康养旅游需求的重要因素。游客往往注重健康饮食，因此，目的地需要提供多样化的餐饮选择，包括当地特色美食、营养均衡的菜肴等。

目的地的交通设施也是影响康养旅游需求的重要因素。良好的交通设施可以方便游客到达目的地，节省旅行时间和成本。这包括发达的公共交通网络、方便的租车服务以及步行和自行车等环保交通方式。

目的地完善的医疗保健设施也是开展康养旅游的必要条件。在旅游过程中，游客可能会遇到突发状况而需要专业的医疗保健服务，因此，目的地需要配备相应的医疗保健设施，包括医院、诊所、药店等，以及专业的医护人员和急救设备等，以满足游客的不同需求。

2. 服务质量影响康养旅游需求

旅游接待服务是影响康养旅游需求的重要因素之一。目的地的旅游接待服务应该专业化、规范化，工作人员应能够提供热情、周到的服务，使游客感到舒适和受到尊重。目的地的旅游咨询服务应该能够提供关于旅游景点、旅游活动、当地文化等方面的详细信息，帮助游客更好地了解目的地的情况，制订出更加合适的旅游计划。高质量的咨询服务能够增强游客对目的地的信任感和满意度，从而促进康养旅游需求的发展。

3. 安全因素影响康养旅游需求

自然环境安全是目的地安全因素的重要方面之一。游客需要关注目的地的自然环境和天气变化，避免遇到自然灾害或其他不可预测的因素。此外，食品安全也是目的地安全因素的重要方面之一。游客需要关注目的地的食品安全问题，避免食用不洁食品或暴饮暴食，保持良好的个人卫生习惯。最后，医疗安全也是目的地安全因素的重要方面之一。

4. 价格水平影响康养旅游需求

价格水平会影响游客的旅游预算。游客通常会根据目的地的价格水平

和自己的预算，来制订旅游计划。如果目的地的价格水平较高，游客可能需要更多的预算来支付旅游费用，这可能会让一些游客望而却步。相反，如果目的地价格水平较低，游客可以在同样的预算下，享受到更多的旅游服务，这会吸引更多的游客前往该目的地。

价格水平还会影响游客的旅游决策。当游客考虑前往某个目的地时，他们会考虑目的地的价格水平是否与自己的预期相符。如果价格水平过高或过低，游客可能会考虑前往其他更合适的目的地。因此，对于康养旅游目的地来说，了解大众需求并做好市场定位是非常重要的。

价格水平还会影响游客在目的地的消费行为。如果目的地的价格水平较高，游客可能会更加谨慎地选择消费项目，避免过度消费。相反，如果价格水平较低，游客可能会更加愿意尝试各种旅游项目和服务，从而增加在目的地的消费。

5. 营销策略影响康养旅游需求

目的地通过市场调研和分析，可以了解游客的兴趣、旅游需求以及消费习惯等信息，从而制定更加精准的营销策略。比如，一些目的地通过推出特色旅游产品或活动，吸引更多的游客前来体验。

营销策略可以提高目的地的知名度和吸引力。通过在社交媒体、网络平台等渠道上进行宣传和推广，目的地可以扩大自己的品牌影响力，吸引更多的潜在游客。同时，目的地还可以通过营销策略，来塑造独特的品牌形象和旅游特色，增加目的地的吸引力。比如，一些目的地通过打造独特的旅游 IP 或品牌形象，吸引更多的游客前来体验。

第三节　康养旅游行为特征

近年来，随着社会发展和人们生活水平的提高，康养旅游越来越受到人们的关注。康养旅游行为是一种社会行为，具有普遍性，本节将从康养旅游需求特征、需求模型、需求决策、需求趋势等方面，对康养旅游行为特征进行分析。

一　康养旅游需求特征

（一）时间性

康养旅游需求的时间性体现得非常明显。由于风俗、文化、习惯、气候、宗教信仰、地理环境等方面的原因，形成了康养旅游消费行为的季节性。随着季节的变化，旅游者的需求和偏好也会随之调整。夏季的阳光海滩游和冬季的温泉滑雪游，都是不同季节康养旅游的代表。比如，大多数的生态旅游者会选择在春季和秋季到武夷山旅游。武夷山属亚热带季风气候，温暖湿润、四季分明。春末夏初，武夷山万木葱荣，景色诱人；秋季是武夷山第一高峰黄岗山最壮美的时候，对旅游者吸引力大。春秋季是武夷山的旅游高峰期。①

（二）大众性

康养旅游者与其他旅游者存在显著差异，康养旅游者一般会选择民宿而非星级酒店、选择汽车而非飞机。这些差异并非源于他们经济上的拮据，相反，他们选择这种大众型旅游消费方式，主要是为了深入体验旅游目的地的民俗风情与自然风光。他们更愿意选择乘汽车，甚至徒步旅行，选择住在当地居民家中，品尝当地特色小吃。在他们看来，乘飞机出行、住星级酒店、有专业导游陪同的旅游方式，往往只是走马观花。若要真正深入了解和体验，就需要融入当地的大众生活中。因此，康养旅游需求具有其独特的大众性。

（三）重复性

康养旅游需求具有重复性的特征。由于康养旅游涉及的领域广泛，包括健康、养生、休闲等，这些都需要一定的时间和精力去体验和享受。因此，对于已经体验过的旅游者来说，他们可能会重复选择同样的康养旅游产品或服务，以不断获得新的体验和感受。比如，民俗风情旅游者在体验不同民俗文化时，与旅游地居民会发生比较深入的人际交往，与当地居民

---

① 　吴章文：《生态旅游者的心理需求和行为特征研究——以武夷山国家级自然保护区为例》，《中南林业科技大学学报》2004 年第 6 期。

产生比较深厚的情感，因此，有的民俗风情旅游者会选择故地重游。[①]

二 康养旅游需求模型

（一）康养旅游需求模型的概念

康养旅游需求模型是一个用来理解和描述康养旅游需求的工具。它就像建筑师的蓝图一样，为研究者提供了一个系统的框架，帮助他们深入理解康养旅游需求的内在逻辑和动态变化。这个模型涵盖了一系列影响康养旅游需求的因素，如个人偏好、经济状况、社会文化背景等，通过这些因素之间的相互作用，揭示了康养旅游需求的发展和演变过程。

（二）康养旅游需求模型的构成

为了深入理解康养旅游需求，需聚焦其背后的三个核心要素：旅游者的个体特性、驱使他们旅行的动机以及他们所处的旅游环境。这三个要素交织在一起，形成一个动态且复杂的关系网，影响康养旅游需求的各个方面。

首先，康养旅游者特征构成了模型的基础。这些特征，如年龄、性别、教育背景和收入水平等，不仅塑造了康养旅游者的个体特性，还深刻影响了旅游者的旅游动机和偏好。比如，年轻人可能因为对冒险和新奇的追求而选择特定的旅游目的地，而年长者可能更倾向于选择宁静、舒适的环境。

其次，康养旅游动机是驱动这一模型的核心动力。它是基于康养旅游者的个体特征和心理需求而产生的，促使康养旅游者做出旅行决策。动机的形成受到多种因素的影响，包括对目的地的感知和评价、个人兴趣和偏好等。了解康养旅游动机，有助于更好地满足游客的需求，提供更加贴心和个性化的服务。

最后，旅游环境是影响康养旅游需求的重要因素。它包括目的地的自然环境、文化环境、社会环境等，直接影响游客的体验感和满意度。目的地美丽的自然风光或独特的文化氛围，可能吸引游客前来游赏，目的地的社会环境和设施也会影响游客的决策和满意度。

[①] 薛群慧、邓永进：《论民俗风情旅游消费需求的激发及其行为特征》，《贵州社会科学》1998年第5期。

（三）康养旅游需求模型的运行

在这三个要素的相互作用下，康养旅游需求模型得以运作。康养旅游者特征通过影响康养旅游动机来影响旅游行为，而康养旅游动机则通过作用于康养旅游环境来选择和评价旅游产品和服务。同时，康养旅游环境也会反过来影响康养旅游者的决策和行为。所以，康养旅游需求模型的运行，是一个动态的、相互影响的过程。要深入理解并满足游客的需求，必须综合考虑这三个要素，并理解它们之间的相互作用和影响方向。只有这样，才能更好地为游客提供满足其期望的旅游产品和服务。

三 康养旅游需求决策

康养旅游需求决策是一个复杂而有序的过程，主要可以分为以下几个步骤。

（一）认识需求

在日常生活中，个体可能由于工作压力、健康问题、寻求放松等原因，意识到自己对康养旅游的需求。这种需求可能源自内心对更健康、更充实生活的渴望。

（二）信息收集

当个体决定开始康养旅游时，会开始广泛收集相关信息，包括但不限于康养旅游的目的地、特色活动、气候特征、住宿条件、费用预算等信息。同时，个体也可能通过与亲朋好友的交流，或者在网络上寻找相关信息，从而更好地了解康养旅游的实际意义和可能性。

（三）对比与评估

在收集了足够的信息后，个体开始对不同的康养旅游方案进行对比和评估。这一过程中，个体会考虑自己的时间、预算、兴趣爱好、健康状况等多个因素，并从中选择最符合自己需求的方案。此外，个体的社交圈子、网络评价以及亲身体验等，也会影响其最终的决策。

（四）制订计划

在确定了目的地和旅游方案后，个体开始制订详细的计划，包括预订

机票、酒店，购买保险等。同时，个体还可能对目的地进行进一步的了解，如了解当地的文化、风俗习惯等，以便更好地融入当地环境。

（五）实施计划

按照既定的计划，个体开始康养旅游。在旅途中，个体可能会根据实际情况，对计划进行适当的调整，如改变行程、调整住宿等。同时，个体也可能会根据旅途中的体验和感受，对未来的康养旅游进行更有针对性的规划。

（六）反馈与调整

旅行结束后，个体会对整个康养旅游过程进行反馈和评价。这不仅涉及对目的地的评价，还包括对整个旅游过程的满意度评价。通过反馈和评价，个体可以对未来的康养旅游进行更有针对性的规划和调整，以提高旅游的体验和质量。

四　康养旅游需求趋势

（一）健康意识逐渐提升

随着生活水平的提高和人们对健康生活方式的关注，康养旅游需求逐年增长，人们越来越注重在旅行中是否能获得身心的放松与健康。

（二）体验追求逐渐品质化

游客对康养旅游的体验要求越来越高，不仅要求有舒适和放松的环境，还希望得到高品质的旅游体验。

（三）文化思想逐渐深层化

游客对文化体验的需求也在不断增加，不仅希望了解当地的文化和历史，还希望深入体验当地的风俗和生活。

（四）服务逐渐个性化

随着时代的发展，服务个性化已经成为康养旅游的一种重要趋势。通过使用人工智能、大数据等技术，康养旅游企业可以更好地了解游客的需求和偏好，为游客提供更加个性化、精准的服务。

（五）旅游形式逐渐社群化

康养旅游正在向社群化方向发展，即以兴趣、文化等为纽带，形成具有共同价值观和情感认同的社群。这种社群化趋势为康养旅游提供了更多的人际互动和社会交流的机会，同时也为游客提供了更加多元的文化体验活动，增进了游客情感认同。

（六）技术发展逐渐智能化

随着人工智能、大数据等技术的不断发展，康养旅游也在向智能化方向发展。智能化技术的应用可以帮助康养旅游企业更好地了解游客的需求和行为，为游客提供更加个性化、精准的服务。同时，智能化技术还可以提高康养旅游企业的运营效率和服务质量。

第四节　康养旅游需求调控

随着社会的发展和进步，更多的人愿意选择康养旅游，康养旅游需求不断扩大。自然环境和硬件设施是康养旅游得以发展的空间载体和物质支撑，康养氛围和社会交际是康养旅游的灵魂和内涵所在。唯有提供丰富且优质的旅游资源、释放康养旅游潜在的消费能力，才能推动旅游业的高质量发展，更好地满足人民对美好生活的需要。

一　康养旅游需求矛盾表现

（一）时间上的矛盾

1. 旅游旺季供不应求

在寒暑假、国庆等节假日期间，游客数量大幅增加，但康养旅游设施和资源的增加，往往需要一定时间，无法立即跟上需求的增长。这可能导致康养旅游供给不足，游客无法充分体验和享受康养旅游产品和服务。

2. 旅游淡季供过于求

在旅游淡季，游客数量减少，康养旅游需求相对较小。此时，康养旅游供给可能过剩，造成资源浪费。

一些康养旅游产品和服务受到季节性因素的影响，例如温泉、滑雪等。在特定季节，这些产品受到游客的欢迎，但在其他季节则相对冷门。这可

能导致康养旅游供给与游客需求之间出现矛盾。

（二）空间上的矛盾

1. 旅游热点地区和非热点地区之间的差异

旅游热点地区的康养旅游资源丰富、设施完善，吸引了大量的游客前来体验，这些地区往往过度开发，导致资源消耗严重、环境破坏等问题突出。而非热点地区由于资源匮乏、设施不足等原因，无法满足游客的需求，影响了当地旅游业的发展。

2. 城市和农村之间的差异

城市的康养旅游设施和资源相对完善，吸引了大量的游客前来体验。而农村地区则存在资源匮乏、接待能力不足的问题，导致游客无法充分体验和享受康养旅游产品和服务。这种差异可能导致农村地区的旅游业发展受到限制。

3. 地区之间的合作不足

地区之间的康养旅游业缺乏合作和交流，导致资源无法得到有效整合和利用。一些地区可能拥有独特的康养旅游资源，但由于缺乏与其他地区的合作，无法充分发挥其优势，影响了当地旅游业的发展。这种合作不足可能导致各地区的旅游业发展不均衡。

（三）总量上的矛盾

旅游供给与旅游需求的总量不匹配。在一定时期内，旅游供给与同时期旅游购买能力即旅游需求之间的比例不适当，就会导致旅游产品的供求失衡。当旅游供给不足时，旅游需求得不到满足，游客数量可能减少，进而导致景区出现游客稀少、冷清的情况。反之，当旅游供给过剩时，旅游需求不足，景区可能会出现人满为患、拥挤嘈杂的情况，这也会影响旅游业的发展。旅游需求的季节性波动，导致旅游旺季时需求激增，而旅游淡季时需求下降。这种波动可能导致旅游企业在旺季时面临接待压力过大、服务质量下降的问题，而在淡季时又存在资源闲置、经营困难等问题。

（四）消费上的矛盾

1. 旅游消费性质和旅游需求不确定性的矛盾

在人们日常消费总量确定的情况下，投入旅游消费方面的比例是难以确定并量化的。尤其是国际旅游消费，它受到世界经济发展状况、客源国经济状况、客源国与目的国之间的政治经济关系、旅游消费构成以及旅游需求强度等多种因素的影响，因此精确掌握旅游需求是相当困难的。这种不确定性导致了旅游供给与旅游需求的不一致，表现为旅游供求在总量上存在矛盾。

2. 个性化需求和旅游产品同质化的矛盾

康养旅游强调的是对健康和养生的追求，因此游客对旅游产品的个性化需求较高。然而，在现实中，大多数旅游产品和服务存在同质化严重的问题，无法满足游客的个性化需求。这一矛盾在很大程度上影响了游客的体验感和满意度。

3. 康养旅游高品质需求和旅游服务水平的矛盾

康养旅游者对旅游服务的需求较高，要求旅游企业提供高品质的服务和产品。然而，在实际中，由于不同地区、不同企业的服务水平参差不齐，游客的体验感受存在差异，难以满足游客的高品质需求。这一矛盾对整个行业的发展和声誉产生了影响。

（五）结构上的矛盾

旅游供给的稳定性和固定性，无法完全满足游客需求的复杂性和多样性。由于旅游产品的开发和建设需要一定的时间和资金投入，一旦建成，其供给量就相对固定，不能随意增加或减少。然而，游客的需求却千差万别，而且会随着时间、地点、同行人员的不同而进行调整和变化。这种矛盾可能导致部分游客的需求得不到充分满足，或者旅游供给出现过剩的情况。

旅游产品的位置固定性和容量有限性，与游客需求的变化性之间也存在矛盾。旅游产品一旦建成，其位置和规模相对固定，无法随意更改。然而，游客的需求却可能会随时间、季节和地域等因素的变化而变化。这种矛盾可能导致旅游供给与游客需求之间的不匹配，影响游客的满意度和旅游业的经济效益。

旅游供给的常年同一性与游客需求的季节性之间也存在矛盾。一些旅

游产品和服务在旺季供不应求，而在淡季则供过于求。而一些旅游产品和服务，则可能常年都处于供过于求的状态。这种矛盾需要旅游企业根据市场需求的变化进行灵活调整，以满足不同时期游客的需求。

二　康养旅游需求调控措施

（一）政府主体

1. 构建康养旅游服务体系

在社会发展的大环境下，越来越多的人转变思想观念，在旅游过程中，更加注重养生及身体疗养。为满足人们的旅游需求，康养旅游应运而生。康养旅游依托自然风光进行相关旅游产品开发，人们在旅游过程中感受大自然的力量，放松心情，释放压力。康养旅游市场不断扩大，必须构建完善的康养旅游服务体系。

政府要完善康养旅游产业发展的法治体系，要出台规范康养旅游市场的政策，维护康养旅游市场秩序，营造良好的市场环境，让游客在旅游中感受到宾至如归的服务，提高康养旅游者的满意度，真正地实现安心游。同时，政府应加强执法队伍建设，对康养旅游市场的经营活动进行监督和检查，及时发现并制止不利于游客的消费行为，保护游客的合法权益，营造公开、透明的消费环境。

政府应采取科学的手段合理地配置公共资源，达到需求方与供给方供需之间的动态平衡，更好地服务广大游客。政府应积极推动区域内康养旅游共享平台的建立，从旅游者、经营者两方面入手，开发平台的不同功能，满足旅游者的需求。比如，平台可针对旅游者开发功能，让游客通过浏览公众号文章或者网站公告，了解康养旅游产品类别、属性、功效、适用人群等基本信息；平台还可针对经营者开发功能，为经营者提供信息查询、交易与结算、营销宣传、中介咨询等服务。[①] 通过搭建平台，满足康养旅游供需双方的需求，形成互利共赢的局面。

---

① 　戴培等：《全域旅游背景下康养旅游的业态和模式研究》，劳动保障研究第二次会议，成都，2019 年 9 月。

2. 规范康养旅游市场秩序

制定严谨的康养旅游法律法规，明确市场主体的法律责任和权利义务。加大对违法行为的处罚力度，提高违法成本，形成威慑力。建立旅游仲裁机制，为消费者提供更加便捷、高效的纠纷解决途径。

加强市场准入管理。建立严格的康养旅游市场准入机制，提高市场主体的资质要求和条件要求。对不符合准入要求的市场主体进行清理和整改，确保市场主体质量。加强对新进入市场主体的审核，防止不良企业进入市场。

3. 完善消费惠民政策

开展全国或者地方的文化和康养旅游消费促进活动，鼓励并号召各地区以节假日为契机，积极与企业、电商平台、新媒体等合作开展多种形式、具有亮点的消费促进活动，吸引更多的游客进行消费。

4. 构建人才培养体系

康养旅游要想满足客的旅游需求，就必须提高自身的服务水平与能力，就需要充分发挥人才的优势，但是我国有关康养旅游发展方面的人才较少，存在人才短缺问题。政府、企业和学校应该开展多方合作，共同构建人才培养体系，为康养旅游的发展注入源源不断的新鲜活力。政府要改变康养人才社会地位较低的局面，应该积极完善康养人才相关的政策，在社会中加强对康养旅游的宣传，使更多年轻人投身康养旅游事业中，对于在职工作人员，要定期开展有关康养旅游的学习，提高自身的能力。同时政府要成立康养人才数据基地，为康养人才提供就业服务和为用人企业提供就业人才，加强学校和企业之间的交流，促进人才的发展和康养旅游基地的建设。

（二）企业主体

1. 推动文化与康养旅游深度融合发展

如今，养生观念已经深入人心，这对康养旅游的发展起到推动作用。但是，康养旅游想要长远发展，除了要优化区域硬件设施外，更重要的是要具有其他大众旅游所不具备的优势，因而要不断地创新康养旅游，突出

其特色。

康养旅游具有丰富的文化内涵，通过展示特色文化让游客得到精神的享受。中国自古以来文化底蕴深厚，养生文化属于中国传统文化之一，可以将养生文化和康养旅游进行有机结合，发扬养生文化中的中医药文化、运动文化以及饮食文化，不仅可以增强游客的免疫力，而且能提高游客的精神境界。比如，进行中医看诊、中药疗养、瑜伽相关养生活动，突出养生文化这一特色载体。百善孝为先，孝文化属于中国传统文化之一，可以将孝文化和康养旅游进行充分的结合，突出区域文化特色，烘托独特的文化氛围。比如，山东省嘉祥县在康养旅游发展过程中，通过举办孝文化论坛，向游客传播敬老孝老的思想，传递社会正能量，促进社会和谐发展。[①]

因地制宜地发展康养旅游，在不牺牲自然环境的前提下，最大限度地开发利用当地特色资源，形成特色品牌，打造品牌效益。比如，北京市依托先进的医疗水平和发达的科技设施，打造具有医疗特色的康养旅游产品，形成完整的产业链；武夷山景区管委会推出以武夷山茶饮食为主题的"茶文化美食"活动，并将其进行广泛宣传，通过定期举办茶宴（茶点）品尝活动，推出相关旅游产品，以此来提高景区吸引力，这不仅能够有效满足游客的饮食需求、增加其在旅游过程中的娱乐体验，而且能够提升景区的整体吸引力[②]；山东蒙山则通过举办中国蒙山长寿文化旅游节，使蒙山休闲养生基地成为著名的康养旅游目的地[③]。政府推出独具特色的康养产品，与游客旅游体验进行互补，通过康养旅游促进旅游者在心理、生理上的和谐统一发展。

2. 改善康养旅游消费环境

加强旅游设施建设，提高旅游产品的安全性和舒适性。在旅游区加强

① 刘森等：《健康中国视角下山东半岛海洋景观生态康养文化旅游发展研究》，《建筑与文化》2020年第9期。

② 欧聪丽等：《体验经济视角下武夷山茶文化旅游发展研究》，《台湾农业探索》2015年第6期。

③ 代守鑫：《基于传统与现代结合视角下山东养生旅游的开发研究》，《当代旅游》2019年第2期。

安全防护设施的建设和维护，确保游客的人身安全。引进先进的技术和管理模式，提高旅游产品的质量和创新性，提高游客的满意度和忠诚度。加强旅游服务人员的培训和管理，提高服务质量和效率。开展服务技能大赛等活动，提高服务人员的专业素养和服务技能。建立完善的旅游服务标准和质量管理体系，加强对旅游服务质量的监督和管理，提高游客的满意度和信任度。

3. 加强区域康养旅游合作

加强与其他地区的旅游合作，共同打造康养旅游品牌和旅游线路。可以与当地旅行社合作，推出多条康养旅游线路，吸引更多的游客前来体验。加强与当地社区的合作，推动当地经济发展和社区参与。可以邀请当地居民参与旅游服务和管理等事务，提高当地居民对旅游业的认识和支持。

4. 建立市场研究机构

应建立专门的市场研究机构，通过收集和分析市场需求、竞争态势、游客行为等方面的数据，深入了解康养旅游市场需求的特点和变化趋势。同时，加强对行业趋势和政策法规的研究，以便及时调整和优化产品和服务。

（三）旅游者主体

1. 自我评估与个性化定制

在选择康养旅游产品和服务时，旅游者应进行自我评估，了解自己的身体状况、健康状况和心理需求，以便选择合适的产品和服务。同时，应结合专业建议和支持，根据个人喜好和需求，定制个性化的康养旅游行程，以获得更深刻的体验和更大的满足。

2. 多元化与特色需求

康养旅游产品应具备多元化和特色化的特点，以满足不同旅游者的需求。可以开发温泉养生、森林康养、户外探险等不同类型的康养旅游产品，并结合当地特色文化、自然景观和人文景观等资源，打造独具特色的康养旅游体验。

3. 专业支持与咨询服务

在康养旅游过程中，旅游者可以寻求专业医疗保健或心理咨询的支持，

以更好地实现身心健康的目的。同时，应提供专业的咨询服务，如向旅行社或康养旅游专家咨询，了解不同产品和服务的特色和优势，以及它们是否符合自己的需求。

4. 社区参与与互动体验

康养旅游可以与社区元素相结合，让旅游者更好地了解当地文化、融入当地社区生活。比如，组织社区活动、文化交流活动或志愿者服务活动等，让旅游者在参与过程中，了解当地文化和习俗，促进跨文化交流和理解。同时，结合互动体验活动，如烹饪课程、手工艺体验等，让旅游者更加深入地了解当地文化和特色。

第六章
康养旅游产品开发

　　随着社会经济的发展，人们的物质生活水平不断提高，为满足更高的精神及健康需求提供了基础。疫情不仅唤醒了国民的健康意识和卫生安全责任感，更促进了人们思想观念的转变和社会的变革，大众对健康及旅游的需求量逐年加大。[①] 同时，旅游市场经过多年发展，旅游产业逐渐细分出多种多样的形态和市场，逐渐实现了从传统观光旅游到体验式旅游的转变。再加上受新冠疫情冲击，人们的消费心理发生转变，单一的旅游产品已经无法满足人们的需求。康养旅游作为体验式旅游的一个细分市场应运而生，并越来越受到消费者的青睐。康养旅游为满足消费者对健康、养生、休闲、文化等多方面的需求，衍生出了康养旅游产品。

第一节　康养旅游产品开发概述

　　康养旅游产品是康养旅游产业发展的基础。康养旅游产品是将人们的康养需求落到实处的物质保障和桥梁，人们对康养旅游的需求，实质是对其提供的康养服务及产品的需求。因此，在康养旅游发展中，康养旅游产品的设计和开发有着举足轻重的地位。

---

① 赵恒伯、张彪、吴海波、喻松仁：《中医药康养旅游产业发展模式与路径探析》，《企业经济》2022 年第 9 期。

一 康养旅游产品开发概念

泰国、印度和澳大利亚等的康养旅游发展较为成熟，以其低消费水平和高质量的特点，成为欧美富裕人群首选的度假胜地。[①] 1997 年以来，泰国康养旅游业逐渐兴起，清迈、曼谷、苏梅岛、普吉岛等地的康养旅游业发展尤为兴盛；2004 年，泰国首开亚洲先河，针对养生水疗、传统泰式按摩、养生产品和服务，制定了"安全、卫生、优质"的指导方针和标准。旅游从业者把传统医药资源、专业医疗机构、SPA 等保健项目与传统观光项目结合起来，形成了康养旅游业。印度发展康养旅游业，不但提高了其健康保健的水平，而且极大地推动了该国的经济发展。Gilbert 和 Werdt 把欧洲康养旅游产品分为三种类型：以预防和治疗为目标的经典型、以满足消费者个性化卫生需要为目标的专业型、以放松为目标的恢复型。[②] 澳大利亚昆士兰学者通过对康养产品的体验试验发现，受试者在后期的康复治疗中，其体重、血压等指标均出现显著的改变，并在此基础上提出了"身体与心理之间存在相互关系"，这一现象在美国也得到了验证。在国外，康养旅游更多地关注于对旅游地资源的开发与利用，并注重对医学技术的应用。

在国内，康养旅游的发展和系统建设尚处在初级阶段，对于康养旅游产品的研究，在概念、分类、特征等方面，仍缺少基础理论的有关讨论，尚未形成主流共识。《康养蓝皮书：中国康养产业发展报告（2017）》将康养划分为森林康养、海洋康养、温泉康养、日光（天气）康养四类，从理论上分析了康养的内涵与外延。[③] 戴金霞提出，康养旅游应加速市场挖掘，并将其与相关行业的优势结合，从而建立以康养为核心的康养旅游产品系统。[④] 赵敏和王丽华提出康养旅游的关键在于结合本地的资源与特色，识别

① 扶梅娟：《长沙市康体休闲产品游客消费特征研究》，硕士学位论文，中南林业科技大学，2011。
② 李丽：《海南康养旅游产品开发策略研究》，硕士学位论文，海南大学，2023。
③ 何莽主编《康养蓝皮书：中国康养产业发展报告（2017）》，社会科学文献出版社，2017，第 68 页。
④ 戴金霞：《常州市康养旅游产品开发与产业发展对策研究》，硕士学位论文，南京师范大学，2017。

出其核心的吸引力，从而进行康养旅游的产品开发。① 刘照从市场营销、设施装备、服务质量、产品种类等方面，对江西的森林康养旅游产品进行了系统的研究。② 鲍兰平等提出了海南森林康养旅游产品开发策略，认为海南森林康养旅游产品的开发应基于资源导向、基于创意导向的主题化特色。③ 熊文琪等构建了森林康养旅游产品开发 AVC（即吸引力 Attraction、生命力 Validity、承载力 Capacity）评价模型，提出把握客源市场需求、提高游客满意度、整合优势资源补齐短板、提高产品社会与文化承载力等康养旅游产品开发建议。④ 也有学者认为，旅游产品开发依附于旅游目的地及其吸引力，是旅游资源的具体化，从供给角度分析，康养旅游产品是康养旅游目的地所提供的一切有利于受访者身心健康的旅游供给内容。

《国家康养旅游示范基地标准》认为，康养旅游是通过美容养颜、营养膳食、修身养性、关爱环境等方式，实现身心协调发展的各项旅游行为。⑤ 康养旅游是在传统旅游形态上叠加健康元素的新型旅游活动方式，即在满足自身物质需求条件下，从精神层面衍生出的更深层次提升生命质量的体会，以一定的自然、人文和社会等资源为载体，以身体和精神健康为目的，是一种较高水平的新型旅游形式。

康养旅游产品是康养旅游目的地所提供的一切有利于旅游者身心健康的旅游供给内容。以各类旅游要素供给为基础，通过吸纳和运用医养保健的相关资源、技术和手段，如环境、医疗、疗养、健身、休闲、度假、药膳等，将各类康养资源开发成为有益于医治或缓解一些亚健康、慢性病的服务产品，以提升国民的身心健康和幸福生活指数。⑥

---

① 赵敏、王丽华：《近十年国内康养旅游研究述评》，《攀枝花学院学报》2019 年第 4 期。

② 刘照：《基于游客偏好的江西森林康养旅游产品体系构建研究》，硕士学位论文，江西农业大学，2019。

③ 鲍兰平等：《海南森林康养旅游产品开发研究》，《现代营销》（经营版）2019 年第 3 期。

④ 熊文琪、秦子薇、毛国蓉等：《基于 AVC 理论的森林康养旅游产品开发研究——以宁夏花马寺森林公园为例》，《林业与生态科学》2021 年第 4 期。

⑤ 《旅游行业标准 LB/T 051-2016 国家康养旅游示范基地》，中华人民共和国文化和旅游部，https://zwgk.mct.gov.cn/zfxxgkml/hybz/202012/t20201224_920050.html。

⑥ 方怡晖：《康养：未来旅游业发展的蓝海》，《小康》2023 年第 20 期。

康养旅游产品开发是根据市场需求，对旅游资源、旅游设施、旅游人力资源及旅游景点等，进行规划、设计、开发和组合的活动，有其特殊的发展方向和模式。[①] 具体指开发能够改善人们的身体机能、有益身体健康、提升生命水平的旅游产品。康养旅游产品的开发包括两个方面：一是对已有旅游产品功能的改进，增加医疗、养生等功能，这包括在传统旅游产品的基础上融入医疗、养生等元素，以满足游客对健康和疗愈的需求；二是对康养旅游产品的创新开发，构建高品质的康养旅游目的地，最大限度地发挥目的地特色康养资源的作用，推动"康养+"多业态融合发展。[②]

二　康养旅游产品开发特点

康养旅游产品开发以满足人们对健康和养生的需求为核心，以提供全方位的身心健康服务为目标，融合了多个产业，具有功能丰富和多元化的特征，同时也需要专业性的人才队伍支撑，最终实现社会效益和经济效益的双重提升。

（一）依托资源

任何旅游产品的开发都需要基于一定的资源，康养旅游产品的开发也不例外，这是康养旅游产品开发的物质基础，也是其康养功能发挥的根基[③]，包括自然资源、医疗资源、人文资源、科技资源等。在康养旅游产品的开发中，优美的自然环境可以让游客缓解疲劳、释放压力、舒缓内心；优秀特色文化可以陶冶情操，增进游客对当地特色文化的了解，丰富康养产品的文化内涵，增加产品的特殊性；优质的医疗资源可以帮助游客更好地预防疾病，并提高患病人群的康复效果。

（二）融合发展

由于康养旅游业是一个涉及面很广的产业，康养旅游产品开发涉及健

---

① 胥兴安、田里：《对旅游吸引物、旅游产品、旅游资源和旅游业关系的思考》，《中国集体经济》2008 年第 C2 期。
② 戴金霞：《常州市康养旅游产品开发与产业发展对策研究》，硕士学位论文，南京师范大学，2017。
③ 沈嘉煜：《基于利益细分的重庆康养旅游产品开发研究》，硕士学位论文，西南大学，2022。

康、养老、医疗、旅游、教育、体育等多个行业，不同行业之间的融合形成了康养旅游产品不同的形态。加强各行业间的融合，可以起到推动康养产品综合发展的作用，同时也可以促进康养旅游的全域发展。

（三）功能丰富

由于康养资源的特殊性，康养旅游产品具有功能丰富的特点。康养旅游产品可以通过规划开发，形成具有养生养老、疗养、康复、保健、娱乐、休闲度假等多种功能的康养产品或服务业态。[①]

（四）收益多元

康养旅游产品的业态融合性强，因此其收益模式具备多元化的特点。除了提供康养产品和服务的产业运营收益，还有提供餐饮、住宿等服务的配套运营收益。

（五）人才支撑

康养旅游产品涉及资源种类丰富、地理范围较广，开发难度较大，需要多专业综合型人才，包括医生、护士、康复师、营养师、心理咨询师等。为了满足游客康养的需求，需要一大批具备高质量服务能力的人才和可以提供高质量服务的设施。

（六）服务属性

康养旅游产品是在大健康观和全民健康理念的背景下产生的。康养旅游业的发展，符合国家对养老需求的重视；康养旅游产品开发，以促进身心健康、提高生命质量为目的，顺应了时代的发展，具有更大的社会效益。

三　康养旅游产品开发原则

康养旅游产品开发旨在满足消费者对健康、养生、休闲、文化等多方面的需求。康养旅游产品旨在以健康养生为核心，融合文化、休闲、疗愈等多种元素，为消费者提供全方位的旅游体验。康养旅游产品开发须运用旅游经济学理论，以消费者需求为导向，在对其自身环境分析的基础之上，

[①]　夏云良：《中国医药康养旅游产品开发研究——以横琴粤澳合作中医药科技产业园为例》，硕士学位论文，广州大学，2023。

进行市场需求的分析，提出一系列的旅游产品开发方案。①

（一）政策导向原则

近年来，国家层面的政策不断出台，顶层规划逐渐清晰，引导康养产业高速发展。2013 年，国务院印发《关于加快发展养老服务业的若干意见》，2013 年被业内称为"中国养老产业政策元年"；《2015 年全国旅游工作会议报告》首次提出康养旅游是旅游发展七要素之一；根据 2016 年出台的《"健康中国 2030"规划纲要》和《"十三五"旅游业发展规划》，2019 年出台的《健康中国行动（2019—2030 年）》以及 2021 年印发的《中华人民共和国国民经济和社会发展第十四个五年规划和 2035 远景目标纲要》，未来 5~15 年健康养老发展的大方向基本确定。康养产业正成为健康城市建设、乡村振兴、推动老龄事业与产业协调发展的重要抓手。康养旅游产品的开发，要不断跟随政策导向，着力推动康养旅游高质量、高水平发展。

（二）市场需求原则

全球康养研究院（GWI）数据显示，2030 年，健康服务业市场总规模将达到 16 万亿元，"大健康"产业将成为经济发展的新引擎，成为未来 20 年最具爆发力的蓝海。② 从目的需求来看，在大众旅游时代，康养旅游需求呈现出"三避""五养"的特征，"三避"即避雾、避暑、避寒，"五养"即养生、养心、养老、养颜、养疗，并以度假的方式实现，健康养护和精神享受是康养旅游的主要目的。③ 康养旅游产品的开发，要立足于顾客及市场需求、立足于市场趋势和不同阶段的消费群体，开发符合群体需求的产品，并且提供优质的旅游服务。④ 这包括专业的导游服务、安全可靠的旅游保障、舒适的旅游环境等。同时，应注重提升消费者的旅游体验，从吃、

① 吴育俊：《基于 RMFEP 模式的南昌湾里中医药康养旅游产品发展对策研究》，硕士学位论文，桂林理工大学，2022。

② 《2020 年全球康养旅游行业市场现状及发展前景分析 未来两年市场规模将超 9000 亿美元》，前瞻产业研究院，https://bg.qianzhan.com/trends/detail/506/200508-c688406d.html。

③ 《博雅出品丨〈康养旅游〉产品手册》，搜狐网，https://www.sohu.com/a/411382800_808363。

④ 曾游：《基于 P-RMP 模式的乡村康养旅游产品开发研究——以广西巴马为例》，《北方经贸》2022 年第 10 期。

住、行、游、购、娱等多个方面，满足消费者的需求，提升消费者的满意度和忠诚度。

（三）因地制宜原则

康养旅游产品的开发，应因地制宜立足本土，综合分析本地资源优势，开发具有不可复制的独特优势的自然、文化、经济资源，如具有先天优势的温泉、冷泉、江河湖泊、森林山地、乡村田园、气候资源、滨海资源等自然资源，具有当地特色的名人故里、养生文化、医药文化、饮食文化等文化资源，具有高新技术支持的智能医疗康养设施资源等。通过深入挖掘当地特色，开发非替代性的、精细化的、专业化的康养旅游产品。同时，应将本土所具备的区域特点整体统筹，对自然资源、特色文化、健康产业、高新技术等进行综合开发，将健康服务体系与生活体系融合，创造亲山亲水的自然旅居体验项目，推动"康养+"多业态的融合发展，形成规模化的联动效应，促进当地资源的合理充分利用。

（四）生态优先原则

自然环境是人类赖以生存的基础。康养旅游产品的开发不可以建立在破坏生态环境的基础上，应以良好的自然生态环境为基础，充分考虑其生物多样性和山地特色，在保护好生态环境资源的基础上，进行科学合理的开发。同时，要注重可持续发展，在产品开发过程中，应尽量减少对环境的破坏，尊重地方社区的习俗和文化，加强对消费者的环保理念教育，以此来影响消费者实践，从而实现经济效益、社会效益和环境效益的协同增长。

（五）特色制胜原则

康养旅游产品必须具有独特性。千篇一律的康养旅游产品会导致大众审美疲劳，从而降低游客对康养旅游产品的热衷度。在康养旅游产品的开发中，要以本地特色为依托，打造独树一帜的康养旅游产品，增强产品核心竞争力。同时，在康养旅游产品开发中，要打造体验性强、互动性高的旅游产品，增强游客的真实感受，加深游客的记忆，让游客可以真实地感受到康养旅游产品的魅力，体会到康养文化。

四　康养旅游产品开发定位

随着公众对康养旅游地的熟知，游客对康养旅游产品提出了更高的要求，这需要康养旅游产品的开发有自身的精确定位和独特的发展模式。康养旅游产品定位越准确和具体，就越能符合市场需求。通过确定产品开发定位和发展模式，可以引导康养旅游产业向更高层次、更广领域拓展，推动传统旅游产业升级转型，提高整个产业的竞争力和可持续发展能力。

（一）总体定位

总体定位，就是确立康养旅游产品总体发展方向。对于区域康养旅游产品开发来说，需要有产品开发总方向，即总体定位。定位越清晰，优势越鲜明。

对于大部分地区来说，康养旅游产品开发立足于自身区域特色优势，通过对当地特色优势资源的开发，提供特色康养服务，让游客达到放松心情、康养身心的目的。各地要充分分析自身特色，立足自身优势，确立康养产品开发的总体定位。各地在进行康养旅游产品开发时，应当特别注意以下方面。

1. 深挖资源的本地特性

从资源本身的康养价值出发，挖掘其养眼、养身、养心、养生等方面多层次的功效，打造全方位的感官身心体验。同时，及时关注潜在优势资源及开发程度较低的资源。

2. 择优融合空间内的优势资源

从自然景观整体感知、环境空间合理利用、农副资源有效配合、文化感悟深层体验及养老康复保健等方面，做好区域内优势资源的搭配。比如山岳、峡谷康养旅游资源的开发，可结合森林康养、温泉康养、气候康养、运动康养、温泉康养等多个方向展开，开发方向可重叠融合，可择优搭配区域内的特色人文资源，如历史文化、民俗风情等。

3. 选择合适的赋能主题

赋予产品合适、清晰、有代表性的主题，契合细分市场逐利特征及行为特点，开发有代表性的、主题性的产品，在大类别下，设计各类子主题，让产品功能、目标客群等更为清晰。

4. 年轻消费者及女性消费者的需求值得关注

随着年轻人群康养需求的增加，康养旅游不再是老年人的专属活动，多年龄段均有康养需求，且女性群体的康养需求高于男性群体。因此，要注重产品的"年轻化""适女性"。

5. 高层次的品质需求值得关注

多数的康养旅游者拥有较高的学历水平、文化水平及消费水平，对于未来产品的设计，要融入更高层次的理念，在丰富产品类型的同时，融入康养文化，让养生从养身到养心，最后回归养生的本质。同时，注意避免产品的断层，提升配套产品及服务的品质。

6. 自然体验与情感享乐同等重要

对于康养旅游者来说，自然资源是他们钟爱的，但家人亲朋的陪伴也同样重要。因此，开发产品时，要对自然要素进行合理配置，注重人文要素与自然要素的平衡。同时，打造可供全家康养、可有亲朋共同参与的体验型康养旅游产品。

（二）目标定位

一个区域的总体定位确定后，就需要考虑今后的发展问题，一个明确的目标，可以给区域康养旅游产品的后续开发指明发展方向。总体而言，康养旅游产品开发的目标，大体有四个方面。

1. 健康和养生需求目标

康养旅游产品开发可以将人们的需求作为首要目标，康养旅游的核心是健康和养生。因此，产品开发可围绕这两个核心展开。可以通过提供健康检查、康复治疗、健身锻炼、养生讲座等系列服务，满足人们对健康和养生的需求。

2. 市场目标

康养旅游产品开发要定位自己的目标市场。可以针对不同年龄段、不同健康状况、不同消费水平的人群，提供不同的产品和服务。

3. 提高服务质量的目标

康养旅游产品开发可以将提供优质服务作为开发目标，提高服务水平和服务质量。可以提供专业的健康检查、康复治疗、养生指导及温馨的住宿、餐饮等配套服务。

4. 打造品牌的目标

康养旅游产品开发可以将目标放在品牌的打造上，通过宣传，突出产品特色和优势，增加游客熟知度和信任度，打造特色品牌。可以借助当地的自然环境和历史文化等，打造具有独特魅力的康养旅游品牌形象。

（三）主题定位

康养旅游产品的开发，在满足现代人日益增长的健康需求的同时，也需要考虑如何创造独特且有吸引力的旅行体验。在探索康养旅游产品的主题定位时，提倡融合自然与文化元素，为旅行者打造身心平衡的旅行体验。

1. 自然疗愈主题

自然环境对人身心健康产生着深远影响。康养旅游产品应以自然疗愈为核心，通过提供与大自然亲近的体验，来促进身心的平衡。山区徒步旅行、森林沐浴及海滩瑜伽等活动，不仅能使旅行者远离城市喧嚣，还能加强他们与自然的连接，从而促进身心的放松和健康的恢复。

2. 文化探索主题

文化体验是康养旅游产品的重要方面。通过探索当地的历史、艺术和传统，旅行者可以丰富自己的心灵，增进对自身的认知。参观文化遗迹、参加传统手工艺品制作及品味当地美食等活动，不仅能满足旅行者的好奇心，还能为其提供一种愉悦身心的体验，为康养旅游增添独特的价值。

3. 综合定制主题

每个人的康养需求和兴趣爱好都有所不同，因此，康养旅游产品的主题定位应注重综合定制。通过收集游客的个人信息和需求，康养旅游产品可以量身定制旅行路线、活动和服务，以满足游客的特定需求。这种个性化的服务，不仅能提高旅行者的满意度，还能帮助他们实现身心平衡。

（四）形象定位

康养旅游产品的形象定位，是对康养旅游产品开发的一种视觉认知和概念认知，即通过一定的符号、图案和色彩等表现形式，塑造出某一特定的、能够区别于其他旅游地的形象。它是对康养旅游产品形象的一种定位，是康养旅游产品开发规划中首先要解决的问题。康养旅游形象主要包括资源形象、产品形象、市场形象、竞争形象和情感形象五种。

1. 资源形象

康养旅游资源形象是指康养旅游资源在开发和利用中所形成的客观外在表象。它是人们对康养旅游资源的直观认知，包括资源本身的特色、造型、色彩、质地等方面，其特点是形象鲜明、易于识别。康养旅游资源形象定位，关键在于将康养旅游产品打造成典型的地标性产品。比如，以森林为依托的康养旅游产品，其资源形象应定位于"绿色氧吧""森林疗养胜地"等。

2. 产品形象

康养旅游产品形象是指康养旅游产品的外在形象，是一个人或一个地区对某一旅游产品的主观印象和评价。它反映了人们对康养旅游产品的感性认知。比如，近期在互联网上兴起了一阵根据当地特色为各省份民众起别名的热潮，如广西叫小砂糖橘、四川叫小熊猫、贵州叫小茅台、宁夏叫小枸杞、天津叫小麻花、河南叫小祖宗（华夏发源地）等，通过有趣的名字展现当地特色，加深印象。

3. 市场形象

市场形象是指旅游市场上的各种主体在旅游市场上所表现出来的形象，它是由旅游者、旅游地居民和旅游经营者等不同层次的市场主体组成的。旅游市场形象直接影响着旅游者对旅游地的评价，进而影响旅游者在旅游地的消费欲望和消费行为。因此，在康养旅游产品开发中，必须对产品特征、特色、消费者需求及满意度等进行综合分析，确定康养旅游产品开发规划的目标市场，即确定其市场形象。

4. 竞争形象

竞争形象是指康养旅游产品在市场中所处的地位和竞争能力，它是由康养旅游产品的服务质量、产品特色、市场营销等因素决定的，是康养旅

游产品形象定位中最为重要的部分，直接关系到康养旅游产品在市场中的地位和影响力。

5. 情感形象

情感形象是人们在长期的生活实践中形成的一种体验。这种体验包括情感和情绪两个方面。情感形象的形成主要受游客的内在情绪和性格特征影响，它是康养旅游产品形象定位的重要依据。比如，人们往往把具有"谦恭有礼""真诚友善"等情感特征的人视为"好孩子""好人"，而把具有"卑怯""自私""冷漠"等特征的人视为"坏人"或"坏孩子"，这就是一种情感形象。

在旅游区，游客积极、正面的情感体验可以帮助旅游区树立良好的形象；相反，游客消极、负面的情感体验则会降低旅游区的吸引力，甚至在游客心中形成不良形象。

五 康养旅游产品开发类型

沈嘉煜根据康养旅游定义的不同，将康养旅游产品划分为资源类、功能类、旅客需求类和主题类四种类型。[①] 杭宁结合地方依恋的特征，将康养旅游产品划分为中医药膳型、长寿资源型、文化养生型、生态养生型、养老综合型、体育文化型、度假产业型、医学结合型等八类。[②]

（一）按消费对象年龄分类

从消费对象年龄看，不同年龄阶段的人群对康养旅游产品的需求和偏好是不一样的，可分为少儿型、青年型、中年型和老年型四个层次。少儿型产品主要偏向于康养旅游的环境和文化资源，以丰富少儿阅历，培养良好三观；青年型产品主要偏向于康养旅游的体验和感受，以增加旅游趣味，加深康养认同；中年型产品主要偏向于康养旅游的休闲和康养作用，以减轻生活压力，辅助健康疗愈；老年型产品主要偏向于康养旅游的疗养和养

---

① 沈嘉煜：《基于利益细分的重庆康养旅游产品开发研究》，硕士学位论文，西南大学，2022。
② 杭宁：《基于地方依恋的视角下康养旅游产品类型开发研究——以商洛市为例》，《内蒙古科技与经济》2021年第4期。

老作用，以改善身体机能，享受优质晚年。

（二）按消费对象健康程度分类

从消费对象健康程度看，康养旅游产品可以分为健康类、亚健康类和不健康类三个层次。健康类康养旅游产品更多地偏重于"康"，即通过开展诸如康养观光、康养运动、康养体验等活动，维持身心的健康；亚健康类康养旅游产品介于"康"和"养"之间，即在"康"的基础上，通过适度的"养"来修复身心健康，达到健康的状态；不健康类康养旅游产品则主要偏重于"养"，即主要通过疗养、康复等活动，来修复和恢复身心健康。

（三）按消费对象主导需求分类

从消费对象主导需求看，康养旅游产品可以分为养身型、养心型、养性型、养智型、养德型和复合型六种。养身型康养旅游产品以维持和修复身体健康为主，例如康养运动、康养体验等；养心型康养旅游产品以维持和修复心理健康为主，例如冥想、静坐和康养文化体验等；养性型康养旅游产品以维持和修复良好的性情为主，例如康养太极运动、康养温泉体验等；养智型康养旅游产品以获取知识、提高智力为主，例如康养常识科普宣教、康养森林探险、康养茶酒文化等；养德型康养旅游产品以提高品德修养为主，例如康养森林文化体验、生态文明教育、康养疗养饮食文化等；复合型康养旅游产品是指包括两种及以上主导需求的康养旅游产品。

（四）按康养旅游产品费用分类

从康养旅游产品费用看，康养旅游产品可分为免费类、低收费类、中收费类和高收费类四种。不同的游客可以根据自身的需求和消费能力，选择不同费用的康养旅游产品。在以资源为依托的康养旅游产品中，免费的产品可以包括优美的山水风景等，低收费的产品可包括简单的特色食物或者纪念品等，中收费的产品可以包括简单短期的康养体验服务等，高收费的产品可以包括长期且完整的康养体验服务等。

（五）按康养旅游产品内容分类

从康养旅游产品内容看，康养旅游产品可以分为文化类康养产品、饮食类康养产品、旅居类康养产品、运动类康养产品、医疗类康养产品、美

容类康养产品、生态类康养产品和休闲类康养产品。文化类康养产品包括文化体验、文化教育、文化交流等；饮食类康养产品包括饮食文化、营养搭配、药膳文化、酒文化、茶文化等；旅居类康养产品包括旅居空间、生活形式、康养设施等；运动类康养产品包括室内外健身、特色赛事等；医疗类康养产品包括疾病预防、药物治疗、心理疏导等；美容类康养产品包括美容产品、美容体验、美容饮食等；生态类康养产品包括生态体验、自然探索、生态理念等；休闲类康养产品包括观赏休闲、交流体验、兴趣培养等。

六 康养旅游产品开发意义

目前，我国已经进入老年型社会，且老龄化程度在不断加深，老年人口基数逐年增加，老年人养老问题亟须解决，而康养旅游为满足老年人养老需求提供了可行路径。再加上现在社会压力普遍过大，大多数城市中的中青年心理压力较大，急需一种方式去舒缓内心的压力和焦虑，中青年群体也逐步成为康养旅游的市场主体。[①] 同时，国家不断出台利好政策，推动了康养旅游产业的发展。

（一）满足人们健康养生需求

需求是产业发展的前提。近几年，随着人们生活水平的提高，人们对美好生活的需求不断扩大，从"吃得饱、穿得暖"变为"吃得好、穿得好、用得好、住得好"。人们对健康和养生的需求逐渐扩大，康养旅游应运而生，康养旅游产品可以为游客提供专业的健康管理和养生服务，帮助人们实现健康生活、舒缓压力的目标。[②]

（二）促进地方经济发展

康养旅游业作为服务业的一种，其发展可以带来一定的经济效益。康养旅游产品开发，可以通过吸引游客，带动消费，刺激当地经济的发展。康养旅游产品开发，还能够促进医疗、休闲、餐饮、住宿等相关产业的发

---

① 严蓉、吴迪、方忠权：《国内外康养旅游研究综述》，《绿色科技》2021年第21期。

② 白黎：《人口老龄化与老年旅游市场》，硕士学位论文，河北大学，2006。

展，促进各产业间的联动和融合，进而推动地方经济的发展。同时，康养旅游产品开发还能够创造出大量的就业机会，一方面为当地居民提供就业岗位，增加当地居民的收入，促进乡村振兴；另一方面也可以缓解就业压力，带来社会效益。

（三）推动健康产业发展

康养旅游产品开发属于健康产业发展的一部分。通过开发具有特色的康养旅游产品，能够推动健康产业的发展，丰富健康产业的产品种类和内涵。通过开发温泉、SPA、健康食品等康养旅游产品，能为健康产业注入新的元素，满足人们日益增长的身心健康需求。同时，康养旅游产品的开发可以拓展健康产业市场，打造健康产业品牌形象，提升健康产业的知名度，增加健康产业用户黏性，促进健康产业的发展。

（四）保护和传承优秀文化

康养旅游产品的开发，往往依托当地的特色优势资源。结合当地的文化和自然资源开发具有地方特色的康养旅游产品，可以促进游客对当地文化的了解，起到宣传的作用。将当地优秀文化产品化、具象化，将文化融入康养旅游产品中，可让文化以物质的形态得到传承，降低传承难度。康养旅游产品的开发，还可以增强当地居民对自身特色优秀文化的自豪感，促进文化的传播，从而起到保护和传承当地优秀文化的作用。

（五）提高旅游业发展品质

康养旅游产品开发能够提高旅游业的发展品质，增强旅游业的竞争力。康养旅游产品的开发以人的需求为基础。随着人们物质生活水平的提高，人们对旅游的需求越来越多元化，对旅游服务的要求也越来越高，这些因素不断推动康养旅游业开发出内容更丰富、体验更深入、服务更优质的产品，不断满足人们对健康、养生、休闲等方面的需求，提升旅游业整体的产品品质，成为旅游业的新亮点。

第二节　康养旅游产品开发内容

康养旅游产品本质上也属于旅游产品的一种，是在旅游产品基础上，

增加了"康养"的目的、功能和过程。康养旅游产品是康养旅游企业或目的地为满足旅游者愉悦心情、平衡身心及促进健康的需求而结合本体康养资源进行开发、生产出来以供体验、参与及销售的物象与服务的总和。

一 康养旅游产品开发理念

康养旅游产品的开发应区别于传统旅游产品的开发，应重点关注市场、资源、生态等因素。

（一）聚焦核心价值

聚焦核心价值在康养旅游产品开发中具有至关重要的意义。首先，明确产品的核心价值可以确保产品的独特性和竞争力。通过深入挖掘康养旅游的核心价值，如健康管理、养生体验、文化探索等，可以打造出与众不同的产品，从而满足目标市场的个性化需求。其次，聚焦核心价值有助于提升产品的品牌形象和认知度。在竞争激烈的旅游市场中，清晰、独特的产品定位能够使康养旅游产品脱颖而出。通过强调产品的核心价值和特色，可以加深游客对产品的记忆，提高口碑传播的效果，从而吸引更多的潜在客户。

聚焦核心价值，可以采取以下措施。首先，积极进行深入的市场调研。了解目标市场的需求、竞争对手的情况以及游客的期望，有助于准确定位产品的核心价值。其次，可以与当地社区和相关产业建立合作关系，共同打造具有地方特色的康养旅游产品，这也是提升核心价值的重要途径。再次，注重细节和服务质量。从游客的实际需求出发，提供贴心、专业的服务，能够提高游客的满意度和忠诚度。最后，持续创新和改进。通过不断探索新的康养理念和技术，可以提升产品的吸引力和竞争力，满足市场的多元化需求。

（二）促进多元化开发

随着旅游市场的不断发展和变化，单一的旅游产品已经难以满足游客的多样化需求。因此，多元化开发能够提高产品的吸引力和竞争力，拓展市场空间，提高经济效益。多元化开发可以满足不同游客的需求。通过设计多种类型的康养旅游产品，可以吸引不同类型的游客，提高市场覆盖率。比如，针对不同年龄段、健康状况和兴趣爱好的游客，可以开发出养生套餐、康复疗养、户外探险等多元化的旅游产品。多元化开发也有利于提升品牌形象和知名度。通过推出多种特色鲜明的旅游产品，可以提升游客对品牌的认知度和忠诚度。这种品牌效应不仅可以提高游客的满意度和口碑传播率，还有助于拓展市场份额和提升品牌价值。

促进多元化开发，可以采取以下措施。首先，对市场进行细分和定位。通过深入了解不同目标市场的需求和特点，可以制定针对性的产品开发策略，以满足不同游客的需求。其次，注重创新和差异化。通过引入新的理念和技术，不断改进和优化产品，可以保持其在市场上的领先地位。最后，加强人才培养和团队建设。只有具备高素质的人才和高效的团队，才能不断推动产品的创新和发展。

（三）创新康养模式

首先，创新康养模式有利于设计贴心专业的康养服务，通过引进先进的健康监测及管理设备，进行人体健康监测和科学饮食管理，通过深入了解游客的健康状况、生活习惯和兴趣爱好，可以提供定制化的健康管理方案、康复疗养计划和养生旅游线路，满足康养消费者的个性化需求。其次，创新康养模式有利于提升产品的附加值。通过引入先进的健康管理技术和创新的服务理念，可以为游客提供更加全面和高效的服务。结合现代科技手段，可以开发智能化的健康监测系统、虚拟现实（VR）体验等新型服务项目，提升产品的科技含量和附加值，满足游客对高品质康养旅游的需求。

创新康养模式，可以采取以下措施。首先，共同研发新技术和服务模式。通过与医疗、体育、科技等产业合作，减轻自身创新负担，同时可以利用其产业的创新优势，推动产业的升级和发展。其次，培养高素质的人才队伍。具备专业知识和创新思维的团队，能够为产品开发提供强大的智力支持。可通过人才引进、培训和激励工作，为团队创造良好的发展环境和创新氛围，留住专业人才，实现对人才价值的充分利用。最后，持续开展市场调研。通过及时收集和分析游客的反馈意见，可以不断优化和完善

产品和服务，提高游客的满意度和忠诚度。同时，关注市场动态和竞争对手的动态，也是保持创新竞争力的必要条件。通过不断学习和借鉴先进经验，推动自身不断创新和发展。

（四）关注顾客需求

顾客需求是产品开发的核心，只有深入了解并满足顾客的需求，才能开发出有竞争力的康养旅游产品。关注顾客需求有助于快速定位产品的目标市场。通过了解顾客的年龄、健康状况、兴趣爱好、消费习惯等信息，可以对市场进行细分，定位出目标顾客群体，这样能够更好地制定产品开发策略，满足特定市场的需求。关注顾客需求，还有助于提升产品的质量和顾客的满意度。顾客的需求是产品改进和优化的重要依据，通过收集和分析顾客的反馈意见，可以发现产品存在的问题和不足之处，进而进行改进和优化，这样能够提升产品的质量和顾客满意度，增强产品的竞争力。

关注顾客需求，可以采取以下措施。首先，建立有效的顾客反馈机制。可以通过调查问卷、在线评价、社交媒体等方式，收集顾客的意见和建议。同时，建立顾客关系管理系统，对顾客信息进行分类管理，以便更好地了解和服务顾客。其次，对顾客需求进行深入分析。分析顾客需求的共性和个性，找出需求的痛点和难点，可以为产品开发提供针对性的思路和方向。此外，定期进行市场调研和竞品分析也是必要的措施。通过了解市场动态和竞品情况，可以及时调整产品策略，保持竞争优势。最后，将顾客需求融入产品设计和开发过程。在设计产品时，应充分考虑顾客的需求和意见，确保产品能够满足顾客的期望。同时，在产品开发过程中，应积极与顾客互动，及时收集和处理反馈信息，不断完善和优化产品。

（五）打造特色品牌

特色品牌是产品在市场上独特的标识，能够提升产品的吸引力和竞争力，进而扩大市场份额和提高顾客忠诚度。打造特色品牌有助于提升产品的辨识度和记忆度。在竞争激烈的旅游市场中，独特的品牌形象能够使康养旅游产品脱颖而出。通过精准的品牌定位和独特的市场营销策略，可以塑造出与众不同的品牌形象，使游客在众多产品中选择自己的产品。特色品牌还能够增强顾客的信任度和忠诚度。一个具有良好口碑和信誉的品牌能够赢得顾客的信任，促使他们更愿意选择该产品。同时，特色品牌能够让顾客产生一种归属感和自豪感，使他们在使用产品或参与活动时感到与众不同，进而形成品牌忠诚度。

打造特色品牌，可以采取以下措施。首先，进行精准的品牌定位。通过对市场进行细分和研究，明确自己产品的特点和优势，从而找准目标市场和目标顾客群体。在此基础上，制定相应的品牌策略，突出产品的独特性和差异化。其次，塑造独特的品牌形象。通过设计独特的品牌标识、口号和视觉形象，以及开展有针对性的市场营销活动，可以提升品牌的知名度和影响力。再次，强化品牌的个性特征，以区别于其他竞争产品。最后，提供优质的产品和服务。只有产品本身的质量得到顾客的认可，才能真正树立起品牌的良好口碑。因此，注重产品设计和细节处理，提升服务质量和水平，是打造特色品牌的必要条件。

（六）拓展合作领域

康养旅游产品开发往往涉及多个领域和产业，需要整合各种资源和优势，因此，加强合作成为提升产品品质和市场竞争力的关键。加强合作有助于实现资源共享和优势互补。通过与相关产业和领域的主体建立合作关系，可以利用彼此的优势资源，弥补自身的不足。例如，与医疗、养生、中医药等健康产业合作，可以共同研发康养旅游产品，提升产品的专业性和科学性。加强合作还有助于降低成本和提高效率。通过合作，可以集中各种资源和力量，共同开展市场调研、产品开发、宣传推广等活动，降低成本和风险。

拓展合作领域，可以采取以下措施。首先，要积极建立产业联盟或合作平台。通过建立产业联盟或合作平台，可以将各个领域的合作伙伴聚集在一起，共同探讨合作模式、寻找发展机会，推动资源的共享和互利共赢。其次，要建立稳定的合作关系和机制。在合作过程中，应注重与合作伙伴建立长期、稳定、互信的合作关系，共同制定合作协议和规范，明确双方的权利和义务。同时，应建立有效的沟通机制和合作流程，确保合作项目

的顺利推进和实施。最后，要加强技术创新和人才培养。通过共同研发新技术、新产品和新服务，可以提高康养旅游产品的技术含量和市场竞争力。同时，加强人才培养和交流也是合作的重要内容，可以为合作项目提供高素质的人才支持。

（七）保护生态环境

在康养旅游产品的开发中，需要注重保护生态环境，合理利用资源，以实现可持续发展。优美的生态环境能够为游客提供高品质的旅游体验，增强游客的满意度和忠诚度，同时，生态环境的改善也有助于提高当地居民的生活质量。注重生态环境保护和可持续发展，有助于推动康养旅游的发展，通过发展康养旅游，可以促进当地经济的转型和升级，增加就业机会，提高居民收入水平。康养旅游产品开发注重生态环境保护，可以引导社会关注环保问题，通过教育和宣传，提高游客和当地居民的环保意识和责任感，促进社会共同参与环保行动，共同建设美丽家园。

推动生态环境保护，可以采取以下措施。首先，制定环保规划和管理制度。在康养旅游产品开发过程中，制定详细的环保规划和管理制度。明确保护和改善生态环境的目标、任务和措施，确保各项措施有效实施。其次，加强环境监测和评估。建立环境监测和评估机制，定期对康养旅游活动对环境的影响进行评估，及时发现问题并采取相应的措施进行整改和补救，确保生态环境得到有效保护。再次，推广环保技术和理念。积极推广环保技术和理念，采用可持续发展的方式进行康养旅游产品开发。比如，通过使用可再生能源、推广垃圾分类和资源回收利用等，降低能源和资源消耗。最后，提高公众参与度。通过宣传和教育活动，提高公众对生态保护的意识和参与度。鼓励公众参与到康养旅游活动中，共同保护和改善生态环境。

二　康养旅游产品功能

康养旅游产品的功能主要分为两个层面：核心功能、附加功能。康养旅游产品与其他旅游产品最大的差异就体现在康养这个核心功能上。

（一）核心功能

康养旅游产品的基本功能也是核心功能——康养。游客选择康养产品，其实是选择了该产品的基本效用——康养。康养旅游的康养功能成为不断增多的亚健康人群选择该产品的核心吸引力。[①]

1. 生理康养功能

不论选择森林、温泉、海洋、气候还是医疗康养旅游产品，游客最重视的都是其生理康养功能——对身体的保健和疗养作用。比如，温泉康养旅游产品的生理康养功能体现在，温泉浴可以达到舒缓疲劳、放松肌肉、疗养关节的效果，泡温泉还可以扩张血管，促进血液循环，促进人体的新陈代谢，提高免疫力，同时温泉中的一些元素对人体肌肤也有着一定的美容效果；海洋康养旅游产品中，海泳的生理康养功能则体现在海水中所含的无机盐和微量元素对皮肤病预防有着积极作用，同时冰凉或温暖的海水，可以刺激身体机能，达到强身健体的目的；森林康养产品的生理康养功能是由森林特有的生态环境所决定的，森林中空气清新，氧气含量充足，是"天然的疗养院"，能起到舒缓心情的作用，同时森林的绿色可以舒缓视网膜，起到缓解视疲劳的作用，并且森林中的某些植物能散发出人体所需的杀菌素、抗生素和微量元素等，可以起到杀菌抑制病毒的效果，在森林环境中，还存在着大量的优质野生资源，可用于制作特色美食，熬制药膳，进一步实现强身健体、延年益寿；医疗康养旅游产品则更为直接，通过中医药理疗、保健康体项目以及高科技治疗的方式，改善人体的健康状况。

2. 心理康养功能

心病清则百病消。旅游是游客在现实压力下放松、调整心情的途径。康养旅游产品开发，除了要重视其外在的生理康养功能外，还要重视对游客心理康养功能的开发。在现代社会的高压之下，无论是替子担忧的父母，还是在外漂泊的游子，或多或少都有着一定的心理压力，由于康养旅游产品开发大多立足于自身特色优良环境，因此可以让游客达到悦目怡情、修

---

① 汪文琪：《基于 RMFEP 模式的海南省康养旅游产品开发策略研究》，硕士学位论文，海南大学，2018。

身养性的效果；同时，由于康养旅游产品带给游客的舒适体验，可以让游客更好地感受大自然，使其暂时摆脱社会的压力，尽情地享受难得的生活乐趣，以此来达到治愈心灵的目的。

（二）附加功能

1. 观赏功能

观赏功能是任何旅游产品都具备的功能之一。优美的风景能够吸引更多的游客，创造更多的经济价值。康养旅游产品作为旅游产品的一种，首先需要满足游客对审美的基本需求，但是对于康养旅游产品来说，观赏功能是前提，其主要功能还是要让游客在欣赏美景的过程中达到康养身心的目的。康养旅游地往往拥有良好的生态资源条件和美丽的自然生物景观，如森林、温泉、林木、花卉、海洋、沙滩等，具有巨大的吸引力和观赏价值，在产品开发中一定要对此部分加以突出，以增强旅游吸引力。

2. 休闲度假功能

休闲度假是大部分游客主要的旅游目的，因此，康养旅游产品一定要具有休闲度假的功能，才能与市场需求对接，增强对游客的吸引力。康养旅游产品不仅是"点"（旅游景点）更是"线"（旅游线路），通过打造康养旅游线路来增强康养旅游产品之间的联系，通过打造康养氛围来增加游客停留时间，实现休闲度假功能。海滨、森林、温泉等康养旅游资源大多远离城市，污染小，环境优美，空气清新，是大多数游客向往的旅游地之一。在康养旅游产品的开发中，要让游客享受自然、感受自然，也要让游客劳逸结合、适量运动；同时要在心理上让游客感到放松，为其营造一种悠闲平和的环境。

3. 文化功能

中国地大物博，各地文化绚丽多姿，充分发挥好各地区的文化作用，可以让康养旅游产品更具特色，从而丰富康养旅游产品的内涵，提高旅游地的吸引力。可以通过树立康养旅游胜地的形象，营造浓郁的康养文化氛围，加强当地特色优秀文化与康养产品的融合，提高康养旅游产品的知名度，增加当地康养旅游产品的独特性，使其在康养旅游市场中脱颖而出。

4. 娱乐功能

娱乐功能是旅游活动的基本要素之一，疫情以来，游客对于"求乐"的需求越来越大，旅游产品的趣味性、互动性、体验性等，已经成为游客选择旅游产品的重要参考指标。娱乐功能作为旅游产品的附加功能，可以为康养旅游产品增添光彩，提高康养旅游产品的质量。在康养旅游产品中增加娱乐功能，可以丰富康养旅游产品内涵，弥补现有产品吸引力不足、内容单调、缺乏特色、体验性差的缺点，提高康养旅游产品对年轻游客的吸引力，在满足游客康养生理需求的同时，满足其精神上的需求。

三　康养旅游产品开发类别

随着社会的发展和人们生活水平的提高，旅游市场对健康养生的需求越来越大。康养旅游产品的开发，就是在满足基本旅游需求的同时，注重人们身心健康的需求，将旅游与健康、养生、康复等相结合，实现旅游与健康的深度融合。从幼儿到青少年再到中老年等各个年龄阶段的人群，都存在不同程度、不同类型的康养需求，因此有学者提出以年龄阶段为划分依据，针对不同年龄阶段的人群提供不同的康养旅游产品，如为老年人群提供度假养老产品；为中青年人群提供养生保健产品；为病患人群提供康复治疗产品；为健康人群提供品质生活产品。[1] 另有学者提出针对区域间不同的分区定位，开发不同主题的康养旅游产品，如渝东南引领标准，全面康养，开发品质陪伴·度假式自然疗愈之旅；渝东北吸纳周边，补充康养，开发隐世调理·家庭库区风光生态康养；主城新区文化引领，风情康养，开发诗意栖居·沉浸式乡野田园生活体验项目；中心城区融入科技，时尚康养，开发全面功效·城市全面健康提升的康养旅游产品；等等。[2]

（一）文化类养生产品开发

文化类养生产品通过对与健康相关文化的深度发掘，让参与主体既达

---

① 《康养旅游：从概念到产品，如何真正落地？》，知乎网，https://zhuanlan.zhihu.com/p/140235931。

② 沈嘉煜：《基于利益细分的重庆康养旅游产品开发研究》，硕士学位论文，西南大学，2022。

到生理保健，又达到心理保健的目的。① 文化类养生产品开发，将良好的生态环境、悠久的文化和现代化的休憩、健身、养生、求知、度假等综合服务融于一体。

1. 文化体验

康养旅游产品注重对当地文化的挖掘，包括传统养生文化、医药文化、饮食文化等。游客可以通过参加文化活动、欣赏文化表演、品味当地特色美食等方式，感受当地文化的魅力，达到身心放松的效果。

2. 文化教育

康养旅游产品应该为游客提供学习的机会，让他们了解当地的文化和传统。比如，可以开设养生讲座、中医药文化课程、饮食文化课程等，让游客更深入地了解中国的养生文化，并应用于日后的生活中。

3. 文化交流

康养旅游产品应该为游客提供文化交流的机会，通过与其他游客或者当地居民的交流，可以更好地了解当地的文化和生活方式，有助于增进游客之间的友谊和互相了解。

（二）旅居类养生产品开发

旅居类养生也叫度假类养生，以旅游地产开发为主导，让民众依照自己的需要，在保持基本生活习惯的前提下，放弃原有的住处，走进有内涵的居住地居住。② 旅居类养生产品向人们提供的不仅仅是居住空间，更重要的是一种健康的生活方式，通过全天候、全方位的康疗养生设施及服务，为人们提供冥想静思的空间与环境，达到在恬静的气氛中修身养性的目的。③

1. 旅居环境

选择环境优美、空气清新、设施完善的地方作为旅居目的地，并进行合理的规划和设计，以满足不同客户的需求。

---

① 戴金霞：《常州市康养旅游产品开发与产业发展对策研究》，硕士学位论文，南京师范大学，2017。

② 《康养旅游的八种主要产品》，搜狐网，https://www.sohu.com/a/354726702_817965。

③ 《康养产业的消费群体和8大产品细分方向》，知乎网，https://zhuanlan.zhihu.com/p/515772810。

2. 旅居设施

建设符合养生主题的住宿、餐饮、休闲设施，提供舒适、健康、自然的居住环境。

3. 养生项目

根据客户的健康状况和需求，提供个性化的养生项目，如中医理疗、瑜伽、太极、膳食调理等。

4. 养生文化

组织各类养生文化活动，如养生讲座、健康论坛、养生体验等，增加产品的文化内涵。

5. 客户管理与服务

建立完善的客户管理系统，提供优质的售前、售中、售后服务，提高客户满意度和忠诚度。

（三）饮食类养生产品开发

饮食类养生产品开发，通过设计情调独特、别具一格的美食餐厅，提供丰富的菜品，合理的营养搭配，使就餐者身心得到享受。

1. 饮食文化

康养旅游产品应该注重饮食文化的传承和发展，通过品尝当地特色美食，了解地方独特的烹饪技艺、饮食习惯和历史文化背景。

2. 营养搭配

康养旅游产品应该根据游客的体质和健康状况，提供定制化的营养膳食搭配建议，以满足人体健康的需求。

3. 药膳养生

药食同源是东方食养的一大特色，康养旅游产品可以结合中医药膳养生，根据游客的体质和健康状况提供药膳搭配建议，以达到调理身体、增强免疫力等作用。

4. 酒文化

康养旅游产品也可以包括酒文化体验，让游客了解当地的酿酒技艺、酒文化传承和酒的养生功效。

5. 茶文化

康养旅游产品可以结合茶文化体验，让游客了解当地的茶叶种类、制作技艺和茶文化，同时提供茶饮服务，进一步刺激消费。

（四）运动类养生产品开发

运动类养生是指用活动身体的方式来维护健康、增强体质、延长寿命、延缓衰老的养生方法。可以开发不同的运动养生系列产品，如室内太极、瑜伽术、中华武术、专业 SPA、健身操、棋牌、器械等室内运动，以及篮球、网球、垂钓、跑步、骑行等户外运动，同时也可以增加适当的体育赛事，以地方传统特色体育项目为切入点，打造运动康养赛事特色品牌，推动体育、旅游、度假、健身、赛事等业态的深度融合发展。

1. 确定目标市场和客户需求

在开发运动类养生产品时，首先要明确目标市场和客户需求，针对不同年龄、性别、健康状况的人群，提供个性化的运动养生方案。

2. 选择合适的运动项目

根据客户的需求和健康状况，选择合适的运动项目，同时，需要考虑运动的科学性和安全性，以确保客户的健康和安全。

3. 设计合理的养生方案

结合运动项目和客户的需求，制订个性化的养生方案，包括运动强度、频率、时间等方面的安排，以及相关的膳食建议和健康管理措施。

4. 提供优质的教练和培训服务

为了确保客户能够正确地进行运动养生，需要提供专业的教练和培训服务。教练需要具备一定的运动科学知识和教学经验，能够为客户提供科学、有效的指导。

5. 完善配套设施和服务

为了满足客户的需求和提升客户的体验感，需要提供完善的配套设施和服务，如更衣室、淋浴间、存储柜等设施，以及饮品、轻食等配套服务。

6. 制定合理的价格策略

在制定价格策略时，需要考虑成本、市场需求和竞争情况等因素，以确保产品的价格合理且具有竞争力。

（五）医疗类养生产品开发

医疗类养生是以预防疾病、治疗疾病、康复疗养为目的的特殊养生方式，依托中医、西医、营养学、心理学等知识，结合疾病预防、药物康复、药物治疗、心理疏导，配合一定的休闲活动进行康复养生。比如提供全方位的健康体检服务，让游客了解自己的健康状况，及时采取预防和治疗措施；提供按摩、针灸、推拿等医疗养生类产品来缓解疼痛、改善睡眠等。[①]

1. 医疗技术和产品研发

通过结合现代医学技术和传统医学方法进行医疗技术的研发和创新，以提高养生产品的专业性和科学性，并根据市场需求和客户需求，研发具有针对性的养生产品，如保健品、医疗器械、康复设备等。

2. 健康管理服务

提供全面的健康管理服务，包括健康体检、健康咨询、营养指导、康复训练等，以满足客户全方位的健康需求。

3. 医疗服务网络建设

建立完善的医疗服务网络，包括线上和线下的医疗服务，为客户提供便捷、高效的服务。

4. 品牌营销与宣传

加强品牌营销与宣传，提高医疗类养生产品的知名度和美誉度，提高客户对产品的信任度和认可度。

5. 加强与相关产业合作

积极寻找具有互补优势的合作伙伴，共同研发和推广医疗类养生产品，降低研发成本，提高产品的市场竞争力。

（六）美容类养生产品开发

美容类养生是一种美容与养生相互结合，融健康、素养、容颜和形体美于一体的综合美容方式。美容养生的外延很丰富，包括头部护理、面部护理、眼部护理、颈部护理、肩颈护理、胸部护理、手部护理、卵巢保养、

---

① 张杰：《广东省森林养生旅游开发研究》，博士学位论文，广州中医药大学，2019。

肾部保养、臀部护理、腿部护理、美背等。

1. 美容体验

提供各种美容美体服务，包括皮肤护理、美体塑形等，帮助游客改善肤质、美化体型。

2. 中医养生

结合中医养生理论，提供各种养生 SPA 服务，包括精油按摩、热石疗法、草药敷疗、水疗等，帮助游客调节身体、增强免疫力。

3. 美容彩妆

提供各种安全、健康、有效的化妆品，包括护肤、彩妆、香水等，帮助游客保护肌肤、美化外表。

4. 美容饮食

提供各种健康饮品，包括果汁、蔬菜汁、草本茶、养生酒等，帮助游客补充营养，调节身体机能，保持健康。[1]

（七）生态类养生产品开发

生态类养生，是将生态旅游和养生旅游相结合，依托旅游地优美的生态景观，利用诸多的养生手段和完善的养生设施，以健康养生、休闲旅游为发展核心，为游客提供观光、休闲、养生等服务的综合旅游方式。生态类养生重点建设养生养老、休闲旅游、生态种植等健康产业，一般分布在生态休闲旅游景区或者自然生态环境较好的区域。[2]

1. 以生态体验为目标

开发森林浴养生法、雾浴养生法、生态温汤浴养生法、生态阳光浴养生法等，促进顾客身心愉悦。

2. 以自然探索为目标

开发自然探索项目，让游客深入大自然，了解自然景观的成因、动植物的习性、地质地貌的特征等，通过观察、体验和思考，感受自然的魅力

① 海军：《松子油蓝莓粉——女性美容养生新产品》，《现代营销》（创富信息版）2017 年第 6 期。
② 邓三龙：《森林康养的理论研究与实践》，《世界林业研究》2016 年第 6 期。

和奥妙，达到身心放松和养生的目的。

3. 以环保教育为目标

开展环保主题活动，通过宣传和教育的方式，让游客了解保护环境的重要性，树立正确的生态观念和环保意识，让游客在行动中养生，保护生态环境。

（八）休闲类养生产品开发

休闲类养生，是以个人的文化修养为背景，以探求和享受休闲生活为目的，以获得现实个人的心理满足、精神愉悦、身体健康的康养旅游类型。可开发符合当地特色、参与性和趣味性较强的养生休闲旅游活动，通过参与，使游客身心放松。休闲类养生涉及的范围很广，养花种草、观鸟钓鱼、养狗喂猫、饮酒品茶、化妆美容、旅游交际、登山攀岩、舞拳弄棒、游艺耍斗、吟诗对词、琴棋书画、收藏集邮等，都是它涵盖的对象。[①]

1. 休闲环境的营造

选择环境优美、宁静舒适的地方，营造适合养生的休闲环境，如温泉度假村、森林氧吧等。

2. 休闲设施的建设

建设符合休闲养生的设施，如温泉池、健身房、瑜伽室、按摩房等，提供多样化的休闲服务。

3. 养生课程与活动组织

根据客户的兴趣和需求，开设各类养生课程和活动，如瑜伽课程、太极拳培训、养生讲座等。

4. 旅居结合的养生产品

将旅居和休闲养生相结合，提供旅游和养生一体化的服务，满足客户对休闲和养生的双重需求。

5. 养生主题的餐饮服务

提供符合养生需求的餐饮服务，如健康素食、养生汤品等，让客户在休闲养生的同时享受美食。

---

① 　温长路：《关注休闲文化中的健康问题》，《中医药文化》2010年第4期。

6. 客户个性化服务

建立完善的客户关系管理系统，根据不同休闲需求，提供个性化的服务，同时关注客户的反馈，不断改进产品质量，提高客户满意度和忠诚度。

第三节　康养旅游产品开发模式

随着我国社会经济的快速发展和民众生活水平的持续提升，越来越多的人开始寻求一种新的旅游方式，帮助自身平衡身体机能和养成健康的生活方式与习惯，以减少病痛和维持长久健康状态，这种需求促进了康养旅游的快速发展。康养旅游是传统旅游的高级形式，它一方面能很大程度地使旅游者获得精神满足，另一方面有利于旅游者调整、平衡身体机能和养成并保持健康的生活方式与习惯。对目的地而言，康养旅游的发展对优化产业结构和促进经济稳步提升有重要意义。总的来说，康养旅游产品开发内容包含多个层面，从消费者角度出发，可以将消费者划分为老年群体、中青年群体或病患群体、健康群体；从康养旅游产地角度出发，可以通过综合分析当地特色和优势资源，开发不同功能的康养旅游产品。

一　康养旅游产品开发依据

康养旅游产品开发的理论依据主要包括：RMP 分析、RMFEP 分析、SWOT 分析、五力模型分析等。

（一）　RMP 分析

RMP 分析是一种对旅游产品开发与创新的策略性思考方法，包括资源（Resource）、市场（Market）、产品（Product）三个层面。资源分析是对旅游资源、旅游产品本身的分析，强调挖掘特色、提升其差异化程度；市场分析是对旅游市场需求的调查、预测，强调把握目标市场的需求特点；产品分析是对旅游产品的规划与设计，强调以资源为基础，以市场为导向，提升产品的独特性、吸引力。

（二）　RMFEP 分析

在康养旅游产业研究中，经过学者们的不断探讨，在 RMP 分析的基础上，逐渐构建出 RMFEP 分析框架。包括：资源性分析（R），旅游经济活动开展的基础是旅游资源，通过对旅游开发地旅游资源研究，可以明确旅游开发地旅游资源状况，进而为旅游产品开发创造经济效益、社会效益和生态效益提供条件；市场性分析（M），旅游市场的研究结果是进行旅游地开发和规划的主要依据，而旅游市场预测是旅游市场研究的主要方面，通过对目标市场分析，可为康养旅游产品开发和规划提供依据；功能性分析（F），康养旅游产品的核心在于其康养功能，可通过分析康养旅游产品各项功能及如何强化各项功能，进行康养旅游产品开发；体验性分析（E），在体验经济的背景下，旅游产品的体验性至关重要，通过分析康养旅游体验的类型、康养旅游产品体验的影响因素以及如何实现康养旅游产品的体验性，可指导康养旅游产品的开发和规划；康养旅游产品开发策略拟合（P），在资源性分析、市场性分析和体验性分析的前提下，强调产品功能，以如何实现功能为切入点开发康养旅游产品，为康养旅游的发展提供依据。

（三）　SWOT 分析

SWOT 分析，即自身优势（S）、劣势（W）、外部机会（O）和威胁（T）四个方面的综合分析，是一种综合考虑企业内部条件和外部环境的各个因素，并进行系统评价，从而选择最佳经营战略的方法。它根据企业自身的既定内在条件进行分析，找出企业的优势、劣势及核心竞争力之所在。SWOT 分析方法常用在康养旅游产业分析中，在康养旅游产业和产品的开发中，通过对康养旅游区域的各种因素进行分析，进而选择最佳的康养旅游地、康养产品、营销方式等。

（四）五力模型分析

五力模型分析是一种产业竞争分析方法，它从行业角度对企业的盈利能力进行分析。这个模型认为行业中存在着决定竞争规模和程度的五种力量，这五种力量综合起来影响着产业的吸引力。这五种力量包括：行业内竞争、替代品的威胁、潜在进入者的威胁、供应商的议价能力、购买者的议价能力。在康养旅游产业发展中，选取有代表性的影响康养旅游发展的几个要素，将要素归类为五种力量，再根据各个方面各个因素的影响程度

给它们赋予相应的权重，然后通过问卷法和专家访谈法，对各个要素的重要程度进行评判，最后通过结果分析，得出五种力量的不同组合变化以及影响行业利润潜力的变化。

二 康养旅游产品开发模式

康养旅游产品的好坏，直接影响顾客对康养旅游的体验感和忠诚度。康养旅游产品的开发模式，则是为顾客提供优质产品的框架支撑。好的康养旅游产品开发模式，是让一个地区的康养旅游产业能够持续发展的动力源泉。在市场营销学中，基于市场需求进行产品开发，是产品开发市场成功的前提条件。一般将产品开发总结为两种模式，第一种是基于现有技术或资源推出产品，第二种是根据客户个性化需求定制产品。康养旅游产品的开发也遵循同样的原则。目前，康养旅游产品开发模式主要分为三种类型，分别为优势资源依托型、特色文化驱动型和康疗保健植入型。①

优势资源依托型开发包括以感受自然、陶冶情操为主的森林植被康养模式；以享受舒适、养生保养为主的温泉矿物质康养模式；以创新体验、安静生活为主的乡村田园康养模式；以休闲观光、舒缓内心为主的滨海湖泊康养模式。特色文化驱动型开发包括满足人们审美欲望、精神需求和猎奇心理的宗教文化养生模式；满足人们文化体验、养生度假需求的民俗文化养生模式。康疗保健植入型开发包括以具备中医特色的医药康疗方法为主的中医药康疗模式；以高超技术支持为主的现代医学康疗模式。各地只有充分分析当地特色，以自身特点为根基，以市场需求为导向，选择适合当地的康养旅游产品开发模式，统筹布局、综合发展，逐步开发产品，才能成功打造出当地特色的康养品牌。

在市场和政策的双重支撑下，康养旅游产业已取得一定发展，但是也应看到康养旅游产品开发还具有一定的滞后性，仍需要通过不断地创新探索出更多的发展路径，应以"康养+旅游+X"的模式不断创造出更加丰富的新型

---

① 《康养旅游的三大开发模式解析》，前瞻产业研究院，https://f.qianzhan.com/jiankangdichan/detail/190619-8743c496.html#。

业态，构建一系列"健康+"模式，形成多点开花的新格局。①

（一）优势资源依托型

优势资源依托型，依托区域自然资源为核心进行开发，主要包括高山、溪水、海洋、温泉、森林、云海等不可复制的自然资源，这些优质的自然资源具有一定的康养价值，对旅游者有一定的吸引力，能够用以发展康养旅游产业。这种开发模式的核心优势在于，项目地的资源具有不可替代性，一旦康养旅游发展到一定规模，容易形成核心竞争优势，难以被取代，具体包括以下四种模式：森林植被康养模式、温泉矿物质康养模式、乡村田园康养模式、滨海湖泊康养模式。

1. 森林植被康养模式

森林不仅具有净化空气、调控温度和平衡自然生态的重要功能，同时还培养孕育了种类繁多的名贵中草药材及珍稀物种。在我国林业供给侧改革背景下，人们逐渐关注到森林避暑疗养、中医药开发价值，开发出森林瑜伽、森林禅修和森林浴等多种形式的绿色生态旅游活动，达到森林和旅游深度融合、共融共生的目的。② 森林植被康养模式是以森林景观、环境、食品、生态文化为主要依托资源，配备相应的养生、休闲及医疗、康体服务设施，开展以修身养性、调适机能、延缓衰老为目的的森林游憩、度假、疗养、保健、养老等活动，其康养产品可以达到养身健体的功效。森林植被康养模式主要适用于交通便利、森林覆盖率60%以上、生态环境良好、无污染源的地区。可开发的项目包括生态体验、养生健体、运动探险、特色酒店、养生养老地产等。其典型的发展地区有：湖南张家界、黑龙江大兴安岭地区等。

2. 温泉矿物质康养模式

温泉本身具有保健和疗养功能，是传统康养旅游中最重要的资源。温泉康养旅游是通过一系列康养活动，达到健康养生、预防保健、康复疗养

---

① 《盘点康养旅游的五大常见发展模式》，知乎网，https://zhuanlan.zhihu.com/p/606767283。

② 王晓川、王慧：《全民健康背景下我国康养旅游发展模式分析》，《林业科技情报》2022年第3期。

的效果。① 现代温泉康养已经从传统的温泉汤浴拓展到温泉度假、温泉养生。温泉矿物质康养模式在坚持温泉医学和温泉疗养的基础上，逐渐休闲化和综合化。温泉矿物质康养模式主要针对健康和亚健康人群，将养生旅游与传统温泉医疗产品有机结合，形成以保养和健康促进为主的养生温泉。其康养产品具备健康养生、休闲娱乐一体化的特点优势。温泉矿物质康养模式主要适用于交通便利、自然环境优美、经济发达或人口众多的城市周边。可开发的项目包括温泉矿物养生、游乐体验、康复疗养、特色酒店、养生养老地产等。其典型的发展地区有：北京小汤山、黑龙江五大连池、湖南灰汤等。

3. 乡村田园康养模式

乡村田园康养模式是以乡村、田园为生活空间，以农作、农事、农活为生活内容，以农业生产和农村经济发展为生活目标，回归自然、享受生命、修身养性、度假休闲、强健身体、治疗疾病、颐养天年的一种康养度假方式。② 田园养生度假开发要注重田园、自然、村庄三者的有机结合，以田园为主，以村庄为次，以自然为补充，以田园的村庄化和村庄的田园化，来发挥田园的空间载体作用。其康养产品具备修身养性、强身健体的特点。乡村田园康养模式主要适用于交通便利、乡村环境优美、远离闹市、具有完整乡村生活文化和习性的地区。可开发的项目包括田园农场特色蔬菜栽培、乡村酒店、乡村有机食物康养、萌宠动物体验、手工设计体验等。其典型的发展地区有：桂林恭城瑶族自治县、黑龙江甘南县、四川攀枝花盐边县等。

4. 滨海湖泊康养模式

人具有天然的亲水性，水体具有游憩休闲、开阔心境、舒缓压力、提供人体所需矿物质和微量元素等多方面的养生价值，对康体保健、旅游度假人群具有极大的吸引力。滨海湖泊康养模式是以湖泊、湿地、海洋、渔

① 李成红、轩福华：《基于文本分析的温泉康养目的地形象感知》，《现代商业》2021 年第 10 期。
② 周君泽：《我国区域性特色小镇康养旅游模式探讨》，《旅游纵览》2021 年第 24 期。

业、滨海等水资源为主要依托，结合当地特色养生文化、城镇村庄、农业产业等资源，配备相应的养生休闲度假及医疗服务设施，开展休闲观光、养生保健、康体运动、美食体验、滨水度假等旅游度假产业和服务活动。[①]其康养产品具备舒缓内心、精神放松的特点。滨海湖泊康养模式主要适用于具有特色海洋/湖泊资源，且海水水质优良、岸线优美、气候适宜、全年有6个月以上可以开展滨水/水上活动的区域。可开发的项目包括滨海疗养康复、水上运动探险、水产美食养生、滨海休闲度假、海景特色酒店等。其典型的发展地区有：浙江的千岛湖、东钱湖，福建的鼓浪屿，海南的三亚等。[②]

（二）特色文化驱动型

特色文化驱动型主要依托的是项目地独特的文化资源，如佛教文化、道教文化、茶文化、长寿文化、武术文化等，这些文化可以陶冶情操，有助于修身养性、放松身心，通过打造集康养文化体验、康养教育、休闲度假、养生养老于一体的综合度假区，最终达到康养的目的，这种模式围绕某一种或几种文化资源进行开发，最终形成康养文化品牌，具体包括以下两种模式：宗教文化养生模式和民俗文化养生模式。

1. 宗教文化养生模式

宗教文化养生模式利用道教、佛教等宗教传统中丰富的养生、绿色医疗、自然保健、自我身心保养等资源，深度挖掘项目地独有的宗教、民俗、历史文化，结合市场需求及现代生活方式，打造利于养心的精神层面的旅游产品，以满足人们观光游览需求、审美欲望、精神需求和猎奇心理，其康养产品可以让人们在获得文化体验的同时，修身养性、回归本心、陶冶情操。宗教文化养生模式主要适用于宗教文化特色鲜明、历史文化底蕴深厚、交通便利的区域。可开发的项目包括观光朝圣、宗教文化体验、禅修养心、禅修度假等。其典型的发展地区有山东新泰"旅游+禅修+康养"小

---

① 张安安：《旅游发展型特色小城镇特征及发展动力机制研究》，硕士学位论文，青岛理工大学，2020。

② 《康养旅游体系构建与开发路径：4大格局、3大模式、5个步骤》，搜狐网，https://www.sohu.com/a/393207093_120153258。

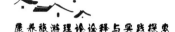

镇、无锡灵山小镇拈花港、洛阳宜阳灵山、海南槟榔谷黎苗文化旅游区等。

2. 民俗文化养生模式

民俗文化养生模式利用历史、民族、茶道、饮食、武术、体育、文学、书法等传统文化包含的陶冶情操、强身健体、修身养性等丰富的文化内涵，结合市场需求及现代生活方式，打造利于放松身心、缓解压力、治疗亚健康的精神层面的旅游产品，以满足人们观光休闲、文化体验、养生度假的需求。民俗文化养生模式主要适用于民俗文化特色鲜明、历史文化底蕴深厚、交通便利的区域。可开发的项目包括民俗文化体验、国学养生基地、养心度假、研学基地等。其典型的发展地区有浙南健康小镇、河南洛阳（洛阳八汤、牡丹花茶）、河南郑州（少林功夫）等。

（三）康疗保健植入型

康疗保健植入型在文化和自然资源不突出的区域，以旅游区现有特色医疗资源为平台或引入国内外医疗资源，打造康复治疗、养生保健、慢性病疗养、旅游观光、休闲度假等多功能度假区，提供 SPA、瑜伽、推拿、中医药保健、现代医疗、医学美容等康养旅游产品，让人们享受到更先进的养生技术和医疗康复技术，有效地促进疾病预防和疾病康复，起到改善人们健康状况、增强体魄、修身养性作用。大体包括两种：中医药康疗模式和现代医学康疗模式。

1. 中医药康疗模式

中医药康疗模式依托中医药资源以及养生保健服务设施，以中医药文化独具特色的理论体系和内容为基础，将现代科技和古代中医养生理论相结合，以让游客在环境适宜的旅游度假区实现中医养生、增强体质、修身养性的度假生活方式。[①] 其康养产品具备医药康疗方法独特、医药康养度假氛围好的特点。中医药康疗模式主要适用于交通便利且具备中医药文化底蕴或中草药种植基础的区域。可开发的项目包括中草药种植园、医药康疗养生、医药养生文化博览、医药文化科教体验等。其典型的发展地区有南

---

① 赵恒伯、张彪、吴海波等：《中医药康养旅游产业发展模式与路径探析》，《企业经济》2022 年第 9 期。

阳市西峡县仲景养生小镇、石家庄市灵寿县车谷砣村等。

2. 现代医学康疗模式

现代医学康疗模式是以医护疗养、康复休养为主题的旅游开发模式。依托适宜的气候资源、医药资源、现代中西医疗技术资源等，将优质的医疗康复咨询服务与旅游度假结合，以中西医疗、心理咨询、康复护理、医药医疗科技、医疗设备、复健器材、居家护理设备等内容为核心。[①] 一般分为以保健养生为主的疗养旅游和以疾病疗愈为主的治愈旅游。在达到治疗目的的同时，进行康复、疗养、观光、度假。其康养产品具备医疗技术先进、疗愈体验优的特点。现代医学康疗模式主要适用于交通便利，无明显特色资源，医疗技术发达的区域。可开发的项目包括高端医疗设备体验、医疗救治、康复疗养、美容美体等。其典型的发展地区有江苏省镇江新区（牙科诊所）、瑞士美容疗养胜地蒙特勒小镇等。

第四节　康养旅游产品开发重点

中国国土面积辽阔，中华文化源远流长，具备丰富的康养资源，为康养旅游产品开发提供了充实的物质基础。各地要结合自身实际，深入推进"美丽中国"建设、"健康中国"建设，要以新技术、新业态、新模式、新载体、新平台为抓手，合理、有序、充分地开发康养旅游产品，不断推动健康旅游产业高质量发展，促进健康服务与旅游深度融合。康养旅游产品开发的重点，在于创造一个能够满足人们追求健康生活方式的多元化环境，将健康服务体系与生活体系相融合。

一　优化康养服务

随着人们生活水平的提高和健康意识的增强，人们对康养的需求越来越高，不再局限于基础的康养服务，而是更加注重康养服务体验的高质量

---

① 朱晓东、刘炎斌、赵慎：《健康中国建设背景下的"体医结合"实践路径研究——基于现代医学模式视角》，《山东体育学院学报》2019 年第 4 期。

享受。康养旅游服务的好坏，直接影响游客对康养旅游产品的满意度。只有不断优化康养旅游中的各项服务，才能吸引更多游客前来康养旅游，获得更高的市场认可度。康养旅游产品开发，要关注健康服务体系与生活体系的深度融合。通过打造优良环境、提供特色项目、完善精细服务，满足人们全方位、个性化、高体验的康养需求，满足游客对健康生活方式的追求，并达到增强康养产品吸引力和专业性的目的，提高客户满意度和忠诚度。优化康养旅游产品的服务质量，可从以下几个方面着手。

（一）加强健康评估和管理

健康评估和管理是指通过对个人身体状况、生活习惯、饮食偏好等方面的评估，为个人提供个性化的康养服务方案，并为其提供相应的健康管理服务，包括疾病预防、康复治疗、慢性病管理等。可为游客提供包括定期健康检查、慢性病管理、康复治疗、心理咨询等在内的专业的医疗保健服务，通过科学合理的健康评估，为游客提供具有针对性的饮食、医疗服务，满足游客在医疗保健方面的需求。

（二）完善游客运动休闲服务

要充分考虑游客的个人情况，为不同的游客提供个性化的运动项目和休闲服务。运动项目方面，可提供瑜伽、太极、有氧运动等活动，也可提供户外探险、水上运动等多样化的运动体验。休闲服务方面，可提供音乐、舞蹈、绘画、手工艺体验等活动，以满足游客在精神文化方面的需求，也可组织各种主题活动和节庆活动，提高游客的参与度和体验感。

（三）优化旅游区的公共服务

旅游区的公共服务也应是优化的重点，包括有形的硬件设施和无形的旅游服务。公共服务是旅游者顺利开展旅游活动的基础保障，也是直接影响旅游者满意度的重要因素。通过完善相关政策法规体系，加强行业监督管理，打造健康的康养旅游发展环境。完善交通网络，统筹规划，做到路、电、水、网络、物流等样样通，建立旅游标识系统，建设好厕所、停车场和游客服务中心等；完善医疗卫生服务系统，配备专业的医护人员和充足的医疗物资，提高公共卫生和医疗服务水平；建立健全危机管理机制，坚持预防工作和应急处置相统一，面对危机事件能尽快启动最恰当的危机应急预案，转危为机，促进康养旅游可持续发展。[①]

二　完善康养功能

康养旅游产品不仅是康养产业的一种形式，更是康养产业的核心。康养旅游产品的开发一定要注重其功能的完善，从单纯的观光旅游到集观光、休闲、度假、疗养、康复于一体，让游客在旅游中有更好的体验。完善康养旅游产品的功能，可以从以下几个方面着手。

（一）拓展康养元素

拓展康养元素在康养旅游产品开发中具有关键性的意义。康养旅游的核心在于满足游客对健康生活方式的追求，而康养元素则是康养旅游产品的核心构成。目前康养旅游产业异军突起，众多主体参与到康养大市场中，导致康养旅游市场上的产品同质化现象较为严重。通过拓展康养旅游产品的康养元素，可以增强自身产品的独特性和差异性，提高产品的吸引力和竞争力，还可以提高康养旅游产品的附加值。康养旅游产品的价值，不只体现在顾客当下的实际体验上，还体现在用户后续的持续使用上。通过拓展康养元素，可以增加产品的附加值，提高顾客的消费水平和黏性。

（二）优化康养环境

康养旅游产品开发，不仅要开发具有养心、养性、养眼、养老等功能的康养产品，还要注重开发将康养环境、康养文化和生态旅游方式相结合的康养产品，要以多元化的产品满足游客的多样化需求。要注意环境保护，在旅游区内建立生物多样性保护区、湿地保护区等绿色康养项目，不仅是为了保护自然生态环境，也是为了让游客感受自然生态之美。另外，要对当地气候条件进行充分考察和了解，根据不同地区的气候特征，进行相应的产品开发。可以为游客提供精心规划的康养旅游路线，突出旅游产品组合优势，为游客系统开发个性化的精品旅游路线。同时，要不断完善康养

[①] 曾游：《基于 P-RMP 模式的乡村康养旅游产品开发研究——以广西巴马为例》，《北方经贸》2022 年第 10 期。

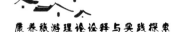

旅游通道，注重针对不同群体进行康养旅游设施建设。比如，针对残疾人、老年人、婴幼儿等不同群体，建设无障碍通道、老年人专用通道、儿童游乐设施等。

（三）强化服务体系

强化康养旅游产品的服务体系，可以起到提高服务质量和效率，满足人民群众的基本需求，并推动经济社会发展的作用。通过强化康养旅游产品服务体系，可以为游客提供便捷有序的康养设施，提高游客在康养旅行过程中的舒适度。可加强康养旅游景点的建设，加大旅游景点在水、电、气、通信等方面的投入力度，完善康养旅游交通标识、休息服务站、通信网络、医疗救护站、安全保障所、旅游卫生间等设施，为游客提供指引，提高服务水平。同时，可以适当简化服务流程，提高服务效率。

三　创新康养业态

面对市场同质化严重的现象，以及市场变化迅速且复杂的局面，创新康养业态有着极为重要的地位。旅游业具有较强的关联性，与其他产业联合构成一个集合体，为旅游者提供多种产品与服务。传统的"单打独斗式"发展模式已经行不通了，康养旅游正在朝着融合化、专业化、创新性方向发展。在开发康养旅游产品时，应注重多元化开发、多业态融合，推动"康养+"多业态融合发展。创新康养业态可以从以下几个方面着手。

（一）多产业融合发展

创新康养业态，可以将康养与文化、体育、养生、地产、医疗、休闲农业等产业进行融合、协同发展。比如，将康养服务与体育运动服务相结合，通过个性化的运动康复方案，帮助伤病患者和残障人士进行运动康复训练，恢复身体功能和提高生活质量；将康养服务与养老养生服务相结合，提供康复养老一体化服务，满足老年人康复和养老的双重需求，如将康养服务与医疗服务相结合，通过专业详细的身体检查，为游客提供个性化的医疗服务，满足游客的医疗康复等需求。通过与多产业的融合，充分发挥旅游业的联动作用，增加产品的独特性和吸引力，丰富康养旅游活动形式，创新康养旅游产品业态，发展康养旅游新业态，延伸旅游产业链，进而提高经济效益，增强社会文化影响力，打造生态宜居的康养旅游圈。

（二）多业态融合发展

创新康养业态，还可利用现有技术和模式，将新技术、新模式、新经济与康养经济相融合，通过与"互联网+""生态+""共享经济+"等模式的结合，充分发掘康养旅游资源。将当地特色的人文资源与自然资源相结合，建设森林康养、医疗康养、避暑康养等专项康养旅游项目，为游客提供集康养、研学、休闲等于一体的综合性旅游体验。同时，也需要积极发展智慧化康养旅游，运用大数据、人工智能、区块链等技术，创新旅游产品和营销模式，推进 VR、AR、区块链等新兴科技手段应用于旅游体验，加快推动康养旅游数字化发展。

四　强化人才培养

康养旅游产品依托自然、生态、文化、医疗等禀赋，这就意味着康养旅游产业视域下的从业人员应具备复合型的特征，既要懂得如何利用和完善这些资源，又要具备一定的旅游专业背景，同时还要懂得服务学、医药学、护理学、心理学等领域的基础知识，这样才能为游客提供优质的康养服务。健全的旅游人才培养机制，是推动康养旅游产品高质量发展的重要支撑。强化康养旅游业人才培养，可以从以下几个方面着手。

（一）完善实践教学，强化合作交流

开展实践教学是提高学生实践应用能力的有效途径。培养康养旅游人才，实施立体化实践教学，充分利用各种社会资源，开展多形式、多方式、多种类的实践教学活动，拓宽学生视野，提高学生综合能力。首先，入学后组织开展企业研习活动，加强学生感观认识，初步了解康养旅游产业发展现状；其次，每学期开展专业见习课程，带领学生观摩学习、模拟操作、动手实践，强化对康养旅游行业的认知；最后，适时开展专业实习活动，检验学生学习效果，让学生上岗从事康养旅游相关工作，提高实践动手能力，为真正融入社会做好充足的知识和技能准备。针对康养旅游人才实践

资源不足的问题，旅游企业可以继续深化与高等院校及科研院所的合作，建立高效的"产—学—研"合作交流平台，促进人才链、技术链等深度融合，建立旅游实践基地，为专业人才提供培训、实习、研究的平台，保证人才输入的稳定性。① 以缓解院校实践经费、设备、场地、基地等方面的困难。

（二）优化培养方案，丰富课程内容

随着健康中国上升为国家战略，康养旅游作为一个新兴产业，其人才培养方案的制订，应紧紧围绕健康中国这一时代背景，不断优化与完善人才培养方案，以顺应国家战略需要，适应市场与行业的发展需求。高校是人才培养的重要场所，高校可对标康养旅游发展成熟的国家，学习其成熟的康养旅游人才培养经验，结合我国现实情况，深挖文化内涵，突出我国康养旅游的文化特色与中医、中药特色，积极创新，彰显文化自信，制订有中国特色、科学合理的康养旅游人才培养方案。为适应新时代人才多样化的需求，康养旅游专业应积极丰富课程内容，重视自然和人文学科的相互渗透，在课程内容方面突出能力本位、加强柔性设计。根据产业发展和市场需求动态调整课程内容，丰富营养学、体育学、医学、护理学等学科的知识，将中医养生保健相关知识融入课程，扩大康养知识的覆盖面，培养学生正确的世界观、人生观、价值观和职业观，使学生热爱康养旅游事业，能够胜任康养旅游岗位，为我国康养旅游产业的发展储备人才。②

（三）引育并举，加强师资队伍建设

打造一支高水平高素质的复合型师资队伍，是培养优秀康养旅游人才的基础。为健康中国战略建设输送高素质的康养旅游人才，需要有一批掌握康养旅游前沿信息、了解康养旅游产业发展趋势与需求、业务能力突出的高水平复合型康养旅游师资队伍。针对现有问题，可以从以下两方面来

---

① 李军、张雨、王铭：《新流动性背景下粤港澳大湾区健康旅游协同发展的形势与思路》，《旅游学刊》2022年第3期。
② 王慧、张永存、穆显鑫：《健康中国战略下高职康养旅游人才培养战略契机、现存问题与实现路径》，《宁波职业技术学院学报》2023年第3期。

建设师资队伍、强化师资力量：一方面，提升现有教师专业综合能力，对教师原有知识体系进行扩充，教师根据各自的专业背景、教学方向，学习康养旅游专业相关的其他学科知识，将这些学科知识有机融合，通过企业实践、挂职锻炼等机会转化为能力，实现能力内化，并有效传授给学生，同时鼓励教师到康养旅游发展成熟的国家进修、观摩，学习国外先进教学经验，掌握国际康养旅游前沿知识，实现突破；另一方面，积极吸引更多优秀人才投身康养旅游教育事业，健全院校教师与企业人才双向交流机制，实现内外跨界，教师团队中不仅要有本校本专业教师以及跨专业教师，还要有本行业与跨行业的企业技术骨干、产业导师、技能大师①，共同指导学生实践，形成一支专兼结合、结构合理、内外跨界的高水平复合型师资队伍。

（四）完善产教融合机制，共筑命运共同体

"双高计划"指出：创新高等职业教育与产业融合发展的运行模式，精准对接区域人才需求，提升高职学校服务产业转型升级的能力，推动高职学校和行业企业形成命运共同体。② 校企合作的深度与广度，很大程度上影响专业的建设质量。康养旅游人才的培养，需要协同多方力量。政府、院校、企业、行业要共同努力构建产教融合机制，共同研究人才培养方案与课程体系，推动专业建设与市场需求、产业发展相适应。校企协同合作共筑命运共同体，在人才培养、文化传承、就业创业、社会服务等方面开展深度合作，提升校企合作水平，实现资源共享，探索实行校企联合培养、双主体育人的培养模式，实现培养规格与岗位需求的对接，促进专业链与产业链的对接，高效推进康养旅游人才培养进程。

五　提升科技含量

科技是促进康养旅游高质量发展的一大途径。康养旅游的发展与高新

① 楼世洲、岑建：《产教融合视角下高职院校"双师型"教师团队建设的创新机制》，《职业技术教育》2020 年第 3 期。

② 姜海涛、王艳丽：《基于产教融合的高职旅游类专业"1346"人才培养模式探索与实践》，《中国职业技术教育》2018 年第 28 期。

技术的迭代升级密不可分。对于医疗康养旅游来说，科技升级将有效提升市场吸引力。从当下全球市场看，美国、德国、瑞士、日韩、东南亚、俄罗斯、印度等，均是闻名世界的医疗康养旅游目的地，中国康养旅游的科技水平尚有明显差距。随着国内医疗健康产业科技研发力度的加大、科技水平的提升，我国康养旅游产业不断壮大，吸引了诸多海内外医疗旅游者。同时，可以通过大数据挖掘分析等科学技术手段，解决国内康养旅游供需双方缺乏沟通、信息不对称问题。因此，可以运用大数据、云计算、物联网、人工智能等科技手段，赋能文化康养旅游，提升产业附加值，形成具有文化意蕴和康养功能的新型康养旅游目的地。[①] 提升康养旅游业科技含量，可以从以下几个方面着手。

（一）优化政策环境，激发创新活力

企业是市场科技创新的主力军。政府应进一步优化政策环境，降低企业创新门槛和成本，激发企业科技创新活力，鼓励更多的企业投入康养服务的科技创新中，激发市场活力。通过市场竞争，不断推出特色鲜明、服务全面的康养服务产品，进而提升康养旅游业整体的科技服务水平。同时，要积极健全相应的法律法规，保护知识产权和创新成果，确保创新的合法性和可持续性，为企业科技创新保驾护航。

（二）引进高新技术，加强科技创新

随着科技水平的快速发展，康养旅游产品的科技含量提升，已成为一个必然趋势。因此，加强科技创新是重中之重。首先，可以通过引进先进的科学设备和技术，提高康养旅游产品的科技含量，如引进虚拟现实技术，让游客能够身临其境地体验康养旅游的乐趣；引入智能穿戴设备，用来监测游客的身体状况，提供个性化的康养服务。其次，要积极鼓励和支持康养旅游相关企业，自主研发科技产品，政府可通过给予有科技创新能力的企业一定的税收优惠和财政支持，来促进企业提高自身的技术创新能力，实现科技水平的提升。

---

① 《"文化+科技"双轮驱动康养旅游高质量发展》，搜狐网，https://www.sohu.com/a/341420977_788200。

（三）搭建数字化平台，推动数字化转型

数字化转型是提升康养旅游产品科技含量的重要手段之一。首先，可以通过建立康养旅游产品的数字化平台，实现信息的共享和交流，让游客可以通过手机 App 或者网站，了解康养旅游产品的详细信息，详细看到产品的评价和实际情况，并且可以直接通过手机 App 或者网站，线上完成预订、评价等一系列操作，提升游客使用便捷度。其次，数字化转型还包括推动康养旅游产品的智能化。比如，利用人工智能技术，可以根据游客的需求和身体状况，提供个性化的康养服务；利用大数据分析技术，对游客的健康数据进行统计和分析，可充分了解游客的真实情况和实际需求，从而为康养旅游产品的改进和优化提供依据。

（四）加强与科研机构合作，探索应用新领域

提升康养旅游产品科技含量，需要积极与科研机构进行深度合作。科研机构拥有充足的理论人才和高新的实验设备，可以为康养旅游业提供人才支持和专业的创新技术支持，为康养旅游产品的科技创新提供指导和支持，更快更好地推动康养旅游业的科技创新。同时，科研机构还可以与康养旅游企业开展合作研究，共同探索康养旅游产品的科技应用新领域，开拓新市场，推动康养旅游业的发展，实现互利共赢。

第七章
康养旅游产业发展

　　随着经济的发展，人们精神文化需求日益多样化，消费理念也发生了很大的转变。由于人口老龄化及新冠疫情的影响，人们的健康意识大大提升，健康养生成为社会广泛关注的热点。康养旅游作为一种新型的旅游业态，满足了人们对健康、养生、休闲的多元化需求，成为未来旅游业的重要发展方向，康养旅游通过催生新业态、延伸产业链、创造新价值，逐渐成为带动国民经济增长的重要部分。

第一节　康养旅游产业概述

　　中共中央、国务院印发的《"健康中国2030"规划纲要》，把不断提高人民的健康水平提升到更高的战略层次，要求地方利用现代信息技术，完善信息服务体系，进行社会健康建设。在健康中国战略的指引下，康养旅游作为一种新型旅游方式，既能适应人民旅游新需求，又能促进区域经济增收，成为当下社会经济发展的重要抓手。

一　康养旅游产业概念

　　现阶段，康养旅游产业发展迅速，很多学者对其相关概念进行了阐述。王赵提出，康养旅游即为健康旅游或者养生旅游，是在人文环境、生态环境及文化环境的作用下，融合了康体、观赏游乐等多种项目，从而实现增

286

强体质、修养身心、医疗保健等目标的旅游活动的总和。^①任宣羽提出，康养旅游是基于优质的物候条件，采用旅游的模式，使游客的身心健康得到满足，在旅游的过程中享受到更多的快乐，进而提升幸福感，其实质为专项度假旅游。^②崔晓燕提出，所谓康养旅游，是在旅游六大要素的基础上所推出的一种专项旅游活动，游客不仅可以观赏景观环境，也可以实现增强体魄、修身养性的目的^③；叶宇等认为，康养旅游是采用多种方法措施，包括营养膳食、修身养性及美容保健等形式，使游客的生理与心理均可达到最佳状态的各项旅游活动^④。

康养旅游产业是在旅游产业的基础上建立起来的，包含在康养产业范围内，随着旅游业的迅速发展，康养旅游产业对游客的要求也在不断改变。^⑤康养旅游产业指由各个行业的相关部门所构成的综合业态，向社会提供康养旅游产品及服务。^⑥康养旅游产业具有高度资源依赖性，森林康养、气候康养、海洋康养、滨海康养、温泉康养，以及中医药康养等，都是按自然资源划分出来的细分品类。^⑦森林康养是基于森林资源进行森林休闲、疗养、养生等活动的综合服务。^⑧气候康养是利用气候适宜的康养资源，与健康、养老、养生、度假等相关产品及服务，形成的一种综合型生态养生产业。^⑨海洋康养是以海洋资源为基础，在海洋运动、海洋科普、海洋美食

---

① 王赵：《国际旅游岛：海南要开好康养游这个"方子"》，《今日海南》2009 年第 12 期。
② 任宣羽：《康养旅游：内涵解析与发展路径》，《旅游学刊》2016 年第 11 期。
③ 崔晓燕：《弘扬道家文化 发展康养旅游——青城山镇旅游产业调查报告》，《旅游纵览》（下半月）2016 年第 8 期。
④ 叶宇、陈思宇、何夏芸：《国内康养旅游研究综述》，《旅游纵览》（下半月）2018 年第 2 期。
⑤ 黄琴诗、朱喜钢等：《国外康养旅游研究的转型与趋势——基于英文文献的计量分析》，《林业经济》2020 年第 2 期。
⑥ 陈城：《扩大对外开放背景下康养旅游产业的融合模式研究》，硕士学位论文，四川外国语大学，2019；韩秋、王欢欢、沈山：《康养产业发展路径研究》，《经济师》2019 年第 7 期。
⑦ 陈凤珍：《现代康养类型及其中华养生文化意蕴探析》，《广西民族大学学报》（哲学社会科学版）2018 年第 3 期。
⑧ 张慧琴、翟绪军、何丹：《基于产业共融的森林康养产业创新发展研究——以黑龙江省为例》，《林业经济》2019 年第 8 期。
⑨ 任宣羽、杨淇钧等：《攀枝花康养气候及其成因研究》，《攀枝花学院学报》2019 年第 2 期。

等方面发展起来的一种旅游形式。[①] 滨海康养以滨海地区优质的 3S 资源为特色，形成滨海度假、海岸线自驾观光游、沙滩运动等。温泉康养已成为传统康养旅游的主要内容[②]，现代温泉康养已经由传统的温泉洗浴发展为温泉度假、温泉养生等多种形式[③]。中医药康养是一种以传统中医资源为核心的新型商业综合体，涉及中草药、中医治疗等形式。[④] 此外，康养旅游业还可按照高原、山地、平原等不同地域进行划分，分为高原康养[⑤]、山地康养[⑥]、平原康养[⑦]及丘陵康养[⑧]。

二 康养旅游产业内涵

（一）康养旅游产业定性的双重性

康养旅游产业具有社会和经济双重属性，社会与经济的融合是康养旅游产业的显著特性。从与社会效益的关系看，康养旅游是社会养老方式的一种新形式，在一定程度上可以减轻家庭和国家的养老负担。但更为重要的是，它可以充分满足老年人的物质和精神文化需求，在旅游休闲过程中，重新找到自己的角色定位，使康养旅游产业体现出明显的社会属性。同时，康养旅游产业为了满足老年旅游者的需求，就必须进行各种养老目的地的规划开发和各种康养旅游设施建设，并从经营中获得相应收入。康养旅游

[①] 刘森、王盼盼等：《健康中国视角下山东半岛海洋景观生态康养文化旅游发展研究》，《建筑与文化》2020 年第 9 期。

[②] 周媛媛：《滨海康养：旅游胜地建设之优势》，《当代旅游》2019 年第 9 期。

[③] 张颖辉、王慧：《优质旅游视角下辽宁温泉康养旅游提升路径研究》，《中国林业经济》2019 年第 4 期。

[④] 耿慧、周培骧等：《大健康战略背景下云南养老服务产业发展路径研究》，《西南交通大学学报》（社会科学版）2019 年第 5 期。

[⑤] 杨谨、杨涛等：《让服务业标准助力农业水平提升——用康养产业为云南高原特色农业发展注入新动力》，第十六届中国标准化论坛，郑州，2019 年 10 月。

[⑥] 张学强、陈安全等：《山地森林植被条件下的康养基地建设思考——以洪雅县玉屏山为例》，《四川林业科技》2017 年第 5 期。

[⑦] 郭庭鸿：《川西平原传统村落环境生态康养功能探析》，中国风景园林学会 2019 年会，上海，2019 年 10 月。

[⑧] 金媛媛、王淑芳：《乡村振兴战略背景下生态旅游产业与健康产业的融合发展研究》，《生态经济》2020 年第 1 期。

产业的这种投入产出行为，本身就是一种经济活动，具有经济性质。在康养旅游产业发展过程中，遵循社会性质和经济性质相结合的规律，要给予康养旅游经营者适当的政策优惠，也要考察康养旅游企业的社会责任感，这样既可以保证产业的经济效益，又不忽视产业的社会效益。[①]

（二）康养旅游产业范围的宽泛性

从国内外康养旅游产业发展的客观现实来看，传统意义上的产业分类，已远远不能涵盖康养旅游产业的真正内涵。康养旅游产业所涵盖的范围，表现出较强的宽泛性。仅按为老年旅游者提供康养旅游产品或服务这一标准来判断，就包括旅游景区、老年公寓、房屋租赁、旅行社、旅游交通、商贸零售、娱乐休闲、心理咨询、医疗保健、信息咨询等直接为老年旅游者服务的相关机构，以及房屋建筑、食品加工、金融保险、公共服务等间接为旅游者提供产品或服务的相关企业。这远远超出了传统的国民经济行业分类标准中"旅游业"所包含的范围。

（三）康养旅游产业关系的关联性

作为一个综合性的产业，康养旅游产业与众多的要素、产业、系统发生关联，实质上是一个以康养旅游活动为中心而形成的配置产业。旅游活动的食、住、行、游、购、娱六要素之间，彼此关联互动、相互依赖，形成一个完整的要素体系。同时，因为老年旅游者特殊的生理和心理特征，还包括医疗保健、心理慰藉等其他要素。康养旅游产品与服务的提供，除了属于第三产业的旅游业以外，还涉及众多的行业和部门，如为旅游业提供物质支撑的农业、林业、畜牧业和渔业的相关部分属于第一产业，轻工业、重工业和建筑业等部门和行业中的相关部分属于第二产业，邮电通信业、金融业、医疗保险业、公共服务业、文化艺术业、信息咨询服务业等行业中的相关部分属于第三产业。康养旅游产业的发展，大大带动着这些部门和行业的发展，而这些相关部门和行业的发展，又为康养旅游产业的发展提供了强大的物质基础。

[①]　谢春山：《旅游产业的区域效应研究——以大连市为例》，博士学位论文，东北师范大学，2009。

（四）康养旅游产业发展的区域性

康养旅游产业的发展和区域的发展密切相关，康养旅游产业主要是老年旅游者以短期暂居的形式开展旅游活动，对旅游目的地的区域发展带动作用非常大。同时，康养旅游产业化发展，也要求区域对其有强大的支撑作用。康养旅游产业的发展，促进区域资源开发与经济增长、产业结构调整与优化、劳动力就业与收入水平提高。区域经济发展可以快速拉动康养旅游消费规模扩大与消费水平提高。区域基础设施供给水平的提高，生态环境的改善，可以为康养旅游产业的发展提供充足的保障。

（五）康养旅游产业的劳动服务性

从产业性质上来看，康养旅游产业是一个以提供劳务为主的服务行业，它所提供的服务，是一种包括直接和间接服务在内的综合性服务。在康养旅游服务体系中，有的服务可以将价值物化在原有的物品之中，使其成为一种有形物体来满足养老旅游者的需要。有的服务并不能被物化，而是体现在活动过程中（如心理疏导、心理慰藉等），成为一种无形的产品来满足养老旅游者的需要。尽管康养旅游产业的产品内容和形式千变万化，但是从总体上讲，康养旅游产业所提供的产品是一种劳务产品。①

三　康养旅游产业构成

康养旅游产业的构成是指，康养旅游产业在经济运行过程中，所形成的各个行业、部门之间的比例关系以及相互作用关系。它是康养旅游产业的基本结构，包括康养设施和机构、康养护理服务、康养食品、医疗保健、旅游交通等行业和部门（见图7-1）。这些行业和部门按递进关系生产康养旅游产品，形成康养旅游的产业链，满足康养旅游者在康养旅游活动中的基本需求。

---

① 王立：《老龄产业发展的理论与政策研究——兼论常德市老龄产业》，硕士学位论文，湖南师范大学，2010。

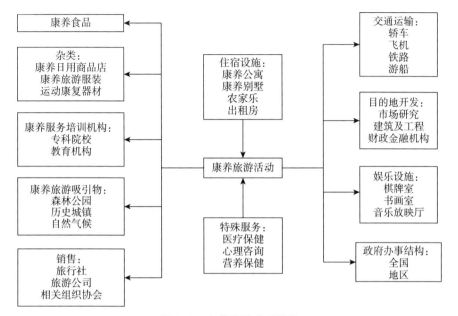

图 7-1 康养旅游产业结构

四 康养旅游产业特点

（一）多维度康养体验

康养旅游产业以提供多维度的康养体验为核心，将传统旅游与康养理念有机结合，满足人们对健康、放松和修复的需求。通过丰富多样的身体、心理、社交和环境康养活动，康养旅游为游客提供身心健康水平的全面提升体验。这种多维度康养体验，不仅满足了人们对健康的追求，也为康养旅游产业的发展提供了广阔的空间和巨大的潜力，需要各级政府和企业积极支持和发展，为人们提供更多有益于身心健康的康养体验，促进全面增进人民福祉和提升国民幸福感的实现。

（二）个性化服务定制

康养旅游产业注重满足客户个性化需求和为客户提供量身定制的康养服务，以满足人们对个体化健康管理的追求。通过深入了解客户的特定需求和健康状况，包括身体状况、健康目标和个人喜好，该产业能够为游客

提供个性化的饮食、运动、疗养等服务，以提升个体康养效果。这种个性化服务的实施，依赖客户问卷调查、个体健康评估和专业医护团队的合作，以确保康养方案的科学性和可行性。通过与专业人士的跨学科合作，康养旅游产业能够提供量身定制的康养方案，提高客户的满意度和康复效果。因此，康养旅游产业致力于提供个性化康养服务，以推动该产业的可持续发展，同时增进客户的全面福祉。

（三）长期效益和可持续性

康养旅游产业专注于长期效益和可持续发展，强调健康管理和疾病预防，通过个性化的康养服务和专业的健康指导，帮助客户保持健康，降低医疗成本，提高生活质量。该产业具有快速增长的市场潜力，与其他相关产业结合形成康养综合体，为就业和经济发展提供机会。为实现可持续发展，产业参与者应制定行业规范和标准，持续研究创新，加强与医疗、科研机构的合作，提升产业的专业性和科学性。这些举措将推动康养旅游产业向可持续发展方向迈进。

（四）产业融合与创新

康养旅游产业通过产业融合与创新，将康养理念与创新科技相结合，推动康养旅游产品与服务的不断创新。数字化技术、人工智能和大数据分析等先进手段的应用，提升了康养旅游的康养体验和康养效果。这种创新趋势，为康养旅游产业带来巨大发展机遇，推动行业向智能化、个性化和科技化的方向发展。

五 康养旅游产业布局

（一）核心带动发展模式

在区域优势资源比较单一的情况下，可着力突出一个"点"，通过对"点"的深度开发，提高影响力，从而形成"以点带面"的核心带动发展格局。也可以理解为以具有竞争优势的龙头康养旅游企业为依托，通过产业链的延伸和扩展，带动区域内相关产业的发展，实现区域经济水平的整体提升。比如，在以中医药养生和中医药文化为核心的康养旅游产品开发中，可以着重打造"针灸康养"核心旅游产品，通过对针灸康养产品的深度开发，逐渐带动与之相关的康养产品的发展。[①] 在以特色古城和古城文化为核心的康养旅游产品开发中，可以重点突出"古楼"特色旅游地，通过打造古楼文化康养区、打造特色产品，不断扩大康养区域，逐步实现核心带动，总体发展。

（二）全域辐射发展模式

康养旅游产品的全域辐射发展模式以康养旅游产品为核心，来推动全域旅游发展，进而形成以康养旅游为中心的产业集群和基础设施体系，提升旅游服务水平，加强宣传推广，实现康养旅游产业的全面发展。具体举措如下：以康养旅游产品为核心，构建全域康养旅游产品体系，包括康养旅游线路、康养旅游景点、康养旅游服务等；以康养旅游产品为核心，加强基础设施建设，包括交通、通信、水电等基础设施，以及医疗、教育、文化等公共服务设施；以康养旅游产品为核心，提升旅游服务水平，包括导游服务、住宿服务、餐饮服务等方面；以康养旅游产品为核心，加强宣传推广，提高康养旅游产品的知名度和美誉度。

（三）产业融合发展模式

康养旅游产品的产业融合发展模式应该是多元化的，通过不同产业之间的相互融合和发展，形成独具特色的康养旅游产品和服务体系，满足不同人群的健康和养生需求。具体措施如下：将农业和旅游业融合，以乡村为载体，提供生态观光、农事体验、民宿住宿等康养旅游服务；将体育和旅游业融合，依托当地的自然资源，开展户外运动、健身训练、养生瑜伽等健康运动项目，吸引健康养生旅游人群；将文化资源和旅游业融合，挖掘当地的历史文化、民俗文化等资源，提供文化体验、文化教育等服务；将森林资源与旅游业融合，以森林生态环境为主要发展资源，提供森林浴、森林氧吧、森林瑜伽等康养服务；将健康服务产业与旅游业融合，提供全方位的健康服务，包括健康检查、康复治疗、养生指导等。

---

① 吴育俊：《基于 RMFEP 模式的南昌湾里中医药康养旅游产品发展对策研究》，硕士学位论文，桂林理工大学，2022。

总的来说，康养产品的开发，首先要有自身的定位，在总方向不变的前提下，合理选择自身的目标市场，之后通过主题定位和形象定位，形成自己的特色品牌，通过选择适合自身的区域发展模式，并在大的政策指导之下，立足于自身实际，着眼于市场需求，注重对资源的保护，通过综合分析，开发特色康养旅游产品，并在发展中将各个资源统筹整合，推动"康养+"多业态的融合发展，逐步形成自己的康养品牌，扩大吸引力。

六 康养旅游产业发展

康养旅游产业是国民经济的一个生产部门，政府将其纳入国民经济的整体运营之内，其本质就在于使康养旅游更广泛、更深入地参与和影响社会生活。结合国内外的发展经验，康养旅游产业的社会化、规模化、专业化、市场化和经营化，是康养旅游产业化发展的必然方向。[1]

（一）康养旅游产业的社会化

康养旅游产业的社会化是指，政府出台相关的投融资、土地供应、税费减免等扶持政策，鼓励和引导社会力量兴办康养旅游服务业，充分发挥市场在资源配置中的决定性作用，逐步使社会力量成为发展康养旅游服务业的主体。

（二）康养旅游产业的规模化

康养旅游产业的规模化是指，康养旅游产业经历由传统走向特色、由粗放走向集约、由分散走向规模的过程。要达到规模化的要求，需要加强康养旅游的网络建设，实现全国范围内的资源共享；同时，需要将康养旅游餐饮、住宿、交通、游览、购物娱乐、医疗和心理咨询等多种服务项目综合起来，并将负责组织、管理康养旅游产业的专职人员及相关服务人员纳入服务网络，促进康养旅游服务实现连锁化和规模化。[2]

（三）康养旅游产业的专业化

康养旅游产业的专业化是指，在人员配置、设施设备及经营管理等方

---

[1]　杨公仆、夏大慰：《现代产业经济学》，上海财经大学出版社，2005，第235~259页。

[2]　曾昱：《社区养老服务的发展方向：专业化、产业化和规模化》，《西北人口》2008年第3期。

面，康养旅游产业逐渐符合专业标准的过程。其产业专业化最为关键的是要有一支能提供全方位高质量服务的专业化的康养旅游服务队伍，专业化包括两层含义：一是从事康养旅游服务是一项专门的职业，即职业专业化；二是从事康养旅游的工作人员必须经过专业教育和培训，只有取得相关的文凭或资格，才能上岗就业，即知识专业化。

（四）康养旅游产业的市场化

康养旅游产业的市场化是指，在市场经济的条件下，在国家宏观经济政策调控下，及在社会福利社会化制度规范下，康养旅游经营者参与市场竞争，遵循市场运行规则、按照市场运行的特点和规律、根据需求供给和价值原理，通过市场对康养旅游人群提供有偿服务。康养旅游服务是公益性和营利性相结合的服务性行业。[①]

（五）康养旅游产业的经营化

康养旅游产业的经营化是指，康养旅游主管部门不仅关心康养旅游的社会效益，更关心相关经营者的经济效益，一方面争取更多的资源投入，另一方面争取以同样的资源投入获得更大的效益，追求经营管理的优化，使康养旅游经营管理从粗放型转变为集约型。为此，需打破原有的管理体制，实行多种经营形式，进行多元化开发，地区和行业联合、连锁发展是其主要实施途径。

第二节　康养旅游产业体系

康养旅游产业体系是指康养旅游产业的组织结构和运行机制，其在推动康养旅游产业发展方面起着关键作用。本节将全面探讨和分析康养旅游产业体系，通过深入研究康养旅游产业体系，探究其组织结构和运行机制，为康养旅游产业的发展提供理论支持和实践指导。

---

① 刘霞：《养老机构运行机制市场化的思考》，《江南论坛》2002 年第 5 期。

一 康养旅游产业体系构成

康养旅游产业体系是由生产者、消费者、共享经济平台、基础设施、公共服务、宏观环境等要素交互融合而形成的多维度、多圈层的复杂系统。

（一）生产者

生产者是为满足康养旅游者的直接和间接消费需求，而生产相关产品和服务的企业，这些企业生产的产品和服务包括康养旅游的核心产业、相关产业和衍生产业。康养旅游核心产业是直接提供满足康养旅游者主要消费需求的餐饮业、住宿业、旅游服务业、景区景点业、休闲体育娱乐业、医疗与养生业、康养文化业等；康养旅游相关产业是通过产业链的纵向拓展和横向拓展所形成的与核心产业紧密联系、相辅相成的产业，包括横向拓展的康养旅游产业现实竞争者、替代竞争者、潜在竞争者，纵向拓展的康养旅游产业上游的原材料供应商和下游的旅游批发商、代理商、零售商等；康养旅游衍生产业是指相关产业的先行产业和后续产业，包括保险业、金融业、建筑业、政务服务、教育咨询等。康养旅游的核心产业、相关产业和衍生产业互为支撑、相互协作，共同构成康养旅游产业体系的生产者系统。

（二）消费者

消费者即康养旅游者，指通过开展养颜健体、营养膳食、修身养性、关爱环境等各种旅游活动使身体、心智和精神都达到自然和谐的优良状态的旅游者，包括医疗保健旅游者、养生养老旅游者、休闲体育旅游者、健康旅游者等。共享经济时代下，康养旅游消费者的消费需求发生了重大变化。共享经济创新使用权与所有权分离的"使用而非拥有"的消费方式，从而变相提升了康养旅游者（尤其是老年群体）的实际购买能力，从而扩大了康养旅游消费需求。同时，共享经济借助先进的信息技术降低交易成本，相对提高了市场的消费水平，使得高品质生活成为大众康养旅游者的普遍追求，促进康养旅游市场消费结构由观光型消费向体验型消费升级。因此，共享经济下康养旅游消费者需求的变化，推动了康养旅游产业体系的创新发展。

（三）共享经济平台

依托互联网技术、云计算、大数据、区块链等现代信息技术建立的共享经济平台，是连接康养旅游生产者与消费者的纽带[①]，也是实现供需双方交易的网络营销渠道。共享经济平台由 O2O 平台运营商、第三方支付服务商、移动运营商、社交平台服务商、移动终端提供商、软件提供商、应用拓展其他配套服务、监管者等要素构成[②]，承担着身份识别、需求和供给信息的收集与匹配、交易管理、支付服务、客户关系管理、质量与安全保障、信用管理、监管等功能[③]，以保障供需双方交易的顺利进行。共享经济平台利用信息技术手段，实现社会闲置资源的高效供需匹配，创新"轻资产"经营模式，以节省经营成本，创新敏捷制造系统和共享租赁服务，以响应康养旅游者的个性化定制需求，高效率、低成本地完成康养旅游生产者与消费者的线上交易。

（四）基础设施

基础设施是康养旅游产业体系有序运转所必需的有形硬件条件，包括公共交通设施、水电设施、电信设施、医疗卫生设施、金融设施、邮政设施、教育设施等公共基础设施，以及食宿设施、旅游厕所设施、娱乐设施、购物设施等旅游基础设施。完善的基础设施，不仅有利于保障康养旅游产业体系的高效运行，而且其本身也可成为吸引康养旅游者的旅游资源。比如，具有地域特色的标志性港口、路桥等交通设施，高水平的医疗卫生设施，主题酒店等。

（五）公共服务

公共服务是支撑康养旅游产业体系有序运转所必需的无形软件条件，它与基础设施相互配合，共同决定康养旅游产业体系的后勤保障水平。公

---

① 陈建明：《供给侧视角下 O2O 共享经济商业模式研究》，《商业经济研究》2017 年第 12 期。
② 赵斯惠：《基于 O2O 视角的共享经济商业模式研究——以汽车共享为例》，硕士学位论文，首都经贸大学，2015。
③ 赵铁：《共享经济催生的商业模式变革研究》，硕士学位论文，重庆大学，2015。

共服务包括科学技术服务、人力资源服务、政务服务、法律服务、信息服务、金融服务、中介服务、市场服务、教育培训服务等。公共服务承担着资源保障、制度保障、秩序保障、后勤保障等职能。国内外康养旅游产业的成功经验表明，全方位、多层次、高效率的公共服务是支撑康养旅游产业体系可持续发展的重要条件。

（六）宏观环境

宏观环境是指影响康养旅游产业体系的各种外部宏观因素，涵盖政治、经济、社会文化、技术环境等。政治环境包括对康养旅游产业体系运行具有直接或间接影响的法律法规、行业政策、规章制度等。共享经济与康养旅游产业均属于新兴经济业态，其颠覆了传统的产业格局，给政府监管带来了挑战。政府主管部门应基于"包容创新，审慎监管，强化保障"的原则，改革现行政策法规，出台新的产业政策，为共享经济与康养旅游产业融合发展营造友好的政治环境。经济环境指市场的宏观经济状况，包括人均国民生产总值、经济增长速度、经济稳定状况等。当前全球经济处于下行态势，中国经济进入新常态，国家通过转变经济发展方式，为新经济业态赋能，以营造良好的经济环境。社会文化环境包括地区的社会公众价值观、风俗习惯、文化传统、教育水平等。社会文化环境对康养旅游者的消费行为具有重大影响。营造良好的社会文化环境，有利于引导市场消费，从而成为推动康养旅游产业发展的重要力量。技术环境是指科技的进步和新技术手段的应用及其对社会所产生的影响。技术创新会加速现有康养旅游产品的升级换代；同时，技术创新为康养旅游者提供购买便利和优惠，引导培育了新的消费习惯。因此，共享经济下康养旅游产业体系的宏观环境发生重大变化，政策叠加效应、经济转型效应、社会文化变革、科学技术创新，成为推动康养旅游产业体系转型升级的重要力量。

二 康养旅游产业体系结构

系统论认为，任何系统都是由各个要素组成的有机整体，每个要素在系统中都处于一定的位置上，起着特定的作用；要素之间相互关联，系统的运行效果是由各个子系统相互作用的效果决定的。康养旅游产业体系，是一个由市场需求拉动和产业供给推动所构成的，并由中介渠道联结和基础设施支撑的多要素交互影响的动力系统（见图7-2）。该系统各要素之间紧密联系、交互影响，各要素的变化会实时影响关联要素的变动，从而达到系统的整体动态平衡，共同促进康养旅游产业体系螺旋式上升发展。康养旅游产业体系是市场需求、产业供给、中介渠道和基础设施多因素共同驱动的结果，不同驱动力的作用大小、方向和功能存在着差异，其对促进康养旅游产业体系发展的效果也不同。

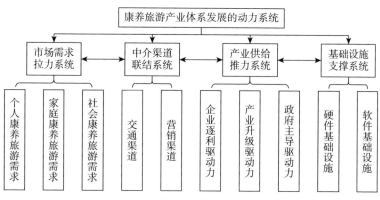

图7-2　康养旅游产业体系发展的动力系统

（一）市场需求拉力系统

在市场经济运行体系中，市场需求是驱动产业发展的原动力。随着社会经济的发展和文明的进步，泛康养旅游市场需求逐渐兴起和壮大，其具体体现在社会需求、家庭需求和个人需求三个层面。

1. 个人康养旅游需求

随着我国经济的发展、社会的进步以及思想观念的转变，老年人的生活质量和消费需求日益增长。新时期，我国老年人在生理需求和心理需求方面有更高的期望。在生理需求方面，老年人追求健康养生、求知求乐、提高生命质量等；在心理需求方面，老年人追求沟通交流、精神慰藉、修

身养性和实现价值等。[①]

传统的养老方式已经不能有效满足老年人日益增长的养老需求，而康养旅游有效地契合了新时期老年人的生理需求和心理需求，成为市场青睐的新兴养老方式。康养旅游一方面为老年人提供游览观光、休闲娱乐、修学求知、健身养生、医疗保健等服务，满足老年人的高品质生理需求；另一方面搭建了一个社会活动的平台，为老年人提供社会交往、情感交流、精神慰藉、价值实现等服务，满足老年人的多元化精神需求。因此，康养旅游同时满足了老年人的旅游消费需求和养老消费需求，成为老年人青睐的重要养老方式。

2. 家庭康养旅游需求

改革开放 40 多年以来，改革开放政策、计划生育基本国策等使我国社会和经济发生巨大转型，也直接导致中国家庭呈现出小型化、空巢化、流动性大等特征；大量独生子女家庭在子女成年后变成空巢家庭；人口流动性加快，大多家庭中，子女在异地求学、工作，导致子女不能有效履行赡养父母的义务，传统家庭的养老功能弱化和缺位。[②] 这就需要将部分家庭养老功能向社会转移，子女会通过购买社会服务的方式，来弥补家庭养老功能的缺位。一部分经济条件富裕的子女，会通过出钱资助老年人参团旅游、疗养度假、入住风景区养老院、购买养老地产等多种康养旅游方式，丰富老年人的养老生活，弥补子女无法履行的赡养义务。因此，家庭康养旅游需求是推动康养旅游产业体系快速发展的动力之一。

3. 社会康养旅游需求

现阶段，在我国的各级政府机关、事业单位、行业系统中，仍然存在着计划经济时代的疗养、养老福利。为了奖励在各系统、行业中做出重要贡献的劳动模范、先进个人、干部、专家等，各级政府机关、事业单位、行业系统均开办有附属的疗养院、干休所、养老院等，其中有一部分疗养院、干休所、养老院开设在异地的风景名胜区和养老胜地，为所属部门职

---

①　张颖辉、可娜：《辽宁养老旅游开发问题研究》，《经济研究导刊》2013 年第 28 期。

②　王玉：《旅游养老市场需求与模式分析》，《商业经济》2007 年第 4 期。

工提供康养旅游服务。在福利社会化背景下，在深化"政企分离"改革进程中，各级政府机关、事业单位、行业系统通过购买社会康养旅游服务的方式，为职工提供相关福利，从而产生了大量社会康养旅游需求。因此，社会康养旅游需求是驱动康养旅游产业体系快速发展的动力之一。

（二）产业供给推力系统

产业的形成与发展，需要源自产业内部供给的推动。康养旅游产业体系是一个多产业融合的新业态，其发展主要由企业逐利的内在驱动、产业升级的竞争驱动和政府主导的行政驱动。

1. 企业逐利的内在驱动力

追逐利润是企业的市场本性。新的市场机会是利润的源泉，企业为了开拓新的市场，会不断投入资源，用于开发产品和扩大再生产，从而持续扩大产业规模和产业领域。当前我国已经进入老龄化社会，截至 2014 年，我国 60 岁以上老年人口达到了 2.12 亿人，占总人口的 15.5%。[1] 庞大的老年人消费市场形成了巨大的消费潜力，这为企业提供了巨大的市场机会，吸引大量企业和资本进入康养旅游产业体系。为了争夺市场份额和追逐更大利润，企业会改善经营管理以提高效率和降低成本，创新产品和服务以更好地满足老年消费者需求。而更高性价比的康养旅游产品，会吸引更多老年消费者购买，刺激市场进一步扩大，从而形成企业生产和市场消费的良性互动。

2. 产业升级的竞争驱动力

康养旅游产业体系是一个多产业融合的新的服务业态，其直接关联的产业包括旅游业、养老设施和机构、老年护理服务业、老年食品、医疗保健、养老地产、老年教育培训、休闲娱乐等行业[2]，间接关联的产业则包括国民经济的大多数部门，这些直接关联产业和间接关联产业形成康养旅游的产业链和产业集群。由于市场资本的逐利性，康养旅游直接关联企业面

---

[1] 王红姝、罗永：《基于老龄化社会的伊春避暑养老旅游发展研究》，《林业经济》2014 年第 9 期。

[2] 周刚、周欣雨、梁晶晶：《旅游养老产业化发展初步研究》，《荆楚学刊》2015 年第 1 期。

临着诸多竞争压力：现有康养旅游企业同质竞争对手、替代竞争对手的前后夹击，潜在竞争对手的强势进入，供应商议价能力的增强等。[①] 为了应对各方的竞争压力，康养旅游产业体系需要不断创新和升级，包括创新康养旅游产品，提质增效，设置竞争壁垒，扩大产业规模，提高产业主导权等。因此，产业升级的竞争驱动力是促进康养旅游产业体系发展的重要动力。

3. 政府主导的行政驱动力

中国特色社会主义市场经济体制决定了政府在康养旅游产业体系发展中发挥着重要的推动作用。首先，政府存在发展地方经济的动力。在我国快速进入老龄化社会的过程中，老龄产业逐渐兴起。我国各地政府都希望通过大力发展康养旅游产业来带动地方经济发展，并辐射关联产业发展，为地方创造更多的就业机会。在一些养老旅游资源丰富、市场和产业基础好的地方，政府甚至将康养旅游产业作为地方经济的支柱产业、主导产业。在供给侧结构性改革背景下，大力发展康养旅游产业体系，有利于增加第三产业比重，实现生产要素的优化配置，提升经济增长的质量和数量。其次，政府存在发展养老福利的责任。养老福利是我国社会主义福利体系的重要组成部分。现阶段，我国已进入深度老龄化社会，建设和完善老年人社会福利，成为各级政府的重要任务和职责。康养旅游作为老年社会福利事业的组成部分，逐渐受到各级政府的重视和支持。政府主要通过政策引导和行政引导，推动康养旅游产业体系发展，在政策引导方面，政府在投资、审批、税收、土地、运营、人才等方面给予康养旅游产业更多的优惠政策，以吸引多元民间资本进入康养旅游产业体系；在行政引导方面，政府通过行政手段，引导国有和集体康养旅游企业进行政企分开、公司化改制和股份制改造的现代企业制度改革，以盘活国有资本，辐射带动地区康养旅游产业体系发展。

（三）中介渠道联结系统

中介渠道是联结市场需求和产业供给的中间媒介，它是促进康养旅游需求和康养旅游产业供给、实现产品和货币交换的渠道，主要包括交通渠

---

① 郑向敏、陈雪钧：《中端酒店面临的竞争困境与应对策略》，《饭店现代化》2013 年第 7 期。

道和营销渠道。交通渠道建立空间联结，能够实现养老旅游者从客源地到目的地的空间转移；营销渠道建立市场联结，能够实现养老旅游者和康养旅游企业的市场交换。[①] 因此，交通渠道和营销渠道的通畅性，会影响养老旅游消费的效率。

1. 交通渠道

康养旅游客源地和目的地之间的交通渠道，是影响康养旅游产业体系发展的重要动力。首先，交通渠道影响旅游需求。交通渠道的便利程度正向影响养老旅游者的消费意愿，交通渠道的多元性正向影响养老旅游者的消费意愿，交通渠道的时间耗费反向影响养老旅游者的消费意愿，交通渠道的价格水平反向影响养老旅游者的消费意愿。其次，交通渠道影响旅游供给。交通渠道的完善程度影响市场的投资意愿，交通渠道的价格水平正向影响企业的经营成本，交通渠道的便利程度正向影响旅游供给水平。

2. 营销渠道

营销渠道是联结康养旅游者和康养旅游企业的市场中介，它是实现市场交易行为的重要环节。首先，信息渠道影响康养旅游产业体系发展。信息渠道包括公共信息渠道、企业广告信息渠道等。公共信息渠道为康养旅游企业和康养旅游者提供政策法规信息、产业信息、市场信息、技术信息、人才信息、资金信息等，为康养旅游企业和康养旅游者提供充分的信息保障；企业广告信息渠道除了传统的传单、报纸、广播、电视外，还包括新兴的网页、论坛、门户网站、搜索引擎等在线网络营销渠道，以及博客、微信、微博、Facebook、推特等自媒体营销渠道，极大地拓展了企业向康养旅游者传递信息的渠道，同时也可以有效地获取康养旅游者的反馈信息。其次，中间商渠道影响康养旅游产业体系发展。中间商渠道的长度、宽度决定了康养旅游产业体系的市场范围；康养旅游产业的大部分客源市场，需要通过各级预订公司、代理商、批发商、零售商等中间商去开拓。中间

---

① 魏卫、陈雪钧：《旅游客流对比分析与驱动力研究——以湖北省为例》，《世界地理研究》2004年第2期。

商渠道的运营效率、交易流程、交易成本等，决定了康养旅游体系的营销绩效，因此，康养旅游企业与中间商渠道是紧密的利益共同体，共同成为康养旅游产业链上的重要一环。

（四）基础设施支撑系统

基础设施既是保障市场需求拉力系统、产业供给推力系统、中介渠道联结系统有序运行的基础，又是保障三者之间交互作用的条件。因此，基础设施在康养旅游产业系统中起着支撑功能，只有在基础设施条件满足的情况下，康养旅游产业体系的发展才具备前提条件。基础设施支撑系统包括硬件基础设施和软件基础设施。

1. 硬件基础设施

硬件基础设施是支持康养旅游产业体系正常运转的有形物质技术形态的总称，包括公共基础设施（如医疗设施、教育设施、休闲设施、金融设施、邮政设施、电信设施、环卫设施等）、公共服务（如公共治安服务、医疗保健服务、政务服务）等。由于康养旅游者在旅游目的地停留的时间比一般旅游者长，且康养旅游者的消费内容广泛，包括旅游、养老、日常生活等消费，因此，康养旅游者会更多地使用旅游目的地的公共基础设施和公共服务。良好的公共基础设施和公共服务，既是吸引养老旅游者的重要因素，又是保障康养旅游企业生产经营活动正常开展的物质条件。康养旅游企业在具有良好公共基础设施和公共服务的地区，开展生产经营活动的成本会低于其他地区，同时，具有良好公共基础设施和公共服务的地区的市场规模更大、市场机会更多，这会吸引更多的养老旅游企业进入该地区。因此，好的硬件基础设施会促进康养旅游产业体系发展。

2. 软件基础设施

软件基础设施是影响康养旅游产业体系发展的具有较强精神性的环境因素，是难以量化但却能够被人们所感知的环境因素的总称，包括法律与政策环境、社会文化环境、技术环境、人才环境等。软件基础设施对康养旅游产业体系发展的影响具有长期性、间接性，但有时也具有决定性，它是康养旅游产业体系发展的非物质基础和基本条件。法律与政策环境决定了地区康养旅游产业体系发展的市场规范程度和政府支持程度，良好的法律与政策环境有利于康养旅游体系开展有序市场竞争，以及规范政府对企业经营的干预程度，从而促进地区康养旅游产业发展。社会文化环境决定了地区康养旅游产业体系发展的文化氛围、公众价值观、风俗习惯等。良好的社会文化环境有利于营造尊老爱老的社会风气和形成崇尚健康长寿的消费文化，并将这种文化融入顾客的消费理念和企业的经营理念中，获得政府部门、社会组织、媒体、家庭、老年人的认同和支持，并促进康养旅游产业体系发展。技术环境决定了地区康养旅游产业体系的生产效率以及生产要素的质量，良好的技术环境会提高劳动资料、劳动对象、劳动力等生产要素的质量[①]，优化资源配置，从而提高康养旅游产业体系的生产效率，进而降低产品价格并提高收益。进一步地，产业利润率的提高会促使生产要素集聚，并最终促使养老旅游产业走上良性循环的发展道路。人才环境决定了地区康养旅游产业体系发展的人才结构、人才数量、人才层次，随着康养旅游市场需求的日益提高，市场对康养旅游产品和服务提出了更高的要求。而高品质的康养旅游产品和服务依赖高素质的专业康养旅游人才。因此，人才环境影响康养旅游产业体系发展。

三 康养旅游产业体系运行

康养旅游产业体系由市场需求拉力系统、产业供给推力系统、中介渠道联结系统、基础设施支撑系统构成。每个系统由若干动力要素构成，个人康养旅游需求、家庭康养旅游需求、社会康养旅游需求、企业逐利驱动力、产业升级驱动力、政府主导驱动力、交通渠道、营销渠道、硬件基础设施、软件基础设施在一定运行规则的动态交互作用下形成康养旅游产业体系发展的多因子、综合性的动力机制。动力系统内部各要素之间存在着复杂的非线性关系，形成各要素之间的因果反馈机制。

在康养旅游产业体系发展动力系统中存在着不同层次、不同类型的因

---

① 王兆峰、杨琴：《技术创新与进步对区域旅游产业成长机理作用与动力机制研究》，《科技管理研究》2010年第2期。

果反馈机制，市场需求拉力系统、产业供给推力系统、中介渠道联结系统、基础设施支撑系统之间既紧密联系又交互影响，使得整个动力系统处于一种循环上升的动态平衡之中。同时，子系统内部所属的动力要素在交互影响中构成动态平衡的有序结构体系。在康养旅游产业体系发展的动力系统中，市场需求拉力系统、产业供给推力系统、中介渠道联结系统、基础设施支撑系统发挥着不同的功能与作用。市场需求拉力系统、产业供给推力系统是推动康养旅游产业发展的核心动力源，两者分别从市场需求和市场供给两个角度推动和拉动康养旅游产业体系发展。中介渠道联结系统是联结市场需求和市场供给的空间联结和市场联结，是促进市场需求和市场供给进行市场交易的助力。基础设施支撑系统在康养旅游产业系统中起着支撑功能，它是整个系统有序运转的基础保障。四者的良性互动使得康养旅游产业体系进入一种良性发展的动力循环机制之中。

第三节　康养旅游产业融合

康养产业和旅游产业彼此相互渗透、交互融合，使得康养旅游发展为一种新业态。本节以康养产业与旅游产业融合的相关概念和理论为基础，从康养产业与旅游产业融合的条件、过程和方式进行分析，深入探讨两个产业之间融合发展的机理。

一　康养旅游产业融合条件

（一）产业融合的主客体

1. 主体

企业作为产业系统中的主体生产经营部门，其生产经营的内容、决策和走向关系着产业发展的趋势。康养产业与旅游产业融合的主体主要由体育企业、旅游企业以及健康服务企业等构成，这些企业可以通过自身的资源（包括资金、人力等），推动本企业进行以休闲体育与健康旅游服务为主体内容的多元化经营，推动其融合发展。值得注意的是，虽然我国促进康养产业与旅游产业融合的主体是各产业的企业，但从多元主体治理理论来看，政府、社会以及个人等，同样发挥重要的作用。政府（主要包括旅游、体育以及健康行政部门）是政策的制定者与落实者，在社会主义市场经济体制下，政府主体对康养产业与旅游产业的融合发展起着"引路人"的作用[1]；社会（如事业单位、工会、协会以及各类团体等）是康养产业与旅游产业融合发展的传播者，二者融合发展离不开社会各界的支持；个人则是康养产业与旅游产业融合发展的验收人与受益人，群众对融合型产品的评价与反馈，成为二者融合发展的不竭动力，而群众的满意与否直接关系到康养产业与旅游产业融合的价值能否实现[2]。

2. 客体

康养产业与旅游产业融合的客体主要是指康养产业与旅游产业的主体直接作用的对象，本节主要从以下几个方面概括康养产业与旅游产业融合的客体。第一，内容（主题）要素，主要包括能够涵盖体育、旅游、健康三方面元素的知识、技术等，这是促成多元化融合型产品诞生的主要素，也是康养产业与旅游产业融合发展的主题；第二，人才要素，产业内部、产业之间的运作，融合型知识与技术的学习，融合型产品的生产与运营，都需要通过人这个载体去进行，康养产业与旅游产业从业人员的素质和能力，直接关系到产业与产业融合发展的质量[3]，也是二者融合发展最重要的战略资源；第三，平台要素，康养产业与旅游产业融合发展的产品、服务以及理念，需要通过一个具体的平台去展示与传播，是融合型产品多元化表现的重要平台，这个平台可以是互联网、高科学技术等虚拟的传播平台，也可以是旅游景点、体育馆等实体的平台，平台要素为康养产业与旅游产业融合发展提供重要的支撑。

---

① 黄琴诗、朱喜钢等：《国外康养旅游研究的转型与趋势——基于英文文献的计量分析》，《林业经济》2020年第2期。

② 张素梅：《广西乡村旅游特色饮食与康养旅游开发构想应用——评〈乡村旅游规划与开发〉》，《食品科技》2021年第1期。

③ 李锋：《文化产业与旅游产业的融合与创新发展研究》，中国环境出版社，2014。

（二）产业融合的先决条件

1. 紧扣改革创新时代主题

随着新时代的不断发展，我国的经济从快速增长阶段转化到了高质量发展阶段。而高质量发展又离不开改革创新。以改革为基础的时代精神和以创新为基础的时代旋律，继续为我国的经济和社会发展做出贡献。[1] 在全面深化改革的关键时期，面对全球经济的压力，进一步扩大内需，着力推进供给侧结构性改革，实施创新驱动发展战略，是"十四五"时期的重要任务。在这样的经济社会背景下，我国产业体系的成长空间得到了进一步扩大和拓展，行业间的界限逐渐模糊，出现跨产业和跨领域发展的现象。作为国家"幸福产业"的体育、旅游与健康产业，紧扣改革创新的时代主题，积极协同创新，不断探索出新的产业形态，为供给侧结构性改革的推进提供助力。

2. 响应健康中国时代号召

《"健康中国 2030"规划纲要》、《全民健身指南》和《健康中国行动（2019—2030 年）》政策文件的相继颁布，标志着我国社会已迈入"大健康"时代。实现人的全面发展离不开人的健康，推动健康中国建设对提升中华民族健康素质有所帮助。同时，对实现人民健康与经济社会协调发展也具有重大意义。随着我国经济社会的持续深入发展，老龄化、职业病等社会现象日趋严重，健康问题终将是人类社会必须面对的巨大挑战之一。在这样的背景下，推动健康服务业的供给侧改革势在必行，大健康产业在国家高密度政策的推动下，成为当下人们最关注的产业。康养产业与旅游产业的融合，使健康服务业在旅游、体育两个较为成熟的产业的推动下，得到丰富与升级，在满足人民群众多元化的健康服务需求的同时，也践行了《"健康中国 2030"规划纲要》的战略要求。

3. 紧跟美好生活时代趋势

党的十九大报告提出：我国社会的主要矛盾已转化为人民日益增长的

---

① 金依砚：《供给侧结构改革背景下政府职能转变研究》，硕士学位论文，郑州大学，2018。

美好生活需要和不平衡不充分的发展之间的矛盾。① 这很好地说明了目前我国人民对美好生活的向往日益迫切，但是为人民提供这些美好需要的实际能力却远远不足。如今，对美好生活的需要的定义不再局限于马斯洛需求层次中的"生理需求""安全需求"等低层次需求，而是追寻在此基础之上更高的"社交需求""自我实现需求"等精神需求。在这样的需求环境下，康养旅游产业的广泛发展促使康养旅游、休闲和健身等融合产品出现，这些产品可以有效地满足人民的多样化和多层次需求，不仅仅是身体上的，更在精神层面满足人们休闲娱乐、社会互动、社会参与及自我实现的需求，不断地提高人们的幸福感和获得感。

（三）产业融合的基础条件

1. 资源共享

这里资源主要包括自然资源和人工资源。自然资源包括湖泊、山川、森林等大自然形成的产物，人们可以通过在这天然形成的山川和湖泊等自然资源中，开展相应的体育活动，如登山、赛艇等，可以发现在旅游产业的活动内容中，山河湖海等自然资源是重要的旅游资源，在这些自然资源中，如山间氧离子含量丰富的空气、富含营养的有机水果和蔬菜等，都属于健康资源范畴；人工资源方面，高识别度的体育场馆、体育公园和民族体育表演等，历年来吸引着大量的游客前往游览观光，丰富了旅游产业的内容，带动着旅游产业发展，同时这些场所往往也是人们进行晨练、跑步等健身活动的场所，体育与健康有着本质上的联系。综上可以看出，无论是自然资源还是人工资源，都有利于推动休闲体育与健康旅游融合发展，资源的共享为康养产业与旅游产业的融合发展奠定了扎实的基础。

2. 资产共用

体育本体资源有着高渗透性、强通用性的特征，而旅游产业有着强关

---

① 张夺、王桂敏：《变与不变：我国社会主要矛盾转化的内在逻辑与内涵实质》，《思想政治教育研究》2019 年第 4 期。

联性、产业链长的特征，健康产业则有着产业链长、强依附性等特征。[①] 在这些关键词中，高渗透性、强关联性、强依附性等均是高关联性的代名词，在大健康时代背景下，这些产业的特征将会得到进一步显现，从而使体育、旅游、健康三个产业之间能够实现资产共用。资产共用除上述资源的共享之外，主要还体现在技术、人才、平台等要素上。在技术要素层面，体育活动可为户外旅游活动、健康活动等进行技术指导，使相关活动能够更有效地进行；在人才要素层面上，由于企业多元化经营趋势不可避免，旅游产业中的从业人员，不仅是旅游景点的介绍者，还承担着传播体育健康理念的重要责任，懂休闲体育和健康旅游的复合型人才逐渐受到市场的青睐；在平台要素层面，旅游产业作为较为成熟的产业，为体育、健康产业提供了展示的平台，使体育、健康产业的企业通过"学习效应"掌握相应的管理技术知识，同样地，在体育、健康产业的渗透下，旅游产业中的企业也借助其发展实现现有旅游市场的转型，并朝着高质量的方向发展。

3. 资本共融

资本共融是指资本要素在各种产业生产加工中高效流通、运转与重新组合的过程。资本作为生产要素之一，具有逐利和扩张的天性，其在市场中的流动和组合对于推动经济发展和产业升级具有重要作用。资本共融不仅能够促进资源的优化配置，还能够加速技术创新和产业升级，从而提高整个经济的效率和竞争力。资本共融的实现依赖市场机制。在市场经济中，资本的流动和组合是由市场需求和供给关系决定的。资本逐利的天性使其能够迅速流向高回报的领域，从而推动这些领域的发展。同时，资本的重组和整合也能够促进产业结构的调整和升级，提高资源的利用效率。[②] 比如，在 2017 年的体育产业，我国有 188 个与体育相关的初创企业的投资和资本并购活动，其中 166 个由政府资助（按数量级），资本总额约为 100 亿元。体育旅游、体育保健和体育互联网，将成为未来资本的选择性目标。

---

① 黄斌：《基于"互联网+"思维的广西体育旅游产业发展的对策》，《中国市场》2020 年第 16 期。

② 刘爻寒：《体育产业引爆万亿市场》，《中国新时代》2019 年第 4 期。

各行业巨头都将目光投向了这一领域，以实现康养产业与旅游产业的资本共融。

二　康养旅游产业融合过程

康养产业与旅游产业融合发展最基本的特征就是产业边界模糊化，即体育企业、旅游企业、健康服务企业，为能在大健康时代下的新领域中攫取和开发新的价值，通过重塑现有的产业价值评价体系，创造出新的竞争优势，培养出新的竞争优势来源，而建立了新的市场边界。不同产业在动态演变的过程中，产业链之间的核心价值要素朝着相同的方向前进而得以改变，这些核心要素从不同产业之间凸显出来后，通过产业融合来进行设计与再设计，直至产生出新的产业链价值系统，为融合型产品的诞生奠定基础。价值系统主要由企业的价值链组成，并集中反映产业价值链的价值创造属性。由此，康养产业与旅游产业融合的本质是，基于两大产业链的解构与重构，通过重组融合的方式，形成新的价值创造空间，进而孕育出新的休闲健身旅游业态。

（一）产业链解构

在康养产业与旅游产业的融合过程中，康养产业的传统产业链主要由休闲体育服务业中的体育健身休闲业、体育竞赛表演业、体育旅游业等主要价值活动构成；健康产业的传统产业链主要由高端医疗服务业、康复疗养服务业以及休闲养生服务业等基础服务构成（见图7-3）。在大健康时代背景下，当两大产业发生融合时，两大产业在各自专业化分工的促进下，各产业价值链在改变的过程中，促使那些具有符合当下经济社会价值趋势的价值活动单元，从原来的产业链中逐一断裂、解散，最后两大产业价值链的价值活动单元分解完毕，共同置身于一个原始的价值活动空间中。

（二）产业链重构

产业融合是指，在康养产业与旅游产业的原始价值链分解为多个价值活动单元之后，以人民对幸福生活及健康养生的需求为导向，在未来融合型市场规模的选择下，将被分解出来的最优、最合理、最符合市场发展实

际的价值活动单元重新组合，从而构造出一条新的融合型产业链，形成兼具康养产业与旅游产业特征的新业态，这新业态的产生以原产业为基础，并不断对原产业的产业链进行丰富和补充。

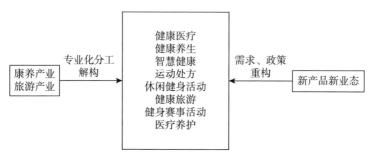

图 7-3　康养产业与旅游产业链解构重构示意

三　康养旅游产业融合方式

目前，学者们对于产业融合的方式，主要从融合产品的性质、产业融合的效果以及供给与需求三个角度进行概括。而本章节的研究对象为康养产业与旅游产业，作为生活性服务业，二者具有以人的需求为导向的明显特征，对应人的需求的是产品和服务的提供，因而，产品的性质关乎人们的需求质量。所以本部分主要从产品的性质角度对康养产业与旅游产业的融合进行分析。从产品性质出发的产业融合方式主要有产业延伸融合、产业渗透融合以及产业重组融合。

（一）产业延伸融合

产业延伸融合，通常产生在相互弥补性非常强的日常生活性综合服务产业之内。康养产业和旅游产业相互之间存在强弥补性，二者的延伸融合是目前最常见的融合方式。康养产业与旅游产业的延伸融合，主要目的是通过不断拓展自己的产业链，在实现产业间经济活动功能互补的同时，使原产业的经营内容多元化、管理方式逐渐成熟、产业功能逐步完善，从而提升自身的竞争力。康养产业与旅游产业的延伸融合主要体现为以下几种类型。一是纵向延伸融合，康养产业与旅游产业通过扩展本身前后的各个服务环节，使产品的总体价值得到更大的提升。比如休闲体育赛事可与户外健康旅游活动进行延伸融合，形成健康主题"赛事型旅游"，对于休闲赛事而言，延伸了其纵深价值，对于旅游产业而言，通过赛事的表现形式丰富了旅游活动的内容，同时也借助赛事平台进行了宣传，获得了传播效应。二是横向延伸融合。康养产业与旅游产业的横向延伸融合是指通过产业集群、相互影响的方式，进一步挖掘出产品外的其他价值形式，强调对文化的营造、理念的融合。比如在海南省体育产业协会中，有许多体育产业协会的会员单位同时承担着海南省健康旅游示范基地建设的任务，一些以健康服务为主营业务的企业，也是海南省体育产业协会的会员之一。

（二）产业渗透融合

产业渗透融合一般是指高科技产业向传统行业的渗透，赋予传统行业全新的价值，使其焕发活力和生机。"互联网+"、科学技术的发展使得康养产业与旅游产业的渗透融合成为可能，即以"互联网+"与科学技术为媒介实现二者的渗透融合。① 康养产业与旅游产业渗透融合，主要体现在以下几个方面：一是"服务网络+体育+健康旅游"，"服务网络+"时代的来临使人民群众足不出户就能够深入、全面地了解和掌握想要查询的体育资源与健康旅游资源，如通过互联网，人们可以随时了解各大体育赛事的信息及动态；二是"科学技术+体育健身休闲旅游"，随着科学技术的不断发展，休闲体育与健康旅游的经营内容通过科学技术的整合，实现全新的表现形式，例如 AR、VR 等虚实结合技术的应用，使人们能够通过可穿戴设备实现场景的随意切换，进行登山、滑雪、游泳等健身休闲活动；三是"大数据+休闲健身旅游"，大数据的出现使人们能够便捷快速地查询各种休闲健身活动以及户外旅游活动的信息，如云南省的"云上云"软件可为市民提供信息搜寻服务，广州市的"群体通"软件通过整合全市可开放的各类场馆，使市民可以在线上预订场地，可以预见的是在未来大数据的纵深发展下，康养产业与健康旅游产业的渗透融合，将会开辟出一片新天地。

---

① 任皓、张梅：《"互联网+"背景下西部旅游产业体系建设研究》，《生态经济》2017 年第 6 期。

（三）产业重组融合

产业重组融合一般发生在产业内部，在本产业内部不断进行优化重组之后，在产业之间形成最优的互补，充分实现自己的价值。康养产业与旅游产业的重组融合，主要是康养产业、旅游产业的本体产业中的以核心产业为中心进行内部优化重组之后，使两个本体产业的最优组合进一步融合，即以产业内部的核心产业形态为主要内容，通过产业内部的资源整合之后，以模块化的形式进行产业间的融合。康养产业与旅游产业的重组融合，主要体现以下几个方面：康养产业方面，以休闲健身产业为核心，对休闲体育赛事业、休闲体育培训业、体育旅游业等进行产业内的资源整合[①]，以此借用休闲体育赛事业的品牌影响力、休闲体育培训业的实践能力等，提高本产业的竞争力，形成一定的模块化形态之后，与旅游产业中的部分行业进行融合；反之，旅游产业亦是如此，以高端医疗服务业为核心，结合康复疗养服务业以及休闲养生服务业的优势内容，进而与康养产业中的部分细分行业进行融合[②]。实体表现形态如集多功能于一体的体育特色小镇、健康旅游小镇等休闲健康综合体等。

四　康养旅游产业融合机制

康养产业与旅游产业的融合机制是指，主客体在两个产业的互动融合发展中，发生作用的过程为其融合的结果提供支撑与保障。[③] 本书主要从协同运行、创新动力、利益保障三个方面，对康养产业与旅游产业融合的机制进行分析。

（一）协同运行机制

协同是不同的单元之间为实现同一目标整合资源，实现资源共享的过

---

① 李煜、曾尹瑾、周仕林：《探索基于产业融合机制的四川森林康养产业发展模式》，《大众投资指南》2019 年第 16 期。

② 张建军、黄帅帅等：《幕阜山片区文化产业与旅游产业融合发展路径探究》，《中国商论》2019 年第 3 期。

③ 杨懿、时蓓蓓：《健康旅游产业融合发展：动力、机理与路径》，《湖湘论坛》2020 年第 5 期。

程。在康养产业与旅游产业融合发展中，两大产业间在对其解构出来的各价值活动单元重构时，由于促进了休闲健身旅游服务的需求，在重新组合中两大产业中的各要素发生协同运作效应，最终形成了一条满足当下市场需求的、质量更高的新型休闲健身旅游服务的产业链。① 从中可以看出，康养产业与旅游产业的融合过程，是一个从全局出发、需要两大产业中各产业要素涉及的主客体单位进行产业链协同管理的过程，主体单位中的政府、企业、社会、个人，以及客体单位中的内容、人流、平台等要素之间，需要通过协同效应，形成适合两大产业融合发展的协同运营机制。在优化原产业价值链的同时，也使得新型产业链在新的市场需求中，发挥应有的价值，使新的产业价值链能够持续向前运营发展。

（二）创新动力机制

产业融合要实现融合型产品的创新，需要历经技术变革、思想创造、管理演变、市场升级、制度支撑等多方面共同作用的过程。随着与休闲健身、健康旅游相关的产品与服务的不断涌现，同质化现象的逐渐呈现，创新能力的不足改变了康养产业与旅游产业融合发展的初衷。而与同质化相对的概念，即为异质化，异质化就是要求康养产业与旅游产业在融合过程中，不断地从技术、内容和服务、管理制度等方面，依据不断变化的市场需求，进行持续性的创新。一是产品的生产技术与表现方式上，生产技术水平的提高，在节约成本的同时，也能使产品通过技术的加持，冠以更多的表现形式和价值实现手段；二是内容和服务上，对不同休闲健身活动与文化的挖掘，做到在同一地区内的"人无我有，人有我优"；三是管理制度上，不盲目照搬照抄他人模式，立足本地资源与文化，探索出最适合自身发展的管理制度。

（三）利益保障机制

利益相关方是各产业里生产、加工、运营、管理行为活动与后果中，

---

① 杨雨晴：《信阳茶产业与旅游产业融合度评价研究》，《知识经济》2020 年第 18 期。

具备利害权益相互关系的群体或者个人。① 康养产业与旅游产业的企业是利害关系的直接作用主体，对于康养产业与旅游产业融合过程中的企业主体来说，在进行多元化经营时会承担一定的风险。结合我国市场经济的实际发展情况，当市场这只看不见的手难以有效解决融合中出现的企业间利益相关问题时，为保证企业主体的利益不受损害，政府的宏观调控显得尤为必要。除了企业这一主体之外，政府、社会、个人等主体间也存在相应的保障机制。比如，政府以财政、税收等形式支持企业融合发展，企业以高质量融合形态的产业与产品予以回馈，从而维护行政部门的社会公信力；社会事业团体、协会等为康养产业与旅游产业的融合发展提供支持，从而提高本团体、协会的社会威望；个人作为康养产业与旅游产业融合的受益者，其对融合产品的评价与反馈，是二者融合发展的重要动力。

五　康养旅游产业融合模式

（一）"林旅融合"的森林康养模式

森林资源不仅有调节温度、平衡生态的作用，还有对人体健康极为有益的物质——负离子，具有养身、养心、养性等功效。当城市陷入雾霾的困扰，人类生活被污染的空气破坏，越来越多的人向往"深呼吸"，所以，森林康养应运而生。森林康养以丰富多彩的森林景观、沁人心脾的森林环境、健康安全的森林食品、内涵丰富的生态文化资源为主要依托，配备相应的养生、休闲及医疗、康体服务设施，开展以修身养性、调适机能、延缓衰老为目的的森林游憩、度假、疗养、保健、养老等活动。森林康养充分体现了"创新、协调、绿色、开放、共享"的新发展理念，是林业、旅游业、健康服务业等相关产业相互交融延伸而形成的新业态，是林业改革催生的新模式，是贯彻供给侧结构性改革、加强绿色供给的重要内容。

例如，党的十八大以来，广西巴马坚守生态底线，扎实推进生态环境综合整治，实施退耕还林，石山区实施封山育林，宜林荒山地种上经济林

---

① 　郎富平、于丹：《养老型乡村旅游社区可持续发展研究》，《云南民族大学学报》（哲学社会科学版）2021年第1期。

木。目前，全县森林覆盖率达77%。同时，实行最严格的水资源管理措施，创建水库生态环境保护项目，严格保护水源涵养地和饮用水源地生态环境。巴马号称"世界长寿之乡"，据最新数据统计，常年居住在巴马甲篆镇的（每年住8个月以上）"候鸟人"达7440余人，居住一个月以上的"候鸟人"十多万人次，这个数据还在快速增长。"爱爸妈，就送他们去巴马"已经成为潮流。官方数据显示，在这个面积仅有1976平方公里，全县人口总数不到31万人的小县城，因地磁强度高，负氧离子丰富，80岁以上老人达5043人，占全县人口总数的1.65%。其中，每10万人中有百岁老人32位，百岁寿星比例位居世界五大寿乡之首，被誉为"世界长寿之乡·中国人瑞圣地"，具有丰富的生态旅游资源和长寿养生资源。因而，巴马成为"候鸟人"的健康疗养胜地。①

（二）"农旅融合"的农业康养模式

"农业+康养"是传统农业的升级版，是将第一、第三产业融合，以健康为宗旨，以"三农"为载体，以科学养生为指导的新业态。农业康养是乡村振兴战略的重要内容。《乡村振兴战略规划（2018—2022年）》中提到，开发农村康养产业项目，大力发展生态旅游、生态种养等产业，打造乡村生态产业链。顺应城乡居民消费拓展升级趋势，结合各地资源禀赋，深入发掘农业农村的生态涵养、休闲观光、文化体验、健康养老等多种功能和多重价值。随着我国城市化进程的加快，居民消费水平的提高，中国老龄化的社会现象突出，城市人口"养老、养生、养心"的需求在乡村得到了完美的寄托。因此，乡村田园是康养产业发展的最佳地。同时，农业康养的发展符合农村经济可持续发展的方向，以及社会人文发展的方向。

例如，五云山康养小镇位于河南郑州郊区上街南部，北边连着上街城区，东部和南部接着荥阳，西边挨着巩义。五云山山区资源优势明显，其康养小镇依托原有的山区资源，规划建成了生态农业示范观光园、创想主题农业体验馆、观赏花卉种植基地、绿色生态农业示范区、休闲农业采摘

---

① 《广西巴马：康养旅游深度融合 助推扶贫新样本》，中国日报中文网，https://gx.chinadaily.com.cn/a/202004/21/WS5e9eb5eaa310c00b73c78a6b.html。

区等五个功能分区，涵盖了绿色农业、绿色林业基地、观光游赏、农家乐趣、休闲运动、骑马游玩等一系列的农业绿色、生态、休闲、养生、养老等项目。五云山康养小镇以养生为名，以旅游为体，以健康为魂，与政府PPP模式下的城市基础设施建设相结合，以"旅游+生态+养老"为产业核心。颐养、亲子、文创产业作为项目的带动产业，为康养小镇提供了大量的发展空间。项目在整体规划中注重对小镇文化的保留，同时加入了前沿的生态规划、科技创新、智慧生态的理念，致力将小镇打造成一个满足都市人休闲、养老、养生、生态田园生活需求的，以生态宜居、健康养生、休闲度假为主导产业的康养小镇。

（三）"体旅融合"的运动康养模式

随着老龄化时代的到来，以及慢性病年轻化的趋势，全民健身的理念逐渐深入人心，政府、社会和公民对健康的追求日益明显，各种运动App以及越野挑战赛、城市马拉松等活动受到人们的喜爱，这也为运动康养奠定了基础。依托山地、峡谷、水体等地形地貌及资源，发展山地运动、户外拓展、户外露营、水上运动、户外体育运动、养生运动、极限运动、传统体育运动、徒步旅行、探险等户外康体养生产品，推动体育、旅游、度假、健身、赛事等业态的深度融合发展。

例如，四川攀枝花以建设国际阳光康养旅游目的地为契机，创造性地抓实"康养+运动"，努力打造"国际冬训基地、运动康养胜地、体育制造基地"，探索出了一条康养与运动相融合的体育事业和产业发展之路。攀枝花拥有非常适合体育训练和运动健身的温度、湿度和海拔，被誉为"竞训天堂"，每年吸引着许多国内外专业运动队来攀冬训夏训。据统计，仅2018年冬和2019年春，就有国内外42支运动队1475名官员、教练员、运动员来攀冬训，繁荣发展的竞训服务业成为攀枝花经济新的增长点。攀枝花成功举办了全球华人羽毛球锦标赛，环攀枝花国际公路自行车赛，国际皮划艇马拉松赛，亚洲青年女子垒球锦标赛，全国艺术体操锦标赛，全国桥牌公开赛，四川省第十三届运动会垒球、曲棍球、皮划艇激流回旋等大型赛事，丰富了人民群众体育文化生活，带动了相关产业发展，提升了攀枝花城市品牌和国际国内知名度。[1]

（四）"医旅融合"的医疗康养模式

中国正快速步入老龄化社会，截至 2017 年，60 岁及以上人口达 2.4 亿人，预计 2040 年老龄人口比例将超 30%。2050 年，预计中国老龄人口将占全球总数的近 1/4。对比其他人群，老年人在医疗健康方面的需求更复杂。可与休闲农业相结合，通过发展绿色种植业、生态养殖业，开发适宜特定人群、具有特定保健功能的生态健康食品，同时结合生态观光、农事体验、食品加工体验、餐饮制作体验等活动，推动健康食品产业链的综合发展。在依托现有医疗资源的基础上，建设医养结合的康养基地，打造康养小镇、温泉养生度假区，形成以中医药养生保健、民族医药诊疗体系和温泉 SPA 为特色的康养旅游产品，提高医疗服务和救治水平。同时，瞄准年轻市场，结合"亚健康"趋势和中医治未病理念，创新保健类产品，让年轻消费群体养成积极健康的行为习惯，实现身心愉悦。

例如，海南省全年气候温暖，空气质量好，基础设施建设完备，交通便利，东线高速公路、环岛轻轨贯穿全境。[2] 近几年，海南省逐渐将康养旅游作为旅游产业的核心点、经济发展的新亮点，积极投入搭建科技产业支撑，许多养老、养生、医疗旅游项目得以实现。值得关注的是，海南中医药康养服务港、海棠湾·上工谷中医药康养特色小镇、海南博鳌乐城国际医疗旅游先行区、鹭湖国际养生度假区这四个旅游项目。海南博鳌乐城国际医疗旅游先行区是一个集绿色发展、健康养生、休闲度假与绿色国际组织基地于一体的综合性绿色生态旅游项目；海南中医药康养服务港充分利用其优越的安定养生环境与丰富的生态旅游资源，不断推动健康养生产业、中医药产业、康养旅游产业的发展；海棠湾·上工谷中医药康养特色小镇通过"三生"（生活、生态、生产）、"三产"（农业服务业、健康产业）的融合发展，达到绿色农业、休闲旅游、中医健康等功能叠加的效果；鹭湖

---

① 彭小平、王南桢：《阳光体育运动天堂——攀枝花市"康养+运动"产业发展纪实》，《攀枝花日报》2017 年 12 月 9 日，第 14 版。

② 汪文琪、张英璐：《海南省康养旅游发展现状与对策研究》，《产业与科技论坛》2018 年第 4 期。

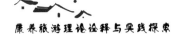
国际养生度假区集养老、养生、度假、休闲于一体的综合性文化类地产项目，以"自然、融汇、文化"为理念，构建人与自然和谐共生的优越境界。

（五）"文旅融合"的文化康养模式

深度挖掘项目地独有的宗教、民俗、历史文化，结合市场需求及现代生活方式，运用创意化的手段，打造利于养心的精神层面的旅游产品，使游客在获得文化体验的同时，能够修身养性、回归本心、陶冶情操。比如，依托宗教资源打造文化度假区，依托中国传统文化打造国学体验基地，等等。

例如，法国的酒庄文化将宗教、艺术与自然融合在一起，其中葡萄酒是传承历史文化的重要载体。法国庄园文化康养旅游模式是以酒庄为载体，尊重大自然的发展规律，围绕水果采摘、酿酒体验、酒类中心、购物场所、文化展示区以及与其相配套的旅游商品，所构造的旅游发展模式，吸引着络绎不绝的游客前来参观以及享受这里的休闲度假体验。庄园养生旅游模式采用的是链条式开发方式，以农业为基础，不断向商业、文化等多领域渗透，打造多条产业链。充分发挥乡野农村的资源优势，吸引大批游客前来观赏、体验与放松，这样的发展模式符合人们对美好生活的向往，重点突出了庄园文化特色，法国的辉煌历史和文化底蕴得以展现，美丽独特的自然景观也逐一呈现，使人们不仅受到文化的熏陶，还得到身心的放松、心灵的升华。

（六）代表案例经验与启示

从上述国内外康养旅游发展模式代表案例中，可获得以下经验和启示。

第一，充分利用地区的资源优势，提升游客的回头率。旅游资源是旅游业发展的基础与前提，要充分利用其地区特有的资源优势，不断推进项目的规划与发展，推进产业的融合发展，抓住游客需求，丰富产品类型，提升游客的回头率。

第二，整合资源，丰富产品内涵，开发复合型产品。增强资源的多元化整合，旅游产业必须从依赖单一产品发展转化为依靠多元化产品发展，根据不同类型旅游产品的自身特点，对现有产品进行深度挖掘，提升产品质量。

第三，融合发展，打造旅游品牌，实现"全域康养旅游"。① 以点带面，加强企业间的交流，促进产业的融合发展，制定康养旅游精品线路，打造区域旅游品牌，实现全域发展。

---

① 刘凤：《新型城镇化背景下文化产业与旅游产业融合发展研究》，硕士学位论文，湖南师范大学，2019。

第八章
康养旅游营销推广

随着人们生活水平的提高和健康意识的增强，康养旅游已经成为一种备受欢迎的旅游方式。康养旅游不仅可以让人们享受到美好的自然风光，还可以促进身心健康，提高生活质量。康养旅游也是一种高品质的旅游方式，强调的是旅游的舒适度和健康性。通过营销推广，可以将康养旅游的品牌形象传播给更多的人，提高其在市场上的知名度和美誉度。同时，康养旅游营销推广还可以为地方旅游产业注入新的活力，提升整个地区的旅游形象，带动当地经济的发展，为当地居民提供更多的就业机会和收入来源。

第一节　康养旅游营销概述

康养旅游已成为现代旅游市场的一个重要组成部分，它以关注人们健康和养生为主要特点，越来越受到市场的欢迎和认可。在康养旅游市场中，营销作为一项关键的商业活动，对于企业的发展和成功具有重大作用。通过制定有效的营销策略，可以吸引目标客户、提升品牌形象、拓展市场份额、提高客户满意度并增加收益。因此，康养旅游发展应该重视营销策略的制定和实施，以适应市场的变化和满足消费者的需求。

一　康养旅游营销概念

营销是指企业发现或发掘消费者需求，让消费者了解该产品进而购买该产品的过程。美国的营销大师 Philip Kotler，曾以价值角度定义强调了营销，即市场营销是个人和集体通过创造产品和价值，并同别人自由交换产品和价值，来获得其所需所欲之物的一种社会和管理过程。① 市场营销的最终目标是满足需求和欲望。

康养旅游营销指提供康养旅游产品或服务的各类主体向康养旅游者提供康养旅游目的地相关信息，突出康养旅游地的形象及其景区吸引物，通过向潜在群体和目标群体进行营销从而吸引其注意力，诱发其对旅游目的地的向往，进而产生养颜健体、营养膳食、修身养性等相关旅游消费的过程。通过分析、计划、执行、反馈和控制这样一个过程，以康养旅游消费需求为导向，协调各种康养旅游经济活动，提供有效产品和服务，使消费者满意，实现产业经济目标和社会目标。

二 康养旅游营销内涵

康养旅游是传统旅游的一个重要分支，是顺应时代潮流的产物。康养旅游产业是在传统旅游产业的基础上发展来的，在具备自己独特优势的同时，康养旅游产业营销也继承发扬了传统旅游产业营销的一些特点。康养旅游产业营销将康养旅游产品和康养旅游市场连接起来，更好地满足旅游企业和消费者的需求，进而达到"双赢"的局面（见表9-1）。随着人民生活水平的提高和健康意识的增强，康养旅游市场需求不断增长。消费者对健康养生的需求不再局限于传统的观光旅游，而是希望通过旅游达到身心健康的目的。同时，老龄化社会的到来和亚健康问题的普遍存在，也为康养旅游市场提供了巨大发展机遇。

表 9-1 传统旅游营销与康养旅游营销对比

	传统旅游营销	康养旅游营销
目标客户群体	相对广泛（各种年龄段和消费层次）	更偏向于特定客户群体（老年人和对健康养生有更高的需求和关注的群体）

① 张洁梅主编《市场营销学》（第二版），高等教育出版社，2021，第3页。

续表

	传统旅游营销	康养旅游营销
产品服务	各种旅游产品（如观光旅游、度假旅游等）	更加注重提供全位的康养服务和体验（包括健康检查、温泉疗养、中医理疗等）
营销渠道	通常采用线下渠道（如旅行社、景点等）	更偏向于线上渠道的拓展（如社交媒体、旅游网站等）
营销策略	通常采用价格竞争、景点推广等营销策略	更加注重旅游产品的品质和特色、定制化服务和个性化体验
价格策略	与旅游产品的类型、区位、季节等有关	除普通因素之外，还需根据不同类型的康养服务、客户群体和市场需求进行差异化定价
服务质量口碑	侧重于提供安全、便利、舒适的旅游服务	更加注重服务的人性化和舒适度，如对游客的健康管理、专业理疗等方面，以提升消费者的满意度和忠诚度。良好的口碑传播也是康养旅游产业营销的重要手段之一

资料来源：笔者根据相关文献整理。

（一）康养旅游营销更注重消费者的需求

对目标消费者进行深入分析，了解康养旅游需求、偏好、消费习惯等信息，以便更好地定位和推广。可以通过市场调研、数据分析等方式，获取这些信息。根据消费者的不同需求和偏好特点，提供个性化、多元化的服务，包括定制化的康养旅游路线、健康管理方案等。通过满足消费者的个性化需求，提高消费者满意度和忠诚度。引入智能科技手段，优化服务，提升消费者的旅游体验。

同时，利用大数据、人工智能等技术，进行精确营销和个性化推荐，提高营销效果和消费者的满意度。及时关注消费者的反馈和评价，不断优化产品和服务。通过与消费者建立良好的沟通和互动关系，了解市场需求和意见，及时调整方案和策略，提高消费者满意度和忠诚度。

（二）康养旅游营销更注重消费者的体验

康养旅游以特色产品为核心，不同于传统的旅游产品，其更注重消费者的体验和感受，强调消费者与自然、人文环境等的互动和融合。因此在康养旅游营销中，需要突出产品的特色和优势，以吸引目标市场的消费者。

康养旅游产品与康养环境、康养文化和生态旅游方式相结合，讲求身心与环境和谐，提倡生态环保，对精神、文化和自然环境要求较高。它可以帮助消费者实现身体的康复和心灵的疗愈，提升消费者的身心健康水平，可以利用高质量的自然环境、高水平的养生保健项目、人性化的养生服务以及和谐的养生氛围，融合先进的当代养生技术，打造一流的养生度假概念模式，建设养生旅游目的地，最终形成组合式文化养生旅游产业集群。[①] 康养旅游产业营销不仅是为了推广产品和服务，更是为了传递健康的生活理念和方式。通过营销活动，向消费者传递健康、养生、保健等理念，引导消费者形成健康的生活方式。

康养旅游市场不断变化，消费者的需求也在不断改变。因此，在康养旅游产业营销中，需不断创新产品和服务，提供个性化的康养旅游体验。结合当地的文化和自然资源，推出具有地域特色的康养旅游产品，如温泉养生、森林浴、草原游等，以满足消费者的需求、适应市场的变化。不断拓展和创新营销渠道和手段，提高康养旅游产品的知名度和曝光率，进行精准营销和个性化推荐，提高营销效果。通过不断创新，提高康养旅游产业的竞争力，推动其可持续发展。

（三）康养旅游营销更注重康养资源整合

为了更好地满足消费者的需求和提高市场竞争力，康养旅游产业的营销需要不断地进行多方面的资源整合，以实现资源的优化配置和协同发展。通过整合各类资源，提高康养旅游产品的质量和竞争力，满足消费者的需求和期望，推动康养旅游产业的可持续发展。比如，旅游企业通过对旅游资源的整合，包括自然景观、人文景观、特色小镇、美丽乡村等，打造独具特色的康养旅游产品；通过整合渠道资源，包括旅行社、OTA 平台、航空公司等，与其建立合作关系，为游客提供更加便捷和高效的旅游服务，扩大康养旅游的市场份额；等等。总之，积极整合自然、文化、医疗、旅游、网络、人力、资金等资源，并与康养项目相结合，合理优化康养旅游

---

① 戴金霞：《常州市康养旅游产品开发与产业发展对策研究》，硕士学位论文，南京师范大学，2017。

资源配置，为康养旅游营销推广打下坚实基础。

康养旅游产业的发展，不仅可以增加旅游业的收入，还可以促进旅游业的转型升级，并带动其他相关产业的发展。例如，康养旅游产业需要医疗服务、健康食品、健身休闲等产业的支持，而这些产业在康养旅游产业的带动下，可以得到进一步的发展。康养旅游产业还可以带动当地经济的发展，包括当地的旅游业、服务业、农业等相关产业。这可以提高当地的经济收入，改善当地居民的生活，增强地方品牌效应。另外，随着当地康养旅游产业的不断发展，当地的知名度和美誉度也会不断提高，这也有助于提升当地的品牌效应，吸引更多的游客和投资。

三　康养旅游营销特点

随着物质生活水平的提高，单纯的养生已难以满足人们对高品质生活的追求。康养旅游作为传统旅游的一个分支，即把"健康"内容引入旅游活动之中，结合时下发展迅速的休闲旅游和生态旅游，康养旅游迎来重大发展机遇。因康养旅游所具有的特殊性，康养旅游营销也区别于传统旅游的营销活动，康养旅游营销的特点更加突出。

（一）需求异质性

康养旅游在近年来逐渐崛起，成为旅游领域中的重要组成部分。然而，随着市场的不断扩大和消费者需求的不断变化，康养旅游营销的需求异质性也日益凸显。

康养旅游的目标市场与其他旅游市场相比，具有明显的异质性。中高收入人群和老年人是康养旅游的主要消费群体。中高收入人群通常对旅游产品的品质和服务有更高的要求，而老年人则更注重旅游产品的养生和保健功能。因此，针对不同目标市场，应采取不同的营销策略。康养旅游以满足人们对健康养生的需求为出发点和落脚点，通过提供专业的健康服务、营养均衡的饮食、舒适的住宿环境、养生的旅游活动、心理疏导服务等手段，帮助消费者达到健康养生的目的，注重健康和可持续发展。不同年龄段、健康状况和职业背景的消费者，对康养旅游产品的需求类型也会有所不同。比如，年轻人更注重康养旅游产品的健康和养生功能，而老年人则更注重康养旅游产品的医疗和护理功能。

康养旅游的消费水平也具有明显的异质性。不同消费水平的消费者，对康养旅游产品的需求和选择也会有所不同。高端消费者通常更注重旅游产品的品质、服务和私密性，而中低端消费者则更注重旅游产品的价格和实用性。因此，应针对不同消费水平的消费者，提供不同类型和价格的产品，以满足不同消费者的需求。为了更好地满足消费者的需求和提高市场竞争力，需要深入了解客户的需求和偏好，并提供符合其需求的服务和体验，以吸引更多的客户并提高客户满意度。针对不同异质性因素，制定相应的营销策略和措施，提高产品的品质和服务水平，以实现康养旅游持续稳定的发展。

（二）手段多元化

康养旅游提供多元化的旅游产品和服务，包括健康检查、中医理疗、温泉疗养、养生餐饮等，以满足不同客户群体的需求和偏好。其产品涵盖休闲农业、医疗服务、休闲度假等多个领域，融合农业、体育、文化、医疗等，打造"康养+"多业态融合发展的模式。通过多种产业资源的整合和优化配置，提供更加多样化的康养旅游产品和服务。同时，针对不同消费水平和需求类型的消费者，提供不同类型和价格的产品和服务，以满足不同消费者的需求

康养旅游营销手段也是多样的，包括线上和线下的宣传推广、社交媒体营销、旅游大使计划、旅游节庆活动宣传等。同时，还可以通过与相关产业合作，如健康食品、医疗保健、文化创意等，共同推广康养旅游产品和服务，以扩大品牌知名度和吸引更多的潜在客户。

康养旅游营销手段的多元化，是提高市场竞争力和满足消费者需求的重要基础。通过多元化的营销策略和手段，可以更好地满足不同消费群体的需求，提高品牌的知名度和美誉度，推动康养旅游产业的可持续发展。

（三）体验个性化

康养旅游营销强调消费者的体验和参与，通过提供独特的活动和项目，

如瑜伽、温泉疗养、中医理疗等，让消费者在参与中体验康养的乐趣和益处。根据消费者的需求和偏好，为其量身定制旅游产品，如针对不同年龄段的客户，可以推出适合老年人的养生旅游、适合中年人的放松旅游以及适合年轻人的探险旅游等产品。提供个性化和定制化的服务，以满足不同消费者的需求，如康复治疗、营养膳食、运动健身等。

同时强调个性化的服务体验，提高其舒适度，包括对消费者的健康管理、专业理疗等方面的服务，以提升消费者的满意度和忠诚度。从消费者到达目的地的那一刻起，每一个细节都应体现出个性化服务的理念。比如为客户量身定制的接机服务、根据客户需求安排的酒店住宿、量身打造的健身或养生计划等。此外，通过智能技术，如人工智能导游、智能健康监测等，也可以为客户提供更加便捷和个性化的服务体验。通过提供优质的服务和产品，来提高消费者的满意度和忠诚度，同时利用口碑传播来吸引更多的潜在客户。

四　康养旅游营销类型

康养旅游营销是一个系统而全面的过程，需要通过多个方面的协同作用，来实现吸引客源、提升品牌影响力、提高旅游服务质量和增加收益的目标。

（一）目的地营销

旅游目的地营销是旅游目的地获取竞争优势的重要途径。在整个旅游目的地营销体系中，营销传播是旅游目的地营销组织能够最大程度施加影响的营销组合要素，长期受到旅游业发达地区的高度重视，是旅游目的地在激烈的市场竞争中，求取生存和发展的必然选择。[①]

康养旅游目的地营销主要侧重于宣传推广当地的旅游资源，包括自然景观、人文景观、特色小镇等。比如，以自然资源为核心吸引物，展示温泉、自然生态等资源优势，将休闲娱乐、会议、康体健身等功能复合其中；

---

① 李曦：《旅游目的地新媒体整合营销传播研究：以天津为例》，博士学位论文，南开大学，2014。

以区域深厚的养生文化底蕴为基础，打造地区文化品牌，推出特色旅游产品，复合文化旅游、养生、会议娱乐、休闲度假等多种功能；依托医疗美容、高端疗养、精准医疗等区域特色康疗资源，将康疗、休闲度假、观光旅游等功能融为一体。除此之外，康养旅游目的地还可以采用城市单体养老住宅、介入式养老社区、"康养+酒店"模式、"康养+度假村"模式、"康养+文旅小镇"模式、"康养+农业"模式等多种营销形式。

（二）旅游产品营销

康养旅游产品营销主要是围绕康养旅游的主题和客户需求，设计和推广多元化的旅游产品，如养生套餐、医疗保健游、户外拓展游等。在提升旅游体验方面，需要关注旅游线路的设计、旅游服务的提供以及旅游产品的差异化，以提高客户的满意度和忠诚度。

根据康养旅游的产品特点可分为：健康养生类，即以健康养生为主题，结合当地自然环境和资源，提供各种养生服务和体验，如温泉、SPA、瑜伽等；休闲度假类，以休闲度假为主题，提供各种娱乐活动和设施，如高尔夫、滑雪、射击等，以及舒适的环境和优质的服务；文化体验类，以文化体验为主题，提供各种文化活动和体验，如民俗文化、美食文化、历史文化等；户外探险类，以户外探险为主题，提供各种户外活动和探险项目，如登山、攀岩、漂流等。

根据目的地特点可分为：乡村康养旅游，以乡村为主要目的地，利用乡村的自然环境和资源，提供各种养生服务和体验，如农家乐、民宿旅游等；城市康养旅游，以城市为主要目的地，利用城市的医疗、健康、文化等资源，提供各种养生服务和体验，如城市温泉、SPA等；景区康养旅游，以景区为主要目的地，利用景区的自然环境和资源，提供各种养生服务和体验，如森林浴、温泉浴等。

根据消费者目的可分为：养老养生旅游，以养老养生为主要目的，针对老年人和注重健康养生的消费者，提供各种养生服务和体验；家庭亲子旅游，以增进亲子关系为主要目的，针对家庭消费者，提供各种亲子互动和娱乐活动；商务差旅游，以商务差旅为主要目的，针对商务人士和公务

出差者，提供各种商务服务和便利设施。

（三）整合营销

根据目标客源市场，针对性地制定营销策略。在了解客户需求方面，需要深入调研客户的年龄、性别、职业、兴趣爱好等，以制定更有针对性的营销策略。同时，提高客户体验感和品牌忠诚度，也是客源市场营销的重要目标。通过提供优质的服务、创造良好的旅游体验以及培养客户对品牌的信任和认可，实现客户的重复消费和口碑传播。

有效整合营销渠道是康养旅游营销成功的关键之一，通过利用各种有效的渠道，将旅游产品和服务信息传递给目标客户。这些渠道包括：社交媒体、线上平台（如携程网、去哪儿网等）、线下活动（如旅游展会、宣传活动等）等。在选择营销渠道时，需要考虑目标市场的特点以及不同渠道的优劣势，以提高营销效能。

康养旅游品牌建设也是至关重要的，是提高品牌知名度和美誉度的关键。在品牌定位方面，需要明确品牌的核心价值观和特点，如健康、养生、高端等。品牌视觉设计应简洁明了，易于辨认和记忆。同时，为了维护品牌形象，需要关注口碑的维护，及时处理客户反馈和投诉，提高客户满意度。

五 康养旅游营销构成

（一）目标市场调研

目标市场与竞争分析是制定康养旅游营销策略的重要前提。通过对市场和竞争的深入了解，可以有效地制定出更具针对性的营销策略。分析旅游市场的特点和需求，确定目标市场，如高端旅游者、家庭旅游者、学生旅游者等。在康养旅游营销的市场调研中，首先需要进行目标市场定位。其中包括确定目标客户群体、了解他们的需求和偏好，以及确定市场定位和竞争优势。通过对目标市场的深入了解和分析，可以制定更加精准的营销策略，提高市场占有率和竞争力。

也需要对竞争对手的产品和服务进行深入的分析和比较，了解竞争对手的优势和劣势及其在市场中的地位和影响力。通过对竞争对手的分析，可以更好地了解市场需求和趋势，以及自身的竞争力和不足之处，从而制定更加有效的营销策略。消费者需求调研是康养旅游营销市场调研的重要组成部分。需要对消费者的需求和偏好进行深入的调查和分析，了解他们对康养旅游产品和服务的需求和期望。通过消费者需求调研，可以更好地了解市场需求和趋势，优化产品和服务，提高客户的满意度和忠诚度。

（二）品牌建设

品牌建设即品牌定位和形象塑造，是康养旅游产业营销的核心部分。品牌定位是企业根据目标市场需求和竞争环境，明确品牌的核心竞争优势和目标群体。形象塑造则是指通过视觉、语言和行为等多种方式，向目标市场传达品牌产品和服务的品质、特色和价值。

旅游企业需要通过品牌形象的塑造，打造独特的康养旅游品牌形象和价值观，提高品牌的知名度和美誉度，增加客户的信任感和忠诚度。品牌形象的塑造包括品牌名称、标识、口号、形象设计等方面，需要与企业的文化和价值理念相符合，体现企业的独特性和差异化优势。

（三）营销策略

价格策略与优惠政策是康养旅游营销策略中直接影响客户体验的重要因素。价格策略是康养旅游营销中的重要组成部分，需根据市场需求和竞争状况，制定合理的价格，并兼顾好产品和服务的质量和效益。同时，企业还需要根据客户的需求和偏好，提供灵活的价格选择和优惠活动，提高客户的购买意愿和忠诚度。优惠政策是指通过各种方式给予客户优惠待遇和福利，以吸引客户和提高客户满意度。可制定多种优惠营销策略，如发放优惠券、折扣促销、捆绑销售、实行会员制等，以吸引目标市场。

产品策略与特色营销是康养旅游产业营销策略的关键环节。产品策略是指根据市场需求和竞争状况，对康养旅游产品进行规划、设计和优化。特色营销则是指通过独特的营销手段和活动，吸引目标客户群体的关注和参与。可通过开发和推广多种旅游产品，如度假酒店、高尔夫球场、特色旅游路线、特色活动等，满足不同目标市场的需求。

（四）传播推广

康养旅游营销的传播渠道多种多样，企业可以根据自身情况和目标客户群体的特点，选择合适的传播渠道进行营销推广。

第一，利用互联网平台进行康养旅游营销是一种常见的方式。企业可以通过官方网站、社交媒体账号、旅游预订平台等，发布康养旅游产品和服务信息，吸引潜在客户的关注和参与。

第二，社交媒体是现代人获取信息和交流的重要渠道，也是康养旅游营销的重要传播渠道。企业可以通过微博、微信、抖音等社交媒体平台，发布有关康养旅游的内容，与潜在客户进行互动和沟通，提高品牌知名度和影响力。

第三，通过举办康养旅游相关的线下活动，如健康讲座、体验活动、展览会等，吸引潜在客户的参与和关注，提高品牌曝光度和知名度。

第四，可以进行"合作伙伴"营销传播，与旅行社、OTA 等合作伙伴进行合作，共同推广康养旅游产品和服务，扩大销售渠道和提高销售量。选择销售渠道与合作伙伴是康养旅游营销策略中不可或缺的一环，即选择合适的销售渠道和合作伙伴，以有效推广和销售康养旅游产品，并与相关企业或机构建立战略合作伙伴关系，共同推动康养旅游产业的发展。

第五，康养旅游的市场推广，即制定有针对性的市场推广策略，以吸引目标受众并促进销售。市场推广可以采用多种方式，包括线上营销、线下活动、促销优惠以及合作推广等。这些策略旨在提高产品的知名度和吸引力，进而促进销售增长和市场份额提升。

（五）客户关系管理

在康养旅游营销中，客户信息管理是客户关系管理的基础。旅游企业需要建立完善的客户信息管理系统，收集、整理、分析和存储客户的个人基本信息、购买记录、反馈意见等，以便更好地了解客户需求和偏好，为后续的营销和服务提供支持。了解客户对康养旅游产品和服务的需求和期望，从而制定更加精准的营销策略和服务方案。同时，企业还需要及时了解客户的反馈意见，不断优化产品和服务质量，提高客户满意度和忠诚度。

客户服务是康养旅游营销的核心环节之一。企业需要提供优质的服务和售后支持，满足客户的需求和期望。企业可以通过建立完善的客户服务体系、提供个性化的服务方案、加强售后服务等方式优化客户服务。同时，还需要建立客户满意度调查机制，及时了解客户的反馈意见，不断改进产品和服务质量。

赢得客户忠诚是康养旅游营销的重要目标之一。企业需要通过提供优质的产品和服务、加强售后服务等方式，培养客户的忠诚度。同时，企业还需要建立客户忠诚度评估机制，及时了解客户的购买记录和反馈意见，不断优化产品和服务质量。此外，企业还可以通过会员制度、积分奖励等方式，激励客户重复购买和吸引新客户，提高客户忠诚度和口碑传播效果。

康养旅游营销的客户关系管理需要从多个方面入手，注重客户信息管理、客户需求分析、客户服务优化、客户满意度提升以及客户忠诚度培养等方面的工作。只有全面而有效地进行客户关系管理，才能提高客户的满意度和忠诚度，增加市场份额并促进企业的发展。

（六）绩效评估

评估康养旅游营销绩效的首要任务是对营销策略的效果进行评估。这包括评估各种营销策略，如广告宣传、公关活动、线上线下营销等的效果。可以通过收集和分析各种营销活动的数据，如点击率、转化率、曝光量等，来评估营销策略的有效性。同时，也需要对营销策略的执行情况进行评估，了解策略的执行效果和执行效率。

评估康养旅游营销绩效的另一个重要指标是市场份额的变化情况。可以通过市场调研、分析市场数据等方式，来获取市场份额的变化情况。同时，也需要对竞争对手的市场份额进行了解和分析，以把握市场竞争情况和企业所处的地位。客户满意度也是评估康养旅游营销绩效的重要指标之一。可以通过定期的客户满意度调查，收集客户的反馈意见和评价，了解客户对产品和服务的质量、价格、水平等各个方面的满意度和期望。同时，也需要对客户的投诉和建议进行分析和处理，以改进产品和服务质量，提高客户满意度和忠诚度。

品牌知名度同样是评估康养旅游营销绩效的重要指标之一。可以通过市场调研、社交媒体分析等方式，来了解品牌在市场中的知名度和美誉度。

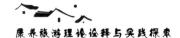

同时，也需要对品牌形象的建设和传播效果进行评估，了解品牌形象对企业形象和市场竞争力的影响。此外，可以通过分析销售数据、销售额等指标的变化情况，了解销售收入的增长情况和趋势。同时，也需要对销售收入的构成和结构进行分析，以了解产品的销售情况和市场占有率的变化情况。

康养旅游营销的绩效评估需要从多个方面入手，包括营销目标达成度、市场份额变化情况、客户满意度、品牌知名度、营销预算控制情况、投资回报率、销售增长率、客户获取成本以及客户保持成本等方面。通过对这些指标的评估和分析，企业可以全面了解营销策略的有效性和执行情况，及时调整和优化营销策略及投入方式，提高企业的竞争力和可持续发展能力。

六　康养旅游营销要点

康养旅游市场竞争日益激烈，旅游企业应注重打造差异化竞争优势，突出自身的特色和亮点。通过创新和差异化竞争，企业可以避免同质化竞争，提高品牌知名度和美誉度，吸引更多客户关注和购买。

（一）以市场需求为导向

康养旅游营销应以市场需求为导向，深入了解目标客户的需求和偏好，根据市场需求进行产品设计和营销策略的制定。通过对市场进行调研和分析，企业可以掌握客户的需求和偏好，从而更好地满足市场需求，提高营销效果。康养旅游市场调研与分析的过程，也是对康养旅游产品的目标客户群体进行明确和定位的过程。这涉及对市场需求的深入了解和分析，以确定旅游企业所提供的康养旅游产品或服务在市场中的位置和目标客户群体。通过明确市场定位，企业可以更加精准地制定营销策略，提高市场占有率和竞争力。康养旅游产品的品质是客户选择的重要因素。旅游企业应注重提高产品的品质和服务的质量，以满足客户的期望和需求。在营销中，企业应突出产品的优势和特色，以及自身的专业性和技术能力，从而赢得客户的信任和忠诚。

（二）以整合资源为基础

康养旅游营销策略应整合各种资源，制定一系列有针对性的营销计划和措施。这包括产品策略、价格策略、渠道策略、促销策略等，旨在实现企业的营销目标。通过运用多种营销手段和渠道，实现信息传播的全方位覆盖，提高市场占有率和盈利能力。康养旅游营销策略的制定，需要结合市场调研和分析结果，以及企业的实际情况和目标客户的需求，以确保营销计划的针对性和有效性。康养旅游的品牌塑造，需通过打造独特的品牌形象和品牌文化，提高品牌在市场中的知名度和美誉度，这涉及对品牌的定位、名称、标识、口碑等方面的设计和推广，以树立企业所提供的康养旅游产品或服务的独特形象。通过品牌塑造，企业可以提升品牌的价值，吸引更多潜在客户关注和购买。

（三）以客户体验为核心

康养旅游市场不断变化和发展，旅游企业需要注重持续创新，不断推出新的产品和服务，以满足市场的需求和变化。客户体验是康养旅游企业成功的重要因素之一。企业应注重提高客户体验感和服务质量，关注客户的满意度和忠诚度。通过优化旅游产品和服务流程，提高客户的体验感和满意度，进而推动其可持续发展。康养旅游企业应注重履行社会责任，积极推动社会公益事业的发展。通过参与社会公益活动和环保行动等，企业可以提升品牌形象和社会影响力，同时为社会做出贡献。

（四）以数据分析为依据

康养旅游营销的数据分析是指，通过对营销活动和客户数据进行收集、整理、分析和利用，实现对企业营销策略的优化和改进。这涉及对市场趋势、客户行为偏好、消费习惯等方面的数据分析，以及对营销活动投入产出比的分析和评估。通过数据分析，企业可以更好地了解市场需求和客户行为，为营销策略的制定和调整提供有力的支持和依据。同时，数据分析还可以帮助企业监测竞争对手的动态和市场变化，及时调整自身的竞争策略和市场定位。

（五）以产业发展为目的

康养旅游产业营销的目的是吸引更多游客关注和购买康养旅游产品或

服务，从而推动康养产业的发展。通过宣传康养旅游的特色和优势，可以吸引更多潜在游客的关注，从而增加游客的数量和规模。同时，营销活动还可以通过提供优惠和促销活动等手段，增加游客的购买意愿和忠诚度，增强产业竞争力。通过宣传康养旅游的特色和优势，可以让更多的人了解和认识这个产业，增加产业的曝光度和吸引力。同时，营销活动还可以通过提供优质的产品和服务，提高客户的满意度和忠诚度，从而增加市场占有率。

康养旅游营销可以推动经济的发展和增长。康养旅游是一个综合性强的产业，涉及食、宿、行、游、购等多个方面，具有产业链长、涉及面广、带动性强等特点。通过营销活动，可以吸引更多游客前来消费，带动相关产业的发展和增长，从而促进区域经济的繁荣和发展。康养旅游产业发展可以促进当地经济的增长和发展，带来更多的就业机会和经济效益。同时，康养旅游产业的不断发展，还可以带动相关产业的发展，如酒店业、餐饮业、交通运输业等，形成产业集群效应，推动区域经济的繁荣和发展。

第二节　康养旅游市场开发

随着时代的发展以及人们物质生活水平的提高，健康养生等相关话题越来越受到人们的重视。康养旅游的核心是满足消费者在身心健康、文化体验、生态保护等方面的需求。康养旅游市场开发是康养旅游产业发展的重要环节。

一　康养旅游市场开发概念

康养旅游市场开发指利用各种资源和手段，推动康养旅游产业和市场壮大。它的要点体现在两个方面：一是要开发好的旅游产品，二是要注重产品的品质和特色，从而吸引旅游消费者。具体内涵如下。

（一）深入挖掘市场需求

康养旅游市场开发需要了解目标客户群体的需求和偏好，分析市场需求的变化趋势，预测未来市场的潜力。通过对市场需求的深入挖掘，旅游企业可以制定更加精准的产品和服务策略，满足客户需求，提高市场竞争力。康养旅游市场开发的首要任务是促进旅游者的身心健康。通过提供各种健康促进活动和养生旅游项目，例如健康饮食、健身运动、瑜伽等，可以帮助旅游者改善生活习惯，增强身体素质，提高生活质量。比如，康复疗养旅游主要针对有特定健康问题或疾病康复需求的旅游者，通过为旅游者提供专业的康复治疗服务，如物理疗法、康复训练等，帮助旅游者恢复身体功能，提高生活质量。

（二）充分利用各种资源

康养旅游市场开发需要充分利用各种资源，包括自然资源、文化资源、人力资源等。企业需要通过对资源的整合和利用，打造独特的康养旅游产品和服务，提高产品的吸引力和竞争力。同时，企业还需要注重资源的保护和可持续发展，实现经济效益和社会效益的统一。养生休闲是康养旅游的重要功能，主要满足旅游者在放松身心、缓解压力方面的需求。通过提供各种养生休闲活动，如温泉浴、SPA、森林浴等，帮助旅游者放松身心、缓解压力，提高生活品质。比如，医疗旅游是一种结合医疗和旅游的综合性服务，包括但不限于手术治疗、康复治疗、健康检查等活动。康养旅游市场开发需要充分利用医疗旅游的优势，为旅游者提供高品质的医疗服务。自然养生是康养旅游市场的核心要素之一，强调利用当地的自然环境和资源来促进身心健康。通过提供各种自然养生项目，例如户外徒步等，可以让旅游者亲近大自然，享受自然之美，同时促进身心健康。

（三）打造独特产品服务

康养旅游市场开发的核心是旅游产品的创新。企业需要结合市场需求和资源特点，创新产品设计、服务流程、旅游方式等，打造独特的康养旅游产品和服务。同时，企业还需要注重产品的品质和安全性，提高产品的可靠性和稳定性，赢得客户的信任和口碑。比如，养老旅游是一种结合养老和旅游的综合性服务，主要满足老年人在养老和养生方面的需求。康养旅游市场开发需要关注养老旅游的需求和特点，为老年人提供优质的养老旅游服务，例如老年公寓、养老院、护理中心等，可以满足老年人对于生活照料、医疗护理、文化娱乐等方面的需求。文化养生是一种通过文化活动来促进身心健康的方式。康养旅游市场开发需要注重文化养生的理念，通过提供各种文化体验活动，如民俗表演、文化讲座等，可以让旅游者更好地了解当地的文化和历史，同时促进身心健康。

（四）制定有效营销策略

康养旅游市场开发需要制定有效的营销策略。企业需要通过对目标市场的深入了解和分析，制定有针对性的营销策略和推广方式。同时，企业还需要注重营销渠道的拓展和营销手段的创新，提高产品的知名度和吸引力。品牌建设也是康养旅游市场开发的关键环节，需要树立良好的品牌形象和口碑。通过加强品牌宣传、提高服务质量、提高旅游者满意度等方式，可以提升康养旅游品牌的知名度和美誉度。同时，品牌建设也需要注重差异化和特色化，以吸引更多的旅游者选择该品牌的康养旅游产品和服务。康养旅游市场开发需要产业链各方的协同发展，这包括旅游景点、酒店、餐饮、交通等相关产业的合作和协调。企业需要与产业链各方建立良好的合作关系，实现资源共享、优势互补，提高整个产业链的竞争力和效益。

（五）注重服务质量提升

服务质量提升是康养旅游市场开发的重要环节，需要提供优质的服务和设施，以满足旅游者的需求和提高其满意度。通过提高服务水平，如提供优质的住宿条件、餐饮服务、导游讲解等，可以提高旅游者的体验感和满意度。同时，安全和卫生也是服务质量提升的主要内容。企业需要提供优质的服务和售后支持，还需要注重服务流程的优化和服务标准的制定，提高服务质量和效率。通过优质的服务赢得客户的信任和口碑，提高企业的竞争力和可持续发展能力。

（六）积极履行社会责任

康养旅游市场开发需要企业积极履行社会责任。康养旅游市场开发需要注重生态保护，保护当地的自然环境和生态环境。通过采取环保措施，例如减少污染、保护野生动植物等，可以保证康养旅游的可持续发展。同时，良好的生态环境也是康养旅游的重要条件之一。企业需要注重环境保护、社会公益等方面的投入和实践，树立良好的企业形象和社会责任感。同时，企业还需要关注员工的权益和发展，营造良好的企业文化和工作环境。通过履行社会责任，企业可以赢得社会的认可和支持，为企业的可持续发展奠定基础。

二　康养旅游市场开发特征

康养旅游市场开发具有模式多样、政策导向、主题鲜明、产品多元、联动发展、规范有序等特点。这些特点为企业提供了广阔的发展空间和机遇，同时也提出了更高的要求和挑战。企业需要结合自身实际情况和市场环境，制定科学合理的发展策略和措施，推动康养旅游市场的健康发展。

（一）模式多样

康养旅游市场开发需要不断创新和优化产品和服务的内容及形式，以满足不同游客的需求和市场变化。比如，可以引入新技术、新理念、新模式等，提高服务质量和效率。企业可以根据自身的资源条件和市场定位，选择适合自己的发展模式，如生态旅游、文化旅游、乡村旅游等。同时，企业还可以结合多种模式进行创新，打造独特的康养旅游产品和服务，满足不同客户的需求。

（二）政策导向

政策导向，即与政策深度融合。政府可以出台相关政策法规，规范市场秩序，推动康养旅游产业的健康发展。同时，政府还可以通过财政补贴、税收优惠等方式，支持企业的发展和创新。通过政策支持和引导，可以为企业创造良好的发展环境，推动康养旅游市场的快速发展。同时，企业需要积极响应政策号召，与政府合作，共同推动康养旅游市场的发展。

（三）主题鲜明

康养旅游市场开发关注市场需求变化，以健康为主题，以提供与健康相关的产品和服务为主要内容。因此，开发过程中需要考虑如何促进游客的身心健康，如提供健康饮食、健身运动、康复疗养等服务。随着人们生

活水平的提高和健康意识的增强，康养旅游市场需求不断变化。企业需要关注市场需求的变化趋势，及时调整产品和服务策略，满足客户的需求和期望。同时，企业还需要正确引导客户需求，推动康养旅游市场的创新和发展。

（四）产品多元

康养旅游市场开发需要考虑不同游客的需求和偏好，提供多元化的产品和服务。同时，还需要根据每个游客的具体情况和需求，提供个性化的定制服务。旅游企业可以结合市场需求和资源特点，创新产品设计、服务流程、旅游方式等，打造独特的康养旅游产品和服务。同时，企业还可以引入多种元素，如文化、艺术、科技等，提高产品的吸引力和竞争力。产品元素多元化可以为康养旅游市场提供更加丰富多彩的产品和服务。

（五）联动发展

康养旅游企业可以与产业链各方建立良好的合作关系，实现资源共享、优势互补，提高整个产业链的竞争力和效益。同时，康养旅游企业还可以与其他企业进行合作，共同推动康养旅游市场的发展。联动发展可以为康养旅游市场提供更加广阔的发展空间和机遇。在开发过程中，还需要考虑当地自然环境、社会经济和文化传统的可持续发展，确保开发不会对当地的环境和社会造成负面影响。旅游企业需要注重环境保护、社会公益等方面的投入和实践，树立良好的企业形象和社会责任感。同时，企业还需要关注员工的权益和发展，营造良好的企业文化和工作环境。通过可持续发展，企业可以赢得社会的认可和支持，为企业的可持续发展奠定基础。

（六）规范有序

康养旅游市场开发需要规范有序发展。康养旅游市场开发提供的产品和服务具有较高的附加值，能够为游客提供更好的旅游体验和健康服务，同时也能够提高当地的经济和社会效益。因此，旅游企业需要遵守相关法律法规和行业规范，建立健全的内部管理制度和运营机制。同时，企业还需要注重产品质量和服务质量的管理和监督，提高产品的可靠性和稳定性。通过规范化发展，企业可以提高自身的竞争力和信誉度，赢得客户的信任和口碑。

三　康养旅游市场开发类型

康养旅游市场开发模式可以根据不同的地域和资源进行分类。同时还可以根据不同的主题和特色进行分类。不同类型的康养旅游市场，具有不同的特点和优势，可以根据市场需求和当地资源进行针对性开发。在开发康养旅游市场时，需要根据当地的资源和市场需求等，选择合适的模式类型进行市场开发，不断创新和优化产品和服务的内容及形式，提高服务质量和竞争力，实现康养旅游的可持续发展。

（一）资源导向型

资源导向型开发模式一般用于资源比较丰富的地区，充分挖掘和利用当地的资源优势，打造具有竞争力的康养旅游产品，如自然资源、文化资源、医疗资源等。自然资源主要利用当地的自然环境和资源，包括山水景观、森林草原、温泉等，来促进身心健康。比如，山区康养旅游可以利用山地的自然环境，提供登山、徒步、溯溪等户外运动项目，同时还可以提供温泉浴场、森林浴场等康复疗养服务。海滨康养旅游可以利用海岸线的自然环境，提供海滨浴场、海上运动、海鲜美食等特色服务。文化资源则主要是利用当地的文化资源和历史遗产，包括历史文化、民俗风情、艺术表演等，来促进身心健康。古城康养旅游可以利用古城的建筑风貌和文化底蕴，提供文化体验、文艺表演、艺术创作等服务。乡村康养旅游可以利用乡村的田园风光和农耕文化，提供农事体验、乡村美食、民俗展演等服务。

（二）市场导向型

市场导向型是指以市场需求为基础，深入了解游客的需求和偏好，并以此为依据开发具有竞争力的康养旅游产品，主要内容包括了解目标市场、定位产品特色、创新服务模式、持续优化改进等。通过市场调研和数据分析，可以更好地了解目标市场的需求，为产品开发提供依据。根据市场需求的变化，定位产品特色，打造具有竞争力的康养旅游产品。比如，针对老年人的养老养生需求，可以推出养老公寓、健康管理等产品；针对年轻

人的健康管理需求，可以推出健身中心等产品。针对不同需求的游客，创新服务模式，提供个性化的康养旅游服务，并在旅游产品推出后，持续收集游客反馈和评价，了解产品的优缺点和市场反应。根据反馈和评价，及时优化改进产品和服务，提高游客满意度和市场竞争力。

（三）生态导向型

生态导向型是以保护生态环境为基础，以生态保护和可持续发展为原则，开发旅游产品。这种开发模式一般适用于自然保护区、生态旅游区等。生态资源是康养旅游市场开发的重要资源，包括空气质量、植被覆盖率、生物多样性等。这些生态资源可以为游客提供清新的环境，促进身心健康。在开发康养旅游产品时，应该注重保护当地的生态环境，合理利用生态资源，打造具有生态特色的康养旅游产品，实现康养旅游市场的长期稳定发展。

（四）效益导向型

效益导向型是以经济效益为重点，通过科学合理的市场开发策略，实现康养旅游市场的经济效益最大化，主要内容包括多元化开发、资源整合等。开发多元化的康养旅游产品，如养老养生、医疗保健、户外运动、文化体验等。通过多元化的产品组合，满足不同游客的需求，提高产品的附加值和市场竞争力。同时，通过合理的定价策略和销售渠道，实现产品效益的最大化，并整合当地资源，包括自然景观、气候条件、文化资源、生态资源等。通过资源整合，提高资源利用效率，降低生产成本，实现经济效益的最大化。此外，通过资源整合，打造具有特色的康养旅游产品，提高产品的吸引力和竞争力。

四 康养旅游市场开发原则

随着社会的发展和人们健康意识的提高，康养旅游市场逐渐成为旅游市场的重要组成部分。康养旅游市场开发应遵循以需求为导向、以产品为核心、以绿色为基调、以市场为关键、以品牌为重点等原则，如此，企业才能更好地推动康养旅游市场的健康发展，满足客户的需求和期望，实现社会价值的最大化。

（一）以需求为导向

康养旅游企业需要深入了解目标客户群体的需求和偏好，根据市场需求的变化趋势，制定科学合理的产品和服务策略。企业还需要注重市场调研和数据分析，及时调整产品和服务策略，满足客户的需求和期望，此外，企业还应充分利用当地的资源优势，深入挖掘当地的自然资源、文化资源和人力资源等，打造独特的康养旅游产品和服务。同时，企业还需要注重资源的保护和可持续发展，实现经济效益和社会效益的统一。

（二）以产品为核心

康养旅游市场的核心是提供健康、养生的产品。因此，在市场开发过程中，要始终以健康为先，注重提高游客的健康水平，提供更加全面、专业的养生产品。同时，要注重发展的可持续性，确保康养旅游市场的长期稳定发展，创新产品开发。企业需要结合市场需求和资源特点，创新产品设计、服务流程、旅游方式等，打造独特的康养旅游产品和服务。同时，企业还需要注重产品的差异化，打造具有竞争力的产品和服务。

（三）以绿色为基调

康养旅游市场开发必须坚持生态优先、保护为主的原则。在开发过程中，要注重保护生态环境，维持生态平衡，避免对环境造成不良影响。同时，要提倡绿色低碳的旅游方式，推广节能减排的理念，为游客提供更加绿色、健康的旅游环境。旅游企业需要注重环境保护、社会公益等方面的投入和实践，树立良好的企业形象和社会责任感。同时，企业还需要注重文化的传承和保护，提升产品的文化内涵和吸引力。

（四）以市场为关键

康养旅游市场的开发需要合理布局，逐步推进。要结合当地实际情况，制定科学的发展规划，避免盲目开发和低水平重复建设。同时，要根据市场需求的变化，推进产品和服务升级，提高市场竞争力。康养旅游市场的开发需要政府引导和市场运作的有机结合。政府应制定相关政策，提供必要支持和保障，引导发展方向。同时，要充分发挥市场的作用，鼓励企业

和社会资本进入市场，推动康养旅游的快速发展。企业需要与当地政府、景区、酒店等建立良好的合作关系，实现资源共享、优势互补。

（五）以品牌为重点

康养旅游品牌管理贯穿康养旅游目的地建立、形象维护以及品牌巩固的全过程，具有独特性、动态性、复杂性和文化性的特点。康养旅游市场的开发需要实施品牌战略，提升品质。要通过提高产品质量和服务水平，树立良好的品牌形象，增加品牌的竞争力和美誉度。同时，要注重品牌推广和市场营销，提高市场知名度和吸引力。通过品牌管理，康养旅游目的地可同其目标市场建立一种难以取代的情感联系，从而形成竞争优势。

五　康养旅游市场开发意义

康养旅游市场开发具有重要的现实意义，能够满足人们对健康和幸福的需求，促进地方经济的发展，提升旅游业的品质，推动健康产业的发展，以及促进文化传承和发展。因此，应该积极推动康养旅游市场开发，为更多的人提供更加优质的旅游产品和服务。

（一）丰富旅游产品体系

传统的旅游市场主要关注旅游观光和休闲度假，而康养旅游则更加注重健康、养生和康复等方面的需求。通过康养旅游市场的发展，可以拓展旅游市场的领域和内涵，满足更多游客的多样化需求，从而丰富旅游市场体系，促进旅游市场的多元化发展。康养旅游市场的发展，对提升旅游服务质量也具有重要作用。康养旅游需要提供更加专业化、个性化的服务，满足游客在健康、养生和康复等方面的需求。通过提升服务质量和水平，可以增强游客的满意度和忠诚度，提高旅游业的整体竞争力。

（二）推动产业转型升级

康养旅游市场的发展，是旅游产业转型升级的重要推动力。传统的旅游产业主要依赖自然资源、历史文化资源和传统服务业等，而康养旅游则更加注重对健康、养生和康复等领域的开发和创新。通过发展康养旅游，可以促进旅游产业的转型升级，推动旅游业向更高层次、更宽领域发展。

康养旅游市场的发展与健康产业的发展密切相关。康养旅游需要结合健康理念，提供更加全面、专业的健康养生服务。康养旅游市场的发展，可以促进健康产业的发展，提高健康服务的水平和质量，满足更多人的健康需求。同时，开发康养旅游市场可以增强国际竞争力，随着全球化的加速发展，旅游业面临着更加激烈的竞争。通过发展康养旅游，可以结合当地的文化、自然资源和特色，打造具有国际竞争力的康养旅游品牌和产品，吸引更多的国际游客，提高国际竞争力。康养旅游市场开发，对于丰富旅游市场体系、提升旅游服务质量、促进旅游产业转型升级、推动健康产业发展以及增强国际竞争力等，都具有重要的意义。

（三）提升产业发展品质

康养旅游市场开发，可以满足人们对健康和幸福的需求。随着生活水平的提高，人们对健康的关注度也越来越高，康养旅游正是为了满足这种需求而产生的。通过康养旅游，人们可以享受到健康体检、疗养、康复等服务，有利于改善公众的健康状况，提高大众对健康管理的重视程度。同时，康养旅游作为旅游业的一个分支，其开发有助于提升旅游业的品质。传统的旅游业以观光为主，而康养旅游则更加注重旅游者的身心健康和疗养，为旅游业的发展注入了新的活力。

（四）带动区域经济发展

康养旅游是一个多元化、综合性的产业，能够创造就业机会，提升当地居民的收入水平。随着康养旅游市场的发展，需要更多的专业人才和服务人员来满足市场需求。这些岗位包括导游、酒店服务人员、医疗保健人员等，可以为当地居民提供更多的就业机会，促进当地经济的发展。同时，康养旅游还能够推动相关产业的发展，例如医疗、住宿、餐饮等。这将促进地方经济的发展，改善当地人民的生活品质。康养旅游的发展也将推动健康产业的发展，为更多的人提供更加优质的健康服务。随着人们对健康的关注度不断提高，健康产业也迎来了前所未有的发展机遇。

（五）促进社会文化交流

康养旅游市场的发展可以促进文化交流。康养旅游不仅是一种健康服

务，也是一种文化体验。通过康养旅游，游客可以深入了解当地的文化、历史和风俗习惯，促进不同文化之间的交流和理解。同时，康养旅游也可以为当地居民提供了解其他文化的机会，推动文化传承与创新，促进文化多样性的发展。许多传统的养生方法和文化精髓与康养旅游密切相关，借助康养旅游，可以将这些传统文化和养生方法传承下去，并让更多的人了解和体验。

六　康养旅游市场开发步骤

康养旅游市场开发是一项复杂的系统工程，需要遵循一定的步骤和流程，从资源评估到持续改进，都需要注重细节和质量。通过科学合理的开发流程和管理方式，可以打造出具有吸引力和竞争力的康养旅游品牌，满足市场需求和客户期望，推动康养旅游产业的可持续发展和社会价值的最大化。

（一）资源评估

康养旅游市场开发的首要步骤是对当地资源进行评估。评估的资源包括自然资源、文化资源、医疗资源、农业资源、体育资源、地产资源和技术资源等。评估的目的是确定当地资源的类型和特点，以及确定这些资源能够为康养旅游市场提供哪些服务和产品。

（二）市场调研

在资源评估的基础上，需要进行市场调研。市场调研的目的是了解市场需求、竞争状况、消费者行为和行业趋势等方面的情况。通过市场调研，可以确定康养旅游市场的定位和目标客户群体，以及这些客户对康养旅游产品和服务的需求和期望。

（三）定位策略

在市场调研的基础上，需要制定定位策略。定位策略是指根据市场需求和竞争状况，确定康养旅游市场的定位和特色。定位策略需要考虑当地的资源特点、市场需求、竞争状况和品牌形象等，以打造具有吸引力和竞争力的康养旅游品牌。

（四）产品设计

在定位策略的基础上，需要进行产品设计。产品设计是指根据市场需求和资源特点，设计康养旅游产品和服务。产品设计需要考虑产品的类型、价格、品质、特色和差异等，以满足不同客户群体的需求和期望。

（五）营销推广

产品设计完成后，需要进行营销推广。营销推广的目的是将产品推向市场，提高品牌知名度和美誉度，吸引更多的客户进行消费。营销推广可以采用多种手段，如广告宣传、促销活动、社交媒体推广、网络营销等，以扩大产品的知名度和影响力。

（六）设施建设

在营销推广的同时，需要进行设施建设。设施建设包括康养旅游所需的硬件设施和软件服务。硬件设施包括住宿设施、餐饮设施、娱乐设施、医疗设施、健身设施等，软件服务包括人员培训、安全管理、客户服务等方面。设施建设的目的是提高客户的满意度和舒适度，提升品牌形象和竞争力。

（七）服务质量提升

设施建设完成后，需要注重服务质量提升。服务质量提升包括员工培训、服务流程优化、客户反馈与持续改进等方面。通过不断提升服务质量，可以增强客户的满意度和忠诚度，提高品牌形象和口碑。

（八）改进创新

康养旅游市场开发是一个持续的过程，需要不断进行改进创新。改进创新主要指对产品和服务的质量、价格、安全等方面，进行不断优化和创新，以满足客户的需求和期望。同时，需要关注行业发展趋势和市场变化，及时调整战略和策略，保持品牌的竞争力和可持续发展。

第三节　康养旅游品牌形象

康养旅游品牌形象包括旅游环境、服务质量、健康养生、文化体验和

品牌形象等内容。这些内容相互交织、相互影响，共同构成完整的康养旅游品牌形象。康养旅游品牌形象是康养旅游企业的重要资产，对于企业的经营和发展具有至关重要的作用。

一 康养旅游品牌形象概念

康养旅游品牌形象是康养旅游企业在市场上所展现出的形象和特征，是企业的价值观、文化、产品和服务等方面的综合表现。康养旅游企业需要注重这些方面的综合打造和发展，以提供高质量的康养旅游产品和服务，满足游客的需求和期望，并在激烈的市场竞争中脱颖而出。

（一）以旅游环境为基础

康养旅游品牌形象的首要内涵是旅游环境。旅游环境是康养旅游的基础，包括自然环境、人文环境和社区环境等。在旅游环境的打造上，企业需要注重环境保护、生态平衡和可持续发展等方面，注重发挥资源优势的同时保护好生态环境，为游客提供舒适、安全、健康的旅游环境。

（二）以文化体验为延伸

康养旅游品牌形象的内涵还包括文化体验。旅游企业需要挖掘当地的文化资源和特色，提供丰富的文化体验活动和产品，包括文化讲座、民俗体验、艺术欣赏等，以满足游客追求文化素养的需求和期望。同时，企业还需要注重文化体验活动的质量和深度，提高游客的文化素养和审美水平。

（三）以健康养生为核心

康养旅游品牌形象的核心内涵是健康养生。旅游企业需要提供专业的健康养生服务和产品，包括健康饮食、健身运动、中医理疗、户外探险等，以满足游客追求身心健康的需求和期望。同时，企业还需要注重健康养生服务的专业性和安全性，提高游客的健康素养和生活质量。

（四）以服务质量为保障

服务质量是康养旅游品牌形象的重要内涵之一。企业需要提供优质的服务，包括专业的导游服务、良好的住宿条件、健康的餐饮服务等，以满足游客的需求和期望。同时，企业还需要注重服务细节和质量，提高游客的满意度和忠诚度，打造良好的企业形象和口碑。

（五）以品牌形象为灵魂

品牌形象是康养旅游品牌形象的灵魂。企业需要打造独特的品牌形象，包括品牌名称、标识、口号等，以吸引潜在客户并提升市场竞争力。同时，企业还需要注重品牌形象的持续性和一致性，通过长期的品牌传播和营销活动来维护和提升品牌形象的价值和市场认可度。

二　康养旅游品牌形象构成

康养旅游企业应注重打造独特的品牌形象，通过优质的产品和服务以及良好的口碑，来提升企业的竞争力和市场地位。同时，企业也应当注重履行社会责任，关注环保、公益、社会和谐等方面的问题，以实现可持续发展。

（一）名称与标识

品牌名称与标识是康养旅游品牌形象的重要组成部分。品牌名称应当具有独特性和易记性，能够与竞争对手区分开来。品牌标识的设计应当能够体现企业的文化、价值观和特点，具有视觉冲击力和吸引力。

（二）理念与文化

品牌理念是康养旅游企业的核心价值观和经营理念，是企业文化的核心组成部分。品牌理念应当能够反映企业的使命、愿景和价值观，以及企业的经营哲学和行为准则。品牌文化是康养旅游企业所倡导和践行的文化价值观和行为准则，是企业文化的具体体现。品牌文化应当能够吸引和凝聚目标客户群体，提升企业的竞争力和市场地位。

（三）形象宣传

品牌形象宣传是康养旅游企业向目标客户群体传递品牌形象和特点的重要手段。企业可以通过广告宣传、促销活动、社交媒体推广、网络营销等多种手段，向目标客户群体传递企业的品牌形象和特点，提高企业的知名度和美誉度。

（四）服务与口碑

品牌服务是康养旅游企业向目标客户群体提供的服务体验和服务质量。

企业应当注重提高服务质量和客户满意度，通过优质的服务体验和服务质量，来提升企业的品牌形象。品牌口碑是康养旅游企业在市场上所获得的评价和反馈，口碑有正面的，也有负面的，是企业形象和信誉的体现。企业应当注重提高客户满意度和忠诚度，通过良好的口碑，来扩大市场份额和提升企业的竞争力。

（五）合作与联盟

品牌合作与联盟是康养旅游企业与其他企业或机构合作，共同推广和发展品牌形象的重要手段。企业可以通过与其他企业或机构建立合作与联盟关系，共同开发新产品和服务，提高企业的竞争力和市场地位。

（六）社会责任

品牌社会责任是康养旅游企业对社会的贡献和责任承担，是企业社会形象的体现。企业应当注重履行社会责任，关注环保、公益、社会和谐等方面的问题，通过承担社会责任来提升企业的品牌形象和社会价值。

三 康养旅游品牌形象意义

康养旅游品牌形象的建立具有重要的理论意义和实践价值。它不仅能够提升旅游目的地的吸引力、增强游客的旅游体验、促进当地经济的持续发展、推动旅游产业的转型升级，还能够增强当地居民的文化自信和归属感、推动当地社会的和谐稳定和发展进步。

（一）吸引消费者

康养旅游品牌形象的建立有助于提升旅游目的地的吸引力和竞争力。一个具有鲜明品牌形象和独特魅力的康养旅游目的地，能够在激烈的市场竞争中脱颖而出，能够吸引更多的游客前来参观和体验。这种竞争力不仅体现在旅游目的地独特的自然风光和人文景观上，更体现在其提供的优质的健康养生、休闲放松、文化体验等产品和服务上。

（二）提高知名度

康养旅游品牌形象的建立，还有助于提升旅游目的地的知名度，并带动旅游产业的转型升级。一个具有鲜明品牌形象和广泛认知度的康养旅游品牌，能够提高康养旅游品牌所在地在国内外游客中的知名度和美誉度。传统的旅游业往往注重观光和休闲度假，而康养旅游则更加注重健康养生、文化体验等服务。通过发展康养旅游，可以推动旅游业向更高层次、更宽领域发展，促进旅游产业的转型升级。

（三）增强体验感

一个具有高品质、专业健康养生服务的康养旅游品牌，能够为游客提供更加舒适、愉悦的旅游体验，更有助于促进旅游目的地的可持续发展。游客在旅游过程中能够感受到身心愉悦、精神满足，这种良好的体验感会促进游客的口碑传播，进一步吸引更多的游客。通过提供健康养生、文化体验等服务，康养旅游品牌能够促进当地生态环境的保护和利用，推动当地经济的可持续发展。同时，通过增强游客的旅游体验，提高游客满意度和忠诚度，能够为旅游目的地的长期发展奠定基础。

（四）促进企业发展

康养旅游品牌形象能够提升旅游企业的吸引力，使企业在众多竞争对手中脱颖而出。独特的品牌形象能够吸引更多的目标客户群体，提高企业的市场占有率。良好的康养旅游品牌形象还能够提高企业的可信度，使客户对企业的产品和服务产生信任和认可。这种可信度不仅有助于企业赢得客户的信任，还有助于提高企业的声誉和形象。康养旅游品牌形象能够强化企业的品牌定位，使企业的产品和服务在市场上更加具有辨识度和独特性。通过塑造独特的品牌形象，企业能够将自己的产品和服务与竞争对手区分开来，更好地满足客户需求。其还能够提高企业的竞争力，使企业在市场上更具优势。良好的品牌形象能够提高企业的市场占有率和客户忠诚度，使企业在激烈的市场竞争中获得更多的优势。同时康养旅游品牌形象能够促进口碑传播，使企业的产品和服务得到更多客户的认可和推荐。良好的口碑能够提高企业的知名度和美誉度，为企业带来更多的潜在客户和业务机会，以实现市场价值的最大化和可持续发展。

（五）推动产业融合

康养旅游品牌建设有助于推动旅游业与其他产业的融合发展。康养旅

游不仅涉及旅游业本身，还涉及健康产业、文化产业等多个领域。通过发展康养旅游，可以促进这些产业之间的融合发展，形成完整的产业链和产业集群，推动当地经济的全面发展。此外，发展康养旅游还有利于增强旅游目的地的社会文化价值。康养旅游不仅仅是一种经济活动，更是一种文化体验和精神追求。通过提供健康养生、文化体验等服务，康养旅游可以促进当地文化的传承和发展，增强当地居民的文化自信和归属感，推动当地社会的和谐稳定和发展进步。

四 康养旅游品牌形象原则

康养旅游品牌形象是康养旅游企业的重要资产，对于企业的发展和市场竞争力的提升具有至关重要的作用。康养旅游品牌形象的塑造需要遵循真实性、可靠性、独特性、创新性、可持续性、可接近性、互惠性、一致性等原则。通过这些原则的贯彻和应用，可以打造出具有吸引力和竞争力的康养旅游品牌形象，提升企业的市场占有率和竞争力。

（一）真实性与可靠性

真实性能够反映企业的实际状况和特点，避免虚假宣传和夸大其词。在塑造品牌形象时，需要从实际情况出发，挖掘企业的核心价值和独特之处，以真实可信的形象来吸引客户。同时必须具有可靠性，能够让客户信任和依赖企业的产品和服务。在塑造品牌形象时，需要注重产品和服务的可靠性，以提升企业的信誉度和客户的满意度。

（二）独特性与创新性

独特性能够使企业与其他竞争对手区分开来，形成自身的品牌特色和吸引力。在塑造品牌形象时，需要注重品牌独特性，挖掘企业的独特资源和优势，打造具有个性的品牌形象，以适应市场变化和客户需求的变化。在塑造品牌形象时，还需要遵循创新性原则，需要注重创新思维和新颖设计，以打造具有吸引力和竞争力的品牌形象。

（三）可持续性与可接近性

可持续性能够适应市场变化和企业发展的需要，长期保持其竞争力和吸引力。在塑造品牌形象时，需要注重品牌的可持续性，以长期的眼光来规划和发展品牌形象。康养旅游品牌形象还必须具有可接近性，能够让客户感到亲切和易于接触。在塑造品牌形象时，需要注重客户的感受和体验，为客户提供贴心周到的服务和关怀，以增强客户的忠诚度和信任感。

（四）互惠性与一致性

互惠性指品牌发展既能够给客户带来实际利益和价值，又有利于企业的可持续发展。在塑造品牌形象时，需要注重客户的需求和期望，提供符合客户需求和期望的产品和服务，以实现企业与客户的互利共赢。同时康养旅游品牌形象必须具有一致性，能够保持形象的一致性和连贯性，避免信息传递出现混乱，造成误解。在塑造品牌形象时，需要注重品牌形象的统一性和稳定性，以确保品牌形象的一致性和连贯性。

五　康养旅游品牌形象构建

品牌形象构建是形成品牌的过程。这一过程解决了品牌有无的问题、品牌适宜性与准确性的问题，同时品牌形象建构完成了品牌核心价值的提炼与特色的突出。[①] 康养旅游品牌形象的构建过程中，品牌定位是基础和灵魂，品牌形象设计是重要组成部分，品牌维护管理是重要保障，品牌创新升级是重要环节。

（一）品牌定位

康养旅游品牌定位是旅游企业根据市场需求、竞争状况和企业自身条件，确定品牌形象和目标消费群体的过程。品牌定位是康养旅游品牌形象构建的基础和灵魂。在品牌定位过程中，需要分析市场需求、竞争对手和目标客户，确定品牌的定位策略和核心卖点。康养旅游品牌定位应突出健康、养生、旅游体验等方面的优势，针对不同客户群体提供个性化的产品和服务。

---

① 张海燕、王忠云：《产业融合视角下的民族文化旅游品牌建设研究》，《中央民族大学学报》（哲学社会科学版）2011 年第 4 期。

1. 目标客户

康养旅游的目标客户指旅游企业所面向的消费者群体。企业需要根据目标客户的消费需求和行为特征，制定相应的品牌策略和营销策略，以吸引目标客群。比如，中老年人群是康养旅游的主要目标客户群体，他们往往有一定的经济实力和闲暇时间，需要通过康养旅游追求身心健康和休闲放松；注重健康养生的年轻人同样关注身心健康，但他们可能因为工作忙碌或生活压力较大，更倾向于通过康养旅游来放松身心；亚健康人群可能因为长时间的工作、生活压力或不良习惯等，身体处于亚健康状态，需要通过康养旅游来改善身体状况；病患人群可能因为疾病或手术等，需要康复治疗或疗养，可以通过康养旅游来获得专业的康复服务和优质的疗养环境（见表9-2）。

表9-2　康养旅游目标客户定位

分类方式	目标客户	关注点
年龄	儿童和青少年	健康饮食、户外运动、文化体验
	中青年	健身运动、休闲度假、温泉疗养
	中老年	养生保健、康复训练、医疗养生
健康状况	健康人群	休闲度假、文化体验
	亚健康人群	健康养生、调理身心
	疾病康复人群	康复训练、医疗养生
消费能力	高消费人群	高端的设施和服务、高品质的旅游体验
	中等消费人群	性价比高、物有所值的旅游体验
	低消费人群	价格实惠、简单实用的旅游体验
旅游目的	放松身心	休闲度假、温泉疗养
	探索未知	文化体验、户外探险
	家庭亲子	家庭团聚、儿童游乐
地域特点	城市居民	城市周边的康养旅游项目，如温泉疗养、森林公园
	乡村居民	乡村特色的康养旅游项目，如农家乐、生态旅游

总的来说，康养旅游的目标客户群体比较广泛。以上分类方式只是其

中的几种，实际上康养旅游的客户分类，还可以根据不同的标准进行划分。在康养旅游品牌定位的过程中，需要针对不同的客户群体，提供相应的旅游产品和服务的组合，以满足不同客户的需求和期望。

2. 地理优势

康养旅游品牌形象的地理优势是指，旅游企业所处地区的自然环境、气候条件、旅游资源等具有的优势与特色。这些因素对于康养旅游品牌形象的塑造具有重要影响。比如，一些地区拥有得天独厚的自然环境和旅游资源，如温泉、森林、海滨等，可以吸引大量游客前来体验和享受康养旅游的乐趣。康养旅游按具体地理位置进行品牌形象分类定位，需要充分考虑不同地区的地理特征和资源优势，并结合市场需求和目标客户群体，制定相应的营销策略和产品方案，以更好地满足不同消费者的需求。

海滨康养是在沿海地区利用海滨资源开展的康养旅游活动。海滨康养的特点是空气清新、气候宜人、阳光充足，游客可以享受海滨景观、沙滩浴场、海鲜美食等，海滨康养适合中老年人和青少年，可以提供游泳、潜水、海钓、沙滩运动等多种活动。山区康养是在山区利用山区资源开展的康养旅游活动，其特点是空气清新、环境幽静、自然景观优美，游客可以享受山区风光、森林浴、温泉等，山区康养适合中老年人和慢性病患者，可以提供登山、攀岩、漂流、滑雪等多种活动。乡村康养是在农村地区利用农村资源开展的康养旅游活动，乡村康养的特点是空气宜人、环境优美、生活节奏缓慢，游客可以享受农村文化、民俗风情、农家生活等，乡村康养适合中老年人和亚健康人群，可以提供农业观光、农事体验、农家乐等多种活动。高原康养是在高原地区利用高原资源开展的康养旅游活动，这种活动结合了高原地区的自然风光和气候特征，提供健康养生、运动休闲等服务，旨在通过特定的环境和活动改善或维持参与者的健康状态。高原康养的形式多样，可以提供登山、滑雪、冰川探险等多种活动。海岛康养是指在海岛利用海岛资源开展的康养旅游活动，海岛康养的特点是气候宜人、环境优美、海岛风情独特，游客可以享受海岛风光、海滨浴场、海鲜美食等，海岛康养适合中老年人和青少年，可以提供海岛探险、潜水、海

钓等多种活动。温泉养生是指利用温泉资源，为游客提供温泉疗养、养生保健的旅游活动，温泉资源具有独特的养生功效和舒缓压力、放松身心的作用，也是康养旅游中重要的分类之一，在温泉养生中，可以利用地理特征和资源优势，开发出适合不同人群的温泉疗养服务和养生保健产品。比如，针对中老年人群，可以开发温泉疗养中心、温泉度假酒店等；针对青少年，可以开发温泉乐园、温泉研学基地等。

3. 其他方面

康养旅游品牌定位需要从文化特色、核心主题、服务品质、生活方式等多方面，进行综合分析和考虑，以确定符合市场需求和企业自身条件的品牌形象和目标消费群体。通过准确的品牌定位和有效的营销策略，可以提高品牌的竞争力和吸引力，促进企业的发展和市场的拓展。

康养旅游品牌形象的文化特色，即旅游企业所处地区的文化传统和人文景观等。这些因素可以增加品牌的独特性和吸引力，使消费者更容易产生认同感和归属感。比如，一些地区拥有悠久的历史和独特的文化传统，如中医养生、武术养生等，可以吸引大量对传统文化有兴趣的游客前来体验和感受。

康养旅游品牌形象的核心主题是企业所提供的康养服务和产品的核心价值所在。核心主题的确定，需要根据市场需求和目标客群的需求进行定位。比如，一些企业通过提供健康饮食、健身运动、心理疏导等服务和产品，来满足消费者对于身心健康的需求。

康养旅游品牌形象的服务品质是旅游企业所提供的服务质量和水平。优质的服务品质可以提高消费者的满意度和忠诚度，增加品牌的竞争力和吸引力。比如，一些企业注重提供专业化的服务团队和标准化的服务流程，以提高服务品质和客户满意度。

康养旅游品牌形象的生活方式是旅游企业所倡导的康养生活方式和文化氛围。生活方式对于消费者的影响越来越重要，良好的生活方式和文化氛围，可以吸引大量追求生活品质和健康生活的消费者。比如，一些企业注重营造健康向上、积极乐观的文化氛围和生活方式，以吸引消费者并提高品牌的吸引力和竞争力。

（二）品牌形象设计

品牌形象设计是康养旅游品牌构建的重要组成部分，包括品牌理念和视觉识别系统等。在品牌形象设计中，应注重突出品牌的个性和特色，营造独特的品牌氛围和形象，增强游客对品牌的认知和信任。

1. 品牌理念

首先，康养旅游品牌理念为：以健康、养生、休闲、文化等为核心，以提供高品质的旅游体验为目标，以满足消费者对身心健康、精神文化等方面的需求。在品牌理念的设计中，应突出品牌的人性化、专业化、品质化，强调品牌的核心价值和品牌文化的传承与创新。其首要理念是关注消费者的健康。品牌应将健康作为核心价值，提供符合健康标准的旅游产品和服务，关注消费者的身心健康发展。

其次，康养旅游应以舒适愉悦为重点。这体现在旅游过程中的各个方面，包括环境、设施、服务等方面。康养旅游应致力于为消费者提供舒适、愉悦的旅游体验，让消费者在旅游过程中，感受到放松和满足。康养旅游不仅关注消费者的身体健康，还关注消费者的精神文化需求。康养旅游应提供综合的养生旅游产品和服务，涵盖自然景观、历史文化、民俗风情等元素，以满足消费者对身心健康的全面需求。康养旅游的发展应遵循可持续发展的原则，注重环境保护、资源利用和社会效益，应关注长远发展，采取环保措施，促进社区参与和地方经济发展。

最后，康养旅游应满足不同消费者的需求。应提供个性化、差异化的服务，关注消费者的需求和偏好，根据不同的消费群体和个体差异，提供针对性的旅游产品和服务。

2. 视觉识别系统

视觉识别系统运用系统的、统一的视觉传达体系，将企业理念、文化特质、服务内容等抽象语意转化为具体符号，塑造出独特的企业形象，通过它可以使游客实现对旅游目的地的快速识别与认知。[①] 品牌标识是康养旅

---

① 刘志青：《文旅融合视角下葫芦套村乡村旅游品牌建设研究》，硕士学位论文，武汉轻工大学，2022。

游视觉识别系统的核心元素，它包括商标、图案、字体等设计元素。品牌标识的设计应简洁、大方、易记，能够突出品牌的特色和核心价值。视觉形象是康养旅游视觉识别系统的又一重要元素，它包括色彩、图形、字体等设计元素。视觉形象的设计应与品牌理念相符合，突出品牌的特色和核心价值。同时，视觉形象应具有概括性和感染性，能够吸引消费者的注意力并留下深刻的印象。康养旅游产品的设计应符合消费者的需求，突出品牌的健康、养生、休闲、文化等核心价值。同时，康养旅游产品应具有差异化和特色化，能够吸引消费者兴趣并提高品牌的竞争力。

（三）品牌维护管理

品牌维护管理是康养旅游品牌构建的重要保障，通过建立完善的品牌管理制度和流程，维护品牌的形象和声誉。在品牌维护管理中，应注重员工培训和管理，提高员工对品牌的认知度和忠诚度，提高员工服务水平，进而提高游客的满意度和忠诚度。

1. 提高服务质量

制定康养旅游服务质量标准，确保服务的一致性和可靠性。同时，要关注消费者的需求和反馈，不断优化和提升服务质量。加强对服务人员的培训，提高员工专业素养和服务意识。同时，建立有效的激励机制，鼓励员工提供优质服务。定期进行客户满意度调查，了解消费者对品牌形象、旅游产品、服务质量等方面的评价和反馈，以便及时改进和优化。通过建立客户数据库，对客户进行分类管理，提供个性化的服务和增值服务。比如，可向客户提供旅游攻略建议、健康养生咨询等服务。

2. 健全公关机制

建立健全的危机预警和应对机制，及时发现和处理可能出现的危机事件。在危机发生时，要迅速采取措施，积极应对，降低危机对品牌形象的影响。加强危机公关和沟通技巧的培训，提高员工应对危机的能力。在危机发生时，要主动与消费者沟通，积极回应质疑和问题，提高消费者的信任度和忠诚度。在选择与康养旅游业务相关的战略合作伙伴建立长期稳定的合作关系时，要设计合理的合作机制，确保双方的利益得到保障和最大化。通过资源共享和优势互补，可以更好地推动康养旅游业务的发展。比如，可以与医疗机构、养生机构等合作，共享资源和技术支持，提高品牌的竞争力和吸引力。

（四）品牌创新升级

品牌创新升级是康养旅游品牌构建的重要环节，随着市场的变化和游客需求的变化，品牌需要不断进行创新和升级。康养旅游品牌创新升级是指通过不断引入新理念、新模式、新技术、新产品等方式，提高品牌的竞争力和吸引力，满足客户不断变化的需求，实现品牌的持续发展和升级。在品牌创新升级中，应注重对市场趋势和游客需求的分析，引入新的健康养生理念和技术，优化产品和服务。同时，还应注重对品牌形象和传播方式的创新，保持品牌的活力和时代感。

应引入互联网、物联网、大数据、人工智能等新技术，优化品牌管理和服务流程，提高服务效率和质量。借鉴共享经济、定制旅游等新模式，创新旅游产品和服务的提供方式，满足客户多元化、个性化的需求。根据市场需求和客户需求，开发新的康养旅游产品和服务，如健康管理、康复治疗、养生美容等。不断创新和优化现有产品和服务，提高客户的满意度和忠诚度，增强品牌的竞争力和吸引力。

六　康养旅游品牌形象推广

品牌形象是康养旅游企业的"门面"，对于游客而言，首先会通过品牌形象来了解和认识企业。通过有效的品牌形象推广，企业可以在竞争激烈的市场中突出重围，让更多的潜在客户关注到企业的品牌。良好的品牌形象可以增强消费者对企业的信任感和好感度，从而促进购买决策的形成。

在康养旅游产业中，拥有独特且富有吸引力的品牌形象，可以提升企业的竞争力。通过品牌形象的打造，可以使企业在市场中形成自己的差异化竞争优势。当目标客户认可了企业的品牌形象时，便更有可能在选择旅游产品和服务时优先考虑该企业，从而使该企业的市场份额增加。如果该品牌较知名并被人所熟知，那么对于消费者来说也节省了大量选择的时间。

从市场的角度来看，当品牌知名度提升，消费者对该品牌形成信赖后，这种信赖会促使消费者去消费该品牌旗下的其他产品，甚至会忽略价格因素。这就是较高知名度给旅游品牌所带来的附加值。①

（一）品牌传播推广媒介

在选择媒介时，应根据康养旅游品牌的具体情况，结合目标客户群体和市场需求，制定全面的媒介策略，提高品牌知名度和美誉度。

电视广告：在旅游卫视、地方电视台等，播出康养旅游广告，宣传品牌形象和旅游产品。

广播电台：通过广播电台的宣传，增加康养旅游品牌的曝光度和知名度。

报纸杂志：在旅游类、健康类等报纸杂志上，发布康养旅游广告，针对目标客户进行推广。

网络媒体：利用网络媒体传播速度快、覆盖面广的优势，运用旅游网站、社交媒体、微信公众号等平台进行品牌推广。

线下活动：举办康养旅游相关的线下活动，如旅游展会、论坛会议、促销活动等，提高品牌知名度和市场占有率。

合作伙伴推广：与景区、酒店、航空公司等相关企业合作，推广康养旅游产品和服务。

与旅行社合作：与各大旅行社合作，将康养旅游产品纳入其旅游线路中，扩大品牌影响力。

与专业机构合作：与健康管理机构、康复中心等专业机构合作，提供专业的健康养生服务，提高品牌信誉度。

体验式营销：通过试玩、试吃等方式，让客户亲身体验康养旅游产品和服务，增强客户对品牌的信任感和忠诚度。

与 KOL 合作：与知名旅游博主、网红合作，进行口碑营销和推荐，提高品牌的信誉度和美誉度。

（二）品牌传播推广策略

康养旅游品牌形象推广，在提升知名度、增强竞争力、吸引目标客户、

---

① 丁烨：《基于旅游产业转型升级下的旅游品牌推广策略》，《社会科学家》2017 年第 11 期。

提升客户满意度以及促进业务拓展等方面，具有重要意义。为了在竞争激烈的市场中获得成功，康养旅游企业应注重品牌形象的打造和维护，并不断进行创新和优化，以满足市场需求和客户期望。在推广康养旅游品牌之前，需要明确目标市场和受众群体，包括对目标客户的需求、偏好、消费能力等进行深入分析，以便更好地定位品牌形象和制定推广策略。

一个有吸引力的品牌故事能够激发消费者的情感共鸣，增强品牌的认知度和美誉度。通过讲述与康养旅游相关的故事，可以激发目标客户的兴趣、吸引目标客户关注，同时传递品牌的核心价值和文化内涵。

利用社交媒体平台，如微博、微信、抖音等，扩大康养旅游品牌的覆盖面和影响力。通过发布旅游攻略、养生技巧、客户见证等内容，吸引潜在客户。同时，积极回应用户的评论和问题，提高用户黏性和忠诚度。

通过线上活动，如抽奖、发放优惠券、网络直播等，吸引潜在客户的参与和关注。同时，利用网络平台的互动性，积极与用户互动，收集用户反馈意见，不断改进产品和服务。

举办各种线下活动，如旅游展会、养生讲座、体验式活动等，提高康养旅游品牌的知名度和曝光度。同时，通过与客户直接互动，深入了解客户需求，为后续制定营销策略提供有力支持。

推出具有吸引力的优惠政策，如优惠券、会员制度等，鼓励客户购买和使用康养旅游产品和服务。同时，针对不同客户群体和市场需求，制定差异化的优惠政策，提高营销效果。

第四节　康养旅游营销策略

康养旅游营销策略是康养旅游企业为了实现其营销目标，根据市场需求和竞争状况，制定并实施的一系列有计划、有组织的营销活动和策略，旨在推广康养旅游产品和服务，吸引潜在游客，增加销售量。康养旅游营销策略涉及多个方面，需要根据市场变化和消费者反馈，不断进行调整和改进，以适应市场变化和需求。

一　STP 营销策略

STP 营销策略，即市场细分（Segmentation）、目标市场选择（Targeting）和市场定位（Positioning），是现代市场营销战略的核心（见表 9-3）。这一理论最早由美国营销学家 Wended Smith 在 1956 年提出，并由美国营销学家 Philip Kotler 进一步发展完善。[①]

（一）市场细分

市场细分是指根据康养旅游者特点及需求的差异性，将一个整体的市场分为两个或两个以上具有相类似需求特点的旅游者群体的活动过程。市场细分要求企业选择一个或多个目标市场，针对性研发产品，并制订相应的市场营销计划。

（二）目标市场选择

在市场细分的基础上，旅游企业需要选择目标市场，即最具潜力和吸引力的康养旅游市场。在选择目标市场时，需要考虑细分市场的需求特点、市场规模、竞争状况等因素，需要评估细分市场，同时结合其他营销因素，以便更好地制定营销策略。

（三）市场定位

旅游企业需要确定自己在目标市场中的位置，即市场定位。市场定位需要基于对目标市场的深入了解，以及企业自身的优势和特色。产品的差异化、服务的差异化、人员的差异化和渠道的差异化，会导致选择的差异。通过市场定位，企业可以塑造独特的品牌形象和品牌价值，以吸引目标市场的关注和认可。

表 9-3　康养旅游 STP 营销策略

细分市场	目标人群	市场定位
养老旅游	中老年人群	养生、康复、护理等服务及休闲、度假等旅游体验

[①]　熊名宁、张勇：《基于 STP 战略的体验营销探讨》，《中国商贸》2013 年第 36 期。

续表

细分市场	目标人群	市场定位
医疗旅游	有特定疾病或医疗需求的人群	专门的医疗服务和旅游体验（康复治疗、美容整形、健康检查等）
养生旅游	注重健康养生的中青年	养生保健、瑜伽、温泉等服务体验，满足其对于身心健康的需求
运动养生旅游	体育爱好者和健身意识强的人群	各种户外运动和健身活动（登山、游泳、滑雪等）
文化养生旅游	有文化素养的人群	具有文化内涵的旅游体验和养生服务（古迹游览、文化讲座等）
美食养生旅游	"吃货"人群	各地的特色美食和美食文化体验（地方特色餐厅、厨艺学习等）
农业养生旅游	城市居民和旅游爱好者	贴近自然、体验乡村生活的活动（农业采摘、农业观光、乡村度假等服务和体验）

二　体验营销策略

在康养旅游营销中，顾客体验具有不可替代的地位。顾客体验是指顾客在商品或服务消费趋于饱和后，以个性化方式参与的消费事件或过程中所形成的期待的、美妙的、难忘的感性与理性感受。它是顾客对某些刺激产生的内在反应，同时也是一种能满足顾客情感需求的产品、服务和氛围的综合体。[1] 良好的顾客体验能够增强康养旅游品牌的口碑和信誉，且直接影响顾客的复购率和忠诚度。通过顾客体验的反馈，康养旅游企业可以及时了解游客的需求和期望，从而针对性地优化产品和服务，进而提升品牌竞争力和市场地位。

（一）制定康养体验主题

根据康养旅游的特点和目标市场的需求，制定独特的体验主题。比如健康养生、户外探险、文化探索等。根据游客的需求和兴趣，设定相对应的主题，以提高游客的参与度和满意度。

---

[1]　刘建新、孙明贵：《顾客体验的形成机理与体验营销》，《财经论丛》（浙江财经学院学报）2006 年第 3 期。

（二）创造康养体验场景

通过设计具有吸引力的场景、布置富有氛围的场地和提供特色化的服务，为游客创造一个难忘的康养体验。比如，可以设置专门的健康养生区域，提供各种健康监测和养生服务，让游客在旅途中更关注自身的健康状况。

（三）提供个性化的体验

根据游客的需求和偏好，提供个性化的体验服务。比如，可以提供定制化的健康养生方案、个性化的导游服务，按照游客需求安排行程等。通过满足游客在康养旅游中的个性化需求，提高游客的满意度和忠诚度。

（四）强化游客的参与度

鼓励游客积极参与康养活动，通过亲身体验来感受康养产品的优点和特色。比如，可以组织游客参与文化体验活动、健康养生活动等，让游客在参与过程中感受乐趣。

（五）建立情感联系并持续优化体验过程

在康养旅游的体验过程中，通过提供优质的服务和康养产品，建立与游客的情感联系，形成游客对品牌的认同感，并通过收集游客的反馈，对康养体验过程进行不断的优化和完善。比如，可以安排专门的康养服务人员与游客进行互动沟通，了解游客的需求和反馈，及时解决问题，并对提供的产品和服务进行改进和创新，以满足游客不断提升的需求和期望。

三　组合营销策略

旅游市场组合营销是指旅游企业为增强企业的竞争力，针对目标市场的需要，综合企业可控的各种营销因素进行优化组合，以满足目标市场的需要和保证旅游企业营销目标得以顺利实现。在康养旅游市场中，组合营销策略是旅游企业实现市场目标的关键手段。在旅游市场营销活动中，有效地实现设计并综合运用各种营销手段，将相关因素进行最佳组合，使其相互配合，达到"1+1>2"的效果。

（一）产品策略

在康养旅游市场中，产品策略是基础和核心，品牌建设是提升产品知名度和打开市场的关键。一个好的产品策略需要考虑客户需求、产品品牌和附加值等多个方面。要了解客户的需求偏好，确定目标客户群体，以便推出符合其需求的旅游产品。要突出产品特性并增加产品的附加值。在同质化严重的旅游市场中，产品的独特性和差异化是吸引游客的关键，而提供更好的服务体验，增加其产品的附加值，可以帮助旅游企业在竞争中脱颖而出。

（二）定价策略

定价策略在康养旅游市场组合营销策略中，属于比较敏感的部分。在定价过程中，要了解市场需求和客户预算，制定符合市场和客户需求的方案，在保证企业利润的同时，还要提升市场竞争力。要根据市场变化、成本等因素及时调整价格，确保价格合理和具有竞争力。针对不同的市场，提供不同价格的产品，使产品形象更加鲜明。

（三）促销策略

促销策略是组合营销策略中的短期手段，可以通过优惠活动、合作推广等方式，吸引康养旅游消费者。如何制定有效的促销策略？第一，定期推出优惠和促销活动，如折扣、限时特价、拼团优惠等，提升消费者的购买欲望，吸引更多游客关注和购买。第二，与其他旅游企业、相关品牌等，进行合作推广，共同推广旅游产品，扩大影响。第三，根据市场变化、客户需求等，及时调整促销策略，保持其针对性和有效性。

（四）渠道策略

渠道策略决定了康养旅游企业如何将产品传递给客户。在制定该策略时，需要确定目标客户群体，了解客户需求，以促进营销渠道的多样化。首先，要了解目标客户群体的需求和购买行为，建立与之匹配的营销渠道。其次，扩大渠道的覆盖面，通过不同渠道，如线上平台、线下旅行社等，提高产品的知名度。最后，要优化渠道服务，提高其服务质量和效率，增强客户的购买信心和忠诚度。

四　数字营销策略

大数据时代下，信息快速变化，数据为主，流量为辅，各行各业利用

大数据营销取得了不错的成绩，康养旅游业作为新业态，其营销方式也逐渐向大数据方向转变。① 数字营销通过利用互联网的优势，借助大数据分析优化产品和运营体系，可以让康养旅游营销策略更加精准和有效。

（一）精准定位

大数据可以收集分析游客的来源地、年龄、消费水平等信息，可以帮助旅游企业/旅游目的地锁定潜在目标客户，实施精准营销，为不同市场和人群提供更有针对性的旅游产品，从而提高营销的成功率。游客的需求是多样的，尤其是对于康养旅游者来说，其需求会更加多元化。比如，年轻人偏好健康养生旅游，中老年人偏好康复疗养旅游等。

（二）个性化服务

通过大数据，旅游企业可以更好地了解游客的消费行为和偏好，如购买渠道、支付方式、兴趣爱好等。通过优化产品和服务，满足不同类型客户的需求。通过聚合资源，探索新的运营模式，为游客提供个性化的健康评估服务。

（三）方案优化分析

根据数据分析结果，制订具体的优化方案，包括产品创新、营销策略调整等，提高产品的市场占有率和竞争力。可以制定创新的营销策略，如采用会员制度、提供特殊的优惠政策等，提高客户的忠诚度和满意度。同时，可以利用互联网技术，通过社交媒体、短视频等渠道进行宣传和推广，提高品牌知名度和美誉度。

（四）效果评估及预测分析

定期评估运营效果，包括游客满意度、客户回头率、营收增长等方面。通过大数据智能化分析得出相关数据，确保营销策略的有效性和持续性。建立游览预测模型和游览人数动态反应系统，预测、引导旅游者的游览体验活动，实现对营销活动的有效控制。利用大数据、人工智能等科技手段，提升营销效率。应用人工智能技术，提升康养旅游的服务效率和质

---

① 赵聪琼、文丽云、唐洁：《大数据背景下康养旅游产品营销策略研究——以广西巴马为例》，《电脑知识与技术》2020 年第 25 期。

量。通过大数据分析，精准把握客户的需求和市场趋势。虽然大数据提供了很多可能性，但在实施的过程中，也要注意尊重和保护好旅游消费者的隐私。

五 跨界营销策略

康养旅游的跨界营销策略是指将康养旅游与其他相关产业进行有机结合，通过多元化的营销手段，提高康养旅游的品牌知名度和市场竞争力。跨界营销通过行业与行业之间的相互渗透和相互融合，品牌与品牌之间的相互映衬和相互诠释，让各自品牌在目标消费群体中得到一致的认可，从而改变传统营销模式下因品牌单兵作战易受外界竞争品牌影响，而削弱品牌穿透力、影响力的弊端。①

（一）整合产业资源

产业融合对于提升康养旅游价值、促进康养旅游发展、增加康养企业收入、提升旅游资源利用效率和提高市场竞争力等具有重要意义。比如，与健康产业的相关企业合作，可以共同开展营销活动，提高知名度；与当地的文化创意产业合作，共同开发具有当地特色的文创产品和体验项目；与文化创意产业的推广渠道合作，可以提高康养旅游的品牌形象等。

（二）融合媒体资源

康养旅游营销通过融合媒体资源，借助多种媒体的平台和渠道，以统一的品牌形象和信息内容，进行全方位、多角度的宣传推广。比如，建立一个内容丰富、设计美观的官方网站，以及方便快捷的移动应用，作为品牌形象展示、信息发布的重要平台；利用社交媒体平台进行日常内容发布、与用户互动，提高康养品牌的知名度和话题性；通过在各大内容平台撰写旅游心得、健康养生知识等内容，进行分享和传播，提升康养品牌的专业度和影响力等。

（三）借助名人效应

名人效应能够吸引公众关注，提高品牌知名度和影响力，进而增加康

---

① 徐乃真、祝平：《跨界营销在品牌传播中的运用》，《中国市场》2013年第25期。

养旅游产品销售量。根据目标市场的喜好和需求选择与康养旅游形象相符合的名人作为代言人，可以是明星、运动员、专家学者等。通过名人效应吸引公众的关注，同时可以在活动中设置互动环节，激发游客的兴趣并提高游客的参与度。

第九章
康养旅游推进机制

《"健康中国 2030"规划纲要》指出，积极促进健康与养老、旅游融合，催生健康新产业、新业态和新模式。《"十四五"文化和旅游发展规划》指出，要发展康养旅游，推动康养旅游示范基地建设，发展老年旅游，丰富老年旅游产品和服务。大力发展康养旅游，既是落实"积极老龄化"和"健康中国"战略的有力支撑，也是推动旅游业供给侧结构性改革和高质量发展的重要举措。从需求层面来看，随着老年人健康意识的革新与消费能力的提升，老年旅游正由粗放型向精细型转变，对康养旅游质量提出了更高的要求。从供给层面来看，目前康养旅游产业正处于探索阶段，在产业整体向好的背后也存在着发展"不平衡、不充分"的问题，需要从供给侧与需求侧入手，切实推进康养旅游产业高质量发展。[1]

第一节 康养旅游问题诊断

在"健康中国"战略背景下，大众健康意识与保健需求急速膨胀，与健康相关的文旅产品不断创新，医疗旅游、中医药旅游、森林康养、温泉康养等以养生为目的的旅游业态日益丰富。康养旅游产业契合了健康与旅游的双重需求，正在成为旅游经济增长的新蓝海和新引擎。与此同时，康养

---

[1] 黄家璇、赵希勇：《基于 DEMATEL-ISM-MICMAC 法的老年康养旅游基地高质量发展关键因素研究》，《旅游科学》2023 年第 2 期。

旅游也面临着一些问题，例如政策层面、市场层面、游客层面的问题。[①]

一 政策层面

随着康养旅游的不断发展和"健康中国"国家战略的深入实施，国家陆续出台了多项有关康养旅游的支持性政策和法规，顶层设计持续加码迎来政策福利。2012年12月，《中国的医疗卫生事业》白皮书将中国居民的健康水平引入了大众视野，党中央对全国的健康事业给予较大关注；随后在各大会议上，"健康"成为党中央热议的话题并相继出台各大政策和发展战略；2016年8月26日，《"健康中国2030"规划纲要》应运而生，对国家未来15年的健康建设做出总体部署。[②] 这些指导性、前瞻性的政策，在一定程度上满足了国内康养旅游开发的需要，但这些制度法规及评定标准在具体应用时还需要不断磨合，具体管理办法和措施还需在实践中不断完善。目前康养旅游相关政策碎片化，康养资源分散化，存在诸多政策堵点，具体表现在以下几个方面。

（一）政策传导阻塞，响应异质性

由于康养旅游涉及多个领域，如旅游、健康、社会保障等，各领域的政策制定往往各自为政，缺乏有效的协调和沟通。央地政府在政策实践中扮演着重要角色，二者间的互动关系是分析政策变迁的重要视角。[③] 康养旅游政策中包含了中央和地方政府两个核心主体，涵盖自上而下的政策推广及自下而上的政策执行的双向互动过程。一方面，中央政府通过顶层设计，要求地方政府落实执行；另一方面，由于地方性知识及资源禀赋的差异，中央政府鼓励地方政府运用自由裁量权，因地制宜对中央政策采取具体化措施，由此产生了政策响应的异质性。[④] 主要体现在以下方面。

① 皮穆艳：《健康中国视域下康养旅游产业高质量发展研究》，《南方农机》2023年第17期。
② 金丽：《辽宁省温泉康养旅游开发中的问题与对策》，《合作经济与科技》2023年第9期。
③ 杜萍：《全域旅游视域下康养旅游发展现状及对策》，《社会科学家》2022年第10期。
④ 张广海、董跃蕾：《中国康养旅游政策演化态势及效果评估》，《资源开发与市场》2022年第12期。

1. 政策目标的模糊

康养旅游政策的分散性和碎片化，导致政策目标不够明确和统一，这使得政策执行者难以准确理解和把握政策意图，从而影响了政策传导的效率和响应的质量。这导致政策在制定过程中缺乏统一的规划，政策目标不够明确，政策措施不够协调，难以形成合力，进而影响政策效果。

2. 政策传导的不畅

由于康养旅游政策涉及多个部门和机构，如旅游、卫生、社会保障等，各机构在政策传导过程中往往存在信息不对称、沟通不顺畅的情况。这导致政策传导的时间长、效率低，政策措施难以得到有效落实。

此外，政策传导的不畅还表现在政策执行过程中存在各种阻碍和困难。由于各部门的职责和利益不同，政策执行往往受到各种因素的干扰和阻碍，难以形成有效的合力。同时，政策措施的落实也需要各方面的配合和支持，如果缺乏有效的协调和沟通，就很难形成协同效应，政策效果也难以达到预期目标。

3. 政策响应的异质

由于各地区经济社会发展水平不同，地方政府在响应中央政府康养旅游政策时存在较大的差异。央地政府在权力、责任和资源等方面的差异，导致其在政策制定和执行中的角色和作用存在差异，这也影响了政策传导的效率和响应的效果。一些经济发达地区具备较好的政策执行能力和资源投入能力，能够更好地贯彻落实中央政策；而一些经济欠发达地区则存在政策执行力度不够、资源投入不足的情况，影响了政策的实施效果。

（二）政府引导倾斜，管理固定化

政府在引导康养旅游发展时存在着明显的倾斜。由于各地的资源、环境、文化等条件不同，康养旅游的发展重点和方向也有所不同。政府在引导康养旅游发展时往往根据当地的资源和优势进行倾斜，这在一定程度上导致了各地康养旅游发展的不平衡。政府在管理康养旅游时存在固定化的问题。由于康养旅游涉及多个领域和部门，需要政府进行全方位的管理和协调。然而，在实际操作中，政府的管理往往过于僵化和固定，缺乏灵活

性和创新性。

1. 过于注重经济效益

康养旅游是以健康和养生为主题的旅游形式，其核心在于提供全方位的身心健康服务。然而，一些地方政府在推动康养旅游时，过于强调旅游的经济效益，将康养旅游作为拉动地方经济发展的重要手段，而忽视了其健康养生的本质。比如，云南滇池在开发康养旅游项目时，过分依赖房地产和旅游开发公司，将康养旅游变为房地产销售的招牌，以健康养老产业之名，行房地产开发之实。昔日绿树成荫的生态隔离带，如今成为别墅密布的"水泥森林"。在地产商的野蛮开发下，长腰山90%以上区域已被开发为房地产项目，长腰山变成了"水泥山"[①]，导致康养旅游的发展偏离了其本质。

2. 管理缺乏灵活和创新

在推动康养旅游发展的过程中，一些政府机构和部门往往采取固定化的管理方式，缺乏对市场变化和消费者需求的敏锐洞察和灵活应对。这种管理方式不仅无法满足消费者的多元化需求，也阻碍了康养旅游市场的创新和发展。一些地方康养旅游缺乏规划，不能因地制宜进行全面发展，容易导致同质化竞争严重。而且由于缺少科学的规划，不能对各部门进行职责划分，无法将康养旅游发展明确纳入各部门工作范围之中，容易出现行动跟不上思想的现象，不利于康养旅游的发展。

3. 宣传和推广存在偏差

为了提高康养旅游的知名度和吸引力，一些地方政府在宣传和推广时，存在一定误导倾向。比如，在2019年习近平总书记到信阳实地考察后，信阳市将旅游发展的重心放在红色旅游、乡村旅游方面，而关于康养旅游的相关规划部署较为欠缺。虽有成功创建康养旅游示范基地的范例，但主要是对照创建标准"比葫芦画瓢"，急于出成绩而没有准确定位目标市场和特色优势，在完善保障措施以激发旅游企业、社区居民的内生动力方面还存

---

① 《过度开发，长腰山变成了"水泥山"》，云南省纪委省监委网站，http://www.ynjjjc.gov.cn/html/2021/toutiao_0507/93915.html。

在明显短板，导致各类主体参与康养旅游的积极性、主动性、创造性都不够强。在信阳被广泛认可的仍是"红+绿"旅游模式，康养旅游产业的发展很大程度上仍依赖传统的观光型旅游产品。

二　市场层面

近年来，随着人们对健康生活的重视，"大健康"产业正快速迈入新一轮的增长。作为把旅游业和"大健康"产业结合的康养旅游，拥有良好的市场环境，是发展空间巨大的蓝海。《"健康中国2030"规划纲要》定下明确目标：到2030年健康服务业总规模实现16万亿元。在"健康中国"正式成为中国发展的核心理念下，健康产业已经成为新常态下服务产业发展的重要引擎。康养旅游已经成为我国从省份到市到县再到风景区等各级政府及管理部门的重要布局方向。随着产业规模和市场需求的变化，康养旅游项目出现同质化、单一化的现象，继而促使多业态、多功能的康养旅游产品受到广泛关注。①

（一）市场未能精细化，宣传工作不到位

康养旅游市场在我国处于初步发展阶段，尚未得到充分开发和精细化划分。尽管我国拥有丰富的休闲养生旅游资源，但这些资源的开发状况却参差不齐，整体上显得较为粗犷，没有能够实现精细化的区分和开发。这主要是由于目前市场上的康养旅游产品同质化严重，缺乏特色和创新，难以满足游客的多样化需求。同时，康养旅游市场的宣传工作也未能达到理想的效果。尽管我国每年接待的游客数量庞大，但其中选择康养旅游的游客数量却并不多。这主要是因为康养旅游市场的宣传力度不够，缺乏有效的营销手段和推广渠道，导致很多潜在游客对康养旅游的了解不足，难以激发他们的消费欲望。

1. 粗放的市场定位和目标群体定位

康养旅游市场目前缺乏精细化的市场定位和目标群体定位，市场定位

---

① 朱旭、胡英哲、王婷婷等：《新冠肺炎流行期大众心理症状调查》，《中国心理卫生杂志》2020年第8期。

过于粗放，未能充分考虑到不同人群的需求和特点。许多市场活动的策划和宣传过于笼统，没有针对不同年龄、兴趣爱好、收入水平等具体目标人群进行精准的宣传和营销。这种粗放的市场定位和目标群体定位，可能导致康养旅游市场的推广效果不佳，无法有效吸引潜在客户，从而影响整个市场的发展。

2. 非科学的市场调研和分析

康养旅游市场是一个不断发展和变化的领域。然而，缺乏科学的市场调研和分析，导致我们无法对目标人群的需求、偏好和消费习惯等进行深入的了解。这种情况可能会导致我们无法准确把握消费者的需求变化和市场趋势，进而影响到康养旅游市场的健康发展。由于缺乏科学的市场调研和分析，可能会忽视一些重要的市场变化和趋势，如消费者的年龄结构、文化背景、健康状况等方面的变化，而这些因素可能对康养旅游市场的发展具有重要的影响。

3. 单一的宣传手段和渠道

康养旅游市场的宣传手段过于单一，主要依赖传统媒体和广告渠道，缺乏多样化宣传途径。在新的时代背景下，消费者的需求和媒体使用习惯日益多元化，传统的宣传手段已经无法满足市场的需求。比如，南太行乡村旅游资源丰富、人文底蕴深厚，涌现了一大批市场影响力大的乡村旅游产品，如鹤山区"北斗七星"传统村落群、林州市"中国画谷"石板岩镇高家台村、"太行明珠"郭亮村等，同时也有更多的乡村精品未被开发，如林州市中石阵村、卫辉市小店河村、济源市清润村等，村庄建筑风格特色鲜明，闲置资源较多，可开发潜力大，但由于资源到资本的对接渠道缺失，这些村庄未能进入市场，想进驻南太行的运营商对于资源了解不深，导致南太行乡村旅游整体市场化程度不高，乡村运营不足。

（二）康养项目单一化，缺乏鲜明特色亮点

有些地方的康养项目服务方式传统、粗放、单一，吸引力不强，或者过于高大上、脱离实际需求，因楼层过多、门槛过高、客户不足等而闲置，成为"无人城"。一方面，闭门造车，完全凭主观臆断搞开发建设，没有主题，没有创意，没有吸引力，丧失竞争力。另一方面，服务内容相似，不同的康养项目提供的服务内容相似，缺乏创新和差异化。产品与服务缺乏特色，直接影响康养旅游产业的核心竞争力，缺少特色导致游客驻留的时间缩短、旅游消费下降，康养旅游对于当地经济的拉动效应也变得乏善可陈。

1. 环境设施雷同化

康养项目的环境设施相似，没有独特的建筑风格或景观设计。这使得项目之间缺乏差异性，无法吸引潜在客户的注意。受市场需求和潮流影响，一些康养旅游开发者倾向于追求投资回报和控制风险，因而盲目模仿成功案例，导致设施类型相似。比如，许多康养旅游度假村拥有类似的温泉、SPA、健身房等设施，且服务项目也缺乏创新和差异性。

2. 活动形式单一化

康养旅游活动形式缺乏多样性和创新性，导致产品同质化，缺乏差异性和竞争力，从而限制了康养旅游行业的发展空间。康养项目中所开展的活动形式过于单一，缺乏具有特色的主题活动或针对性的康养服务。这种单一化的活动形式，可能使得游客难以获得更加丰富多样的体验，同时也可能导致康养旅游产品同质化，缺乏差异性和竞争力。

3. 服务模式同质化

康养项目没有针对不同客户个体差异的个性化服务，这导致项目无法满足每个客户的特定需求，难以提供定制化的康养计划。康养旅游地缺乏特色的康养项目，容易在市场上被忽视，无法与竞争对手区分开来。同质化的服务模式可能导致产品同质化，缺乏差异性和竞争力，限制了康养旅游行业的发展空间。

（三）产业链融合度低，产业间联动性差

康养旅游作为新兴旅游业态，有着与多元产业跨界融合的巨大潜力和发展空间。近几年，人们追求健康、高品质生活的需求不断扩大，为康养旅游产业跨界融合发展带来了无限生机。[①] 从产业链的角度来看，从最初单一的健康理疗产品，到最后成为内容丰富的康旅产业，要经历一系列引导、

---

① 杜萍：《全域旅游视域下康养旅游发展现状及对策》，《社会科学家》2022 年第 10 期。

加工、宣传、集聚的演变过程。但是，当前我国康养旅游的发展正处在初级阶段，此阶段的产业链较短，且融合度不高，所呈现的是单一化形式。

1. 产业链条不长

康养旅游产业链的融合度低，所展现出的产业链在医疗、养生、旅游等方面割裂开来，违背"康养"初衷。首先表现在各个环节间存在着较大的信息孤岛。不同环节的企业、机构和个体之间，信息共享和沟通不畅，导致很难形成全面的信息整合和资源共享机制，无法实现优势互补和协同发展。

2. 产业附加值不高

首先，康养旅游产业的发展还处于初级阶段，各方面的配套设施和服务还不够完善，导致游客的体验感不够好，难以吸引更多的游客前来消费。其次，康养旅游产业的市场竞争还不够激烈，很多企业并没有充分挖掘该产业的潜力，缺乏创新和特色，导致产品和服务缺乏吸引力。最后，康养旅游产业的技术水平还不够先进，缺乏高科技的支持和引领，难以提高产业附加值。

3. 缺乏龙头产业

康养旅游作为当今社会的重要产业之一，其发展状况备受关注。然而，当前康养旅游产业发展，面临缺乏大资本、大项目的支持，以及上市企业、具有国际影响力的跨国旅游企业较少的问题。大部分从事康养旅游的企业为营业收入在 500 万元以下或职员在 50 人以下的中小微企业，这些企业的竞争力不强，缺乏足够的资源和能力去应对市场冲击。

三　游客层面

康养旅游的兴起时间较短，许多游客对康养旅游的概念、内涵和特点并不十分了解，导致他们在选择旅游产品时，存在一定的盲目性和跟风现象。同时，一些旅游机构为了追求经济利益，过度宣传和推广康养旅游产品，使得游客对康养旅游的期望值过高，最终导致游客体验与实际感受存在较大差距。

（一）康养旅游中青少年市场的空缺

进入 21 世纪以来，随着社会经济的发展和医疗水平的提高，中国人口平均寿命明显提高，国家卫生健康委员会数据显示，我国居民人均预期寿命已由 2000 年的 71.6 岁，提高至 2023 年的 78.6 岁，我国老龄化问题受到社会各界关注。与此同时，社会各界把注意力集中到老年人群体上，开展一系列针对老年人的项目，忽视了青少年等消费能力较强的群体。然而，与养老市场的热闹非凡相比，针对青少年群体的康养旅游服务，却显得相当匮乏。尽管养老市场呈现出一派繁荣景象，但养生市场和健康市场的潜力却未得到充分挖掘。青少年作为消费能力日益增强的群体，他们的需求和期望在当前的康养旅游市场中，并未得到充分满足。

1. 产品未充分考虑青少年需求和特点

康养旅游产品在设计和开发过程中，常常忽略了青少年这一重要群体的需求和特点。许多康养旅游项目和产品没有充分考虑到青少年的兴趣爱好、活动方式和消费习惯等方面的特殊性，缺乏针对青少年的定制化和个性化服务。这种状况不仅影响了青少年游客的旅游体验，也可能导致康养旅游产品的市场竞争力下降。

2. 青少年市场的产品和服务相对较少

尽管有些旅游公司已经开始关注青少年市场，但他们的产品和服务仍然存在一些问题。例如，有些产品过于注重娱乐和休闲，而忽略了康养和成长的需求；有些服务缺乏专业的指导，无法满足青少年的特殊需求。

（二）康养旅游概念的偏差

康养旅游的概念没有一个统一的定义，导致消费者对康养旅游的认识与理解、需求与期望、体验与参与等存在偏差。如前文所述，王赵认为康养旅游是结合休闲、康体等形式，以达到延年益寿、修身养性等目的的活动[①]；《国家康养旅游示范基地标准》认为，康养旅游通过养颜健体、营养膳食、修身养性、关爱环境等各种手段，使旅游者在身体、心智和精神上

---

① 王赵：《国际旅游岛：海南要开好康养游这个"方子"》，《今日海南》2009 年第 12 期。

都达到自然和谐优良状态[1]；任宣羽认为康养旅游能够增进游客的满足感、幸福感[2]；倪明辉认为康养旅游通过修身养性、平衡饮食、锻炼身体等方式让参与者获得享受[3]；谢春山和廉荣悦认为康养旅游是以养生为主要目的的短暂旅游度假活动[4]。

1. 游客对康养旅游的需求和期望存在偏差

许多游客将康养旅游视为疗愈和恢复健康的方式，期望能够在旅游中，获得身心的治愈和放松。然而，由于康养旅游的概念较为新颖，许多游客对其了解不足，往往会产生过高的期望和要求。这不仅会给康养旅游产品的设计和推广带来一定的困难，也会给游客带来一定的心理落差和不满。

2. 游客对康养旅游的参与和体验存在偏差

康养旅游不同于传统的观光旅游，其更加强调游客的参与和体验。然而，一些游客在参与康养旅游时，缺乏一定的主动性和积极性，不愿意主动参与各种康养活动，或者在参与过程中缺乏足够的耐心和毅力。这不仅会影响游客的体验和收获，也会给康养旅游产品的推广带来一定的负面影响。

第二节　康养旅游系统构建

在中国快速城市化和城市人口不断增长的环境下，人们的生活方式发生了巨大的变化，这导致了许多与生活方式相关的健康问题，慢性病、环境疾病以及压力、抑郁、成瘾等与心理障碍相关的患病率不断上升。康养旅游已成为人们追求休闲、娱乐、健康和身心放松的重要方式。

---

① 《国家旅游局发布四大行标》，中国政府网，https://www.gov.cn/xinwen/2016-01/09/content_5031695.htm。

② 任宣羽：《康养旅游：内涵解析与发展路径》，《旅游学刊》2016年第11期。

③ 倪明辉，《黑龙江省民族地区康养旅游产业跨界融合模式研究》，《黑龙江民族丛刊》2022年第2期。

④ 谢春山、廉荣悦：《康养旅游的基本理论及其产业优化研究》，《广东农工商职业技术学院学报》2021年第2期。

一　康养旅游系统概念内涵

（一）康养旅游系统概念

康养旅游系统是以旅游目的地所包含的康养旅游资源、康养服务设施，以及所涉及的所有利益群体、产业部门等为要素，并在其相互联系中形成的开放系统。康养旅游系统的主要功能是满足游客在旅游地的医疗服务、康复、护理和娱乐体验等各种需求。康养旅游系统受到外界环境的影响，并对外部系统产生经济、文化、生态等多方面效应。

康养旅游系统以促进人们身心健康为目的，与实现旅游目的地多元化、高品质和特色化的旅游产品、服务和设施等因素相互关联。康养旅游系统是在"健康中国"战略背景下围绕健康、养生、养老主题衍生出来符合市场需求的旅游产品，涵盖了社会经济发展的多个方面。通过开发生态休闲、养生养老、特色美食、运动健体、文化养生等康养旅游产品，可以发挥旅游辐射作用，助推国民经济发展；同时，能够对人们保持身体健康和精神愉悦起到积极促进作用，满足人民对美好生活的向往。

（二）康养旅游系统内涵

1. 追求身心健康与快乐

康养旅游致力于满足人们对健康和幸福的追求。它将旅游与康养相结合，通过提供具有康养功能的旅游产品，使人们在旅游过程中得到身心的满足和放松。康养旅游强调身心健康的综合性，不仅要关注身体健康，还要关注心理健康和情感健康。通过各种康养项目，如温泉养生、养生休闲度假、静心冥想等，康养旅游为人们提供了一个追求身心健康与快乐的空间。

2. 融合文化与自然环境

康养旅游注重打造具有独特文化内涵和自然环境的旅游产品，它将传统文化元素与康养理念相结合，旨在通过传承和弘扬传统文化，为游客提供更加丰富、更有意义的旅游体验。康养旅游还强调与自然环境的融合，通过开发和保护自然资源，为游客提供一个与自然亲近、促进身心和谐的旅游环境。在康养旅游中，人们可以通过参观文化遗址、参与传统手工艺

体验、感受大自然的宁静与美丽，真正体验到文化与自然环境的融合。

3. 注重个性化与定制化服务

康养旅游倡导个性化与定制化的旅游服务。它通过了解和满足人们个体化的需求和偏好，为游客提供个性化的康养旅游产品和服务。康养旅游与传统旅游相比更加注重细节和个性化的体验。游客可以根据自己的需求选择不同的康养项目和服务，如个性化的饮食、定制化的养生方案等。通过个性化与定制化的服务，康养旅游为游客提供了一种更加特别和更加满意的旅游体验。

二 康养旅游系统构建原则

康养旅游作为现代旅游的一种新形态，正逐渐受到人们的青睐。它不仅关注旅游的休闲体验，更强调健康和养生的理念。为了更好地满足市场需求，构建一个健全的康养旅游系统显得尤为重要。

（一）需求导向，个性定制原则

高质量的旅游体验会给康养旅游者以预期甚至超过预期的旅游满足感，从而构筑经济效益的长久基础。[①] 因此，康养旅游系统构建应以人们的需求为导向，通过深入了解并理解不同人群的康养需求，提供个性化定制的旅游产品和服务。康养旅游系统应具备高度的灵活性和可定制性，以便为每个用户提供符合他们特定需求的康养项目和活动。在康养旅游系统中，获取用户需求是第一步。需要通过调查、访谈和数据分析等方式，全面了解用户的需求和偏好。不同人群的康养需求各不相同，因此需要对用户进行分类，以便为他们提供个性化的康养项目和活动。可以基于年龄、性别、健康状况、职业、收入等多个因素，对用户进行分类。

这需要对用户的需求进行深入的分析和研究，了解他们的健康状况、养生需求、兴趣爱好等方面的信息，并以此为基础，提供多样化的康养项目和活动，提供从基本的健康养生到高级的康复治疗服务，以满足不同人

---

① 张广海、董跃蕾：《中国康养旅游政策演化态势及效果评估》，《资源开发与市场》2022 年第 12 期。

群的不同需求，帮助他们实现健康养生的目标。同时，还可以根据用户的需求和反馈，不断优化和调整康养项目和活动，提高服务质量，提升用户体验感。比如，对于希望改善身体健康的年轻人，可以提供健身、瑜伽等运动型康养项目；对于希望放松心情、减轻压力的中老年人，可以提供冥想、音乐疗法等舒缓型康养项目。

（二）功能协同，综合体验原则

首先，康养旅游系统构建需要充分考虑康养、旅游、休闲、文化等各个方面的要素，通过合理规划设计，实现资源整合、优势互补、协同配合的目标。比如，在康养方面，可以结合当地的自然资源、气候条件、文化特色等，设计出适合不同人群的康养项目，如中医养生、瑜伽健身、温泉疗养等。在旅游方面，可以开发出不同类型的旅游线路和产品，如自然探险之旅、文化体验之旅、美食打卡之旅等。同时，还可以融入休闲和文化元素，如提供各种休闲设施和文化活动，让游客在享受旅游的过程中，更加深入地了解当地的文化和风土人情。通过打造综合性康养旅游体验活动，使各功能模块相互促进、相得益彰，共同创造出更加综合、更加全面的康养旅游效果。比如，在旅游过程中，游客可以体验到当地的特色美食和民俗文化，这不仅能够丰富旅游的体验，也能够促进当地经济的发展。同时，在康养旅游过程中，游客可以享受到当地自然环境和人文资源的优势，这不仅能够提高康养旅游的品质，还能够促进当地生态环境的保护和优秀传统文化的传承。

其次，康养旅游系统构建需要借助先进的技术手段和工具，通过技术运用，如人工智能、云计算、大数据技术等，实现智能化、自动化和个性化目标，更好地满足游客的需求和期望。同时，康养旅游系统还需要进行优化和升级，以适应市场需求和游客偏好的变化。在康养旅游系统构建中，建立起无缝连接的功能模块是非常关键的。这种连接不仅包括信息共享和数据互通，还包括服务流程的衔接和协同工作。比如，游客可以在系统中预订康养项目和预览景点概况，系统可以根据游客的偏好和需求，推荐相应的文化体验活动，为游客提供全方位的旅游服务支持。游客可以在系统

中方便地获取所需的康养旅游服务，得到全方位、一体化的康养旅游体验。这种服务模式不仅能够提高游客的满意度和忠诚度，还能够为康养旅游产业带来更多的商机和发展动力。

最后，综合配套的设施和服务是构建康养旅游系统的关键。为此，需要整合健身设施、康复设备、文化展示等多样化的康养旅游资源。同时，还应提供丰富的餐饮、住宿、交通等配套服务，确保游客能够享受到全面、便捷的康养旅游体验。在文化展示方面，应该充分挖掘当地的历史文化底蕴，为游客提供丰富的文化体验活动。比如，可以建设博物馆、艺术馆等文化场所，展示当地的历史文物和艺术品。此外，还可以举办各类文化活动，如民俗表演、艺术讲座等，让游客更好地了解当地的文化和历史。在餐饮方面，应该提供各种口味的美食，满足不同人群的饮食需求。在住宿方面，应该提供不同类型的住宿选择，如标准间、豪华间、套房等，以满足不同人群的住宿需求。在交通方面，应该提供便捷的交通工具和交通方式，确保游客能够顺利到达目的地。通过多样化的健身设施、康复设备、文化展示等资源，以及丰富的餐饮、住宿、交通等配套服务，可以为游客提供全面、便捷的康养旅游体验。这将有助于推动康养旅游产业的发展，为人们的健康和幸福生活提供有力支持。

（三）持续发展，保护环境原则

单个康养单元到多个康养单元的集聚和联结，形成了多空间集聚的大尺度康养旅游空间。康养旅游的多空间单元，构成了康养生态圈。① 康养生态圈通过交旅融合、主题塑造、区域联动，形成资源共享、污染共担的环境命运共同体。康养生态圈构成一个可持续的自然生态系统，在生态圈内部各成员既各司其职又相互影响，形成不同的功能体系，通过价值交换、资源共享、竞争合作形成生态圈的运行机制，推动整个康养旅游产业的循环演进和可持续发展。

首先，康养旅游系统构建，应以绿色发展为导向，注重保护生态环境。

---

① 谢春山、廉荣悦：《康养旅游的基本理论及其产业优化研究》，《广东农工商职业技术学院学报》2021年第2期。

为了实现可持续发展，需要在开发过程中采取一系列措施。比如，通过限制开发区域，确保自然环境完整性，避免过度开发和破坏生态环境。同时，科学规划旅游线路，合理利用资源，确保在旅游过程中尽量降低对自然环境的负面影响。这些措施能够有效地保持生态平衡，确保康养旅游的可持续发展。通过采取系列措施，实现康养旅游的可持续发展，为人们提供更加健康、舒适、安全的旅游环境。

其次，康养旅游系统构建，应积极推动低碳环保理念的实施。具体而言，可以通过以下方式来实现这一目标：一是减少能源消耗，即在康养旅游系统构建过程中，尽可能选择低能耗的设备和设施，避免不必要的能源浪费；二是推广节能措施，即通过各种手段推广节能方法和技术，提高能源利用效率，减少能源浪费；三是鼓励使用可再生能源，即积极推广使用太阳能、风能等可再生能源，降低对传统能源的依赖，减少碳排放，为环境保护做出贡献。

再次，康养旅游系统构建，应积极推动循环经济模式的应用。具体而言，可以通过以下方式来实现这一目标：一是实现资源的再利用，即在康养旅游系统中，尽可能将各种资源进行再利用，如水资源、能源等，提高资源利用率；二是实现资源的循环利用，即将康养旅游系统中的各种废弃物进行回收再利用，减少对环境的污染；三是减少浪费，即尽可能减少康养旅游系统中的各种浪费现象，如食物浪费、包装浪费等，为康养旅游的可持续发展做出贡献。

最后，康养旅游系统构建，必须重视生态保护的关键作用。应该通过强化对保护区域生态环境的管理，确保物种多样性和生态系统的稳定性得到妥善维护。同时，为了实现康养旅游与地方经济、社会的和谐发展，需要与当地社区进行合作，鼓励社区积极参与。这样不仅可以使当地居民也能分享到康养旅游带来的好处，还能进一步推动康养旅游系统的可持续发展。

三　康养旅游系统构成要素

旅游系统理论是旅游研究的顶层设计和基础，有助于构建全面、科学

的旅游研究体系。① 具有哲学价值的方法论是系统论的标签之一。系统论对从整体视角思考问题起到理论支撑作用。系统论的核心观点是把所要研究的对象看作一个整体，研究整体内各系统以及系统要素内部之间的有机关联。最终目的是通过关联性整合，或组织各个相对独立的系统或要素，使之获得"1+1>2"整体更胜部分之和的最优效果。客源地系统、目的地系统、出行系统、支持系统，共同构成康养旅游系统。

（一）客源地系统

旅游者是客源地系统的核心，是旅游活动的主体。旅游者的旅游需求、旅游动机和游客偏好会影响其旅游目的地的选择。

1. 旅游需求

国家统计局发布数据显示，2023 年末全国人口 140967 万人，比上年末减少 208 万人。从年龄构成看，16~59 岁的劳动年龄人口 86481 万人，占全国人口的比重为 61.3%；60 岁及以上人口 29697 万人，占全国人口的 21.1%，其中 65 岁及以上人口 21676 万人，占全国人口的 15.4%。全国老年人数量不断增加，老龄化速度不断加快，全国进入深度老龄化社会。2020 年新冠疫情对社会各界造成了深远影响。据统计，感染新冠患者中，30~69 岁的患者占 77.8%。② 全社会民众更加关注自身的疾病和健康，更加关注健康养生方面知识的学习与积累，更加关注康养产品。因此，我国对康养旅游感兴趣的群体正在不断壮大。

2. 旅游动机

旅游动机是驱动游客做出旅游决策和实施旅游行为的关键心理因素。它反映了游客在面临各种旅游选择时，内心所产生的欲望和驱使力。旅游动机的形成受多种因素的影响，如个人兴趣、生活需求、文化交流等。

首先，个人兴趣是康养旅游动机形成的重要基石。康养旅游作为一种新兴旅游形式，正逐渐成为人们追求健康生活、提升生活品质的重要方式。

① 刘峰：《旅游系统规划——一种旅游规划新思路》，《地理学与国土研究》1999 年第 1 期。
② 谭远发：《新冠肺炎死亡率的国际差异及其影响因素——基于年龄结构和检测率的双重视角》，《人口研究》2021 年第 2 期。

在这个领域中，个人兴趣无疑起到了至关重要的作用。当人们对某个领域或主题产生浓厚兴趣时，会更加渴望深入了解、亲身体验，从而使得康养旅游变得更具吸引力。这种兴趣可以是对某种运动的热爱，如徒步、骑行等；也可以是对特定文化的向往，如中医养生、民族文化等。总之，个人兴趣使康养旅游不仅仅是一种休闲方式，而且成为一种追求身心和谐、实现自我价值的活动。

其次，生活需求是康养旅游的重要动力。随着生活水平的提高，人们对生活质量的追求也越来越高，旅游成为很多人满足生活需求的一种方式。康养旅游为人们提供了一个逃离繁忙都市生活的机会，让人们能够远离压力，缓解身心疲劳，寻找内心的平静和满足。比如，那些在工作中经常面临高压的上班族，可能会选择康养旅游来放松自己，恢复身心平静。可以通过参加瑜伽、SPA、泡温泉等活动，缓解工作压力，减轻身体疲劳，提升工作效率。同时，康养旅游也为他们提供了与家人、朋友共同体验，增进亲子关系的机会，满足家庭生活需求。此外，随着人们对个人成长和提升的追求，康养旅游成为满足这种需求的重要方式。

最后，文化交流是康养旅游动机形成的重要因素。人们在寻求身心健康的同时，也越来越注重精神层面的满足。文化交流作为一种精神享受，为康养旅游赋予了更丰富的内涵。在旅游过程中，游客可以了解到不同地区的历史、民俗、艺术、美食等特色文化，这种体验式的学习，让人们在游玩中收获知识，提升自我。这种丰富多样的文化交流体验，激发了人们出游的兴趣，促使康养旅游需求产生。再者，文化交流有助于强化康养旅游参与者的归属感。在旅游过程中，游客与当地居民建立友谊，感受当地人民的热情与友善。这种跨越地域、民族、文化的友谊，使得游客在旅游过程中产生强烈的归属感，从而使康养旅游成为人们心灵的寄托。

3. 游客偏好

康养旅游可以根据游客的喜好和需求分为多种类型，包括自然风光型、文化体验型、健康养生型等。自然风光型康养旅游以美丽的自然景观为依托，让游客在欣赏美景的同时，享受宁静的环境，陶冶情操。文化体验型

康养旅游以特色文化为主线，让游客在游览中感受历史文化的厚重，丰富精神世界。健康养生型康养旅游则侧重于提供养生保健服务，包括疗养、康复、保健等，帮助游客调整身体状况，实现养生保健目标。

康养旅游游客偏好涵盖自然环境、文化体验、健康服务、休闲娱乐和社会交往等多个方面。为满足游客的需求，康养旅游目的地应综合考虑这些因素，提供高品质的旅游产品和服务，以吸引更多游客前来体验。同时，也要关注游客的需求变化，不断创新和优化旅游产品，以适应市场发展。通过深入了解游客偏好，康养旅游产业将实现可持续发展，为游客带来更加美好的康养体验。

（二）目的地系统

目的地系统是一个综合性的旅游服务系统，它由旅游吸引物、旅游设施和旅游服务等子系统组成，为旅游者的游览行程提供各种接待服务。这个系统不仅包括旅游景点的自然风光、文化遗产等旅游吸引物，还涵盖了各种旅游设施，如住宿设施、餐饮设施、交通设施等，以及旅游服务，如导游服务、旅游咨询服务、旅游安全服务等。这些子系统相互协作，共同满足旅游者在旅行过程中的各种需求。从系统科学的角度来看，旅游目的地是一个具有统一和整体形象的旅游吸引物体系的开放系统，由吸引物子系统（旅游资源）、支持子系统（设施和服务）、限制子系统（内部环境）等构成，在管理上有一定的行政依托，在空间上具有一定的层次性。

1. 旅游吸引物

旅游吸引物是旅游系统的重要组成部分，是开展旅游活动的资源前提。吸引力是旅游吸引物的根本属性，能激发人们的旅游动机。[①] 康养旅游吸引物主要包括以下类型。

（1）自然景观：包括山水风光、湖泊海滩、森林草原等，为康养旅游提供清新空气、舒适环境，有助于游客恢复和保持身心健康。康养旅游自然景观以提供身心健康、放松和养生为目的，通过融合自然环境资源与康养理念，为人们提供独特的旅游体验。自然环境资源在康养旅游中具有重

---

① 杨晓婷、俞金国：《国内外旅游吸引物研究综述》，《旅游论坛》2014 年第 3 期。

要的地位和作用，它为康养旅游提供了独特的背景和条件。比如，广西初步形成了以"养生、养老融合"为特点的"巴马模式"、以"旅游、养老融合"为特点的"北海模式"、以"养生、旅游与养老融合"为特点的"桂林模式"。[①]

（2）人文景观：包括历史遗迹、民族文化、艺术表演等，为康养旅游提供深厚的文化底蕴和体验传统文化的机会，有助于丰富游客精神生活。康养旅游人文景观是以自然、历史、文化资源为载体，以游览、体验、休闲、养生为主要目的，融合旅游、文化、健康等产业要素，让游客在游玩中感受文化底蕴。康养旅游人文景观，需要充分发掘和保护具有历史、文化、艺术等价值的遗产资源，包括古建筑、文物、文化遗址等，这些遗产资源承载着丰富的历史文化信息，通过对其保护和开发利用，可以为康养旅游提供独特的文化体验。比如，彭州市桂花镇辖区内旅游文化资源较为丰富，既有关于桂花镇名来源的历史文化资源、三国文化资源，又有三圣寺、葛麻庵、罗汉寺等宗教文化资源，亦有历史悠久的桂陶特色文化资源，还有反映三线建设历史的工业文化遗产资源。[②]

2. 旅游设施

康养旅游设施是开展康养旅游活动的基础和保障，其建设与发展对于提升康养旅游品质、满足游客需求具有重要意义。康养旅游设施主要包括以下方面。

（1）康养旅游住宿设施：应注重绿色环保、舒适便捷，同时结合当地文化特色，为游客打造独特的居住体验。为保障游客的住宿需求，康养旅游目的地应提供多样化的住宿选择，如高品质的度假酒店、特色民宿、露营基地等。

（2）康养旅游餐饮设施：应以健康、绿色、营养的餐饮服务为主，注重膳食搭配，满足游客的口味需求。餐厅应尽量使用当地食材，打造地方

---

① 刘伟、龙雪城、樊琳：《养生、旅游与养老产业融合研究——基于广西的实践》，《社会科学家》2023 年第 4 期。

② 吴会蓉、燕朝西：《乡村振兴战略背景下旅游文化资源的保护与开发——以彭州桂花镇为例》，《西部经济管理论坛》2018 年第 6 期。

特色美食，同时提供素食、低脂、低糖等多样化餐饮选择，满足不同游客的饮食需求。

（3）康养旅游休闲娱乐设施：包括户外运动场地、健身房、瑜伽馆、文化演艺中心、亲子游乐园等，旨在满足不同年龄段和兴趣爱好游客的需求。康养旅游目的地应提供丰富多样的休闲娱乐设施，让游客在游玩中得到身心放松。

3. 旅游服务

康养旅游是一种结合了旅游和健康服务的综合性旅游方式，旨在为游客提供放松身心、改善健康状况的旅行体验。康养旅游服务包括以下几个方面。

（1）专业服务人员：包括导游、康养导师、医护人员等。这些服务人员需要具备相关的专业知识和技能，为游客提供安全、贴心的服务，确保游客在旅途中能够享受到舒适的康养体验。应组建专业的康养旅游服务团队，包括健康顾问、康养导师等，提供个性化的康养指导和服务，以增加游客的健康体验和满意度。康养旅游专业团队需要具备多领域综合的专业知识和技能，包括医学、营养学、体育健康学、心理学等，能够提供全方位的康养服务。

（2）安全保障措施：包括应急预案、安全培训、保险服务等。在旅游过程中，康养旅游企业应高度重视游客的人身安全和财产安全，制定完善的安全管理制度，确保游客在遇到突发情况时，能够得到及时的救援和保障。应建立科学的康养旅游质量管理体系，包括服务标准制定、投诉处理机制等，确保康养旅游服务的质量和可靠性，提升整体管理水平。需建立有效的服务过程控制和管理机制，包括服务流程的规范、操作标准、风险管理和应急预案等。通过建立严格的服务流程和标准，可以有效控制服务质量，提高服务效率，减少潜在的风险。

（3）售后服务：包括旅游咨询、投诉处理、回访调查等。康养旅游企业应重视游客的满意度，及时解决游客在旅游过程中遇到的问题，为游客提供优质的售后服务。康养旅游系统需要具备完善的服务和管理体系，包括预订服务、接待服务以及康养项目实施和管理服务等，以提供全方位、个性化的康养旅游服务。同时，需要具备良好的管理机制，包括质量监控、评估和持续改进等，以确保系统的运行和提高服务质量。

（三）出行系统

康养旅游出行系统以用户需求为导向，提供个性化的康养旅游线路、服务和设施。用户可以根据自己的健康状况、兴趣爱好和出行目的，选择最适合自己的康养旅游方案。用户可以根据目的地、出行时间、预算等因素，查询适合自己需求的康养旅游线路，并且选择合适的交通工具，主要包括以下三个层次。

1. 第一层次：康养旅游外部交通

指从旅游客源地到目的地所依托的中心城市之间的交通方式和等级，其空间尺度一般为跨国或跨省，交通方式主要有：航空、铁路和高速公路。

随着我国航空事业的不断发展，航班班次日益增多，航空网络日益完善，游客可以选择合适的航班从全国各地飞往康养旅游目的地。此外，航空交通还能满足游客对时间敏感的需求，为游客节省宝贵的时间。

随着我国高铁网络的不断扩张，铁路出行时间成本逐渐降低，游客可以选择乘坐高速列车或普通火车抵达康养旅游目的地。铁路交通不仅安全、舒适，而且还具有较高的性价比，成为许多游客出行的首选。

我国高速公路网的不断完善，使得游客可以更加便捷地驱车前往目的地，自驾游成为越来越多游客的选择。自驾游游客可以自由安排行程，随时随地停车欣赏美景，充分体验旅游的乐趣。

2. 第二层次：康养旅游中小尺度空间

指从旅游中心城市到旅游景点（区）之间的交通方式和等级，交通方式主要有：铁路、公路和水路。

康养旅游是一种特殊的旅游形式，它不仅关注旅游目的地的景观、文化、历史等元素，还重视游客在旅途中的身心健康。在这个过程中，中小尺度的空间布局显得尤为重要。

高速公路、国道、省道等公路网络为游客提供了便捷的交通手段。自

驾游、骑行游等公路旅游方式深受游客喜爱，这类游客既能自主安排行程，又能随时随地欣赏沿途的风景。此外，公路交通还有利于推动地方经济的发展，为康养旅游提供更多的配套设施和服务。

河流、湖泊、沿海水域等为游客提供了另一种观赏风景的视角。游船、游艇等水上交通工具让游客在享受旅程的同时，还能领略水域生态的魅力。水路交通不仅丰富了康养旅游的产品体系，还为游客提供了更多元化的体验。

3. 第三层次：康养旅游景区（点）内部交通

康养旅游景区（点）内部交通方式主要有徒步或特种旅游交通方式，如索道、游船、畜力（骑马、骑骆驼）、滑竿等。

索道是一种高速、高效的垂直运输工具，可以迅速将游客从山脚带到山顶，为游客节省体力。在康养旅游景区中，索道不仅方便游客观赏高山美景，还能缓解徒步爬山带来的疲劳。

游船适用于水域丰富的景区。游客乘船游览，既可欣赏水乡风光，又能领略古老文化的韵味。此外，游船还具有休闲、舒适的优点，是康养旅游中不可或缺的交通方式。

畜力交通包括骑马、骑骆驼等。这种交通方式具有趣味性和挑战性，适合喜欢探险的游客。在康养旅游景区中，畜力交通成为一种独特的体验，可以让游客感受大自然的神秘和古老文化的魅力。

（四）支持系统

旅游支持系统，亦称"旅游支持保障系统"。旅游支持系统是旅游系统正常运转的保障因子，包括政策支持、信息支持、人才支持等。

1. 政策支持

国家对康养旅游的政策支持，开始于"十三五"初期，国务院在 2016 年发布的《"健康中国 2030"规划纲要》中指出，应积极促进健康与养老、旅游、互联网、健身休闲、食品融合，催生健康新产业、新业态、新模式。自此，国家陆续出台政策文件，大力鼓励发展康养产业。

"十四五"以来，康养旅游产业的政策支持力度更是达到高峰，2021 年 4 月，文化和旅游部发布的《"十四五"文化和旅游发展规划》明确提出，发展康养旅游，推动国家康养旅游示范基地建设，这无疑为各地布局康养旅游产业发展再添一把柴。在国家政策的统领下，各个省市又陆续出台了相关政策，如北京在《关于贯彻落实〈质量强国建设纲要〉的意见》中提出，推进旅游服务标准化建设，打造乡村旅游、康养旅游、红色旅游等精品项目；重庆在《质量强市建设实施方案》中提出，规范旅游市场秩序，改善旅游消费体验，提升旅游服务供给品质，打造乡村旅游、康养旅游、红色旅游等精品项目；河南省在《"十四五"老龄事业发展规划》中提出，聚焦于拓展老年人旅游消费领域，鼓励旅游企业设计推出一日游、短途游、古都旅游、乡村旅游、红色旅游、康养旅游等适合老年人的旅游产品，提升老年人旅游服务品质，依托山水、温泉、中医药、太极少林文化等资源，深入推进医养康养结合，建设适宜老年人的乡村旅居、休闲康养目的地。

在政策的大力支持下，我国康养旅游产业正步入快速发展阶段。未来，随着政策体系的不断完善和市场需求的持续扩大，康养旅游产业将有望成为我国经济的新支柱产业。

2. 信息支持

康养旅游信息支持系统是一种致力于为游客提供全面、精准和实时的康养旅游信息的智能系统。它以现代信息技术为基础，结合大数据分析、人工智能等技术手段，为游客提供从康养目的地推荐、行程规划、康养项目选择到实际游玩过程中的实时资讯、服务和评价等全方位信息。通过这一系统，游客可以更加便捷地获取康养旅游的相关信息，更好地满足自身个性化、差异化的需求。

可利用大数据、物联网、区块链等技术，深化"康养+大数据"产业发展，构建智慧化的康养产业发展平台，完善跨业态无边界的康养产业场景设计。可建立康养旅游信息系统，包括目的地预订、旅游行程规划和资源展示等功能，利用人工智能、大数据分析等技术，提供个性化的康养旅游服务。此外，可根据康养旅游行业的需求，开发相关的应用系统，包括康养旅游资源管理系统、康养旅游线路规划系统、康养旅游服务预订系统等。

可利用虚拟现实技术，打造沉浸式的康养旅游体验，为游客提供身临其境的自然环境、文化场景等，同时提供康养活动的模拟和指导服务，丰富康养旅游的内容，提升康养旅游的效果。通过康养旅游虚拟现实技术应用，可以打破时空限制，为游客提供更加丰富、沉浸式的康养体验，提升康养旅游的吸引力和竞争力。

3. 人才支持

相关数据显示，随着康养旅游市场规模不断扩大，我国对康养旅游人才的需求量预计将达到百万人以上。

为了满足市场对康养旅游人才的需求，近年来，我国部分高校已经开始关注康养旅游领域，积极设置相关专业或课程，致力于培养具备康养旅游知识的高素质人才。这些专业或课程的设立，不仅丰富了高校教育体系，也为康养旅游行业提供了源源不断的人才储备。

此外，我国政府也高度重视康养旅游人才的培养和职业技能培训。针对康养旅游行业的职业技能培训体系逐渐完善，文化和旅游部、人力资源和社会保障部等部门联合开展了一系列康养旅游人才的培训项目。这些项目以提升从业人员专业素养、服务能力和业务水平为目标，为康养旅游市场输送了大量合格人才。

四　康养旅游系统构建意义

康养旅游系统的构建具有重要的意义，不仅可以满足人们对于健康和休闲的需求，还可以带动相关产业的发展和增进社会福祉。因此，应该重视康养旅游系统的建设，不断完善其服务体系，提高服务质量和效率。

（一）提升旅游产业的附加值

康养旅游系统的构建，可以给旅游产业带来更大的附加值和竞争力。随着健康意识的增强，人们对康养旅游的需求也日益增加。通过建立康养旅游系统，可以为游客提供个性化、专业化的康养服务，增强旅游产品的多样性和品质，提升旅游目的地的知名度和美誉度。这将吸引更多游客前来体验康养旅游，推动旅游产业的发展。通过"康养+"多业态融合发展，不断丰富产品供给、健全产业生态，持续完善全季节、全时段、全周期的产品供给体系，能深度激活"吃、住、行、游、购、娱、商、养、学"全产业链。比如，贵州省桐梓县立足资源禀赋，发挥区位优势，守好生态红线，采取"旅游+康养"相融合的总体思路，大力发展康养旅游产业。同时，进一步推动桐梓康养旅游产业向品牌化、高端化、规模化、产业化发展。

（二）促进健康生活方式的养成

康养旅游系统可以提供健康的活动和环境，促进人们养成健康的生活方式。通过康养旅游，人们可以参与各种养生活动，如瑜伽、冥想、温泉浴等，同时享受美妙的自然风景和新鲜空气。这种健康的生活方式有助于参与者调整身心状态，提高免疫力，预防疾病，实现全面的健康管理。康养旅游系统还通过提供健康饮食、运动锻炼等服务，促使人们养成良好的饮食习惯和定期的运动习惯。这有助于改善个人的健康状况，预防慢性疾病的发生，提高生活质量。

（三）推动地方社会经济的发展

康养旅游的发展可以带动相关产业的发展，如医疗、康复、健身、餐饮等产业，为地方经济带来更多的发展机遇。同时，康养旅游可以促进地方就业和创业，提高地方居民的收入和生活水平。此外，康养旅游还可以促进地方文化传承和创新，提高地方知名度和美誉度。因此，构建康养旅游系统能为地方经济社会发展注入新的动力。比如，晋城市以太行一号文旅康养和乡村振兴融合发展示范带为引领，依托总长581.8公里的太行一号旅游公路，连接起90%的脱贫地区、景区景点和特色农产品产区，辐射带动739个村的集体经济发展，示范带沿线2022年吸引500万人次观光旅游、3.9万人返乡就业创业，直接带动739个村7.6万劳动人口增收，间接受益近40万人，使老百姓守在家门口就可以鼓起"钱袋子"。①

---

① 《我的晋城我的家·康养产业巡礼｜多业态融合，集群化发展！我市深度激活全产业链提升文旅康养附加值》，晋城市人民政府网站，https://www.jcgov.gov.cn/dtxx/ztzl/2018nzt/jcwmw/wmyw/202308/t20230823_1842035.shtml。

第三节　康养旅游战略制定

随着老龄化的加剧，以及近几年新冠疫情的影响，人民面临着越来越严峻的健康问题。自党的十八大以来，"健康中国"战略的内容在不断地更新完善，这主要归根于我国社会矛盾发生了改变，康养旅游正是在这样的大背景下不断发展完善的。康养旅游在完善现代旅游产业体系、建设健康中国中扮演着重要角色，《"十四五"国民健康规划》提出促进健康与养老、旅游、互联网、健康休闲、食品等产业融合发展，壮大健康新业态、新模式，为康养旅游的可持续发展指明了方向。[①]

一　康养旅游战略概念

（一）战略

"战略"一词起源于希腊语"strategos"，是军事术语，指对战争全局的策划和指导，基本含义是军事将领基于对军事斗争的主客观条件和其变化发展规律的掌握，全面策划和部署军事力量，以达成既定的目标。随着人类社会实践的发展，人们又逐渐赋予战略一词以新的含义，将战略思想运用到军事以外的领域。Mintzberg 提出战略"5P"观，认为战略是计划（Plan）、计策（Ploy）、行为模式（Pattern）、定位（Position）、观念（Perspective）。[②] 20 世纪 50 年代开始，社会生产力不断提高，人们在关注日常管理的同时，开始更多地关注长远发展问题。在这一时期，"战略"的概念从军事领域引申到了经济和政治领域，泛指全局性和长远性的重大谋划，其全局性、综合性、层次性的特点，使得战略常用于区域发展规划和商业管理。

---

① 王厚芹、何精华：《中国政府创新扩散过程中的政策变迁模式——央地互动视角下上海自贸区的政策试验研究》，《公共管理学报》2021 年第 3 期。
② 〔美〕亨利·明茨伯格等：《战略历程：总览战略管理学派》，刘瑞洪等译，机械工业出版社，2001。

（二）旅游发展战略

"旅游发展战略"是指一个国家或地区对其旅游发展所作的长期谋划和指导原则。旅游发展战略的内容主要有两点：一是战略目标，即旅游发展所要达到的数量指标、增长速度、产业结构变化，以及提高旅游经济效益和社会综合效益的要求等要素构成，制定战略目标是旅游发展战略要解决的首要问题；二是战略重点、战略步骤和战略实施，就是为了实现旅游发展战略目标而制定的对策、途径和手段。旅游发展战略可以分为三个层次，即全国旅游发展战略、地方旅游发展战略和旅游实体发展战略。[1] 这三个层次的旅游发展战略是相互联系、相互影响的，全国旅游发展战略是最为重要的，具有全局性和统领性，对各地区和各旅游实体的发展战略具有指导意义，各地区和各旅游实体的发展战略要在国家旅游发展战略的框架内进行制定。

（三）康养旅游战略

"康养旅游战略"是指在旅游业发展中，以康养为核心理念制定的一系列目标、政策和行动，旨在推动旅游业向健康、放松和养生方向发展。康养旅游战略强调将旅游与健康、身心养生相结合，提供全面的康养服务，满足人们对身心健康的需求。康养旅游战略是我国康养旅游业发展的重要指导方针。实施康养旅游战略，将有助于推动我国旅游业向更高水平、更深层次发展，为人们提供更加优质的康养旅游体验，满足人们对健康、养生的追求。

二　康养旅游战略构成

（一）康养旅游资源整合

康养旅游资源整合，是将康养旅游产业链中的各类资源进行优化配置，以提高康养旅游产业的整体效益和竞争力。这些资源包括但不限于自然资源、文化资源、人力资源、资金资源和技术资源等。通过资源整合，实现产业链上下游企业之间的协同发展，提升产业整体竞争力。

---

[1]　李海涛：《昆嵛山旅游发展战略研究》，硕士学位论文，西南交通大学，2009。

1. 坚持以市场需求为导向

康养旅游资源整合，应始终以市场需求为导向，关注游客需求变化，实施差异化、特色化发展，提升康养旅游产品的市场竞争力。

2. 推动旅游景区联动发展

康养旅游资源整合应突破地域限制，推动不同景区之间的联动发展，实现资源共享、客源互动，提高整体效益。

3. 促进产业融合发展

康养旅游资源整合，应加强与相关产业的融合发展，如医疗、养老、文化、体育等，形成产业链互补，拓宽产业发展空间。

（二）康养旅游目标定位

康养旅游目标定位是指导全局的、比较长远的计划，旨在为康养旅游发展提供一个明确、可实现的目标。康养旅游发展战略目标定位是一个系统性的工程，需要结合市场需求、资源条件、发展趋势和竞争环境等多个方面因素进行综合考虑。只有制定出具有前瞻性、可操作性的目标定位，才能为康养旅游业的持续发展提供有力保障。在实际发展中，各方要共同努力，围绕目标定位，推动康养旅游产业的繁荣兴盛。

1. 市场需求：把握康养旅游主动脉

康养旅游市场需求是推动产业发展的关键因素。因此，在目标定位时，要充分了解当前市场对康养旅游的需求，包括消费者的需求和期望，以及市场上的竞争格局。通过分析消费者对康养旅游的喜好、需求特点和消费能力，能为康养旅游产品的设计和营销策略提供依据。同时，还需关注市场竞争状况，以便制定出有竞争力的康养旅游产品和服务。

2. 资源条件：发挥康养旅游的优势

康养旅游资源的丰富程度和利用效率，直接关系到产业发展的水平。在目标定位时，要全面评估当地的资源优势和劣势，包括自然环境、人文景观、人力资源等。此外，还需关注这些资源在康养旅游市场中的价值和作用。通过合理配置和开发资源，可以提高康养旅游产品的吸引力和竞争力。

3. 发展趋势：引领康养旅游新潮流

康养旅游产业发展趋势是影响目标定位的重要因素。在制定目标时，要预测未来的康养旅游市场发展趋势和变化，包括消费者需求的变化、技术的进步、政策的变化等。紧跟时代发展趋势，及时调整发展策略，可以使康养旅游业始终保持竞争力。

（三）康养旅游路径选择

在确定了康养旅游发展战略目标之后，需要慎重地选择出正确的战略路径。这一路径应该是全面、系统、科学和可持续的，能够满足游客对健康、养生和旅游的需求，同时也能促进康养旅游产业的长期发展和竞争力提升。

1. 路径一："康养旅游+生态"

生态旅游是以保护生态环境为基础，以体验自然、了解生态环境为主要目的的旅游形式。在康养旅游中，游客可以享受到绿色、生态、健康的旅游体验，如山地养生、森林氧吧、温泉疗养等。这些旅游产品在为游客提供身心放松的机会的同时，也有效促进了生态资源的保护与可持续发展。

一方面，我国拥有丰富的自然景观。青山绿水为康养旅游提供了丰富的资源。游客可以尽情享受大自然的恩赐，呼吸清新的空气，从北国的冰雪世界到南国的热带雨林，感受大自然的神奇魅力。从西部的高原风光到东部的沿海美景，各类自然景观独具特色，此外，我国各地的自然保护区和风景名胜区，如五岳、三山、四大佛教名山等，吸引了大量游客前来游赏。

另一方面，我国生物多样性极为丰富。在历史文化名城、古镇、古村落这片广袤的土地上，形成了独特的生态系统，生存着无数珍贵的动植物资源。游客在康养旅游的过程中，通过民俗风情游、乡村游等旅游形式，可以亲身感受到我国生物多样性的独特魅力，可以领略到悠久的历史底蕴，进一步认识到保护生态的重要性。

2. 路径二："康养旅游+医疗"

在后疫情时代，我国社会对于"大健康"概念的认识逐渐深入，高度重视康养旅游与医疗的融合发展。康养旅游作为旅游业与健康养生行业相结合的新兴业态，正在迅速崛起。

一方面，康养旅游的兴起源于人们对健康生活的追求。在经历了疫情

冲击后，越来越多的人开始关注身体健康，意识到预防疾病和保持健康的重要性。康养旅游恰好满足了这一需求，它将旅游与健康养生相结合，让人们在享受美丽景色的同时，也能体验到健康养生的生活方式。

另一方面，随着老龄化社会的加剧，"康养旅游+医疗"市场潜力巨大。我国政府也高度重视康养旅游产业的发展，提出了一系列政策措施，为其创造了良好的发展环境。"康养旅游+医疗"发展模式有望在未来几年内成为旅游业的新风口，带动相关产业的融合发展。

3. 路径三："康养旅游+文化"

近年来，我国康养旅游市场规模不断扩大，受到了越来越多游客的青睐。而文化则是康养旅游的灵魂，为游客带来了丰富的精神享受。

一方面，"康养旅游+文化"体现在对传统养生文化的挖掘与传承方面。我国有着悠久的历史和丰富的养生文化，如中医养生、道家养生、佛家养生等。康养旅游将这些养生文化融入旅游产品中，让游客在游玩的过程中，了解并体验传统的养生方法，如针灸、推拿、拔罐等。这不仅有助于游客保持身心健康，还能传承和弘扬我国优秀的传统文化。

另一方面，"康养旅游+文化"表现在展示地方特色文化方面。各地区都有着独特的文化底蕴和风土人情，康养旅游将这些地方文化融入旅游产品中，让游客在游玩的过程中，感受到不同地域文化的魅力。比如，游客可以在康养旅游中品尝各地的美食、了解民间艺术、参与传统节庆活动等。这样的旅游体验既能让游客身心愉悦，也能丰富他们的文化认知。

（四）康养旅游措施制定

康养旅游措施的制定是一项系统工程，是一个动态过程，需要从多方面入手，要解放思想，创新思维，抓住机遇，发挥各地区的优势，共同推动康养旅游业的繁荣发展。康养旅游措施的制定，不仅要关注具体的计划、方法，还要克服旅游环境的复杂性、多变性。在推进过程中，要不断总结经验，调整策略，确保康养旅游战略的顺利实施。

1. 全面规划，突出自身特色

康养旅游措施的制定，应结合我国各地的自然、人文资源特点，充分挖掘地域特色，打造独具魅力的康养旅游目的地。同时，要注重差异化发展，避免同质化竞争，实现康养旅游产品的多样化，满足不同游客的需求。

2. 环境保护，实现可持续发展

康养旅游发展需在保护生态环境的基础上进行，强化绿色发展理念，确保旅游开发与环境保护相互促进、协调发展。此外，还需关注康养旅游目的地的社会文化环境，传承和弘扬优秀传统文化，为游客提供丰富的精神享受。

3. 政策支持，创新体制机制

政府在康养旅游发展中扮演着重要角色，应制定一系列有利于康养旅游发展的政策措施，如资金支持、税收优惠等。同时，要创新体制机制，激发市场活力，吸引社会资本投入康养旅游产业。

三　康养旅游战略原则

（一）可持续发展原则

习近平总书记指出，"生态环境保护和经济发展是辩证统一、相辅相成的，建设生态文明、推动绿色低碳循环发展，不仅可以满足人民日益增长的优美生态环境需要，而且可以推动实现更高质量、更有效率、更加公平、更可持续、更为安全的发展，走出一条生产发展、生活富裕、生态良好的文明发展道路"[①]。康养旅游的发展应当注重环境保护和生态平衡，确保旅游活动与自然环境和谐共生。在开发过程中，需要采取措施控制对环境的影响，并加强对游客的教育和引导，倡导绿色旅游、文明旅游。

例如，森林康养、中医药康养等一些以自然资源为出发点的康养模式，更需要关注生态环境保护。在这些康养项目中，要充分挖掘自然资源的优势，同时维护生态平衡，使游客在享受美好生态环境的同时，感受到人与自然和谐共生的重要性。

---

① 《习近平总书记关于生态文明建设重要论述综述》，国家林业和草原局政府网，https://www.forestry.gov.cn/main/6100/20210603/083652572864933.html。

（二）市场需求导向原则

康养旅游作为新兴的旅游形式，其发展应当以市场需求为导向，以满足广大消费者对健康、养生和旅游的综合需求。在康养旅游的发展过程中，需要紧紧抓住市场需求这一核心，根据不同人群的需求特点，开发丰富多样的康养旅游产品和服务。

首先，康养旅游的发展应当以市场需求为导向。市场需求是推动产业发展的关键因素，只有深入了解和把握市场需求，才能制定出符合消费者需求特点的康养旅游产品和服务。这需要在发展康养旅游的过程中，充分调查和分析各类人群的需求，从而有针对性地开发多样化的康养旅游产品和服务。

其次，加强市场调研和营销推广是提高康养旅游知名度和吸引力的必要手段。在市场调研方面，需要了解消费者的需求、喜好和消费能力，以便为消费者提供更加精准和个性化的康养旅游产品。在营销推广方面，可以运用现代传播手段，如互联网、社交媒体等，加大康养旅游的宣传力度，提高其知名度和美誉度。

最后，提高服务质量是康养旅游发展的基石。要不断完善康养旅游基础设施，提升服务水平，确保消费者在旅途中能够享受到舒适的康养体验。此外，还要关注消费者对康养旅游的反馈意见，及时调整及优化产品和服务，以满足市场和消费者不断变化的需求。

（三）创新驱动发展原则

康养旅游的发展应当注重创新，不断探索新的发展模式和路径。在产品开发、服务升级、管理模式等方面，应当积极引入新技术、新理念和新方法，提高康养旅游的创新能力和核心竞争力。

首先，在产品开发方面，康养旅游应当积极创新，为游客提供多样化、个性化的康养产品。包括开发新型康养项目，如养生度假村、康养小镇、康复疗养基地等，以及充分利用自然资源、文化资源、医疗资源等，推出富有特色的康养旅游线路。

其次，在服务升级方面，康养旅游应当注重提升服务质量，为游客提供精细化、人性化的服务。这包括培训专业化的康养旅游从业人员，提高服务人员的业务素质和服务水平；加强康养旅游基础设施和服务设施建设，如康养酒店、康养餐厅、康养设施等；还要注重游客的体验感受，不断优化服务流程，创新服务方式。

最后，在管理模式方面，康养旅游应当积极探索新的管理模式，提高康养旅游的创新能力和核心竞争力。这包括建立健全康养旅游管理体系，形成政府、企业、社会组织等多方共同参与的协同治理格局；加强政策支持，推动康养旅游政策体系的完善；还要注重与国际接轨，引进国际先进的康养旅游理念和管理经验，提升我国康养旅游的国际竞争力。

四　康养旅游战略流程

（一）战略制定

康养旅游战略制定是指为了满足人们对于健康和养生的需求，通过开发旅游资源，结合健康、养生、旅游等元素，制订出一套完整的战略方案。该方案的制定，需要充分考虑市场需求、资源状况、政策环境等因素，以实现旅游产业与健康养生产业的深度融合和协同发展。

康养旅游战略的制定，需要从多个方面入手。首先，需要分析市场需求，了解消费者对于健康和养生的需求和期望，以及不同年龄、职业、收入等人群对于康养旅游产品的偏好和需求。其次，需要对康养旅游资源进行评估，包括自然资源和人文资源，以及这些资源的分布和特点，从而确定开发的方向和重点。同时，还需要考虑政策环境的影响，包括国家对于康养旅游产业的政策导向和支持力度，以及地方政府的政策措施和法律法规等。

（二）战略分析

1. SWOT 分析

SWOT分析针对旅游区各方面环境条件的态势，通过调查与分析研究样本相关的各方面因素，进行系统性的整理归纳以及相关因子影响权重的排序，在综合考虑各方面影响因素的基础上，获得相关结论。在排除特殊干

扰的情况下，通过 SWOT 分析得出的结论具有典型的决策性特点。通过调查和分析研究样本的相关数据得出的结论或者是相关指标，对于发展战略、预防策略等具有重要的指导意义。SWOT 分析的核心是战略匹配，这要求旅游区在充分发挥自我优势时，还要把握各方面的发展机遇，提升核心竞争力，以实现长远目标。在发展过程中，通过对旅游区面对的优劣势进行分析，抓住市场机遇弥补旅游区本身存在的缺陷，进而优化运营过程，获得更好的发展。SWOT 分析是一种预防战略，其主要目的在于帮助旅游区规避或者降低外部环境中的威胁所带来的影响。

2. 波特五力模型分析法

波特五力模型将大量不同的因素融合在一个简易的模型中，用来分析一个行业的基本竞争环境，五力模型确定了一个行业中存在的五种基本的竞争力量，即潜在的加入者、替代品、购买者、供应者以及现有竞争者间的相互制衡。从某种意义上来讲，竞争战略源于企业对决定产业吸引力的竞争规律的深刻理解。任何产业，无论是国内的还是国际的，无论是生产产品的还是提供服务的，竞争规律都将体现在这五种竞争的作用力上。因此，波特五力模型是企业制定竞争战略时，经常使用的战略分析工具。

3. PEST 分析

PEST 分析是指宏观环境的分析。宏观环境又称一般环境，是指一切影响行业和企业的宏观因素。对宏观环境因素做分析，不同行业和企业根据自身特点和经营需要，分析的具体内容会有差异，但一般都对政治（Political）、经济（Economic）、社会（Social）和技术（Technological）这四大类影响企业的主要外部环境因素进行分析。简单而言，称之为 PEST 分析法。

（三）战略选择

1. 信息化与智能化建设战略

2020 年 11 月，文化和旅游部等十部委联合印发《关于深化"互联网+旅游"推动旅游业高质量发展的意见》，提出以习近平新时代中国特色社会主义思想为指导，坚定不移建设网络强国、数字中国，持续深化"互联网+

旅游"，推动旅游业的高质量发展。① 随着互联网的蓬勃发展，传统的康养模式正在逐渐向数字化、智能化转型。通过信息化与智能化建设，能提供更加便捷、高效、个性化的康养服务。

（1）后疫情时代："互联网+康养"成为主流。疫情影响下，众多旅游景区和服务机构借助互联网、5G、人工智能等技术，加速智慧康养旅游的发展；后疫情时代，旅游产业结构亟须调整，这也对"云旅游""预约旅游"等一些在疫情大环境下催生出来的旅游模式提出更高的要求。随着疫情的好转，旅游再次成为人们减轻压力、缓解情绪、愉悦心情及改善精神状况的重要渠道，以康复和养生为显著特征的康养旅游能够迎合公众的需求。②

（2）大数据时代：促进康养旅游快速发展。大数据时代的到来，为康养旅游行业的发展带来了许多机遇。大数据技术的应用，可以帮助康养旅游企业更好地了解消费者需求，为消费者提供个性化的服务，从而促进康养旅游的快速发展。移动大数据时代，旅游是一种在线的移动旅游，是建立在一个以大数据为背景的平台之上的，它通过各种合作来满足人们多样化的旅游需求。移动大数据能够为人们提供充足的旅游信息，人们利用这些信息，并通过技术整合形成一条最合适的旅游路线，从而形成完整的体系化的旅游模式。③

2. 跨产业、泛行业融合发展战略

随着我国的发展进步，国民健康成为国家可持续发展能力的重要标志。当"健康中国"上升为国家战略时，我国正式进入"大健康"时代。2015年，政府工作报告提出了健康中国战略构思；2016年，《国家康养旅游示范基地标准》颁布实施，把养老、旅游、互联网等融合起来；2016年，《"健康中国2030"规划纲要》明确提出建设健康环境、发展健康产业等要求；

① 廖冉：《十部委联合发布〈关于深化"互联网+旅游"推动旅游业高质量发展的意见〉》，《商业文化》2020年第36期。
② 王英雯、王楚东、廖振欣等：《新冠肺炎疫情期间人群心理焦虑抑郁水平与差异分析及与SARS等疫情特点对比》，《生命科学研究》2020年第3期。
③ 郝志刚：《移动大数据时代我国旅游发展的新思考》，《旅游学刊》2016年第6期。

2017年，党的十九大报告指出，要实施健康中国战略，构建养老、孝老、敬老的政策体系；2018年，中央一号文件对发展农村康养事业做了详细指示。

（1）跨产业、泛行业政策深度融合，促进康养旅游的发展。康养旅游涉及多个产业和行业，包括旅游、医疗、养生、餐饮等。政府可以制定相关政策，推动各个领域的协同发展。比如，鼓励医疗机构与旅游企业合作，开展医疗旅游项目；鼓励康养旅游企业与养生保健企业合作，推出健康餐饮和养生产品等。通过政策的支持和引导，可以形成康养旅游的良好生态系统。比如，攀枝花推广实行"市县联动、企业主动、项目带动"的工作机制，按照"一县（区）一重点康养旅游景区（度假区）、一特色康养旅游小镇和一精品康养旅游环线"的任务要求，全面深层次推进地方农业、林业、体育、医疗、文化、信息技术、金融、交通等关联产业资源与康养旅游的深度共享与融合发展。①

（2）跨产业、泛行业政策深度融合，提升康养旅游的质量和水平。政府可以加强对康养旅游行业的监管和标准制定，确保康养旅游产品和服务的质量和安全。同样，政府可以鼓励企业进行创新，推出更具特色和竞争力的康养旅游产品。此外，政府还可以加强对从业人员的培训和教育，提高服务质量和水平。通过政策的引导和支持，可以提升康养旅游的整体水平和竞争力。

3. 年轻化、多元化发展战略

随着人们对健康和生活质量的关注日益增加，康养旅游产品的需求也越来越多样化和年轻化。为了满足不同人群的需求，康养旅游产品在自然、人文和康养元素上进行了多元化的植入。

（1）自然元素方面，康养旅游经常选择远离城市喧嚣的山区、湖泊、海滩等自然环境作为基地。这些环境具有良好的空气质量和美景，可以让人们放松身心，享受大自然的恩赐。此外，一些康养旅游产品还将自然疗法和自然疗养活动融入其中，如林间散步、野外拓展活动、森林浴等。自

---

① 陈雪钧、李莉：《价值链视角的旅游企业集团成长模式研究》，《管理现代化》2013年第5期。

然元素可以帮助人们恢复身心的平衡，减轻压力和疲劳。比如，西双版纳勐远仙境，拥有山、水、石、热带雨林、溶洞群落等自然景观，远离城市的喧嚣，是人们寻求健康和内心平静的好去处。

（2）人文元素方面，康养旅游注重文化交流和体验。一些产品将传统的中医养生理念和疗法融入其中，提供针灸、推拿等养生服务；一些产品也会安排游客参观当地的文化景点和博物馆，让游客了解当地的历史和文化。通过这些人文元素的植入，康养旅游产品不仅可以满足人们对于养生的需求，还可以让人们拓宽眼界，增长知识。比如，贵州省兴义着力打造长征文化园等研学旅游基地，打造一批文化和旅游消费集聚区，不断提振消费活力，深度挖掘生态价值和人文内涵，做好康旅、文旅融合大文章，增强"康养胜地、人文兴义"名气。

4. 业态传承与创新发展战略

康养旅游业态体系是根据不同地区的自然条件、文化特色、经济基础等因素，因地制宜地构建的一种旅游产业发展模式。它通过整合传统旅游资源和康养资源，以提供健康养生、调节身心健康、休闲娱乐等服务为主要内容，同时结合当地特色文化、自然景观、民俗风情等元素，打造独具魅力的康养旅游产品和体验，吸引游客前来消费。

（1）文化传承与创新。康养旅游文化传承与创新是指在康养旅游发展过程中，传承和弘扬传统文化的精髓，同时通过创新，使其更符合现代人的需求和审美。康养旅游文化传承是指将传统医疗、养生等文化资源整合利用，传承和弘扬康养文化的价值观、知识和技术，使之成为康养旅游的核心内容和独特魅力。康养旅游文化创新是指在传承的基础上，通过改良、创新和融合，推出适应现代人群的康养旅游产品和服务，提升康养旅游的吸引力和竞争力。

康养旅游文化传承与创新对于促进康养旅游的繁荣发展至关重要。文化传承可以保护和传承民族文化的独特性和历史记忆，增强旅游目的地的文化吸引力和认同感。文化创新则可以满足现代人对于康养旅游的多样化需求，提供更加个性化和差异化的产品和服务。

（2）旅游产品创新。康养旅游产品创新的核心是以人为本，关注游客的康养需求和体验。首先，创新的旅游产品应该满足消费者对于康养的需求，例如养生、保健、放松等。其次，创新的旅游产品应该注重个性化和差异化，以满足不同人群的需求。比如，可以根据不同人的年龄、性别、健康状况等因素，提供个性化的康养旅游产品和服务。最后，创新的旅游产品应该注重体验感和情感价值，通过提供独特的体验，给游客留下深刻的印象和回忆。

在康养旅游产品创新方面，目前已经涌现了一些成功的案例。比如，一些旅游企业通过推出康养度假村、康养酒店等产品，将传统的康养理念与现代的旅游需求相结合，为游客提供全方位的康养服务。还有一些企业通过结合文化、农业、体验等元素，推出具有创意和特色的康养旅游产品，使之成为目的地的独特竞争优势。此外，一些在线旅游平台也积极推动康养旅游产品的创新，通过整合资源，提供更加便捷和个性化的康养旅游体验。

5. 营销策略组合发展战略

丰富市场渠道和营销方式是康养旅游发展战略中的重要一环。康养旅游作为促进身心健康的一种旅游方式，随着人们对健康和福祉的重视，康养旅游在全球范围内逐渐兴起，并成为旅游业发展的新趋势。

（1）多元化渠道。除了传统的旅行社和线下旅游渠道，康养旅游可以通过利用在线预订平台、社交媒体等新渠道，满足消费者多样化的需求。通过线上渠道可以提高康养旅游目的地的可见性和知名度，吸引更多的潜在客户。康养旅游企业可以通过线上营销方式，利用互联网平台和社交媒体进行品牌宣传和推广。通过发布有关康养旅游的优质内容和资讯，与潜在客户进行互动和交流，提高品牌知名度和影响力。同时，可以结合在线促销活动和折扣优惠等策略，吸引客户关注和购买。

（2）树立品牌形象。通过建立独特的品牌形象，突出康养旅游的独特优势，如自然环境、健康饮食和休闲活动等。同时，注重宣传康养旅游的价值和效果，通过广告、宣传片、社交媒体等方式向潜在客户传递积极的康养理念。比如，贵州百里杜鹃景区依托其优质的花海景观资源和生态环境资源，立足"花期之外、花区之外"，不断突破发展瓶颈，积极促进旅游业态从单一的观光游向复合型的康养度假游转型，全力打造花海康养度假旅游目的地，持续叫响"花间阡陌·山水归程"文旅品牌，成为"洞天福地·花海毕节"一张靓丽的名片。

（3）细分目标市场。针对不同需求和特征的客户群体开展差异化营销活动。根据客户的年龄、性别、职业、健康状况等因素，提供个性化的康养旅游产品和服务，满足不同客户的需求和偏好。在营销过程中，可以通过市场调研和数据分析，了解目标市场的状况和趋势，制定精准的营销策略，提高营销效果和回报率。

（四）战略实施

为了更好地推动康养旅游的发展，许多国家和地区纷纷制订并实施了相应的战略计划。这些战略计划不仅关注旅游设施和服务质量的提升，更从政策层面出发，为康养旅游产业的健康发展提供保障。以中国为例，自2016年起，国家旅游局与国家卫生计生委便联合开展康养旅游示范基地创建工作。这一举措旨在通过创建示范基地，推动康养旅游的规范化、专业化和品质化发展。历经五年的发展，康养旅游示范基地已成为国内康养旅游产业的重要力量。

（五）战略控制

康养旅游战略控制是指对康养旅游产业的发展进行全面、系统、有效的管理和控制，以确保其可持续发展和实现最大化的社会效益、经济效益和环境效益。康养旅游战略控制的目标是促进产业健康发展、提升产业整体水平、增强产业竞争力，同时满足消费者对健康、养生、旅游等方面的需求。

为实现康养旅游战略控制的目标，需要采取一系列的措施。首先，需要制定科学的发展规划，明确康养旅游产业的发展方向和目标，并制定相应的实施方案和政策。其次，需要加强产业监管，建立健全的监管机制和标准体系，确保产业的健康发展和消费者的权益得到保障。此外，还需要加强产业协作，促进产业内部的合作与交流，实现资源共享和优势互补。

（六）战略评价

康养旅游战略评价是指对康养旅游战略的制定、实施和效果进行评价。战略评价旨在评估康养旅游战略的合理性和可行性，以及其在实现组织目标方面的贡献。在评价过程中，需要综合考虑康养旅游战略与组织目标的匹配度、战略实施过程中的资源投入和产出情况、战略对组织可持续发展的影响等多个方面。此外，还需要关注康养旅游市场的变化和趋势，以及竞争对手的战略调整等因素。

为了确保康养旅游战略评价的准确性和客观性，评价过程需要遵循一定的程序和方法。首先，需要明确评价的目标和范围，并收集相关的数据和信息。其次，需要采用定性和定量相结合的方法，对康养旅游战略的各个方面进行深入分析和评估。最后，需要根据评价结果提出改进建议或调整战略方案，以确保康养旅游战略能够更好地适应市场变化和组织发展需求。

五 康养旅游战略意义

随着人们生活水平的提高和健康意识的增强，康养旅游作为一种结合旅游和健康养生的旅游方式，日益受到人们的关注和青睐。康养旅游发展的战略意义重大，不仅可以满足人们对健康和幸福的需求，促进旅游经济的繁荣，还能推动地区产业结构的升级和转型，提升当地形象和知名度。

（一）促进个人健康与幸福

1. 提高生活质量

随着社会经济的发展和人们生活水平的不断提高，人们对于旅游的需求也在逐渐从简单的娱乐休闲向健康养生方向转变。康养旅游作为一种结合旅游和健康养生的旅游方式，可以为人们提供丰富多样的养生活动，如SPA水疗、瑜伽、冥想等，从而提高人们的生活质量。康养旅游能够缓解工作与生活的压力，改善身体状况，增强体质，让人们身心得到充分的放松和调整。

2. 满足健康需求

随着健康意识的不断提高，人们对健康和养生的需求也与日俱增。康养旅游提供了丰富多样的健康养生项目和服务，满足了人们对身体健康和心理健康的追求。这些项目和服务包括健康饮食、康复疗养、健身运动等，可以提供专业的健康咨询和指导，帮助人们改变生活习惯，预防疾病，提升健康素质。康养旅游的发展为人们提供了更多选择，有利于人们实现健康与幸福的双重收获。

（二）推动经济发展与产业升级

1. 促进经济发展

康养旅游作为旅游业的一个重要分支，对于旅游经济的发展具有重要意义。康养旅游可以吸引更多的游客，增加旅游消费和旅游收入，推动旅游业的繁荣和发展。康养旅游的发展可以带动相关产业的发展，如酒店、餐饮、交通等，形成产业链和产业集群，提升旅游综合效益。

2. 创造就业机会

康养旅游的发展不仅可以带动旅游业的发展，而且能够创造更多的就业机会。康养旅游项目和服务的增加，需要更多的人才从事相关工作，如健康顾问、瑜伽教练、SPA 技师等。同时，康养旅游的兴起也拉动了相关产品和服务的需求，促进了相关产业的发展，进而为当地创造了更多的就业机会。

3. 推动产业升级

康养旅游的发展对于相关产业的升级和转型也具有促进作用。为了满足人们对健康和养生的需求，旅游业需要提供更多专业化、定制化的康养服务和产品，这就需要相关产业进行技术创新、服务升级和管理优化，实现产业升级和提质增效的目标。康养旅游的发展可以带动相关产业的转型，推动产业向高端、绿色、智能化的方向发展。

（三）塑造地区形象与建立品牌

1. 增强地区名声

康养旅游的发展可以提升地区的知名度和影响力。通过打造独特的康养旅游产品和服务，结合地区的自然、文化和人文资源，吸引更多的游客前来体验，让地区的名气和声誉得到提升。地区康养旅游知名度的提升，

不仅能够吸引更多游客，还能够吸引更多的投资和资源，进一步推动地区的经济发展。

2. 塑造地区形象

康养旅游的发展也有助于塑造地区的形象。通过提供高品质的康养旅游产品和服务，加强对游客的关怀，营造良好的旅游环境和氛围，形成独特的地区形象。康养旅游的发展，可以为地区赋予更多的文化内涵和精神内涵，提升地区的综合形象和吸引力，为地区的经济社会发展提供有力支撑。

3. 建立旅游品牌

康养旅游的发展有利于地区建立自己的康养旅游品牌。通过整合地区的资源和优势，打造独特的康养旅游品牌，提供个性化、定制化的康养旅游产品和服务，增强地区的差异化竞争优势。同时，地区的康养旅游品牌也能够吸引更多的游客和投资者，为地区的经济发展和产业转型升级注入新的动力。

第四节　康养旅游对策建议

康养旅游目前正在焕发着新的生命力，不仅成为康养旅游产业最主要的发展方式，也在一定程度上促进带动了产品制造、商贸、文化、教育等产业的融合与创新，并在一定程度上引入了新兴产业，促进了产业之间的交流与融合，为新兴产业的创新发展提供了基础，从而可以间接促进新兴产业与康养旅游产业的合作，促进康养旅游产业的发展。①

一　政策统领，推进高质量发展

康养旅游是当今社会人们对健康和品质生活追求的新热点，为推进康养旅游的高质量发展，需要加强政策统领，营造良好的发展环境。政策统

---

① 杜宗棠、张星、刘宜卓等：《康养旅游的特征与差异研究——以北戴河为例》，《时代金融》2017 年第 36 期。

领是指政府在康养旅游领域制定相关政策，引领产业发展方向，促进市场繁荣。政策的制定要以发展高质量康养旅游为目标，注重协同推进各环节，实现康养旅游的全面优化。

（一）政策制定

康养旅游政策制定是促进康养旅游发展的关键要素，在大健康背景下，国家推出了许多相关政策，为健康旅游的发展提供了强有力的支撑。在政策制定过程中，应该充分发挥党政统筹协调作用，加强顶层设计、完善康养旅游相关政策的协调机制，为康养旅游的高质量发展提供强有力的政策支持和制度保障。

1. 完善政策制定流程

建立规范、透明的政策制定流程，确保政策制定的公正性和参与性。这包括明确政策制定的程序和时间表，明确政策制定的各个环节、责任和参与方，并提供公开征求意见的机会，听取各方利益相关者的建议和意见。

2. 鼓励多方参与协商

康养旅游政策制定过程中，应该广泛征求各方利益相关者的意见和建议，包括政府部门、企业代表、专家学者、民间组织和消费者等。可以通过召开座谈会、征集意见、专家论证等方式，促进各方之间的交流和协商，确保政策的科学性和可操作性。

（二）政策实施

康养旅游政策的实施是为了推动康养旅游产业的发展和提升旅游体验的质量。实施康养旅游政策，需要各方的共同努力和合作，涉及政府、企业、民众等多方利益相关者。因此，需共同努力和合作，推动地区康养旅游在产业战略、行业规范、产品引导、产品培育、业态创新和行业文化建设等相关方面的发展，并引导有关企业进行严密论证与研究，使地区康养旅游产业的发展能够因势利导，实现价值效益的最大化。

1. 设立政策实施机构

设立专门的部门或机构负责康养旅游政策的实施工作，并明确其职责和权限。该机构应具备专业的管理和执行能力，同时需要与相关部门建立

紧密的合作关系，形成协同推进的工作机制。

2. 提供支持和激励措施

为推动康养旅游发展，可采取经济和政策方面的支持和激励措施。比如，提供财政资金支持、减免税收、优惠金融政策等，鼓励企业和机构开展康养旅游业务，推动行业健康发展。

3. 加强宣传和推广工作

通过广泛宣传和推广康养旅游政策，提高公众对康养旅游的认知和了解。利用多种宣传渠道，如媒体、网络、杂志报纸等，宣传康养旅游的特点和优势，吸引更多游客关注和参与。

（三）政策监测

政府可以设立专门的机构或部门，以负责康养旅游政策的监测工作。该机构应当具备专业的监测人员和技术设备，能够对康养旅游政策的落实情况进行全面、准确的监测和评估。

1. 设立监测指标和评估标准

制定一套科学、可操作的监测指标和评估标准，用于评估康养旅游政策的实施效果和目标达成情况。监测指标可以包括旅游收入、康养旅游项目数量和质量、游客满意度等，评估标准可参考相关行业的国际标准和最佳实践。

2. 定期进行政策评估和调整

定期对康养旅游政策进行评估，了解政策实施情况和效果，发现问题和不足之处，并及时调整政策措施。评估可以通过问卷调查、实地调研、专家访谈等方式进行，以获取全面、客观的反馈意见和建议。

3. 加强相关部门的协作和沟通

康养旅游政策监测需要与相关部门进行有效的协作和沟通。比如，与旅游主管部门、卫生健康部门、环境保护部门等建立紧密的合作关系，共同推动康养旅游政策落实和监测工作的开展。

二　产业融合，构建产业新模式

产业融合是指不同产业或同一产业不同行业相互渗透、相互交叉，最终融为一体，并逐步形成新产业的动态调整与发展的过程。产业融合可分为产业渗透、产业交叉和产业重组三类，并形成产业融合的创新性优化效应、竞争性结构效应、组织性结构效应、竞争性能力效应、消费性能力效应和区域性效应等效应。康养和旅游虽属两个产业范畴，但它们之间存在着紧密联系，其可通过产业间的渗透、交叉与重组，实现现代产业体系的构建。① 产业融合的目的是不断完善和延伸康养旅游产业链条，构建一个相互依赖、相互促进的生态系统，实现资源的优化配置和效益的最大化。在产业深度融合的过程中，各个环节的企业需要加强合作与协作，实现产业链上的紧密连接。

（一）发展多产业链条，提高产品附加值

创新链是从原始创意到产品市场化的过程，产业链是生产要素依据生产过程的上下游关系和空间布局形成的关联形态，是创新成果的物质体现。② 习近平总书记指出，"要围绕产业链部署创新链、围绕创新链布局产业链，推动经济高质量发展"③。

1. 休闲娱乐产业链

为提供多样化的康体娱乐项目，丰富游客的休闲度假体验，康养旅游休闲娱乐产业链需要与各种不同的产业进行合作，如温泉度假村、高尔夫球场、主题公园等。

例如，与温泉度假村合作，游客可以在享受温泉的同时，体验到专业的按摩、SPA 等康体服务；与高尔夫球场合作，游客可以在享受高尔夫运动的同时，体验到优美的自然环境和专业的运动设施；与主题公园合作，游客可以在享受各种娱乐设施的同时，体验到独特的人文景观和历史文化。

2. 农业生态产业链

将康养旅游与农业进行深度融合，开展农业观光、农业体验、农产品

---

① 杨红英、杨舒然：《融合与跨界：康养旅游产业赋能模式研究》，《思想战线》2022 年第 6 期。

② 中国社会科学院工业经济研究所课题组：《推动产业链与创新链深度融合》，《智慧中国》2021 年第 12 期。

③ 《习近平在陕西考察时强调：扎实做好"六稳"工作 落实"六保"任务 奋力谱写陕西新时代追赶超越新篇章》，《现代审计与经济》2020 年第 3 期。

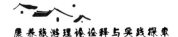

销售等活动。依托农业观光园、生态农庄等，打造特色康养农业旅游。

3. 文化艺术产业链

利用康养旅游的平台，推广传统文化、民俗艺术，与文化艺术机构合作举办展览、演出、工艺品销售等活动，推动康养旅游与文化艺术融合发展。康养旅游文化艺术产业链是一个融合了健康、养生、旅游、文化艺术等多个领域的重要产业链。这个产业链的目的是通过提供全方位的康养旅游服务，包括健康管理、康复治疗、养生保健、文化体验、艺术交流等，帮助人们实现身心健康、精神愉悦的目标。

4. 健康养生产业链

在康养旅游发展过程中，可以与医疗机构、健康养生中心、保健品企业等健康养生产业进行合作。通过提供养生方案、健康检测、中医理疗等服务，满足游客的健康需求。比如，与医疗、美容、休闲、养生、农业等产业结合，打造康养度假村、康养养生中心等。从我国康养旅游产业链企业区域分布来看，康养旅游行业产业链企业主要分布在四川地区，其次是在广东、山东、河北、云南、贵州等地区；其余地方，如湖南、湖北、安徽、山西等省份虽然有企业分布，但是数量极少。

（二）促进新业态发展，带动产业多模式

康养产业是多行业融合创新发展的朝阳产业，以保证人的生命健康与高质量生存为核心目标，包含医养、食养、动养、怡养、天地养等多种形式。康养产业历来重视康养及其相关产业行业拓展，通过"康养+""+康养"等发展模式，推进康养与养生、旅游、农业、文体、医疗、医药等产业融合创新发展，探索康养产业创新业态，满足人民群众多样化、多层次、全生命周期的健康需求，从而探索形成独具特色的康养产业发展新业态、新路径、新模式。

1. 农旅融合，农业康养模式

农业康养模式是将乡村的第一产业与第三产业融合，通过发掘乡村特色的生态观光、生活方式、文化涵养等多样化的旅游体验价值，达到修身养性、强身健体的作用的康养旅游模式。比如，四川省攀枝花市米易县新山傈僳族乡采用构建中央生态绿谷、打造慢行交通网络、建立雨洪管理系统、探寻能源利用模式、塑造文化康养品牌五大发展策略，打造了一个集田园康养、休闲度假、亲子娱乐、农业体验、文化体验等于一体的攀西旅游区田园度假康养综合体。

2. 体旅融合，运动康养模式

运动康养模式依托目的地良好的山地、水地、峡谷等地形以及资源，通过开发山地极限运动、户外露营、山地越野等旅游项目，推动旅游业与体育、度假、康养、赛事等深度融合。比如，山西右玉县以承办国际化赛马、职业足球比赛等高端体育运动项目为牵引，大力发展运动康养产业，为全县打造全方位高品质特色化身心怡养宝地、构筑文旅康养产业发展高地提供了有力支撑。

3. 文旅融合，文化康养模式

文化康养模式主要结合项目地的风土人情、民俗特色、历史文化等进行深度挖掘，在结合游客的市场化旅游需求进行旅游产品的开发与包装，给游客带来舒适的旅游体验的同时，让其感受到独特的康养目的地文化，得到精神与生活的双重满足。比如，高平市坚持把文旅康养产业作为引领高质量发展的重要战略支柱来抓，按照"提品质、出精品、创经典"的要求，以山水为底色、以生态为特色、以文化为灵魂、以康养为载体、以旅游为纽带，探索出多元化"康养+"路径，加快推动文旅康养融合发展，助力乡村振兴。

三　人才培养，助力高质量发展

康养旅游产业融合了旅游和康养两大领域，满足了人们对旅游和健康的双重需求，发展前景广阔。而康养旅游产业专业型人才供给短缺的现实，使得产业发展阻力重重。我国康养旅游人才层面仍存在一定问题，具体包括人才培养规格并未充分顺应行业产业发展需求、专业课程知识体系与岗位能力未实现充分对接、高康养旅游专业师资队伍建设亟待完善等，这给康养旅游行业可持续发展带来了一定限制。基于此，不仅要根据康养旅游

产业复合、多元等特点，找准康养旅游人才的基础定位，还要跟随产业发展的动态实况，与时俱进地思考康养旅游人才的丰富内涵，通过深化产教融合模式，对人才培养、引聚、价值沉淀等方面，进行人才链建设的整体布局，以期达到人才供需长效平衡的状态。

（一）师资队伍建设

1. 建设理念先进的康养旅游师资队伍

市场经济的蓬勃发展，需要以创新创业的崭新时代来驱动。教学大计，师资为本。康养旅游产业是养老服务业、旅游业、医疗保健业、休闲业、房地产业以及文化产业等多个产业相互渗透交叉融合形成的新兴产业形态，对其从业人员的知识能力需求也是综合与多面性的，教师队伍需要进一步增强自我革新的能力和教育教学的意识。

一是提高教师的专业素养。培养康养旅游师资队伍的核心是加强教师自身的素质提升。教师应不断学习和掌握康养旅游学科的最新知识和理论，提高自己的专业能力和水平。

二是加强教育教学的意识。康养旅游师资队伍应注重培养学生的实践能力和创新思维，积极引导学生参与实践项目和实践活动，培养学生的实际操作和解决问题的能力。

三是建立行业导向的教育培训体系。康养旅游师资队伍建设应与行业紧密结合，开展相关的教育培训，提供实用的知识和技能。

2. 建设多元融合的康养旅游师资队伍

教育部、财政部"双高计划"指出，创新高等职业教育与产业融合发展的运行模式，精准对接区域人才需求，提升高职学校服务产业转型升级的能力，推动高职学校和行业企业形成命运共同体。[①] 校企合作的深度与广度，很大程度上影响专业的建设质量。康养旅游人才的培养，需要协同政府、院校、企业、行业多方力量，构建产教融合机制，共同研究人才培养方案与课程体系，推动专业建设与市场需求、产业发展相适应。

---

① 《教育部 财政部关于实施中国特色高水平高职学校和专业建设计划的意见》，中国政府网，https://www.gov.cn/zhengce/zhengceku/2019-10/23/content_5443966.htm。

一是引入跨学科的师资。康养旅游行业的特点是多个产业交叉融合，因此师资队伍应该具备跨学科背景，包括旅游管理、养老服务、健康管理、休闲与娱乐等方面的知识与技能。可以共同协作，为学生提供全方位的知识和技能培养。

二是建立与行业合作的机制。要与行业企业建立紧密的合作关系，邀请行业专家和企业高管担任兼职教师或讲师，为学生提供实践案例和行业经验。同时，应开展实地考察、实习实训等活动，让学生了解康养旅游行业的实际情况。

三是推动国内外高校交流与合作。康养旅游行业是具有国际化特征的产业，因此师资队伍应该具备国际视野和交流能力。可以与国外相关学术机构、企业开展合作交流，举办国际研讨会等，不断拓宽教师的国际视野。

（二）课程体系构建

1. 构建多元化课程体系

《教育部关于加强新时代教育科学研究工作的意见》提到，深化科研组织形式和运行机制改革，推进研究范式、方法创新，推动跨学科交叉融合。[1] 从课程体系设置来看，我国专业课程体系设置落后于时代的发展，培养方案、教学计划制定后，通常每四年调整一次，少数院校每年调整一次，但调整力度不大，难以适应时代发展的趋势和市场变化的节奏。我国旅游管理专业在课程体系和课程内容设置方面，对康养相关内容关注不多。为了应对这一问题，可以从以下几个方面来构建多元化的康养旅游课程体系。

一是基础课程。设置与康养旅游相关的基本理论课程，如康养旅游概述、康养旅游政策法规、康养旅游产品设计等。这些课程可以帮助学生了解康养旅游的基本概念、发展历程和相关政策法规，掌握康养旅游产品设计的基本方法和技能。

二是专项课程。针对不同的康养旅游类型，可以设置相应的专项课程，如养老旅游、养生旅游、疗养旅游等。这些课程可以帮助学生了解不同类

---

[1]　顾林：《用教育科研力推中小学教师专业发展——学习落实〈教育部关于加强新时代教育科学研究工作的意见〉》，《大连教育学院学报》2021 年第 4 期。

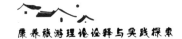

型的康养旅游的特点和需求，掌握相应的服务技能和管理方法。

三是创新创业课程。设置与康养旅游相关的创新创业课程，如康养旅游策划与营销、康养旅游创业实践等。这些课程可以帮助学生了解康养旅游的创新创业趋势和市场变化，掌握相关的策划和营销技能，提高他们的创新创业意识和能力。

通过以上几个方面的多元化课程体系设置，可以帮助学生全面了解康养旅游的发展趋势和市场变化，掌握相关的服务技能和管理方法，提高他们的创新创业意识和能力，为我国康养旅游产业的发展提供人才支持。

2. 构建实践性课程体系

随着人们需求的不断变化、健康中国战略的推进、人们康养旅游需求的增大，院校在康养旅游人才培养方面，课程体系设置缺乏前瞻性、时代性和创新性，课程内容没有及时随着社会经济发展进行丰富完善，课程内容与市场需求脱节的情况时有出现。

一是建立实践性的教学目标。在制定康养旅游人才培养的教学目标时，应注重实践性的要求。通过设置实践性的教学目标，如实践操作、实地考察、案例分析等，引导学生将理论知识应用于实际情境中，提高解决实际问题的能力。

二是增加实践性的教学内容。为了使课程内容更加贴近市场需求，应增加实践性的教学内容。比如，可以引入康养旅游行业的实际案例、实践经验和行业标准，让学生了解康养旅游市场的趋势和需求，掌握相关的实践技能。

三是加强实践教学环节。在课程设计中，应加强实践教学环节，如实验、实训、课程设计等。通过加强实践教学环节，可以让学生更好地理解理论知识，掌握实际操作技能，提高其解决实际问题的能力。

总之，构建实践性课程体系是提高康养旅游人才培养质量的重要途径。通过加强实践教学环节、构建实践教学体系、加强师资队伍建设等措施，可以培养出更加符合市场需求的高素质康养旅游人才。

3. 推行多元化考核机制

2019 年，国务院印发《国家职业教育改革实施方案》，并明确指出"建立健全职业教育质量评价和督导评估制度……完善政府、行业、企业、职业院校等共同参与的质量评价机制"。① 2022 年 4 月 20 日，第十三届全国人民代表大会常务委员会第三十四次会议修订通过《中华人民共和国职业教育法》并进一步明确，国家鼓励职业学校在质量评价等方面，与相关行业组织、企业、事业单位等建立合作机制。教育评价的多元化生态在打破单一评价类型、提升评价效率、保证数据真实性、增强评价主体自觉性、拓宽评价途径多样性以及确保评价结果公平性等方面具有至关重要的意义。

---

① 万红：《高职院校人才培养质量多元评价的思考与探索》，《现代职业教育》2021 年第 30 期。

第十章
我国康养旅游发展实践

"健康中国"现已成为中国的国家战略，康养旅游是"健康中国"战略的总抓手，备受关注。康养旅游覆盖了休闲旅游和康养产业，是休闲旅游的高端业态，日渐成为游客青睐的新兴旅游产业。

第一节　康养旅游推动人与自然和谐共生

习近平总书记的"绿水青山就是金山银山"理念深入人心。由于居民消费结构的变化及巨大的工作生活压力，加上快节奏的生活和不健康的饮食习惯，亚健康人群不断壮大。人们开始意识到亚健康的状态需要缓解，开始重视个人的身心健康，康养旅游成为当前旅游业的热门形式。在此背景下，温泉康养旅游、森林康养旅游等各种康养旅游类型成为人们追求健康旅游的新方式。推进人与自然和谐共生，是尊重自然、顺应自然、保护自然的生态理念，也是康养旅游发展的重要目标。

一　理论概述

（一）康养旅游推动人与自然和谐共生的概念

康养旅游，顾名思义为健康养生旅游，一般被称为医疗健康旅游，指通过养颜健体、营养膳食、修身养性、爱护环境等手段，使人在身心都达到与自然和谐共生的状态。人与自然和谐共生是指，人与自然和谐发展，进而达到共生共荣的存在状态，是对人与自然关系的深刻认识和理论总结。

康养旅游推进人与自然和谐共生，指以自然生态资源为依托，以生态旅游和康养旅游融合为手段，以身心舒畅、与自然统一的优良状态为目标的一种休闲养生的综合生活方式。生态康养旅游的目的是实现可持续发展，对环境有较高要求，其"生态"既是活动开发原则，又是核心资源。党的二十大报告首次明确，"人与自然和谐共生的现代化"是中国式现代化的主要特征。推进人与自然和谐共生，主要遵循的是"绿水青山就是金山银山"的理念。而发展生态康养旅游业，正充分践行了人与自然和谐共生的发展观念。

（二）康养旅游推动人与自然和谐共生的背景

人类社会发展至今，经过体制变革、工业革命等，科技飞速进步，世界文明逐渐多样化，但是在社会的发展过程中，最主要的问题仍然是人与自然的关系问题。康养旅游作为将自然、人文特色的旅游资源与医疗、健康管理、休闲疗养等元素融合所形成的各种旅游活动的总和，更应该处理好人与自然和谐共生的关系。在康养旅游产业的发展中，要在原有的生态基础上，充分发挥生态环境的优势，遵循生态发展规律，在保证不对生态环境造成威胁的前提下，向游客提供各类健康管理服务。党的二十大报告中明确指出，要推动绿色发展，促进人与自然和谐共生。从旅游业的角度来看，坚持推动绿色旅游发展、改善生态环境质量，提升生态系统的质量和稳定性，是实现人与自然和谐共生的重要手段。

（三）康养旅游推动人与自然和谐共生的特征

1. 经济增长与生态优化相统一

在康养旅游的类型中，特别是生态康养，尤为注重人与自然的共生性，所利用的自然资源和文化资源也都要符合国家发展所提出的可持续理念，以确保人类在和谐稳定的生态环境中健康发展。一个地方将生态资源合理利用并融入康养相关的产业，进而发展康养旅游业，既能激发当地生态资源价值，又能进一步优化生态环境。发展生态康养旅游产业，既能实现经济发展，又能保护生态环境。

2. 生态资源与养生文化相统一

康养旅游在开发中，应优先选择生态环境好的地方，对其自然环境进

行合理开发。康养旅游在传统旅游业的娱乐、休闲功能等基础上，其一大亮点是实现了旅游业与养生文化的融合。康养旅游依托优良的自然环境和传统与现代养生文化，通过诸如运动、情感沟通、膳食调整、保护环境、瑜伽、冥想等多种体验项目，实现游客的释放压力、调整心态需求，进而促进游客身心健康，以达到人与自然和谐相处的状态。

3. 代内公平与代际公平相统一

旅游业的自然景观是大自然给予的，但康养旅游产业中包含很多与旅游业相关联的产业，在发展过程中，这一系列的相关产业必须树立人与自然和谐共生的价值观，共同努力创造出适宜人类高质量生存和发展的和谐家园，这样才能真正实现人与自然和谐共生。实现人与自然和谐共生，既要保证当代人享有基本的健康环境，也就是代内公平，又要保证后代人发展的自然资源需求。人类社会的发展离不开自然界的帮助，但是为了长远发展，面对全球生态问题，任何一个人、任何一个国家都应该肩负起尊重自然、保护生态的使命。

（四）康养旅游推动人与自然和谐共生的意义

1. 保障社会资源稳定

生态环境问题本质上是人类的发展模式、人的生存方式问题，要解决生态环境问题，必须大力构建和完善绿色低碳循环发展的经济体系，推动经济社会发展整体绿色转型。康养旅游在建设过程中，必须始终坚持走可持续发展道路，行业从业人员及游客都要保护生态环境。当今世界工业化快速发展，已经对生态造成了诸多不良影响，如果人类社会想要长期发展下去，必须要树立人与自然和谐共生的观念，康养旅游的开发利用，正是用实际行动践行了这一理念。

2. 有助于人类身体健康

环境污染对人体造成的危害是不可忽视的，例如水污染、空气污染等，都能引发人体的各种疾病，危害人体健康。特别是一些发展中国家，更多的是靠劳动力来支撑一个国家的经济发展，那么一旦劳动力素质下降，便会间接影响整体的经济发展水平。在康养旅游发展中，自然环境对于人体健康的作用，是经过学者们研究并肯定的。比如，森林具有净化空气的作用，森林可以吸碳制氧，有效平衡二氧化碳和氧气的含量，每 10 平方米的林木就可以吸收 1 公斤的二氧化碳并且制造 0.73 公斤的氧气，可以满足一个成年人一天的呼吸需求。[①] 可把森林看作一个天然氧吧，其中负离子起着消除疲劳、降血压、提高自身免疫力等作用。

3. 有助于社会经济发展

近几年，我国的一些产业发展方向已经由"增量"转向"提质"，而"提质"有一部分能够依靠技术的发展来完成，但像农业这类依靠生态生产发展的产品想要实现"提质"，离不开生态环境的影响。同样，如果农产品的产地生态环境好，土壤肥沃，那么该地完全可以发展生态农业，助推经济高质量发展。所以要想实现经济的可持续发展，必须有良好的生态环境。人类最早的历史活动就是生产性劳动，它与自然一起构成了财富之源。对自然资源过度消耗和对生态环境的破坏，一定会受到自然反噬，届时，人们的生产生活就会变得困难，已经取得的财富也会随之流失，经济发展质量势必受到影响。

4. 有助于人类永续发展

中国积极探索走可持续发展道路，坚持以人民为中心的发展思想，秉持人类命运共同体理念，积极参与全球环境治理，加强应对气候变化、海洋污染治理、生物多样性保护等领域国际合作，努力展现负责任大国形象。这些举措不仅是为了中华民族的未来，更是为了整个世界的社会建设发展做出的积极探索。过度消耗资源会对生态环境造成破坏，也必将会给人类带来"反噬"。人与自然是生命共同体，保护生态环境、共建美好家园是大家共同的责任。

（五）康养旅游推动人与自然和谐共生的举措

1. 科学合理开发，倡导绿色低碳

生态康养旅游开发，应转变思维方式，正确处理生态资源保护与康养

---

① 董翔文：《森林康养旅游研究及开发》，《经济师》2022 年第 12 期。

旅游开发之间的关系，合理利用资源，优化资源环境。① 制定符合发展需要和国家生态保护要求的康养旅游规划，保护历史文化内涵丰富的景观资源，避免生态环境遭到破坏；把握好森林、河流、农田、人文景观、中药材、历史文化特色及体育赛事等旅游资源，科学有序进行开发；同时，以保护生态环境为主要价值观，推广低碳生态康养旅游方式，提倡和引领游客进行绿色消费；向游客科普环境保护知识，倡导文明环保旅游，减少游客对自然环境的污染与破坏，促进经济效益与环境效益一同改善。

2. 完善基础设施，规划精品路线

科学布局生态康养旅游产业，为生态康养旅游提供更多有利资源和配套设施。在生态环境承受范围之内，提升应对环境变化的能力，提高康养旅游目的地专业化和生态化。对原生态景区现有旅游设施进行改造升级，改善各康养度假区内外交通，积极引进康养医疗技术和智能化康养系统等高科技项目，改善康养吃住条件和医疗水平等整体环境。提升康养旅游服务的专业化水平以丰富游客体验，助推生态康养旅游转型升级。抓牢康养资源分布特征优势，促进区域联动开发，形成独具景观特色和生态文化内涵特色的旅游精品路线，打造康养旅居胜地。

3. 特色融合发展，满足市场需求

满足个性化和多层次市场需求，推进生态康养与中医药、养老养生文化、体育活动等的有效融合。充分挖掘养生文化内涵，营造养生文化氛围，重点打造文化内涵丰富、特色鲜明、品质高且竞争力强的复合型产品。依托生态资源，打造"绿谷"，探索多元生态产品价值。从现有发展成熟的景区出发，创新升级康养旅游精品项目，如增加养生主题餐饮，对菜肴进行主题文化包装，开发养生宴、药膳等。把握市场方向，挖掘游客兴趣、需求与偏好，为中老年人及亚健康群体提供以康复疗养、心理咨询、老年教育等为主题的高端产品。重点突出生态康养旅游产品的功能性与体验感，增强旅游产品的多样化功能，以满足市场需求，实现经济与社会价值最

---

① 杨彦轩、方客美、王越：《基于 RMFEP 模式的张家界生态康养旅游发展研究》，《市场周刊》2023 年第 11 期。

大化。

4. 加强营销推广，创新品牌塑造

首先，利用微博、微信、小红书等平台多渠道宣传推广，利用新媒体、旧媒体以及节庆活动等多种营销手段，强调生态特色与康养效果，优化整合营销内容，喊出响亮口号，全面构筑生态康养旅游营销体系。其次，培育一批医疗、食疗养生旅游品牌，可结合丰富的自然资源、人文特色，突出中医药优势，提升知名度和国际影响力。最后，培养生态康养旅游发展所需要的旅游、生态、康养、医疗等专业的优秀人才。旅游企业可以与旅游类高校建立合作关系，针对企业的人才需求，增设相应课程，增加学生的知识储备量，同时提供实习基地以丰富学生的实践经验，为生态康养旅游产业的更好发展提供高素质高质量的人才。

二 生态保护与森林康养融合的贵州六盘水模式

森林康养利用大自然得天独厚的气候环境，向旅游者提供各项健康管理服务，如森林养生、森林疗养、森林康复等。而参加森林康养旅游的群体大致可以分为年轻人群和中老年人群。对于年轻人群来说，森林康养旅游能放松身心，缓解压力。对于中老年人群来说，森林康养旅游能缓解慢性疾病，延年益寿。大力发展森林康养旅游，还可提高森林资源的利用率，促进人与自然和谐共生。

（一）基本概况

贵州省六盘水市在炎热的夏季，仍能保持 20℃ 左右的气温，是名副其实的"凉都"。六盘水市森林覆盖率为 48.5%，生物多样性保存完好，有 20 公顷保存完好的原始林，有"西南林海"之称。六盘水市曾经是煤矿之城，在持续推进国家森林城市创建工作中，不断改善生态环境和完善基础设施，成为新兴旅游度假地。其中水城野玉海森林康养基地无疑是这场"蜕变"的代表。水城野玉海森林康养基地位于中国凉都——六盘水市中心城区南郊，以高原山地森林和彝族文化风情为主题资源，由野鸡坪高原户外运动基地、玉舍森林公园和海坪彝族文化小镇组成。

（二）主要做法

1. 保护生态环境，稳定生态系统

贵州六盘水水城野玉海森林康养基地，是一个充满活力和魅力的养生旅游目的地，集生态环境保护、养生服务、农业体验、传统文化和生态旅游于一体。不断加快的生活节奏给人们带来了不少的"压力病"，但压力本身并不是疾病，而长时间生活在压力状态下，会导致很多相关疾病的发生，因此压力是一个重要的健康问题。① 相比城市的喧嚣，森林更具有防噪声的效果，通过大自然特殊的疗养活动，游客得以调节情绪、消除疲劳、抗病强身，身心得到改善。贵州六盘水水城野玉海森林康养基地，通过种植适宜的植被和进行水域整治，水质得以改善，生态环境得到保护。不仅创造了一个适宜生活和养生的环境，还为野生动植物提供了一个良好的栖息地，保护了野生动植物的物种多样性。在这里，游客可以选择自己喜欢的活动方式，如徒步、骑行、观鸟和摄影等活动。从而亲近大自然，享受自然风光，增强了自然保护意识和环境友好行为。

2. 推动林旅结合，发展养生服务

贵州六盘水水城野玉海森林康养基地建设了森林养生度假村、温泉养生中心和休闲农庄等舒适设施，以满足游客的需求。森林是一个天然氧吧，森林中的负离子起着消除疲劳、降血压、提高自身免疫力等作用。游客可以选择在森林里呼吸新鲜空气，沐浴温暖阳光，或者在温泉中心放松身心，体验农庄生活，享受田园风光。水城野玉海森林康养基地致力于发展养生服务，通过引进自然疗法、物理疗法和中医养生等养生方法，为游客提供身心健康方面的指导和治疗。游客可以通过参加瑜伽、按摩、中医调理等活动，达到身心放松和健康养生的效果。《2023中国候鸟式养老夏季栖息地适宜度指数》显示，在76个候选城市中，六盘水夺得2023年夏季"候鸟式养老栖息地"第一名。六盘水康养旅游产业中，尤其能够吸引养老需求的是推拿理疗、中药汤池等康养项目，这些项目能够让游客在天然氧吧里

① 杭红涛、吴沿友、邢德科：《贵州玉舍国家森林公园三种造林植物光合生理特征研究》，《广西植物》2018年第1期。

泡着温泉休闲放松的同时，享受中医理疗服务，将医养进行有效结合。

3. 发挥带动作用，巩固康养成果

六盘水市依托本地区森林、草原、山地和气候等资源优势，以"清凉康养"为核心，构建了度假型康养旅游产品体系，形成了"1＋N"的产品开发模式，开发了多层次多角度的系列健康产品。打造林旅融合产品。截至 2022 年，六盘水市完成 800 亩食用菌种植工作，打造了林下食用菌采摘基地，推动"林-菌-游"融合发展方式，开展林下食用菌采摘体验活动，挖掘食用菌养生功效，研发食用菌康养菜谱，将林下食用菌打造成自栽、自采、自食的康养互动产品。① 六盘水师范学院与玉舍国有林场签署了一项战略合作协议，利用学校的教师资源为该基地在生态科普、研学旅游、森林探险、养生度假等方面的科研和教学研究等提供强有力的技术支持，充分促进了基地研学康养产业的发展。同时鼓励老百姓参与经营民宿、餐饮等，进一步激发基地发展的内生动力，形成基地建设与农民增收致富良性互动局面。推出了农业体验活动，让游客亲身参与农作活动，体验传统的农耕文化，帮助游客增强对农业的认知和体验乐趣，这不仅丰富了游客的旅游体验，还促进了当地农业的发展。

（三）特色亮点

1. 坚守经济发展与生态保护底线

近年来，贵州省六盘水市水城区玉舍国有林场以其独特的天然生态资源为依托，坚持"发展"与"生态"两条底线，在政策、项目、资金、科技等方面积极争取，构建了野玉海省级森林保健中心，以森林疗养、温泉疗养、彝医疗养、饮食疗养、文化疗养、运动疗养等为一体，带动当地森林旅游、林下经济等相关产业的发展，探索出一条独特的生态保育与森林健康相结合的道路，真正实现"绿水青山"向"金山银山"的转变。玉舍森林公园是六盘水市境内保存比较完好的天然森林，以内部自然风景为依托，自然景观多样，交通便利，民俗文化丰富，具备建设康养旅游基地良

① 《贵州省森林康养突破千万人次》，贵州省林业局网，http://lyj.guizhou.gov.cn/gzlq/slky/202311/t20231117_83095918.html。

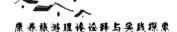
好的基础条件。在旅游产业的运营规划方面，贵州省在保护生态环境的前提下实现了经济发展，在出台的旅游条例中明确指出，发展旅游业应坚守发展和生态两条底线。贵州的旅游发展也都遵循这一原则，深刻践行了"保护生态环境就是保护生产力"的发展理念。

2. 实现煤炭基地到生态绿地"蝶变"

贵州省六盘水市从"煤炭重点基地"转变为历史悠久的旅游景区，利用其得天独厚的地理条件、气候优势、丰富的历史文化等，用实力演绎了"康养旅游促进人与自然和谐共生"。六盘水秉承新发展理念，将"绿色+"理念贯穿于经济和社会发展的各个领域，走的是"生态优先、绿色发展"的道路。首先，突出凉都"三宝"，大力发展山区现代特色农业；其次，以"双碳"为导向，以绿色、低碳为重点发展产业经济；最后，以"康养"为核心，大力发展大健康、休闲旅游，改变了六盘水"一煤独大"的局面，提升了绿色经济在全市的比重。"'十四五'以来，全市累计完成营造林49.22万亩，治理水土流失面积649.55平方公里，完成石漠化治理面积62.33平方公里，恢复治理历史遗留矿山687.9亩，县级以上集中式饮用水水源地水质达标率保持100%。"[①] 在推动贵州省康养旅游业的发展上起到了积极的作用。

3. 凸显民族文化与医养结合特色

六盘水彝医疗养作为一种传统养生方式，可以为游客提供丰富的养生体验，如草药浴、针灸、推拿等。这些养生项目不仅可以满足游客的健康需求，还可以增加旅游产品的多样性，六盘水彝医疗养注重疾病的预防和保健，通过调整人体的气血运行和平衡阴阳，增强人体的免疫力，提高身体的抵抗力，从而达到预防疾病的目的，这也吸引了更多的游客。随着六盘水市康养旅游基础设施不断完善，服务能力大幅提升，文艺作品推陈出新，文旅活动频频"出圈"，旅游产品也日趋丰富。六盘水市依托彝族文化，积极在海坪千户彝寨发展旅游产业，带动搬迁群众创业就业，实现稳

---

① 《贵州六盘水：推动转型发展 打造"生态绿都"》，金台资讯，https://baijiahao.baidu.com/s?id=1780689433493578677&wfr=spider&for=pc。

定增收。而六盘水彝医疗养作为一种独特的养生方式，与旅游业的融合也在六盘水康养旅游产业发展中发挥了重要作用。

三　低碳与生态康养融合发展的四川省广元模式

（一）基本概况

党的十八大以来，广元市坚定贯彻党中央、省委决策部署，始终坚持"生态立市"理念，大做绿色低碳发展文章，以经济社会发展全面绿色低碳转型为引领，以能源绿色低碳发展为关键，走出了西部欠发达地区绿色低碳转型的"广元路径"，绿色低碳已成为广元的亮眼名片。四川省广元市借助当地优越的自然生态环境，坚持发展绿色生态康养旅游产业，明确康养产业工作的目标。四川省广元市被称为"嘉陵江上游天然生态屏障"，作为嘉陵江上游重要的生态屏障和国家秦巴生物多样性生态功能区，广元绿色生态资源得天独厚，大山大水大森林特征突出，城区全年环境空气质量优良天数比例达97%，更是古蜀道文化和三国历史文化的集中展现地，历史底蕴深厚。得天独厚的自然条件吸引了不少外地游客，每年夏至前后，重庆、成都等地的游客便纷纷结伴来到这里避暑。目前，广元成功创建国家森林城市，是四川现有5个空气质量达标城市之一。旺苍县和青川县被命名为全省生态屏障重点县，自然地理环境十分优越，具备发展康养旅游的潜力。[①] 同时，广元境内森林面积大约为1400万亩，而且文化底蕴深厚，如蜀道文化、女皇文化、民俗文化等，全市民俗文化资源丰富。

（二）主要做法

1. 整合旅游要素，打造康养品牌

广元市始终践行"绿色先行，节能降碳"的发展理念，在酒店、餐饮、景点等地都有相应的标注和提示，例如在广元国际大酒店，每间客房的醒目位置都摆放了环保倡议卡片，呼吁客人减少床单、浴巾的更换次数，并对接受建议的客人赠送小礼品等。自然资源是四川省广元市发展康养旅游

[①] 钟皓：《广元市康养旅游资源空间分布特征及开发研究》，硕士学位论文，成都理工大学，2021。

产业的主要优势，为发展好当地旅游事业，广元市仔细分析各区域地理环境，结合其区域的自然条件和发展条件因地制宜，将旅游的六个要素进行整合，着力打造康养品牌。为更好地发展康养旅游业，广元市提出了以城市周边森林公园、国有林场和森林公园为核心，以曾家鸳鸯池、黑石坡森林公园、旺苍大峡谷森林公园为示范基地，加强森林景区的基础设施建设，优化各功能要素的配置，对森林体验活动进行细致的策划，使景区的接待容量和服务水平得到极大的提升，建成星罗棋布、覆盖全域的近郊森林公园集群；同时，对传统的食疗、医药、水疗等健康文化进行了深入的发掘与融合，积极发展森林浴、森林休闲、森林疗养、森林茶疗、森林温泉等一系列森林健康产品。

2. 探索低碳转型，建设绿色广元

2008年汶川"5·12"大地震发生后，四川省广元市率先提出并践行了低碳再生、低碳发展理念，率先在全国范围内制定了《"十二五"低碳经济发展规划》，将8月27日设立为广元低碳日；2011年，广元市低碳发展局正式设立；2022年1月发布《加快建设践行绿水青山就是金山银山理念典范城市的决定》，进一步深化了人们对低碳发展理念的认识。党的十八大后，广元市坚决贯彻党中央和省委的决策部署，坚定不移地践行"生态立市"的战略，大力做好绿色低碳发展这篇文章，在广元探索出一条绿色低碳转型的"广元路径"，把绿色低碳打造成一张亮丽的广元名片。近年来，广元市大力实施"绿化全川广元行动"，森林覆盖率提升至57.63%，城市环境空气质量优良天数比例常年保持在96%以上，22个国考、省考断面水质优良率100%，嘉陵江、白龙江、南河3条主要河流和白龙湖、亭子湖两个大型水库水质均达到Ⅰ类，土壤污染防治工作年度评估位居全省第一，生态环境质量保持全国、全省前列。据了解，为进一步筑牢嘉陵江上游生态屏障，广元市还将加速推进"增绿行动"，继续夯实"国家森林城市"基石。①

---

① 《四川省广元市："碳"索新路 从低碳重建到生态立市》，中国城乡建设与文化传承研究院、陕西省新型城镇化和人居环境研究院网站，https://czh.xauat.edu.cn/info/1015/3223.htm。

3. 推动医养结合，发展康养产业

广元市以建设"中国生态康养名市"为目的，吸引了一大批企业和资金。在"医养结合"领域，广元市继续推进医疗、养老资源的整合，加快推进一批大型医疗机构、养老机构和社区卫生服务中心等建设，构建规模适度、功能互补、安全便捷的健康养生养老服务体系。同时，持续深入开展"三医联动"活动，把广元打造成川陕甘交界地区的康养旅游目的地、中医养生保健基地和医养结合示范高地。政府大力支持当地康养产业的发展，出台了一系列政策给予支持，以打造"中国康养名市"。早在 2017 年，广元市就出台了《关于推进绿色发展实现绿色崛起，建设中国生态康养旅游名市的决定》，不久后广元市再次明确"建设中国生态康养旅游名市"的战略目标，编制出台"一核、一极、两带、四区、五廊"规划，其中的"一核"即建设中心城市生态康养旅游名市核心区。2019 年，广元市又提出"加快建设中国生态康养旅游名市"，大力推进建设步伐。[①]

（三）特色亮点

1. 依托生态环境，打造康养名市

四川省广元市以生态环境为基础，提出建设中国生态康养旅游名市的旅游发展目标。广元市以当地的生态优势作为开展康养旅游的基础，帮助增加当地的旅游收入，致力于打造具有特色的生态康养旅游模式。就全市各区县生态康养旅游发展现状而言，为避免出现同质化的现象，广元市在初步实现地区生态康养旅游提质增效的前提下，构建、培育全域旅游产业链，融入农业、交通、住宿、餐饮、体育、纪念品销售等与多产业共振联动，成为广元市生态康养旅游产业更好更快发展的必然。也就是说，在这一阶段需将产品体系构建的注意力转向高附加值康养旅游产品的开发上来。[②]

2. 发展智慧旅游，注入科技元素

近年来，随着互联网和大数据等新兴科技在旅游业中的运用，以数字

---

① 王彦斓：《广元市康养旅游发展研究》，《现代营销》（下旬刊）2021 年第 4 期。
② 蒋维：《生态康养旅游目的地体系建设——以四川省广元市为例》，《旅游纵览》2022 年第 11 期。

化、网络化和智能化为主要特征的智慧旅游，为旅游业的高质量发展提供了新的动力。在四川省广元市，智慧旅游已深入游客出行的各个方面，如生态公厕实现了自来水的循环利用，洗手池的水经过处理，可再次用于冲厕，而且将废水集中收集，通过微生物降解发酵，将其变成有机肥料还可直接还田。结合现有的旅游资源，充分利用5G技术推广云旅游、云直播等线上旅游项目，并利用"5G+"等智慧旅游系统，进行实时监测和应急管理，提升应对游客出行以及景区等面临突发状况的应急能力，而且游客只需要关注小程序，就可以实现游景点、尝美食、寻住所、享文娱、购好物、约疗养等。科技的加入既保证了游客出行安全，又在这个快节奏的时代给予游客便利，给游客们提供了空前的便捷与崭新的体验。

四　人文资源与森林康养融合的山西太行山模式

（一）基本概况

山西省积极探索资源型城市高质量转型发展，依托此地的山水格局及环境质量，展开"太行康养之都"建设，目前已现雏形，多个康养点的出现给山区带来机遇的同时也带来了挑战。[1] 太行山绵延400余公里，涉及北京、河北、山西、河南四省，是彰显中华民族精神的标志性山脉旅游区、践行"两山"理念绿色协同发展的先行试验区、助推脱贫攻坚和乡村振兴的示范引领区。[2] 山西太行山区因地形和海拔等因素具有丰富的生物多样性，有高亚草原、落叶松、夏绿林等。据统计，山区内的动植物资源达300多种。太行山区域内的古村落众多，拥有多姿多彩的人文资源，游客的文化精神得到了极大的满足，同时太行山的"杂粮文化"也得到了许多游客的青睐，满足了游客的康养需求。太行山属暖温带半湿润大陆性季风气候，冬季无严寒，夏季无酷暑，海拔适中，拥有天然的森林氧吧，是一个健康养生的好地方。

---

[1]　陈娅婷、李晋宏、于琳惠：《山西南太行山区旅游环境承载力及康养圈构建研究》，《生产力研究》2022年第4期。

[2]　郑娜莎：《基于灰色评价的旅游环境承载力研究：以青岛城市旅游环境系统为例》，博士学位论文，中国海洋大学，2010。

（二）主要做法

1. 依托传统文化，开展旅游活动

2022 年，集影视拍摄、写生创作、文教等多个文化产业板块于一体的"澳古坞"文化产业园区在太行山大峡谷内落地，该项目包括宾馆、画室、大讲堂、3D 影院等配套设施，吸引不同年龄层的游客前来交流艺术，开展研学活动。2022 年 7 月上旬，以名家王西京为院长的荆浩画院，于太行山大峡谷红豆峡风景区正式挂牌，并与国内多所美术院校签约，共同建设太行山国际写生基地。太行山壶关县以体育赛事和节日为载体，对旅游产业的发展进行了创新，已成功举办了"第八届中国深呼吸城市夏季文化节""八泉节""太行谷欢乐音乐节""第二届'太行陶'陶艺节"等系列活动。壶关的辉煌与壮丽的风景以创造性的方式结合，使"旅游+"的商业游、研学游、生态康养游等多种形式得到了充分的发展。太行山区域康养旅游进一步集聚产业要素，壮大市场主体，丰富产品业态，做深产品供给层次，做长产业发展链条，做优文旅康养品牌，把壶关打造成全省文旅康养集聚区的示范标杆。

2. 加强生态保护，减少环境污染

近年来，山西太行山旅游发展迅猛，吸引了大量游客前来观光。然而，随之而来的旅游压力，也导致太行山的环境问题日益凸显。为了改善太行山旅游环境，保护其独特的自然景观和历史文化，相关部门采取了一系列措施。首先，加强环境保护意识教育。政府和旅游企业积极宣传环保理念，提高游客和当地居民的环保意识。举办环境保护讲座、举办环境展览等，倡导游客垃圾分类、节约用水和减少能源消耗等环保行为。其次，引进智能环保设施。太行山的旅游区引进了智能垃圾桶、公共厕所和污水处理设施，以解决垃圾堆积和污水排放问题。这些设施能够高效地处理垃圾和污水，减少对环境的污染。相关部门设立了专门的监督机构和管理部门，负责太行山旅游环境的治理和监管工作，并不断加大巡查和执法力度，打击非法砍伐、野生动物走私和破坏性开发等行为，有效维护了太行山的生态平衡和原始面貌。为了减少对太行山环境的影响，政府还修建了合理的交

通基础设施，如公路、停车场和旅游巴士等，以减少游客驾车进入山区的必要性，避免过度开发和土地破坏。最后，政府还提供了经济激励措施，鼓励当地居民参与太行山旅游环境治理工作。给予生态环保工作者一定的奖励和补贴，并发展生态农业和生态旅游等产业，提供多样化就业机会，减少对传统资源的依赖。

3. 完善基础设施，提高发展优势

山西是一个文化大省，更是文化旅游大省，有五千年的文化积淀，是一座可以触摸、可以接近、可以对话的地上博物馆。山西省委、省政府对文化旅游业十分重视，将发展文化旅游业作为转型发展的重要战略，加速建设世界著名的文化旅游目的地。山西太行山在发展康养旅游的初期，跟周边的旅游城市相比是缺少竞争力的，其中最大的原因就是太行山区域的交通不便，交通问题是决定游客选择出行地的一个主要因素，交通基础设施建设不足在很大程度上限制了一个区域旅游业的发展。2018年晋城长治城际公交的启动大大带动两市旅游产业合作发展；2019年长治民航机场通航17个城市、运行18条航线；2020年太行一号公路正式启动，在南太行段行驶范围包括左权、黎城、平顺、壶关、陵川、高平、阳城、泽州、沁水9县，覆盖30个康养建设点；2020年12月太焦高铁开通，途经晋城、长治两地，使得交旅融合共建一级核心圈得以辐射带动周边区域，形成太行康养旅游集散地。① 山西太行山区的康养发展，始终坚持发展与保护同行，以康养旅游带动全域的发展。

（三）特色亮点

1. 依托生态资源，打造特色产品

山西太行山作为一条拥有悠久历史和丰富文化的山脉，近年来把康养旅游业作为重点发展方向，取得了一系列的成就。山西太行山充分利用其自然环境和独特的生态资源，打造了丰富多样的康养旅游产品。这些产品包括温泉养生、森林浴、岩石理疗、名山名树养生等多个领域，为游客提

---

① 陈娅婷、李晋宏、于琳惠：《山西南太行山区旅游环境承载力及康养圈构建研究》，《生产力研究》2022年第4期。

供了身心健康的康养体验。太行洪谷国家森林公园位于太行山、太岳山和中条山三条山脉的交会处，地势复杂，拥有特殊的地貌，保留了集山、崖、洞、峡、陉、泉、溪、瀑、潭、林等自然景观类型于一体的自然资源。太行洪谷国家森林公园以丰富的自然风光为依托，把森林休闲、户外体验和科普教育等内容融入森林健康建设系统中，并在森林康养、徒步探险、自然研学等方面进行探索，推动"康养+"产业的深度发展。下一步，太行山区域发展森林康养旅游将以全县"一核两线三区多点"的旅游发展规划为主线，以生态化、康养化、高端化、特色化发展为目标，以招商引资为契机，在现有基础上，进一步扩大森林康养基地的规模，进一步完善健康产业，加快太行洪谷森林养生园的高质量发展，实现人与自然的协调发展。

2. 活化历史文化，整合康养资源

山西太行山在康养旅游发展中注重文化内涵的打造。这里有神农尝百草、舜耕历山、商王祈雨、愚公移山等传说，也有炎帝文化、围棋文化、冶铸文化、古堡文化。这片土地上，不仅出现了王国光、陈廷敬等如此优秀的学者，也孕育出了赵树理这样的"人民作家"。太行山不仅依托山西悠久的历史文化，还将传统文化元素融入康养旅游产品中。比如，通过举办太行山传统医药文化节，推广太行山独特的中草药疗法，提升游客对太行山康养文化的认知和体验。游客可以在八路军总司令部旧址等地，了解中国革命历史，感受红色文化的魅力，参观剪纸、皮影戏等民间艺术表演，亲身体验地方文化的独特魅力。还可以参加庙会、社火等传统民俗活动，感受当地人民的热情和欢乐。

3. 立足生态建设，推动林旅融合

绿水青山就是金山银山，发展森林旅游、森林康养是实现"两山"转化的重要路径。多年来，山西省太行山国有林管理局秉承"良种为本、壮苗为基、造林为要、抚育为重、管护为先、文化为魂"的发展理念，以"一场一特色，一沟一模式，一山一景观，场圃园一体化建设"为抓手，全过程精细化实施森林经营，全系统精准化提升森林质量，全方位激活国有林活力，推进林草事业高质量发展。山西省林草局始终把保护放在第一位，

将资源保护与科学利用相结合，在品牌建设和宣传推介上下功夫，使社会各界都能团结起来，给予太行山康养旅游发展更多的支持，引导新产品的研发。同时，也大力推进森林游憩、森林观光、森林养生、森林体验、森林慢生活、森林科普、自然研学等各种项目，森林旅游和森林康养已经成为山西省林草业极具增长潜力的绿色产业。积极培育和发展新型的"康""商"产业，以"古堡""太行山山水""森林健康+特色健康"为核心，率先创建国家"森林健康"示范区，"横河""将军腰""鹿鹿谷""皇城相府""天马山庄"等一大批"森林养生"项目相继涌现，形成了"全龄、全时段、全生态"的"国家健康旅游目的地"的轮廓。

第二节　康养旅游引领乡村振兴产业发展

乡村振兴主要是围绕"三农"，解决农民增收、农业发展、农村稳定等问题。2020年11月，国务院扶贫办确定全国832个贫困县全部脱贫。当下，已经脱贫摘帽的地区要坚持巩固脱贫成果，防止返贫现象的发生。乡村康养旅游是以农村资源为基础、以农村居民为主体、以农村景色为特点、以农村文化为底色的休闲养生旅游活动。乡村康养旅游发展，能全方位助推乡村振兴战略实施。

一　理论概述

（一）康养旅游引领乡村产业振兴的概念

党的二十大报告明确提出，要发展乡村特色产业，拓宽农民增收渠道。乡村康养旅游作为旅游的新业态，为乡村振兴提供了新思路。同时，乡村中有着丰富的旅游资源，为发展康养旅游提供了旅游资源和条件，如生态环境优美、良好的空气质量以及丰富的传统文化等。发展旅游业，不仅能给乡村居民提供就业岗位，增加农民收入，还能优化乡村的就业环境，既能够吸引外来人口到本地发展，又能使乡村外出务工人员返乡建设，使乡村空巢老人和留守儿童的生活水平得到保障。

（二）康养旅游引领乡村产业振兴的背景

乡村振兴是中华民族复兴道路上至关重要的一环。随着中国经济由高速增长转向高质量发展，传统产业面临转型升级的压力，农业作为第一产业，一直以来都是支撑国民经济发展的重要基础。康养旅游引领乡村振兴是多重策略和市场动态的结合。在乡村振兴战略和健康中国战略的推动下，一系列政策利好开始浮现。特别是在"十四五"期间，预计我国老年人口将突破3亿人，健康养老产业市场总规模有望达到8万亿元。这为以农作、农事、农活为生活内容的乡村康养旅游，提供了巨大的市场潜力。具体来说，乡村康养是把乡村农业旅游和康养资源整合利用的新型康养模式，旨在回归自然、享受生命、修身养性、度假休闲、健康身体、治疗疾病、颐养天年。中央政府也在提供资金支持。例如，2021年中共中央宣布投入3000亿元用于"农文旅+康养"产业，以助力乡村振兴。这种政策支持不仅有助于吸引投资，还为乡村经济发展注入了新的活力。同时，城市化进程加快，农村劳动人口逐渐向城市转移，导致农村人才流失严重，经济一直不景气，城乡差距越来越明显，农村基础设施也不完善，所以政府高度重视乡村产业振兴。党的十九大明确提出实施和推进乡村振兴战略，大力推动乡村经济发展。

（三）康养旅游引领乡村产业振兴的特征

1. 以农民为主体

农民富，国则富。乡村产业振兴的实质是农民产业发展，其根本目的就是要让农民的生活水平有所提高。乡村产业振兴，要为农民提供更多就业机会，增加农民收入。康养旅游作为一种有效的振兴方式，有助于帮助乡村提升经济水平，并改善农民的生活条件。坚持农民的主体地位，是实施乡村振兴战略的关键。首先，应尊重农民的主体地位，利用乡村旅游发展为当地居民增加就业岗位，当地政府也可以扶持当地居民进行自主创业，增加农民收入，改善农民生活水平，激发他们的创造力，提升农业农村生产力。其次，要扶持培养一批农业职业经理人、经纪人、乡村工匠、文化能人、非遗传承人等新型职业农民，让美丽乡村成为各类人才施展才干、

提升能力、实现理想的舞台。

2. 以农业为依托

在推进乡村振兴的进程中，必须要有明确的方向，以当地的特色资源为依托，大力发展优势产业，促进三次产业的融合发展。康养旅游的发展，更多的是将现有"康养资源"与"旅游资源"结合起来，形成一种新的可持续发展的模式。乡村康养旅游产业，要结合乡村的自然资源、文化资源、生产环境等，在产业融合的进程中，根据当地的实际情况，发掘出更有特色的旅游资源，并加以整合，使乡村康养旅游的优势得以充分发挥。把农村的三次产业融合起来发展，让乡村旅游不仅仅局限在农家乐上，还可以创造出一种更适合现代人需求的休闲娱乐、健康养生产业。

3. 以科技为支撑

推动乡村全面振兴，要坚持改革创新，充分发挥网络和大数据等新一代信息技术的作用，激活农村资源要素，激发农村发展的内生动力。首先，科技创新是推动康养旅游发展的重要支撑。进行科技创新，可以提高康养旅游的服务质量和效率。例如，通过大数据、云计算等技术，可以对游客的需求进行精准分析，提供个性化的服务；通过物联网、人工智能等技术，可以实现智能化的管理和服务，提高运营效率。其次，科技创新可以推动康养旅游的产品创新。例如，通过虚拟现实、增强现实等技术，可以开发出新的康养旅游产品，丰富游客的体验；通过生物技术、医疗技术等，可以开发出新的康养服务，满足游客的健康需求。政府部门还需要帮助农民掌握农业科学技术，助力农民发展创新农业，利用互联网的优势，推动农业农村与食品加工业、旅游业等特色产业相结合。

4. 以融合为路径

通过三次产业的融合发展，康养旅游可以带动乡村经济的发展，提高农民的收入水平，改善农村基础设施和公共服务，促进乡村社会的和谐稳定。同时，康养旅游也可以保护和传承乡村的文化遗产，提升乡村的形象和吸引力，吸引更多的游客前来观光、休闲和度假，推动乡村振兴战略的实施。以农业第一产业为依托，延伸产业链，既发展农产品精深加工业，又将产业向乡村旅游、休闲农业、文化体验、健康养老等新业态延伸，可以不断提升农产品附加价值，让农民成为创业者，拥有更多增值收益，同时不断推进农文旅融合发展，也拓展了农业的多功能性。

（四）康养旅游促进乡村产业振兴的意义

1. 实现农民增收

农民的大部分收入来自农业产出，但农业又区别于其他产业，农作物有一定的生长规律，生长周期较长，且农业的收入相较于其他第二、第三产业是很低的，乡村健康养生产业的发展能够有效地保护和利用当前已有的资源。[①] 康养旅游与乡村旅游融合发展为乡村引入更多产业配套设施，康养产业的规划建设为乡村地区提供了更多的就业岗位，乡村就业环境逐渐优化，乡村的就业配套设施逐渐完善，为乡村引进人才做出了重要贡献。[②]另外，当旅游产业得到发展后，还可以利用互联网帮助农民出售农产品，拓宽销售渠道、提升农民收入、促进农村经济发展。总之，旅游发展将带动农村经济发展，增加农民收入，提高农民生活水平。

2. 促进产业融合

产业振兴是乡村振兴的重中之重，无论是之前的脱贫攻坚战，还是现在巩固脱贫成果，促进乡村振兴，都需要产业发展。产业兴、百姓兴。农业作为第一产业，是国民经济建设和发展的基础产业，不仅能够满足农村居民基本的饮食需求，还是农民最主要的收入来源。在康养产业中，农民可以与当地康养基地合作，开展蔬果种植、采摘等体验活动，拓宽增收渠道。结合乡村特点，因地制宜，深度挖掘乡村中可利用的旅游资源。比如，依托古建筑、非遗文化、生态环境、乡土文化、特色美食等，开设民俗园、民俗康养基地、农家乐等，满足不同人群需求，实现三次产业融合发展。当地政府也应该了解产业需求，针对农民群众的特点，开设餐饮、养老、康健、拓展、针灸、理疗等一系列文旅康养融合发展急需的技能培训课程，

---

①　罗颖：《乡村振兴战略背景下乡村康养旅游高质量发展路径》，《鄂州大学学报》2023 年第3 期。

②　蔡颖、李星群：《阳朔县乡村旅游与康养产业创新融合发展》，《现代园艺》2023 年第3 期。

教育引导广大农民群众积极参与技能培训，使技能与项目匹配，实现产业项目发展与农民增收的双赢。① 另外，当地政府还要完善基础设施、公共服务设施，促进康养项目与基础公共服务融合。

3. 传承乡村文化

乡村振兴既要塑形，更要铸魂。乡村文化既包括传统文化，又包括乡风文明。乡风文明是实现乡村振兴的重要保障。发展旅游产业，不仅能够发掘出深厚的传统文化，还能以文化为依托发扬优良的精神和作风，提高农民的文化和文明素养。康养旅游产业的出现，为乡村振兴提供了新的机遇。农村有利于发展康养旅游产业，农村凭借自己得天独厚的自然资源和人文资源，将资源合理开发利用，打造符合人们集休闲、放松、健康、养生、旅游需求于一体的康养产业。同时随着康养旅游产业的壮大，农村文旅产业也将随之发展。挖掘当地具有特色的传统文化，打造康养文旅项目，将乡村文化融入康养产业，提升乡村康养旅游产品的竞争力。康养旅游产业的发展，也能够督促农民保持良好作风，提高文化水平，丰富农民的文化生活。

随着经济的发展和人们生活水平的提高，人们出行更多的是追求轻松、舒适、独特的旅游体验。将康养产业与文化产业相结合，依托乡村特色文化，因地制宜发展康养旅游。文化是乡村振兴的根和魂。乡村要挖掘特色文化资源，深入挖掘游客的养生、养老诉求，结合资源禀赋，大力传承、发扬和创新中国传统养生文化内涵。②

（五）康养旅游引领乡村产业振兴的举措

1. 加强科技投入

科技创新可以推动康养旅游的可持续发展，如通过绿色建筑、清洁能源等技术，可以实现康养旅游的环境友好；通过互联网、移动互联网等技术，可以实现康养旅游的线上线下融合，扩大市场覆盖面。应该充分利用

---

① 曲富有：《乡村振兴背景下康养文旅产业融合发展研究》，《现代农业研究》2023 年第 6 期。
② 李东：《健康中国战略背景下康养休闲体育旅游的内涵及对策研究》，《攀枝花学院学报》2020 年第 6 期。

科技创新的力量，推动康养旅游的发展，助力乡村振兴。大力发展智慧农业和生态农业，提高乡村经济竞争力，吸引更多青年返乡。

2. 注重生态保护

生态宜居是提高乡村发展的质量保证，在发展过程中注重生态保护的可持续发展，使乡村旅游业把更多的精力放在生态保护与基础设施的完善上。在发展新的旅游产品和服务模式的同时，更要提高游客的游玩满意程度，从而提升乡村旅游的竞争能力。在这个过程中，农村的产业会更多地关注绿色发展，降低对环境的冲击，达到经济和生态的双赢。政府要加强对农村工业的政策指导与扶持，制定促进农村工业发展的政策和法律，在资金和技术上给予扶持，为农村工业的发展营造一个有利的环境。

3. 重视品牌建设

农业品牌是乡村产业的核心，乡村产业的发展必须走品牌化道路，通过挖掘地方特色和文化内涵，打造具有影响力的特色品牌。康养旅游可以与农业相结合，发展特色农产品种植、养殖等农业产业，为游客提供健康、绿色的农产品。同时，也可以吸引游客参与农业生产活动，体验农耕文化。还可以与工业相结合，发展农产品加工业、农村手工艺品制作等工业产业，将农产品加工成具有特色的产品，提高农产品附加值，增加农民收入。发展乡村旅游、餐饮、住宿等服务业，为游客提供全方位的服务，提升乡村旅游的品质和服务水平。近年来，乡村产业逐步实现了三次产业融合发展，推动了农业与康养旅游文化、教育等产业深度融合。

4. 鼓励产品创新

为适应日益多元的市场需要，乡村产业更要利用好传统进行创新，例如，手工艺品的设计与创新。政府及社会团体亦应加强对民间手工艺者的支持，以促进手工艺的传承与发展。要加强农村专业技术人员的培训与引进，通过培训、交流等途径，使农民的技术水平和经营水平得到提升。在此基础上，引导更多的优秀人才返乡创业，为乡村工业的发展提供必要的人力支持。康养产业为全面推动乡村振兴、实现城乡一体化、增加农民收入、传承中华优秀传统文化、建设美丽中国提供了新思路。然而，乡村康

养在探索过程中，都不同程度地存在同质化的问题，所以"创新"显得尤为重要。

二 党建引领乡村绿色发展的广西阳朔遇龙村路径

世界卫生组织曾做出预测，我国到 2030 年将有可能变成人口老龄化最严重的国家，到 2050 年，我国将进入深度老龄化社会，年龄超过 60 岁的居民人数将超过 30%。[①] 相较于城市，农村的生活环境和生活节奏都符合老年人养老的需求。研究证明，人类对自然环境有天然的偏爱，尤其是元素丰富复杂的自然环境，如田野、森林、水域、远山等，这些元素能提供变幻无穷的视觉刺激、开阔的视野，能让人的精神从疲劳中得以恢复。[②] "乡村+康养"是乡村旅游一种新兴的旅游业态，疫情之后，人们越来越关注身心健康的发展，而康养旅游打造的就是融旅游度假、健康养生于一体的康养服务。

（一）基本概况

阳朔县位于广西壮族自治区北部，拥有独特的喀斯特地貌，四季分明，空气质量优良，全年空气质量达一级天数占 80%，多项空气指标位居各城市前列，自然生态环境优越，地表水与生活用水卫生均达到国家标准。阳朔国家森林公园位于有"桂林山水甲天下、阳朔堪称甲桂林"之称的中国旅游名县——阳朔县。桂林是我国首批康养旅游示范基地的创建城市，在人们的印象中，桂林市阳朔县不仅仅有"甲天下"的风景，还是著名的"长寿之乡"，在"大健康"的理念下，人们对"健康、快乐、长寿"的向往也越来越强烈，为当地"乡村+康养"发展提供了前提条件。保证乡风文明、生态宜居、生活富裕等是开展乡村振兴的前提条件。近年来，遇龙村听从党的指挥，充分利用遇龙河的旅游资源，以"梦遇龙党旗红"为品牌，发挥村民自治的作用，以及村庄的生态旅游潜力，将当地的特色产业资源进行了整合。

---

① 刘雨潇、张建国：《基于游客体验 IPA 分析的乡村康养旅游发展路径研究》，《西南师范大学学报》（自然科学版）2022 年第 3 期。
② 文平：《基于恢复性环境视角的乡村康养旅游发展研究》，《农业经济》2022 年第 5 期。

（二）主要做法

1. 党建引领发展产业

遇龙河是漓江在阳朔县内最长的一条支流，这也为遇龙村打造乡村旅游、促进乡村振兴奠定了基础。遇龙村刚开始只是一个沿河的小村庄，村内也仅有几条竹筏，在2000年这个小村庄来了几名游客，提出希望能在遇龙河多提供几条竹筏。当地村委听到了游客的建议后，就去拉来了五条竹筏，从此之后遇龙村开始探索乡村旅游的发展路径。在村党支部和群众的共同努力下，村内越来越多的人做起了竹筏，同时当地的竹筏漂流游玩项目也逐渐扩大，现在当地村民每年都能够得到旅游项目的分红，极大地改善了当地农民的经济生活水平。"漂流节"的成功举办，极大地提高了遇龙村的人气，游客也越来越多。目前，在遇龙村党支部的带领下，当地已经成功举办了两届遇龙河竹筏漂流节，这里的大部分村民在家门口找到了工作，端起了"旅游饭碗"。在村"两委"的带领下统筹谋划和推动遇龙村的发展，并成立了阳朔遇龙金色农业发展有限公司，对外投资发展乡村旅游、婚纱摄影、研学旅行、康养休闲等多元化、立体式的乡村旅游项目，壮大了村集体经济，实现乡村旅游、康养旅游引领乡村产业振兴。近年来，遇龙村以世界文化遗产、考古遗址公园、非物质文化遗产等为基础，将特有的民族文化与自然景观相结合，陆续推出了多条文旅深度融合的精品旅游线路，在此基础上，大力发展旅游演艺事业，极大地推动了文旅产业的深度融合，受到了广大游客的欢迎。

2. 产品创新增加流量

遇龙村的名气持续上升，吸引了越来越多的游客。当地也开始了对旅游新路径的持续性探索，在原基础上增加了田园游、康养游、亲子游等特色旅游产品。不断创新打造更加精品的旅游圈子，在乡村振兴的战略布局下，全力打造遇龙村"旅游+生态+康养"的旅游品牌。利用其优越的自然环境和空气质量，建设乡村康养基地，发展乡村康养旅游，开展"食归田园"等康养活动，使人们远离城市生活的压力，感受山水田园，食四季五谷杂粮，调整作息从而放松身心。当地开发康养旅游业，考虑到了不同人

群的需求，创新出温泉康养、森林康养、乡村康养等旅游产品，使康养旅游的模式不断创新和丰富。大力发展具有特色的健康旅游产业，如少数民族文化体验和生态旅游，支持有条件的旅游度假村和景区建设健康养老中心、健康管理中心和国际养老服务中心。推进打造以休闲保健、生态疗养、中医保健为主要功能的健康旅游服务综合体。打响"慢游广西"和"秋季到广西"等一批精品旅游品牌。同时，对体育公园和公共健身中心的健身设备进行改造，扩大老年人的健身活动场地。增加适老化健身休闲项目，发展绿色生态运动，以满足老年人的多样化运动需要。

3. 规划先行革新理念

根据广西壮族自治区人民政府办公厅印发的《深入推进"壮美广西·长寿福地"康养产业发展三年行动方案（2023—2025年）》，能够看出广西对于康养旅游产业发展的全域设想。从实际情况来看，广西阳朔拥有丰富的自然旅游资源和文化旅游资源，适宜发展康养旅游业。康养旅游，特就特在"康养"二字，所以当地医疗保健服务要跟上。根据发布的方案来看，之后广西发展的重点就是扩大优质康复卫生资源规模，建立一批高层次的康复医疗基地，建立"康养医疗城"或"医疗产业园区"，并在此基础上建立高层次的集团化医疗机构，促进医疗队伍、医疗技术人员的集聚，丰富多层次的医疗卫生服务。同时，大力发展壮瑶医药特色业务，发展民族医药和康复产品，加强个体化医疗保健服务。支持企业发展新型的生活方式管理项目，包括健康需求管理、疾病管理、残疾管理、中医调理等，满足人民群众健康管理的需要。以信息化和数字化为依托，发展智慧卫生管理系统，推出"广西康养"这类康养品牌。

（三）特色亮点

1. 实现产业发展联动

当地乡村党支部领导能力强，党员带领群众整顿村庄里的卫生环境、居住环境，将小村庄的旅游业发展得红红火火，使这个小村庄短短几年时间便发生了翻天覆地的变化。遇龙村不仅旅游业发达，当地的金橘种植业、苗木种植业，同样也是遇龙村的主要产业。金橘具有生津止渴、润肺止咳的功效，深受当地村民和康养游客的喜爱。遇龙村通过招商引资，拉长金橘的产业链，增加产品的附加值。现在，遇龙村的金橘片作为能打包带走的伴手礼，深受游客的喜爱。遇龙村在发展旅游业的同时，辐射带动当地的金橘和苗木实现产业化和标准化生产。推动农产品在产地的初级粗加工和精加工，对柑橘伴手礼、蜜饯、金橘片等进行开发，推动三次产业融合，提升农业整体效率和现代化程度。

2. 推动产业集群形成

从广西阳朔县的全域旅游发展来看，这里的旅游业发展是多层次的融合，以推动全域旅游的新发展。阳朔积极推进"旅游+"，以"旅游+商贸""文化+项目""都市化""农业""康养"为核心，形成了一批个性化、多元化的产业集群和旅游功能区，使文旅产品更加丰富，新业态更加多样化，更好地适应不同客户群体的消费需要。阳朔县既有益田西街、戏楼、乌布小镇等一批具有"食、住、行、游、购、娱、乐"功能的特色商业街，又有"印象刘三姐""桂林千古情""三生三千漓""漓水古越"等大型文化演艺活动，让游人在山水间感受到最浪漫的人文风情。另有悦榕庄、希尔顿、画山云舍、潼乡等国际知名酒店和高端民宿，为旅客提供了舒适的休憩之所。还有骑行、漂流、飞拉达、滑翔伞、低空飞行、徒步、皮艇等户外活动，是广大体育运动爱好者的"户外乐园"。许多游客慕名前来，为后续广西阳朔遇龙村开展乡村康养旅游奠定了基础。同样以遇龙村为代表的乡村旅游重点乡村，也致力于将阳朔打造成为国内外游客休闲康养的乐园。

3. 重视产业品牌塑造

为发展康养旅游业，从 2019 年开始，阳朔县就启动了"三年美丽乡村建设"项目，遇龙村 4 个村民小组被列为第一批"精品示范村"，开始对村庄规划建设、生态环境保护、安全防灾、历史文化传承等，进行全面整治。遇龙村的许多村民从事竹筏制作工作，对自己的土地并没有很好的利用。因而村里建立了发展促进委员会，将这些空闲的土地和资源进行整合，发展农业、康养、旅游等产业，带动当地居民增收。2023 年，遇龙村发展促进委员会的成员在最初的商议中，提出了整合土地资源的设想，由各村的

党员和干部挨家挨户走访，得到村民的认可后，采取农户与村经济合作社签订土地使用协议书的形式，由发展促进委员会、遇龙金色农业开发公司对外统一招商，村里所得盈利按照协议比例分给入股、签订土地使用协议书的农户，实现资源整合、统一规划发展，实现全村"景区化"发展。如今遇龙村以发展促进委员会为基础，把村子里的所有产业都集中起来，合力打造龙遇村的康养旅游品牌。

三 阳光康养促进产业联动发展的四川攀枝花路径

（一）基本概况

2012 年，攀枝花首次提出"阳光康养旅游"的概念，在此之后，攀枝花针对康养旅游多次召开会议，表示要大力发展康养旅游，并且提出了"康养+农业""康养+工业""康养+医疗""康养+旅游""康养+运动"发展模式。目前，攀枝花的康养旅游逐渐发展起来，为其他地区的康养旅游发展提供了参考。有学者以攀枝花市人体舒适度、休假气候、大气污染等气候适宜性为研究对象，探讨其气候适宜性的类型、价值和空间分布规律。分析得出，攀枝花市旅游环境适宜，旅游舒适度好，空气质量好，适合开发康养型旅游。同时，该地区的中草药种植面积大，总产量高。中医药已经成为攀枝花康养产业的主要组成部分，同时，清新的空气与 61.99% 的森林覆盖率，也为攀枝花发展康养旅游产业奠定了基础。

（二）主要做法

1. 巧借资源，凸显产业特色

康养旅游不仅可以应对养老问题，还能有效带动地区经济发展。攀枝花市紧紧围绕"阳光康养旅游"品牌定位，大力发展乡村康养旅游，有效推进了乡村振兴。攀枝花市阳光充足，年平均日照时数达到 2400 小时以上，被誉为"阳光之城"。阳光对人体有很好的保健作用，可以促进人体新陈代谢，增强免疫力。因此，攀枝花市大力发展阳光康养旅游，吸引游客前来享受阳光。同时，攀枝花依托乡村特色旅游资源，发挥当地自然优势，建设果蔬产业园，种植枇杷、芭蕉、雪梨、桃子等；创建无公害产品、绿色食品、有机产品等，成为川渝地区优质农产品供应基地；充分挖掘和整合各类旅游资源，形成独具特色的旅游产品体系，通过资源整合，提高旅游业的附加值和竞争力。攀枝花当地优质的大米、新鲜的蔬菜、丰硕的水果等生态绿色农产品，能够吸引游客购买，既能够使游客吃得放心，又能够解决因信息闭塞导致的农产品滞销问题①，帮助农民降低经济损失，增加农民收入，提高农民生活水平。

2. 制定政策，规范产业管理

攀枝花市政府高度重视阳光康养旅游业的发展，制定了一系列规划和政策，明确了发展方向和目标。同时，加大基础设施建设投入，提升旅游接待能力和服务水平。鼓励发展第三产业，建设特色酒店、乡村民宿，优化游客的住宿条件。攀枝花政府制定了一系列的政策和规定，对乡村康养民宿的建设和运营进行规范和管理。这些政策和规定，主要包括乡村康养民宿的建设标准、服务标准、安全标准等。加强对乡村康养民宿的监管，定期对乡村康养民宿进行检查，确保其符合政策和规定的要求。对于违反政策和规定的乡村康养民宿，政府会及时进行干预和处理。在政府的监管下，农民创办的民宿，解决了就业问题，增加了农民收入，发展了乡村经济，支撑了康养产业。同时，旅游业的发展，也促进了乡村基础设施完善。比如，米易县的鱼米阳光度假基地、老易养、贤家旅游新村等示范性强、有影响力的乡村康养旅游接待点，民族文化丰富多彩，吸引了对传统文化感兴趣的游客前来。游客来到这里之后，不仅可以参观当地的民俗村落，了解彝族、傈僳族等少数民族的风俗习惯和传统文化，还能体验到特色乡村康养活动。

3. 创新模式，打造产业集群

攀枝花以全市的相关产业为依托，与"康养旅游+"发展相结合，立足于本地的自然情况，以特色农产品、特色历史文化、特色自然资源为切入点，对旅游产品进行创新和丰富。攀枝花市深刻把握国内外康养产业发展

---

① 胡浩：《乡村振兴背景下四川省攀枝花市康养旅游产业发展研究》，《西部旅游》2023年第9期。

趋势，基于全市关联产业发展的良好基础，加强顶层设计，创新发展模式，精准把握"康养＋"融合发展需求，聚焦产业链高端和价值链核心，推动康养与运动、文旅、医疗、农业、工业深度融合，全面构建具有全球竞争力的康养产业融合发展体系。以特色生物资源、特色农产品、特色工业资源和特色城市文化为载体，创新宣传角度和层次，不断提升攀枝花市康养产业品牌知名度，为产业集群创新发展打好基础。① 以"运动康养""旅游康养""居家康养""医养结合"等为重点，加强引进新科技、新观念，丰富康养产品品种，提高品质，继续向中高端市场拓展，形成具有鲜明主体、多业态融合特征的特色产业集群，并与杜果、枇杷、草莓、樱桃等特色果品产业进行了积极的对接，扩大农产品供应，开发新型农家体验活动。

（三）特色亮点

1. 阳光康养与农业融合

攀枝花乡村康养旅游，游客通过参与农业活动、品尝绿色瓜果蔬菜，感受与大自然最为契合的生活方式，活动筋骨、放松心情、修身养性，体会人与自然的和谐统一。选择乡村康养旅游的游客，大多数对于乡村生活有某种依恋，渴求原生态的生活方式。攀枝花市依托本地独特的气候资源和农业物产优势，大力发展现代特色农业，并与康养旅游产业相结合。比如，攀枝花市在金沙江、雅砻江、安宁河沿岸，打造了阳光生态经济走廊，实现农业和康养产业的深度融合。结合攀枝花康养产业特点进行统一规划和管理，不仅丰富了当地的康养资源，也为游客提供了更加多元化的选择。展望未来，攀枝花将进一步推动康养产业的发展，构建"一核"引领、"一带"支撑、"三谷"带动的康养产业总体布局，建成"中国康养胜地"，成功创建"中国阳光康养产业发展示范区"，以满足全市人民日益增长的美好生活需要。

2. 阳光康养与旅居融合

旅居养老，指老年人在居住城市行政区域以外的地方进行生活居住，

---

① 黄晓丽、张江平、唐光荣等：《经济高质量发展背景下攀枝花市康养产业发展对策研究》，《攀枝花学院学报》2023年第1期。

享受"旅游+居家+度假+养老"的居家式的旅游养生度假生活，提高生活质量。[①] 首先，攀枝花对阳光资源与健康的关系进行了深入的研究，系统地阐明了阳光资源对人们健康，尤其是老年人健康的好处，并进一步推广这一领域的研究成果，以吸引更多的外来人口到这里定居。其次，充分发挥阳光资源，加强相关配套设施的建设，如阳光步道、日光浴场、阳光菜园等。最后，将养老和医疗资源整合到一起，满足对养老和医疗服务的需要。攀枝花率先开展"医养结合"试点工作，积极探索有利于推动健康产业发展的有关政策，并积极争取中央和省委的支持，以优惠政策推动攀枝花市健康产业的发展。包括：积极争取扩大攀枝花的医疗保险报销范围，将一些康体、养生、疗养等项目纳入医保支付范围；出台以点状方式供应土地等为基础的土地供应政策，以缓解养老企业在用地上的困难。

3. 阳光康养与民族融合

少数民族特色的旅游产业是将民族特色文化和乡村旅游相结合而产生的，是近几年乡村旅游的一种重要发展方式，对乡村旅游业的发展起到了很大的促进作用。将"阳光康养"和民族特色文化结合起来，可以丰富"阳光养生"的文化内涵，增强"民族旅游"的竞争力，达到相辅相成、相得益彰的目的。比如，攀枝花米易县新山傈僳族乡新山村，是米易县仅有的一个傈僳族村寨，拥有"一山一秋，十里不同天"的独特气候特征，具有明显的垂直气候差异，在梯田之外，有万亩杜鹃、万顷松涛、苍茫云海等自然风光。近年来，新山村把开发民族特色旅游产业作为发展旅游业的突破口，带动了当地群众脱贫致富。

四 生态旅游与康养产业融合发展的甘肃天水路径

（一）基本概况

天水麦积康养小镇，位于甘肃省天水市麦积区甘泉镇，是由甘肃城乡发展集团倾力打造的综合性旅游目的地。该项目占地约 503 亩，总投资约

[①] 成威：《乡村振兴背景下农村旅居康养模式的实践创新研究——以河南省 TS 村为例》，硕士学位论文，江南大学，2022。

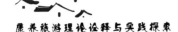

16.63亿元，项目总建筑面积约20万平方米，分为康养示范区、旅居温泉度假区、生态养生区三大功能区。这里气候潮湿、空气新鲜、鸟语花香，是我国西北地区有名的休闲度假康养地。该园区融合健康、文旅、培训、餐饮、娱乐等业态，践行全年龄段、全产业链、全服务区、机构大学式康养、民宿公寓式旅居、居家嵌入式照护、社区化理念、智能化管理、专业化服务的"三全三式三化"发展理念。麦积康养小镇设有养生中心、养生馆、健身馆、培训馆、康养学院、康养公寓、康养餐厅、旅居民宿、温泉理疗中心等。

（二）主要做法

1. 将文化元素融入康养产业

天水麦积康养小镇依托独特的自然生态资源发展旅游业，并借助现代科技，对当地的自然资源进行合理的开发和利用，将人文元素和地方特色融合在一起发展健康服务产业，将其打造成一处适合老年人的康养休闲胜地。天水麦积康养小镇所在的麦积区始终坚持以发展文旅农康产业为主导，促进乡村振兴，推动区域经济发展，以高质量协调发展为主线，以重点文旅项目为突破口，围绕麦积山和卦台山这"两山"，深度挖掘文化旅游资源，加速改善文旅基础设施，以打造独具魅力的石窟文化名镇，打响伏羲文化第一品牌为目标，提升文化旅游影响力，推动文旅农康深度融合、转型升级、跨越发展。到2023年7月，麦积区已接待了1063.21万名游客，实现了65.39亿元的综合收益，为全区经济和社会的高质量发展奠定了坚实的基础。① 麦积区以人文景观与生态康养相结合引领乡村振兴，多次入选"中国最美丽县域榜单"，是"深呼吸生态旅游名县"。

2. 将生态元素融入康养产业

生态旅游和健康产业的协同发展，在景色宜人、风景秀美的景区建设康养基地，不仅可以确保短时间内来体验生态旅游的游客能够尽情享受山水、娱乐休闲，还能满足都市老年人到这里生活的需要，让老人们在这里

---

① 房惠玲：《麦积区"点线面"推进文旅融合发展》，《甘肃经济日报》2023年8月30日，第1版。

种花、喝茶聊天，在安逸的小镇上安享晚年，促进康养产业发展。麦积康养小镇采用园林式的景观设计和古典的中式建筑，通过居家式、合院式、群居式的康养、养生、养老场所，为游客提供了一个集文化旅游、康养、休闲娱乐为一体的特色康养理想地。小镇四周风景秀丽、幽谷叠翠、空气新鲜，被誉为"天然氧吧"，山景与凉亭步道交相辉映，令人心旷神怡，景区以先进的设计理念、完善的硬件设施以及配套功能、先进的管理服务，吸引了周边一些长期生活在都市、生活节奏快的人来这里休闲娱乐、放松身心。天水麦积康养小镇是一个集多种功能于一体的综合性旅游目的地，在国家发展的大战略下，顺应时代的趋势，利用自己的优势和地区特点，为游客提供了休闲放松的去处。麦积康养小镇作为当地乡村康养旅游产业发展的龙头，迎合了国家关于乡村振兴战略的整体需求，带动了乡村旅游产业的发展，保护了生态环境，促进了农民增收，将生态与康养旅游相结合，二者之间相互融合、协调发展，为当地经济的发展注入了新的活力，推动了乡村产业的发展。

3. 将乡村元素融入康养产业

麦积区甘泉镇甘江村作为麦积区的美丽乡村示范村，为进一步推进美丽乡村建设，倾力打造了"甘江艺术文化旅游村"。同时，以获评"国家乡村旅游观测点"和"全省乡村旅游示范村"为契机，甘江村依托"甘江花园""森态园柴火鸡""羲皇垂钓园""云雾山"等旅游景点，积极开展"生态旅游"。通过不断完善基础设施，提高了乡村休闲旅游的品位，提高了乡村的知名度。这不仅能吸引更多的人来这里观光，而且还能为当地居民带来更多的收入。麦积镇后川村、甘泉镇甘江村的发展模式只是麦积区"康养"、"文旅"与"农业"相结合的一个缩影。近年来，天水市麦积区充分发挥乡村旅游优势，以麦积镇后川村等6个乡村旅游示范村为龙头，加速推进乡村康养旅游基础设施建设，持续完善乡村康养旅游基础设施，大力发展农耕体验、生态观光、乡村民宿、温泉度假、中医养生等"旅游+"新模式和新业态，积极构建以麦积山为核心的颖川东柯20公里"文旅+康养+农业"产业带，推动乡村康养旅游产业之间的深度融合发展。

（三）特色亮点

1. 探索康养旅游新路子

甘肃城乡发展集团经过两年多的经营实践，按照"社区养老+康复理疗+医疗服务+温泉水疗+休闲旅居"的发展布局，建立了一套适合西部市场需要的养老服务管理系统和服务模式，创新提出"宜居+宜养+宜宾+宜修+宜游"的"五行康养"发展路径，实现康养产业从单一功能向复合功能转变，构建了以医疗、养生、养老、度假、娱乐、运动、旅游、休闲等核心功能为一体的产业发展模式，集养老养生、医疗保健、酒店餐饮、民宿旅居、培训研学、运动健身、墅院公寓、汤浴疗养等核心功能于一身的康养旅居综合体，走出了一条"宜居+宜养+宜宾+宜修+宜游"的"五行康养"新路子，得到了民政部、省委省政府和省民政厅的充分肯定，赢得了社会各界的广泛关注与大力支持。① 除了传统的康养功能，麦积康养小镇还兼具"吃、住、游、娱、学"的旅游服务功能，为游客提供了全方位的体验。而且麦积区作为甘肃省和天水市的"东大门"，积极融入大局，借助伏羲文化旅游节等大型活动，推进特色产业发展和乡村综合治理。

2. 树立康养旅游新标杆

天水麦积康养小镇，在硬件设施方面，配备了健身中心、运动康复中心、会议中心、餐饮街、民宿和合院式康养公寓，为业主提供全面的配套服务。在软件方面，设立了麦积康养大学，为业主提供康养教育培训，并为入住的业主提供定制化服务。在服务方面，根据客户需求，结合当地气候、环境等特点，打造了山居田园风格庭院。通过构建养生养心基地和生态居住社区，以完善的康养设施和周到的服务，满足全年龄段、各类人群的康养需求。麦积康养小镇还是甘肃省首届康养产业发展论坛的举办地，为康养产业的发展探索新思路，如老年人心理健康、智能物联、医养结合等方向。2022年1月，甘肃省文化和旅游厅编制印发了《甘肃省"十四五"

① 《"宜居+宜养+宜宾+宜修+宜游"——甘肃城乡发展集团麦积康养城走出"五行"康养新路子》，每日甘肃，https://baijiahao.baidu.com/s? id = 1745445423740411223&wfr = spider& for = pc。

乡村旅游发展规划》，提出把甘肃省天水市麦积康养小镇打造成甘肃康养产业的标杆旗帜，引领具有相应优势地区发展壮大生态旅游与康养产业。

3. 构建康养旅游新模式

甘肃省天水市麦积区甘泉镇具有丰富的康养资源，镇子里的地下水储量丰富，补给量大，水质纯净，富含氟、硒等18种对人体有益的矿物质及微量元素，泉水的水质偏硅酸，现已探明的水温在30摄氏度左右，符合国家医学规范，可以饮用，可以洗澡，还能起到很好的医疗保健作用。这里的特色温泉度假村能为小镇提供全方位的服务，构建"温汤+"的健康旅游新模式，以满足不同层次游客的旅游养生需求。甘泉镇有"天河注水"、有麦积山、有青鹃山、有武山、有清峪宫、有各种各样的温泉，每一处温泉都有其独特的功效。不仅如此，这里还有许多特色美食以及别具风格的自驾营基地。依托周边丰富且优质的旅游资源，麦积康养小镇发挥其服务周边景区游客的接待功能，为景区游客提供"旅居也悠闲、养生亦康养"的集"吃、住、游、娱、学"于一体的旅游服务，并承接各类单位团建、会务、疗养业务，是一个"功能完善、望得见山、看得见水"的康养旅游胜地。

第三节　康养旅游促进身心健康全面发展

康养旅游推动原来以观光旅游为主的旅游需求，逐渐向融合观光、休闲、体验、养生的多元需求转变，使游客更加松弛，能够做到真正放松心情，慢节奏体验当地生活，享受当下的轻松愉悦。现如今，在"大健康"理念下，旅游的核心价值越来越体现在游客的身心健康上，康养旅游成为游客的新选择。

一　理论概述

（一）康养旅游促进身心健康全面发展的内涵

康养旅游是近年来逐渐受到关注的概念，它结合了医疗、健康管理和休闲疗养等元素，旨在通过养颜健体、营养膳食、修身养性、关爱环境等各种手段，使人在身体、心智和精神上都能达到自然和谐的优良状态。这种旅游形式不仅是为了满足人们对高品质生活的追求，更是为了满足人们对健康、愉快和长寿的期望。康养旅游的发展反映了人们对"健康、愉快、长寿"的欲望。身心健康全面发展是指一个人的生理和心理协调发展，生理上主要指的是一个人从小到大身体的正常发育和体质增强的状况，心理上主要指的是一个人的认知能力和个性的发展。人的认知能力包括人的感知、记忆和思考能力；个性由需求、兴趣、情绪、意志等组成，这两个方面紧密联系在一起。认知的发展对个性的形成和发展起到推动作用。个性的发展，指人们根据自身意愿开展实践，不断深化自我认知。康养旅游推动身心健康全面发展，从生命学的角度来看，兼顾了三个维度：一是生命长度，即寿命；二是生命丰度，即生活质量；三是生命深度，即精神层面的满足。所以，康养旅游能够推动人的身心健康全面发展。

（二）康养旅游促进身心健康全面发展的背景

健康的衡量标准，不仅关乎生命的长度，还有心灵的丰度。随着生活水平的提高，压力过大、抑郁或焦虑等成为困扰现代社会人群的突出问题。研究显示，旅游可以显著降低游客倦怠和压力感，改善游客睡眠，提高游客生理健康、心理健康及整体健康水平。[1] 康养旅游的受众群体，不仅仅包括中老年群体，还包括青年人。在现在的社会中，中年人的工作生活压力大，亚健康状态需要调整；老年人身体衰弱，需要健康、轻松的环境进行养老；青年人面对"内卷"的时代，学习工作压力都很大，也开始追求健康休闲的旅游模式，以帮助自己放松身心，缓解压力。所以，要确保能够满足不同年龄段群体对于康养旅游的需求。像太极、八段锦等，这类运动轻柔缓慢，能促进血液循环、缓解疲劳，更加适合中老年人。如果环境舒适，空气质量好，能够使人的心情更加舒畅，使得身心更能得到健康发展。像登山、骑行、马拉松就更适合年轻人，现在很多年轻人坐在写字楼里，

---

[1] 程绍文、李艳、陈闻天等：《基于元分析的旅游活动对游客健康的影响研究》，《旅游科学》2019年第3期。

工作的压力让他们身心疲惫，骑行和登山这类体育锻炼活动，能够让游客在体验度假地美丽风景的同时，积极参与到体育锻炼当中去，从而能够实现游客身心健康的发展。因此，康养旅游可以作为心理健康疏导的系统性方法之一。关于旅游对心理健康的作用，早期 Gray、Dann、ISO-Ahola 等学者通过不断丰富旅游推拉力驱动理论，揭示了人们生命的模样在离家探索与返家热爱中塑造与形成。[①] 大众心理的健康，不仅仅是逃离压力，还受个体与生俱来的扩张力、自我提高欲等驱动，离开熟悉的环境和事务，去响应远方的呼唤和吸引，从而去丰盈生命，追逐成长。

（三）康养旅游促进身心健康全面发展的特征

康养旅游促进了身心健康的全面发展，通过提供综合性、个性化、持续性、教育性和社交性的养生服务和体验方案，帮助人们实现全面的身心健康与幸福。

1. 综合性

康养旅游不仅关注身体健康，也注重心理健康及精神富足。康养旅游通过提供全方位的健康服务和活动，从身体、心理、社交等多个维度，来满足人们的需求，实现身心共同发展。

2. 个性化

康养旅游注重个人特点和需求的独特性。通过提供个性化的康养方案和服务，根据不同人群的健康状况和喜好，量身定制康养旅游体验方案，使每个游客都能找到最适合自己的养生方式。

3. 持续性

康养旅游是一种持续长久的健康管理理念和生活方式。通过康养旅游，人们可以学习到养生知识和技能，并将其应用于日常生活中，保持身心的长期健康与平衡。

4. 教育性

康养旅游不仅提供休闲和娱乐活动，更注重对游客健康知识的传达。

---

① 　徐虹、于海波：《大健康时代旅游康养福祉与旅游康养产业创新》，《旅游学刊》2022 年第 3 期。

通过举办康养知识讲座、提供营养餐饮和健康教育等活动，让游客在旅游过程中，接受健康教育，促进健康意识和生活习惯的培养。

5. 社交性

康养旅游提供了一个社会交流的平台，让游客之间可以互相交流、分享和学习。通过参与康养活动、加入康养社群等方式，游客可以结识到志同道合的朋友，拓宽社交网络，实现身心健康全面发展。

（四）康养旅游促进身心健康全面发展的意义

影响人的身心发展的因素是多变的，但最重要的是先天基因、人为因素、社会环境三个方面。三者在人的身体和心理发育过程中起着不同的作用。基因是人的身体和心理发育的物质基础；环境是影响人的身体和心理健康的重要因素。在人的身体和心理发展过程中，教育因素起着主导性的作用。有研究表明，环境对人体的身心健康有很大的影响。置身于绿色环境中的人，能从自然中得到益处。绿地与自然环境对生态环境的改善与人体健康具有重要意义。如果有充分的绿化，那么患呼吸系统疾病的概率就会下降 8% ~ 12%，患上心脏病和中风的概率也会下降 4% ~ 5%，而且慢性病的发病率也会下降。置身于绿色的环境中也能缓解诸如焦虑、沮丧等消极情绪，改善睡眠品质。

康养旅游就是通过发挥自然独特的气候、生物多样性等方面的优势，为游客提供各种保健和管理服务。当游客置身于一个舒适、宁静的地方，远离了城市的喧嚣时，心态会最先受到影响。再加上健康饮食、推拿、疗养等健康服务，康养效果将更好。与一般的旅游相比，康养旅游更加注重健康和心理感受，它不仅能提高生活品质，还能够提高游客的身体和心理素质。康养旅游就是让游客置身于好山好水里，全身心融入自然美景之中，享受健康美食、沉淀浮躁、远离喧嚣、释放压力。人们通过休闲旅游，回归大自然，享受生活，体会大自然的魅力。

（五）康养旅游促进身心健康全面发展的举措

康养旅游主要在于"康养"二字，要让旅游者在旅游时，心理和身体都能得到发展。比如，通过提供营养均衡的健康饮食，包括新鲜的食材和有机食品，可以满足旅游者的营养需求，促进身体健康；通过在旅游活动中设置各种身心锻炼项目，如瑜伽、太极拳、登山等，可以帮助旅游者锻炼身体，增强体能，同时也有利于其放松心情，促进心理健康；通过为有特殊需求的旅游者提供康复服务，如按摩、理疗、温泉疗养等，有助于其恢复身体功能，提高生活质量；通过选择环境清新、空气新鲜的地方作为康养旅游目的地，可以让旅游者享受大自然的美景，呼吸新鲜空气，舒缓压力，改善心情；通过举办文化体验活动，让旅游者参与其中，了解当地的传统文化，参观博物馆、艺术展览等，可以培养旅游者的兴趣爱好，促进身心发展；通过提供心理咨询服务，可以帮助游客解决压力、焦虑等心理问题，提高心理健康水平；通过提供康体养生、心理健康等方面的培训课程，教授养生相关知识和技能，有助于旅游者更好地实施康养生活方式，促进身心共发展，使得旅游者在旅程中得到身心健康水平的提升。

二　体育产业与康养旅游融合的泉州虹山实践

康养旅游通过旅游活动向人民群众普及康养知识，从而获得更加健康的生活方式。随着老龄化的加剧以及疫情的影响，人们对于健康的需求在不断提升。我国居民正在进入"避暑避霾避寒、养生养心养老"的大众旅游时代，人们愈加追求健康和精神享受。旅游度假作为新时期人们的一种旅居生活方式，逐渐成为休闲生活主流。"康养+旅游"可以催生一系列新业态，成为新时期经济突破发展的新模式。

（一）基本概况

虹山乡，隶属于福建省泉州市洛江区，地处洛江区北部，东、南与罗溪镇毗邻，西与南安市乐峰镇交界，北与莆田市仙游县接壤。虹山乡常年气候温和，雨量充沛。虹山乡曾经因地理位置和环境制约因素，被列为扶贫乡镇。自乡村振兴战略实施以来，虹山乡依靠康养旅游业逐步发展成为福建省乡村振兴的特色乡村，体育旅游是虹山乡康养旅游业的组成部分。[①]

---

① 程岩梅、林筑锋、吕金薇：《体育康养旅游业视域下探索乡村振兴的"福建模式"——以虹山乡为例》，《天南》2023 年第 4 期。

近年来，虹山乡依托深厚的文化积淀、秀丽的青山绿水、朴实的风土人情，大力发展全域旅游，打造了休闲康养的人间福地。石龙谷森林公园景区是虹山乡规划发展全域旅游前期引入的大型旅游项目，景区拥有挑战区、体验区和红色教育基地三大游乐区，森林卵石小径、森林氧吧、花海梯田、大峡谷观光体验区、石龙谷餐馆、宿营基地、半山美庐等旅游配套独具匠心。

（二）主要做法

1. 开发户外项目，丰富旅游产品

康养型体育旅游包括康体、养生、旅游三个核心概念，它以健康为主要目的，利用养生与保健的手段，采取旅游休闲的形式，满足人们旅游观光、休闲度假的需求，达到强身健体、修养身心、延年益寿的功效。体育康养旅游业属于大健康产业范畴，是一种体育旅游和健康产业融合的绿色产业。[①] 虹山乡体育项目，主要是依靠森林、山川、水域、田园等自然生态环境开展的户外项目。比如，丛林穿越、登山楼梯、索桥过河、玻璃漂流、拔河等。各种各样的运动，满足了多个年龄段游客对于康养旅游的运动需求。虹山乡在旅游开发上投入了大量财力，利用泉州气候优势和地理位置优势开发了户外水上项目。泉州拥有丰富的海洋资源，拥有全国第三大深水港口——泉州港，为康养旅游的生态价值注入了新的动力。虹山乡结合自身特色，开发了水上运动、海底科普、沙滩运动、滨海环保活动、有氧活动等健康旅游项目。同时，大力发展海洋理疗、海泥 SPA、海产品美食等与健康有关的产业，为不同人群提供多样的康养体验。

2. 出台激励政策，构筑产业体系

泉州各级政府制定了一系列政策文件，对推动体育旅游产业的融合发展、行业规范完善等具有重要的指导作用。《泉州市加快发展健身休闲产业实施方案》提出，要通过建设一批体育旅游示范基地、体育旅游线路、特色鲜明的体育小镇，培育一批品牌赛事等，带动全市体育产业发展，构建

---

① 宋佳、王亚慧：《"体育+旅游"视角下康养体育与环境耦合研究——基于峨眉半山七里坪康养体育旅游开发的考察》，《乐山师范学院学报》2018 年第 12 期。

"健身休闲+"产业生态圈，实现融合互动发展理念。其中，产业生态圈的提法既具有可操作性，又彰显了泉州市体育旅游产业发展理念的创新。此外，中共泉州市委《关于制定泉州市国民经济和社会发展第十四个五年规划和二〇三五年远景目标的建议》提出，积极发展滨海旅游、乡村旅游、红色旅游，发展生态农业、文旅、康养等产业，构建以文化和旅游、健康服务为重要支撑的现代服务业体系，建设全域生态旅游城市。^① 从这一点可以看出，泉州市目前不断出台的政策，为产业的发展提供了极大的机会，同时也为未来的文体、体旅、康养等产业的资源整合、产业融合和品牌建设，提供了良好的政策依据。但是，要想保证政策的落实与执行，就必须有一套完整的"调研考察—咨询建议调查—制定政策调查—督导落实检查—评估"的制度。

3. 打造康养品牌，发展全域旅游

虹山乡文化积淀深厚，青山绿水秀美，民风淳朴，近年来致力于全域旅游的发展，利用"康养天堂，五福虹山"的特色，发挥品牌作用，整合资源优势，加强项目带动作用，打造了"世外桃源"的休闲养生之地，出台了"康养天堂，五福虹山"的整体规划，实现了旅游业的跨越式发展。2016年，虹山乡聘请浙江大学设计研究院对《虹山乡全域旅游总体规划》进行了研究，并于2017年底获得批准，为实现全域旅游的目标与途径提供了新的思路。虹山乡紧紧围绕"康养乐园，五福虹山"的全域旅游开发主题，以"实施乡村振兴战略"为主线，以贯彻落实《虹山乡全域旅游总体规划》为抓手，主动出击，全力抓好景区建设，使石龙谷森林公园景区日趋成熟、樱花梅园景区顺利运行、瀑布风景名胜区逐渐完善、美境度假胜地正式启动，木兰谷温泉养生度假区的规划设计工作也在紧锣密鼓地进行，向实现虹山区域旅游的目标迈进了一大步。品牌是产业的核心竞争力，是产业可持续发展的无形动力，积极打造体育旅游品牌是保持虹山体育旅游产业长期繁荣的重要内容。

① 连晓莉、于海滨：《泉州市体育旅游产业可持续发展策略研究》，《绥化学院学报》2023年第11期。

（三）特色亮点

1. 多元化文旅融合

泉州的闽南文化、海丝文化、宗教文化、非遗文化、海洋文化等，各具特色，互相融合，为文旅康养的发展提供了充足条件。一方面，虹山乡结合泉州产业优势和优质资源，丰富康养旅游产品类型和内涵形式，增强健康养生体验，同时深入挖掘自身的特色康养文化价值。比如，将茶道和香道技艺融入康养旅游中，发展禅修、疗养、健身等主题的康养旅游，开发水果套餐、鲜花套餐、特色药膳套餐、创意素食套餐等保健餐，充分利用泉州制茶、制香，永春白鹤泉州的少林寺和清源山的佛教文化资源，为康养旅游的发展提供了有力支持。另一方面，虹山乡结合当地的地质、地貌和人文特征，提升康养旅游的观赏性，通过会展节事、新媒体营销、影视剧作品展示等各种形式的宣传，提升康养旅游品牌的知名度与影响力。目前，虹山乡成功整合了彭祖文化、土楼文化、古厝文化和乡愁文化等地方文化元素，计划分期进行文化旅游亮点的建设，打造彭氏家庙廉政文化公园、虹山土楼文化馆、虹山乡愁文化馆等项目。

2. 企业化运营模式

虹山乡发展康养旅游，采用企业化运营模式，引入专业的旅游管理团队，对景区进行统一规划、管理和运营。这种模式有利于提高景区的服务质量和管理水平，提升游客的旅游体验。虹山乡发展康养旅游，还注重产业链的整合，将康养、农业、文化等多个产业相结合，形成了一条完整的产业链。这利于带动当地经济发展，提高农民收入，实现产业升级。虹山乡通过举办各类活动、赛事等方式，提高当地康养旅游的知名度和影响力。同时，虹山乡还积极与其他旅游景区合作，共同推广康养旅游，扩大市场份额。2022 年，虹山乡在乡村振兴研究平台、梧凤文旅集团的支持下，以"梧凤小镇"整体打包乡村振兴项目进行立项，获批乡村振兴专项债券 5.8 亿元。[①] 众多国内外知名的运动产品和生产企业，包括安踏、特步、乔丹

---

① 《"乡村振兴泉州观察团"第四站走进虹山乡》，泉州网，https://www.qzwb.com/gb/content/2022-08/11/content_7156054.htm。

等，都是促进旅游产业发展的有力支撑，康养旅游发展具有雄厚的产品支撑、经济支持和品牌效应。

3. 生态化康养环境

虹山山清水秀，是天然氧吧、养生胜地。这里有由闽南古建筑改建而成的凤峰休闲茶舍，鲜花盛开，环境幽静；还有年轻人比较喜欢的音乐节，让虹山的夜经济变得繁荣，让村子变得更有活力。石龙谷森林公园交通便捷，自然风光秀丽，旅游发展条件得天独厚、历史文化底蕴深厚。该地区林木覆盖率为 80.1%，原始植被、天然山岩分布其中，树种繁多。走在鹅卵石铺成的小路上，仿佛置身于绿色长廊之中，可零距离与大自然"森林氧吧"亲密接触。茂密的森林、蜿蜒绵长的峡谷、形态各异的奇石，目光所及皆风景。置身在石龙谷美丽的大自然中，周围是高大的参天古树、花海丛林，空气中飘荡着泥土的清香，耳边飘拂阵阵和煦的微风和潺潺的流水声，能感受到惬意和美好。游客可选择在此留宿，除石龙谷景区的配套生活区外，位于虹山乡的"虹里山舍"可提供 24 个房间，能容纳 60 多人，使虹山乡的配套服务更加完善，为吸引更多的旅游者奠定了良好的基础。

三　民族医药与康养旅游融合发展的西藏实践

（一）基本概况

在后疫情时代，"大健康"理念受到社会各界广泛关注。旅游和保健相结合的康养旅游新形式，正逐步成为社会经济发展的新增长点。西藏藏医学历史悠久，记载清楚，资源丰富，特色鲜明。藏医药学起源于青藏高原，迄今已有 3800 多年的发展历史，是民族优秀文化的瑰宝之一，也是我国传统医药的重要组成部分，是藏族人民在高寒缺氧的自然环境中，通过长期丰富的生产和生活实践，博采中医学、古印度医学和古阿拉伯医学之长，逐步积累、完善而形成的独具特色的藏医学体系。[①] 藏医康养旅游是康养和藏医药的结合，它是藏医药诊疗技术、种植加工、文化传承等要素与康养旅游业的结合，并不断地扩大和扩展，形成了集休闲娱乐、养生养老、疾

---

① 李亚玲：《青海省中藏药产业发展现状分析及政策建议》，《青海社会科学》2008 年第 2 期。

病预防、民俗节庆、文化研学等多种功能于一体的中医药康养旅游。

（二）主要做法

1. 整合资源，创新产品

西藏是一个拥有丰富自然资源和深厚文化底蕴的地区。近年来，随着人们生活水平的提高和对健康的重视，西藏的医药康养旅游逐渐受到了游客的青睐。西藏拥有丰富的药材资源，如冬虫夏草、藏红花、雪莲等。政府和企业通过整合这些资源，为游客提供了一系列与药材相关的康养服务。拉萨市围绕创建世界一流旅游景点目标，对藏医药文化内涵进行挖掘，丰富旅游项目，提升品牌价值，并与"美丽乡村·幸福家园"建设相结合，开发出休闲度假、生态农业观光、民俗风情体验、康养服务等多种形式旅游产品。在"数字拉萨""智慧城市"等基础上，推进"互联网+旅游"融合创新，丰富、优化数字化旅游产品和服务，并在此基础上形成新业态和新模式。增加对旅游景点数字化生产力的投资，推动 A 级旅游景区 4G、5G 网络全覆盖，推行智能导游与电子解说，形成线上线下融合互动的拉萨智慧旅游新模式，推动拉萨市"旅游+"产业发展。

2. 完善设施，人才支撑

西藏在 2023 年的政府工作报告中提出，要把"旅游+"做大做强。对标国际先进水平，弥补自身的不足和弱点，使产业形式更加丰富，联动发展高原观光、生态健康、休闲度假、边疆游等，推动"食、住、游、购"提质扩容，"商、养、学、文、体、农"深度融合，推动全域开发、全季挖潜、全链协同，力争旅游收入保持两位数增长。康养旅游产品的设计与开发，是康养旅游产品开发的关键，也是实现健康发展的重要保证。针对西藏藏医康养旅游资源分布广泛，如藏医药种植区、汤泉景区等地理位置偏远、个人游客难以抵达、可及性较低等问题，提出了健全藏医康养景区基础设施，提高交通通达性等措施，以保证藏医康养旅游活动中游客有更好的体验。同时，报告提出构建藏族医药康养旅游专业人才奖励制度，依托已有的旅游人才培养基地，强化藏医基本知识、急救知识及相关技术，加强藏医药康养旅游企业及专业技术人才的培训，以当地导游及风景名胜区为重点，培养一批具有丰富藏药康养旅游管理知识、市场策划创意的人才，培养一批高素质、专业化的藏药康养旅游人才。

3. 优质服务，独特体验

5月19日是"中国旅游日"。西藏曲水县俊巴渔村举办了2023年"中国旅游日"西藏分站节。在本次活动中，发布了"G349·红色之旅""最美天湖之旅""拉萨城市漫游""非遗文化之旅""曲水县精品旅游线路"等五条精品路线推介，推出了"旅游+体育"的特色旅游产品，为市民和游客奉献了一场文旅盛宴。中国旅游日西藏分赛区，"旅游+体育"是其中的一个亮点。2023年西藏进一步加强旅游与文化、体育、高原农牧业、健康养生等方面的合作，持续提高旅游公共服务水平，促进文化旅游业的转型，打造西藏的旅游品牌。为了确保游客的健康和安全，西藏的医药康养旅游项目都配备了专业的医生和药师团队，为游客提供个性化的服务。除了传统的药材浴、按摩、瑜伽等活动，还有与当地文化相结合的活动，如藏族舞蹈、手工艺品制作等。西藏的医药康养旅游结合了当地的自然资源和文化传统，为游客提供了一种独特的康养体验。无论是从身体还是心灵层面，都能为游客带来深刻的满足感。随着旅游业的发展和人们对健康的重视，西藏的医药康养旅游有着巨大的发展潜力。

（三）特色亮点

1. 独特疗法，放松身心

西藏医药康养的特点主要在于一些特殊药材的应用，西藏的药材都是在高海拔、低氧环境下生长的，因此具有很高的药用价值。冬虫夏草在西藏的生长环境优越，其药效也更为显著。西藏的医药文化中有许多独特的疗法，如藏医放血疗法、藏药熏蒸疗法等，这些疗法都是基于西藏特有的地理环境和文化背景发展起来的。西藏的医药文化与佛教文化紧密相连，许多药材和疗法都与佛教有关。游客在享受康养服务的同时，还可以深入了解西藏的文化和历史。西藏的环境非常纯净，没有工业污染。这对于追求健康生活的游客来说，是一个非常大的优势。在西藏，人们与自然的关系非常和谐。游客可以在这里体验到与大自然亲密接触的乐趣，同时也能

够更好地放松身心。总的来说，西藏的医药康养旅游不仅为游客提供了一个放松身心的好去处，还为他们提供了一个深入了解西藏文化和历史的机会。随着人们对健康和生活质量的追求越来越高，西藏的医药康养旅游会越来越受到人们的欢迎。

2. 药浴养生，强身健体

西藏拥有以温泉为主体的藏医药浴养生旅游资源。西藏拥有世界上 1/3 的温泉资源，种类繁多。疗养类医药温泉分为冷泉、矿泉、温泉、热泉、沸腾泉、地热泉。西藏最早利用地热资源，其开发程度远超其他地区，其中有羊八井地热温泉、日多温泉、德仲温泉、沃卡温泉等。"药泉"大多分布在冈底斯山和喜马拉雅山之间，海拔多在 4000 米以上，以羊八井地热温泉、德仲温泉、沃卡温泉、日多温泉等较为出名，因矿物质的种类和含量不同使得不同温泉的气味、颜色、效能等也就不同，可治疗的疾病种类也不同。① 西藏地处青藏高原，特殊的自然环境孕育出了独具特色的藏医药康养旅游资源，又因环境干净，无污染，藏医药资源更是独树一帜。据有关资料考证，在青藏高原上生长的植物类药材有 191 科、964 属、2584 种，其中动物类药材有 57 科、116 属、175 种，矿物质类药材有将近 200 种，很多藏药材在其他区域难以生长。② 天然水浴疗法是藏医学的重要治疗手段，藏族人民通过沐浴温泉来强身健体的习俗至今已有数百年历史，西藏的温泉也显现出独特的康养医药价值。

3. 医脉延续，传承创新

西藏藏医学是西藏民族特色文化的集中体现，其具有的文化特质则是其独有的特点。藏医学是中华文化的重要组成部分，也是中华医学的重要组成部分。藏医药与当地宗教、文化、社会和科学技术有着密切的关系，其中既有治疗疾病的高超医术，又有吸收古代中华文化精华的内涵。有许多来自藏医学典籍《四部医典》的美好传说，如西藏著名的藏药公司甘露

---

① 刘坤梅、久毛措：《西藏藏医药康养旅游资源的类型、优势及开发策略》，《武汉理工大学学报》（社会科学版）2023 年第 1 期。

② 王梦遥：《关于藏药产业发展的调研报告：以甘露藏药为例》，《商业故事》2016 年第 4 期。

藏药股份有限公司，其公司商标由雪山、三条蜿蜒的河流汇集而成的大海，以及被藏医称为"药中之王"的藏青果诃子组合而成。雪山代表青藏高原，河流代表着藏族人民在漫长的病魔抗争中所积淀下来的藏医药学思想；河流汇聚成海，象征着博大精深的藏医学体系；藏青果诃子则寓意着防病治病、延年益寿、众生幸福的甘露医学最终归宿。

四　月亮文化与温泉康养融合的江西宜春实践

（一）基本概况

明月山温泉风景名胜区位于江西省宜春市中心城西南 15 公里处，距宜春高铁西站 20.85 公里，距明月山机场 37.6 公里，自驾游客可通过大广高速、沪昆高速等到达宜春市，宜春中心城区开通了三条旅游公交专线直达景区，交通便利。景区辖温汤镇、洪江镇、明月山等地，总面积 389 平方公里，核心区面积 80 平方公里。[①] 这里有丰富的森林资源，森林覆盖率达 79%，空气质量非常好，每立方厘米空气中的负氧离子数超过了 7 万个，被称为"天然氧吧"。境内植物种类繁多，被誉为"天然植物王国"。这里有世界上仅存的稀有物种——红豆杉，世界上仅存的一株花——落叶木莲，还有明月山独有的全缘红山茶树、青线柳、南方铁杉等。以上种种，为明月山温泉景区开发森林康养旅游创造了良好的自然条件。同时，这里的温汤温泉是目前发现的唯一一处可饮可浴的富硒温泉，富含 27 种人体必需的微量元素，主要是硒元素。硒素有"抗癌之王"之称，它能抗氧化，延缓衰老，激活机体的免疫功能，能有效地抑制肿瘤的生长，对心脑血管、高血压、肝炎等疾病也有很好的疗效。这使得温汤温泉具有与其他温泉不同的独特优势，这也是明月山温泉景区开发温泉康养旅游的一个优势。

（二）主要做法

1. 主题鲜明，功能完善

明月山温泉康养小镇以富硒温泉为主题，集游览观光、休闲度假、康

---

① 　舒晓婷：《明月山温泉风景名胜区康养旅游高质量发展研究》，《宜春学院学报》2022 年第 4 期。

疗养生功能于一体，是一个全国知名的休闲度假旅游目的地。区域规划面积 13.6 平方公里，距离国家 5A 级旅游景区——明月山旅游区仅 15 公里，交通便利。明月山温泉康养小镇秉持"旅游+康养"的理念，引进高端康养模式，打造了同济明月山国际健康医学中心。对照国家 5A 级旅游景区、国家级度假区的标准，提高建设水平，从严从紧，做到"软""硬"并举，全面提高景区（度假区）的吸引力和竞争力。高标准完成明月山景区总体规划，以"山中旅游"为核心打造旅游品牌，不断丰富和完善温汤景区，实施东大门索道、明月山温泉生态养生等重大工程，形成"山上山下联动，温汤洪江互补"的区域发展格局。积极推进"旅居+养老+医美"大健康产业的发展，积极与具有自身流量的上市文旅企业进行对接，吸引一批能集聚人气和拉动消费的好项目。此外，还与日本独协医科大学进行合作，共同推进康养旅游的发展。

2. 产品丰富，环境优良

明月山温泉康养小镇凭借优越的地理环境和特殊的温泉资源，引进了一批特色鲜明、主题鲜明、体验丰富的休闲度假产品。积极完善休闲度假形式，"明月千古情"和"天沐梦幻水城"两大主题乐园受到广大游客青睐，初步形成高质量、主题化、特色化的温泉度假环境。其中，温汤镇以富硒温泉为依托，吸引了各种酒店纷纷进驻，现已有被评为"中国五星级温泉"的维景酒店和天沐度假村，国际知名品牌洲际假日酒店以及各类酒店、民宿、客栈 200 多家，床位数超过 13000 个，是一座集观光、休闲、疗养于一体的国家级著名度假胜地。依托温汤县优越的生态环境及举世罕有的富硒温泉资源，同济明月山国际健康医学中心等"旅游+健康""度假+保健"产业项目发展势头向好，2021 年在北京平谷世界休闲大会上，温汤镇《乐享硒泉度假新体验——"山中有温泉、泉外有美景"的休闲胜地》荣获"首届国际休闲生活方式案例"铜奖。

3. 文化赋能，居游共享

江西宜春持续加强地方文化挖掘，包括温泉文化、状元文化、农耕文化、月亮文化等。以地方文化为载体，打造温泉旅游之"灵魂"，并通过各种文旅活动将温泉故事讲好。加强节日宣传，举办舞龙、舞狮、点茶、刺绣等民俗表演活动，使广大群众充分享受温汤的生态、文化和旅游价值。加强区域特色展示，以温汤地区特色和传统民俗为主题，开展一系列具有特色的文化旅游活动，如温泉取水仪式、温汤发糕、宜春黄金片儿等，为温泉旅游增添了一抹烟火气息。通过丰富多彩的文旅活动，提高了温泉旅游的魅力，彰显了温汤旅游文化产业、文化品牌、旅游文化价值，促进了温汤文化的高质量发展。在推进落实全域旅游的发展基础上，加快提高温汤景区的质量，不断对旅游、住宿、餐饮等相关的配套服务进行创新和完善，围绕"食、住、行、游、购、娱"等旅游要素，弥补其功能要素的不足。在温汤镇的中心地带，不断完善标识牌、智慧景区、骑行绿道、健康主题公园、A级旅游厕所、公共休闲运动场地、社会停车场、公共充电桩等公共服务设施，不断完善方便快捷的游客导游服务。以提高旅游公共服务为重点，健全"快进慢游、四通八达"的旅游运输网络，高标准建设"一河两岸"亲水主题公园、文汤河湿地公园，为市民提供休闲娱乐、户外打卡的好地方。

（三）特色亮点

1. 旅游产品功能完善

明月山温泉可饮可用，含有丰富的硒元素，是少有的珍贵资源。这也成为宜春的美丽名片，彰显了其核心竞争优势。明月山在推进富硒温泉产业转型升级的过程中，始终坚持科学开发和合理利用，强化温泉资源的智能化经营。坚持践行"绿水青山就是金山银山"的绿色生态环保理念，整合利用现有温泉、森林、文化、中医药等资源，深度开发高端康养旅游产品。温汤镇以富硒温泉为基础，把传统温泉疗养产业做大，引入温泉饮料、医疗保健、美容养颜、生物工程、特色农业等新兴产业，大力发展温泉药浴、康养保健、针灸按摩等中医药观光保健服务，持续提高其经济和社会的综合效益。积极发展太极拳、八段锦、气功等体育康养产品，以及中医针灸、推拿、按摩、药浴、足浴、熏蒸、敷贴等康疗产品，重点开发中医食疗、药疗、富硒药饮等保健产品。以宜春大学医学院、美容医学院为基

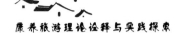

础，发展具有抗老化功能的高档产品。把"硒"这篇文章做好，建立富硒产业科研基地，开发温泉衍生产品，提升温泉的附加值。同时，继续深化与日本独协医学院的合作，促进健康产业的高端发展。明月山温泉景区开发康养旅游项目，是贯彻"健康中国"、宜春"生态+大健康"理念、建设文化旅游强市的重要举措，也是对新发展理念的一次实践探索。

2. 旅游营销亮点纷呈

近年来，明月山始终坚持"旅游+"的战略，先后建成了一批著名的"月亮湾""古井泉街""同济明月山国际健康医学中心"等旅游工程，不断丰富着区域的旅游业态，大大提高了发展的后劲。根据平台化的思路，把景区当成一个"商业综合体"来建设，主动引进社会资源，加强合作，开发出创新性网红爆款产品。尤其是在暑假期间推出的"明月山轻奢野营"项目，深受年轻消费者和亲子家庭的欢迎。通过开展跨界合作，实现了资源共享，极大减少了景区自身营销投入，提高了景区对外影响力。自2019年元宵节之后，超级月亮在网络上火爆一时，加之从古至今中国人对月亮文化的青睐，使得每次超级月亮的出现都备受关注。明月山因其特有的月亮文化、高山观月的优势以及连续两年被央视评为最美赏月地，成为《人民日报》"超级月亮"直播地之一，并在新华网和《江西日报》等多家主流媒体上进行了现场直播，总曝光量达到了1711.7万次，这对于做大做强月亮文化的宣传和推广、明月山的品牌建设都有着十分重要的作用。

3. 乡村旅游成效显著

宜春明月山康养度假农庄，是在温汤镇田心村164户村民的基础上，投入4.87亿元建设完成的，采用"合作社+科技+农户"的管理模式，综合开发了3000多亩的荒山荒地，以"月光文化"为主题，围绕"森林康养"，打造集森林休憩、养生、健身、康疗、观光、采摘、休闲、餐饮、住宿等功能于一体的康养旅游乡村综合体。设置有餐饮服务区、景观区、种植区、养殖区、活动区等主题功能区，以及有机蔬菜、土鸡土鸭、有机生态农业食品生产基地，还有罗汉松、玫瑰、红豆杉、紫薇树、石斛茶、艾叶粑、土猪腊肉等特色传统农副食品发展基地，并与宜春学院开展了"旅游+教育""旅游+园区"的办学模式。2018 年 7 月，明月山·花海原居森林康养基地被省林业厅和旅游发展局认定为江西省首批"森林保健基地"。2018 年 12 月，该景区荣获江西省 4A 旅游景区称号，已建成塘佳山、水口村、南惹古村、栖隐山庄、花海原居、二十四桥明月园等项目。其中，水口村是国家乡村旅游重点村、国家森林乡村、江西省 4A 级乡村旅游点，栖隐山庄获评 5A 级乡村旅游点，二十四桥明月园获评省级 4A 级乡村旅游点。水口的精品家庭旅馆，吸引了国内外的旅游者前来体验。

第四节　康养旅游促进旅游市场结构变革

随着经济水平的提升，人们对物质享受以及精神享受的要求不断提高。传统的旅游方式耗神耗力，让旅游者感到不满，随着产业融合的加快，康养旅游逐步成为新的趋势。康养旅游通过越来越便捷的服务，为人们提供高质量、高享受的旅游体验。康养旅游作为融合健康养生和旅游休闲的新兴方式，正逐渐受到人们的重视和追捧。其独特的理念和服务模式，为旅游市场带来了全新的发展机遇。

一　理论概述

（一）康养旅游促进旅游市场结构变革的概念

旅游市场结构变革主要涉及市场形态、结构和性质的转变。一方面，如果客观对象"A"，在内外因素的作用下转变为"B"，那么这种形态、结构甚至性质等方面的变化可以称之为"转型"。旅游市场由观光市场转向康养市场，这是结构性变化。另一方面，如果客观对象"A"转变为"A+"，并且其功能、作用、能级等方面得到提升和强化，那么这个过程可以称之为"升级"。随着旅游业的发展，旅游产品日渐丰富、种类日渐繁多，促进了旅游产品体系的进一步完善。此外，旅游市场结构变革还可能涉及旅游产业结构的演变，包括产业各行业之间的比例关系和结合状况的改变。为了应对挑战并抓住机遇，旅游业需要进行供给侧结构性改革，加大优质旅

游产品供给力度，激发各类旅游市场主体活力，推动"旅游+""康养+""+康养旅游"形成多产业融合发展态势。

（二）康养旅游促进旅游市场结构变革的背景

随着全球人口老龄化趋势的加剧，老年人口数量不断增加，社会对健康和养生的需求日益增强，为康养旅游提供了巨大的市场需求。现代人越来越重视健康，追求健康的生活方式，康养旅游作为一种结合了休闲、娱乐和养生的新型旅游方式，受到了越来越多人的青睐。此外，许多国家和地区还出台了一系列政策来支持康养旅游业的发展，在"大健康"背景下，康养产业将迎来一个高速发展期，伴随着一系列与健康旅游相关的政策措施的出台，必将推动我国康养旅游业的可持续发展。同时，科技的不断进步也为康养旅游业的创新和发展提供了技术支持。随着旅游市场的不断扩大和竞争的加剧，传统的观光旅游已经不能满足人们的需求。因此，康养旅游具有很大的市场潜力和发展空间。

（三）康养旅游促进旅游市场结构变革的特点

康养旅游具有个性化定制、全方位体验、系统化服务、跨界融合等特点。这些特点使康养旅游成为一种新兴的、独特的旅游方式。康养旅游是通过风景观赏、旅游度假、文化娱乐、身体检测、养生养老、医学治疗等形式，以达到回归自然、享受生命、修身养性、健康身体、颐养天年等目的的深度旅游体验活动。康养旅游在传统旅游的基础上，新增了一些传统旅游难以接触的其他领域。

（四）康养旅游促进旅游市场结构变革的意义

1. 影响游客消费需求

从目前的市场需求来看，老年人群、亚健康群体、疾病或健康人群等，都有康养旅游活动的主观需要。特别是近年来随着经济发展水平的提高，人们对健康高度重视，也有能力追求更高品质的旅游产品。越来越多的人不仅追求物质享受，更希望通过旅游实现身心健康和内心满足。这种消费需求的转变，对旅游市场的结构、产品和服务，都产生了重要影响。

2. 推动产业结构调整

传统旅游产业结构指餐饮业、交通运输业、旅游景观等行业部门在旅游经济体系中的地位、职能和比例关系。康养旅游是建立在自然生态观光和人文环境体验上的旅游方式，与传统旅游形态相比，康养旅游具有滞留时间长、旅游节奏慢、消费能力强、重游率高等特点，是传统旅游产业的升级版。康养旅游与传统旅游产业结构的不同点在于，康养旅游融合了健康产业和旅游产业。传统的旅游产品和服务已经无法满足人们的康养旅游新需求，康养旅游为市场开启了一个全新的发展方向。这一变革涉及旅游企业的经营模式和服务理念，需要政府、社会机构和消费者的共同参与。

3. 提升产业的竞争力

2021年4月，文化和旅游部发布的《"十四五"文化和旅游发展规划》明确提出，推动国家康养旅游示范基地建设。这无疑为各地布局康养旅游产业发展再添一把柴。为了满足人们对身心健康的需求，旅游企业需不断提升服务质量、提升产品质量、完善设施设备。这不仅对旅游市场的可持续发展具有重要意义，也提高了整个旅游产业的竞争力。

（五）康养旅游促进旅游市场结构变革的举措

康养旅游的出现变革了传统旅游市场的结构，康养旅游强调健康养生、个性化服务和专业化经营，为消费者提供了更多选择，也推动了旅游产业的进一步发展。

1. 需求个性化

康养旅游将健康、养生作为核心定位，针对不同人群的需求，提供个性化的服务。传统旅游注重景点、景观的观赏，康养旅游注重身心健康水平的提升，满足人们对健康度假的需求。

2. 产品多元化

康养旅游涵盖了很多领域，包括森林、温泉、农庄等。传统旅游注重观光和娱乐，而康养旅游更注重身心调养和养生。这种多元化的产品提供了更多选择，满足了人们追求身心健康的需求。

3. 服务专业化

康养旅游需要提供专业化的服务，例如健康饮食、康复护理、心理咨询等，要求从业人员具备专业的知识和技能。传统旅游偏向于提供旅游导

览、娱乐表演等服务，服务内容相对较为广泛，但缺乏深度和专业性。

4. 动机多样化

康养旅游可以选择不同的目的地，例如风景名胜区、温泉度假村、养生农庄等，为人们提供了更多的旅游选择。传统旅游更多集中在城市和著名景点，而康养旅游更注重与自然和谐相处，追求身心的平衡。

5. 消费健康化

随着人们生活水平的提高和健康意识的增强，越来越多的人开始追求身心健康和全面发展。康养旅游因其强调养生、身心调养和提高生活质量的特点，得到了消费者的认可和追捧。传统旅游更注重消费者对景点、娱乐设施等的短暂满足，而康养旅游更注重消费者对身心健康的长期投资。

二 旅游观光向康养旅游转型的四川九寨沟探索

（一）基本概况

九寨沟位于四川省阿坝藏族羌族自治州，是世界自然遗产、国家重点风景名胜区。长期以来，九寨沟以其独特的自然景观和民族风情吸引了大量游客。然而，地震给九寨沟带来了巨大的损失，景区的生态环境受到了严重破坏。在灾后重建过程中，九寨沟开始尝试从观光旅游向康养旅游转型。九寨沟利用其丰富的生态资源，开发了一系列康养旅游产品，如温泉疗养、森林康养、民俗体验等。同时，九寨沟还加强了与医疗机构的合作，引入了先进的医疗技术和设备，为游客提供专业的康复服务。通过产业融合、政策支持、品牌建设和人才培养等措施，九寨沟康养旅游产业得到了快速发展，为游客提供了更加丰富多样的康养旅游选择。九寨沟从观光旅游向康养旅游转变，充分利用了其丰富的生态资源、民族文化和医疗康复资源，形成了独特的康养旅游产品和服务。

（二）主要做法

1. 策划主题活动，深化旅游体验

2023 年以来，九寨沟景区对标建设"世界级重要旅游目的地"和"世界重要旅游景区"目标，围绕品牌节事活动、目标市场拓展、新媒体创意、区域联动整合等重点领域，在"专""精""特""新"上下功夫，创新宣传营销方式，升级景区管理服务。以月份、季度为时间轴，策划了"花样年华""流金岁月""青春之歌""绝世芳华"等系列主题活动，策划全年亮点工作。为丰富产品业态，为游客提供多元化的游览体验，九寨沟对旅游产品进行了开发升级，推出原始森林康养游和自然研学游两条生态文化线路，升华九寨沟的生态文化与环保教育主题，实现九寨沟景区旅游市场转型的"破圈"与"出圈"。

2. 出台系列政策，产业协同发展

九寨沟充分挖掘和整合自然资源、民族文化、医疗康复等资源，打造具有特色的康养旅游产品，将康养旅游与农业、文化、体育、旅游等产业深度融合，形成产业链，实现产业互动和协同发展。九寨沟县政府将康养产业发展作为优化经济结构、推动产业转型升级的关键，出台系列优惠政策，吸引社会资本投入康养旅游产业，推进康养产业与全域旅游、乡村振兴工作形成三角支撑，为全域旅游人群提供额外消费动力，确保乡村振兴的高品质产品得到有效消解。九寨沟立足于其生态优势和丰富的旅游资源，加强与其他地区的开放合作，构建了一个全面的旅游市场营销体系，通过"生态文化+生态旅游+教育+研学"的形式，丰富游客游览体验，提升九寨沟康养旅游的知名度和影响力。

3. 完善交通设施，提升通行效率

九寨沟县采取了一系列措施，推动景区、铁路和高速公路的有效衔接。九黄机场距离九寨沟90公里，旅客主要依靠观光巴士出行，行程较长，舒适度较差。九寨沟县交通运输局相关负责人表示，九寨沟县将出台网约车管理办法及配套监管措施，引进网约车运营平台和公司，推出顺风车等服务。设置九寨沟口旅游客运中心、九寨沟县城等5个租车网点。完善景区直通车布局，计划2024年增设九寨沟口至镇江关高铁站及九寨沟口至黄龙两条线路10个班次直通车，有序串联县内外景区景点，为游客提供一站式的游玩出行服务。此外，川青铁路通车后，九寨沟县至成都只需5个小时。川青铁路镇江关—黄胜关、九绵高速公路建成后，九寨沟县也将成为成渝4小

时经济圈的一部分。另外，九寨沟至绵阳高速公路预计在 2024 年底全面通车。

（三）特色亮点

1. 高品位的生态资源

九寨沟县位于川西北高原岷山山脉南段戛尔纳峰北麓，其优越的康养资源为推进康养产业发展提供了基础。这个地区丰富的旅游资源和生态环境，包括瀑布、湖泊、森林、雪山、温泉等，为康养产业发展创造了有利条件。温泉水质优良，具有较高的医疗保健价值。游客可以在温泉中泡澡，舒缓疲劳，达到养生的目的。九寨沟夏无酷暑、冬无严寒、春秋温凉，年平均气温 12.7 摄氏度，森林植被覆盖率达 74.4%，是不折不扣的天然大氧吧。

2. 高质量的医疗服务

九寨沟县注重提升医疗服务能力，积极与外部机构进行合作，设立了成都中医药大学九寨沟国际康养中心。九寨沟县积极引进中医理疗技术，结合当地的中草药资源，为游客提供个性化的中医理疗服务，帮助游客调理身体，恢复健康；建立了强大的集群式医疗资源库，为人们提供高质量的医疗服务。这一系列举措不仅提升了九寨沟县的康养旅游体验，也为当地的经济社会发展注入了新的活力。

3. 多样化的民俗文化

九寨沟也是多民族聚居的地区，该县悠远的民族文化和迷人的民俗风情，是传统藏族文化的主要表现形式。九寨沟县以推进康养产业发展为重点，以此优化经济结构，并推动产业转型升级。九寨沟县充分挖掘旅游资源潜力，加大旅游与文化的融合力度，想办法让游客的旅游节奏慢下来，最好能住上一段时间，使旅游真正变成康养度假。九寨沟县成功地将民俗文化与康养旅游相结合，为游客提供了丰富而独特的旅游体验。游客可以参与当地的民俗活动，如藏族的篝火晚会、羌族的歌舞表演等，感受民族文化的魅力。游客在这里可以在森林中徒步、呼吸新鲜空气，享受大自然的恩赐，达到身心愉悦的康养效果。

三 多元业态与康养旅游融合的云南丽江探索

（一）基本概况

云南拥有丰富的民族文化资源和优美的自然景观，为发展康养旅游提供了得天独厚的条件。比如，大理的洱海、丽江的玉龙雪山、西双版纳的热带雨林等自然景观旅游地，以及各地的民族风情村、民俗文化村等人文景观旅游地，都是康养旅游的理想目的地。近年来，丽江市政府高度重视康养旅游产业的发展，将其作为推动经济转型升级的重要抓手。丽江市通过加大投入力度、优化政策、引进人才等措施，大力发展康养旅游产业。云南康养旅游产品形式多样，包括温泉度假、森林养生、乡村休闲、民族文化体验等多种类型。这些产品既满足了不同游客的需求，也为康养旅游的发展提供了广阔的空间。丽江市还积极举办各类康养旅游活动，如民族文化节、生态养生论坛等，提升了丽江市的国际知名度和影响力。

（二）主要做法

1. 旅游产业与康养产业融合发展

近几年，丽江充分发挥自身独特的资源优势，不断开拓新的发展空间，将丽江这个健康之乡推介给国内外游客。康养旅游是丽江发展全域旅游的一张重要名片，它对提高城市的核心竞争力，提升城市的品牌影响力，起到了积极的推动作用。在丽江康养旅游的发展过程中，通过"旅游+N"的产品供给模式，推进"旅游+康养""旅游+田园""旅游+文娱"等相关产业深度融合发展，培育打造出了一批康养旅游产品。比如，华坪县以"九度"为核心的"阳光健康养生"示范基地，永胜的"三川涛源康养度假区"和"温泉度假村"，以及"玉龙乐园""曼乐路"等新型健康产业项目。尤其是玉龙雪山脚下的东巴谷康养城，依靠天然生态的麦乐谷，毗邻而居的6座少数民族风情大院，还有一条汇聚了纳西传统工艺的匠人街，充分地展现了"旅游+休闲+健康""旅游+酒店+健康""旅游+文化+健康"发展模式的魅力。东巴谷康养城还引入了法国 GF 健康养生酒店，并挂牌成为中国科学院"院士科学家康养基地"。

2. 民俗文化与康养产业融合发展

丽江充分利用少数民族聚居的独特优势，通过开展以少数民族文化为主题的康养旅游活动，让游客体验传统文化的独特魅力，实现身心放松与修身养性。同时，将自然景观与康养旅游相结合，提供户外健身活动和生态观光等服务，使游客得以在自然环境中进行身心调养。此外，充分利用丰富的传统医药资源，如中药材种植和制作工艺等，开展中医养生活动，让游客对中医养生知识有所了解，并享受中医养生服务。最后，让游客体验传统农耕生活，参与农作物种植、采摘等活动，以培养对农业文化的认识和尊重。丽江通过发展温泉养生、民族文化康养、自然景观养生、传统医药养生以及农耕康养等多种方式，为游客提供了丰富多样的康养旅游体验。这些举措不仅满足了游客对于身心健康的需求，也促进了当地经济的发展，推动了旅游业的繁荣。

3. 旅居生活与康养产业融合发展

在人民生活水平不断提高的今天，人们对旅游的要求也由单纯的"观光旅游"向"体验型旅游""服务型旅游""健康型旅游""旅居型旅游"等转变。丽江具有发展"康养+旅游"的先天优势：独特的自然环境、温和怡人的气候、深厚的文化底蕴，以及丰富的旅游资源。旅游业已成为丽江的先导产业，是丽江的第一大战略性支柱产业，也是一项名副其实的生活产业。丽江旅游业正由"吃住行游购娱"向"旅游+"转型和发展，主动融合丽江独特的民族文化和自然景观优势，把现代化的健康旅游观念融入丽江的健康旅游中来，推动丽江把"健康城"、"康养旅游基地"和"健康生活目的地"建设成"世界健康城"。丽江市以建成集健康产业创新、健康生活示范、健康领域合作交流于一体的国家级"大健康产业发展示范区"和世界级"康养福地"为目标，已经形成了医疗服务、现代农业、生物医药、文化旅游等产业融合发展的良好态势。2023 年，丽江大健康产业主营业务收入达 84.52 亿元，2024 年将突破 90 亿元。[①]

---

① 《中国丽江第二届健康产业发展论坛启幕》，云南网，https://m.yunnan.cn/system/2024/03/12/032972658.shtml。

（三）特色亮点

1. 以"避暑度假"为代表的休闲旅居业态

丽江市立足优越的生态气候条件，充分发挥夏季凉爽的地域气候特征，突出养老、养生、养心发展导向，释放"丽江的慢文化、慢生活""丽江的柔软时光"等旅游品牌效应，多层次、高标准发展以"避暑度假"为代表的休闲旅居产业。重点推进丽江市世界级避暑旅游目的地品牌打造，充分撬动玉龙雪山景区"避暑"核心吸引力，促进全域旅游要素多业态共生，以产业标杆引领丽江市休闲旅居产业高端发展。推进休闲旅居产品升级，以程海康养小镇、东巴谷康养小镇、颐养泰和康养社区等项目为引领，针对不同人群需求特点，增强休闲康养、山地度假等复合功能，拓展基营式避暑休闲空间，加快关联产业聚集，打造度假观光型、休闲疗养型、生活体验型、研学旅游型、候鸟旅居型等避暑旅居产品。推动休闲旅居服务升级，发展康养基地、旅居社区、精品民宿、度假公寓、乡村营地等多样化旅居地产，开发消夏夜市、消夏嘉年华、消夏音乐节等新兴业态，完善医疗、娱乐、休闲、生活等配套设施，延长度假旅居产业链。强化区域旅居合作，重点推进与长三角、珠三角地区等高温城市跨区域合作，加大城市避暑旅游形象宣传力度，提升城市避暑旅居市场竞争能力。统筹四季融合旅居业态，协调推进金沙江河谷地区及华坪县、永胜县冬季阳光康养、冬季高原地区休闲度假及四季旅居产业发展。[①]

2. 以"山水人文"为支撑的自然游憩业态

丽江市依托丰富的自然资源和旅游资源，充分发挥以"两山、一城、一湖、一江、一文化、一风情"为代表的丽江旅游品牌优势，深度挖掘"一区四县"生态旅游资源内涵，打造以雪山、森林、草甸、湖泊、温泉等自然游憩为特点的生态疗养业态。围绕玉龙雪山、老君山等高山草甸及山地森林资源，结合民族健体康养及现代健康理念，大力发展景区森林雾浴、

[①] 《丽江市大健康产业发展"十四五"规划（2021—2025）》（征求意见稿），丽江市人民政府网站，http://lijiang.gov.cn/ljsrmzf/c101846/202112/90652071cff446d48471f52a17e66462/files/0b43235efa9d48b9b3669451c7a1684b.pdf。

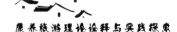

丛林静养、森林瑜伽、登山览胜、山野度假、探险运动等康体旅游产品，推进泸沽湖、程海湖、拉市海、青龙海湿地以及金沙江"一库八级"等资源开发，发展湖泊养生新业态，设计精品游憩路线，实现山水联动。围绕永胜片角温泉、宁蒗永宁温泉、大东温泉等资源，加大力度发展以温泉疗养保健为特色的温泉养生业态，开发民族药泉、休闲理疗、香薰水疗等产品。围绕大研古城、束河古镇、白沙古镇、黎明丹霞小镇以及各类民族村落，串联纳西东巴文化、摩梭文化、普米族文化等各类民族民俗文化资源及茶马古道、闰盐古道等历史文化及其物质载体，开发人文休憩、民族体验、禅修养生、心灵洗礼等康旅产品。协同推进高端度假酒店、主题酒店、半山酒店、精品民宿客栈、特色村寨、房车营地、帐篷营地、森林木屋等特色度假设施供给。

3. 以"健康食疗"为特色的农旅养生业态

丽江市立足丰富的天然健康药材食材资源及民族特色餐饮文化，联动"农林牧渔"乡村旅游资源及农耕田园文化风情，积极发展以"健康食疗"为特色的农旅养生业态。紧抓富美乡村建设机遇，以金沙江绿色经济走廊建设为引领，按照"生产、生活、生态"三生融合理念，加大永胜三川坝稻荷庄园、程海湖休闲度假区、华坪千亩茶园、果子山万亩芒果庄园、玉龙大具雪山峡谷农业庄园及丽江百花园、百草园、百果园等健康农旅庄园开发力度，布局田园观光、农耕体验、美食体验、休闲度假、健康养老等功能业态。依托吉意摩梭村寨、大水沟普米村寨、沙力、白草坪彝族村寨等特色景观旅游名村、传统村落、少数民族旅游特色村寨，融合当地民俗、餐饮、医药等多元文化元素，开发乡村休闲养生旅游产品。依托丽江雪桃、晚熟杧果、优质生猪、野生菌等特色高原生态物产，云茯苓、云当归、天麻、魔芋、青刺果等药食同源产品，丽江纳西族"三叠水"、丽江铜火锅、酥油茶、丽江粑粑、苦荞粑粑等特色民族饮食，以突出绿色有机、民族特色、健康饮食为导向，做强健康美食品牌，做精地方特色美食，开发系列药膳健康养生产品。

4. 以"民族医药"为特色的健康旅游业态

丽江市立足"云药之乡"资源优势，充分发挥中医药健康养生及丰富的民族医药文化元素，联动医疗、养生、养老、旅游等业态，大力发展融中医医疗服务、民族医药养生保健服务、旅游度假于一体的健康旅游业态。加快民族医药旅游示范基地建设，以玉龙"百草园"项目为重点引领，发挥玉龙中医药健康旅游示范基地、云南白药（丽江）生态科技园等项目带动作用，在玉龙、永胜、宁蒗等主要中药材种植区布局一批融合中药科技农业、中药材种植、休闲旅游、康复疗养等多元业态的示范基地，建设一批中医药特色旅游度假区、主题小镇、主题酒店、文化街，打造一批民族医药旅游商品。开发一批中医药健康旅游线路，瞄准国内外休闲度假及康养旅游等重点市场人群，以丽江民族中医药文化传播和体验为主题，串联森林、湖泊、温泉、日光等特色康养资源，通过气功、针灸、推拿、按摩、理疗、水疗、矿泉浴、日光浴、森林浴、药浴等多种服务形式，提供健康养生、慢性病疗养、老年病疗养、适度高原减肥、骨伤康复和职业病疗养等特色服务。

第十一章
河南省康养旅游发展实践

　　康养旅游作为一种新兴产业，集旅游、康体、疗养、养生等多重要素于一体，通过开发丰富的产品能满足人们对于休闲度假、健康养生的需求，对于提升人民身心健康水平、增进社会福祉、提高生活质量等，有着积极的促进作用。河南省具备丰富的康养旅游资源和良好的政策环境优势，河南省内的大别山、伏牛山、太行山"三山"地区总面积6.67万平方公里，约占全省总面积的40%，共涉及12市52县（区）637个乡（镇）11906个村，总人口2200余万人，是全省乡村人口最为集中的区域，同时也是山水、森林、中药等自然资源富集地带，具有发展康养旅游得天独厚的区位优势和资源优势。通过对河南"三山"地区康养旅游基本概况与主要特点的解析，能为其他省份康养旅游的开发建设提供参考。

第一节　南太行山区康养旅游发展

　　太行山绵延400余公里，范围包括北京、河北、山西、河南4省（市）78个县（市、区），总面积10.7万平方公里，常住人口约3030万人。[1] 河南省太行山区域涉及安阳市林州市，新乡市辉县市、卫辉市，鹤壁市淇滨区、鹤山区、浚县，焦作市修武县、博爱县、沁阳市，济源产城融合示范区，总面积0.96万平方公里。太行山是我国东部地区的重要山脉和地理分

---

　　① 《〈太行山旅游业发展规划（2020—2035年）〉发布》，《空运商务》2020年第10期。

界线以及华北平原生态屏障，是具有国家文化标识性意义的重要山脉，也是中华民族精神重要传承地和太行精神重要发祥地。

一　南太行山区康养旅游发展概况

相对于河北的北太行和山西的西太行，河南省境内的南太行流水地貌更明显，山水风光雄秀兼具。南太行位于中国第二阶梯向第三阶梯过渡带上，长期而复杂的构造运动造成了南太行奇特的地形地貌——嶂石岩地貌和云台地貌，陡峭、巍峨、雄伟，视觉冲击力大，区域内有安阳河、淇河、沁河、丹河、蟒河、卫河、峪河等知名河流，"瀑、潭、泉、涧、溪"众多，与西太行、北太行形成鲜明对比。

南太行重要山体有王屋山、云台山、林虑山、万仙山、神农山等，水源丰富、植被茂密、温度适宜、空气清新、动植物资源众多，局部如太行屋脊、八里沟等景区，每平方厘米空气中负氧离子含量高达4000个，是天然康养休闲度假地。在河南省811个传统村落中，南太行现存121个，占比极大。从整体分布来看，以安阳、新乡鹤壁为主的东北部区域呈现出传统聚落数量较多、整体风貌较好的特点。

南太行"景区+乡村"旅游模式成熟，出现了"太行大峡谷+石板岩镇""八里沟+八里镇""红旗渠景区+任村镇"等一批景村联动示范[1]，有效增加了当地收入。南太行拥有5A级旅游景区6处、4A级旅游景区2处、省级旅游度假区9处、中国传统村落61个、河南省全国乡村旅游重点村5个、河南省乡村旅游特色村94个、河南省特色生态旅游示范镇32个，在"三山"格局中仅次于伏牛山，发展成效显著。南太行精品民宿渐成规模，林州市、修武县涌现出一批示范性民宿，如云上的院子、云渡太行民宿、伴山·石虚、庐园等，带动了地方产业发展。

近年来，南太行以文化为引领、以旅游为主体、以康养为支撑，大力发展"中药+康养+旅游"新模式，实现药旅融合新发展，全力打造健康、环保、品质的乡村康养产业综合体。国际徒步大会、中国旅游大会、新乡

---

[1]　韩坤：《河南省南太行乡村康养旅游发展研究》，硕士学位论文，宁夏大学，2022。

南太行文旅康养产业发展高层论坛等一批知名论坛、活动相继举办，南太行旅游品牌逐步打响，有世界一流的林虑山国际滑翔基地、驴友最爱的太行山大峡谷户外徒步线路。

下一步，南太行将锚定全力打造南太行文旅康养产业带、建设中原城市群"后花园"的发展目标，围绕一条主线、推进两大融合、实施三项创新、强化四个支撑，助推文旅产业快速、健康、高质量发展。① 牢牢把握旅游供给侧结构性改革这一主线，丰富旅游产品供给，完善旅游产业配套设施，改革旅游管理体制机制。在保护生态环境前提下，加强景区与周边乡村、社会资源的互动，实现景城融合、景村融合，发挥南太行的辐射带动作用。推动体制创新，构建综合管理新模式；推动业态创新，适应大众化旅游发展，扩大旅游新供给；推动科技创新，加强智慧景区建设。强化品牌支撑，树立"南太行"品牌旅游形象；强化标准支撑，以标准化建设统领景区管理服务；强化质量支撑，营造放心、安心、舒心的旅游环境；强化人才支撑，以高素质的人才队伍保障南太行旅游发展。可推动新乡、焦作、安阳、鹤壁、济源等市，依托太行山丰富的山水旅游资源、适宜的气候条件、独特的山地环境，根据游客身心需要，重点发展峡谷观光、山地休闲、太极养生以及森林康养等产业，打造全国知名的生态观光型康养旅游目的地。

二 "文旅+写生"促进产业融合的高家台模式

（一）基本概况

林州高家台村又叫画家村，位于太行大峡谷石板岩乡镇南 9 公里处，南距猪叫石 1 公里，背靠青山，面向苍溪，恬淡幽然的山村风情吸引了北京、石家庄、郑州、太原等全国各地的美术院校师生前来写生，中国文联已在此成功举办了三次中国山水画培训班。诸多学生在此留下了作品，一批批师生来此临摹名人作品，依托山水绘画写生，流连忘返、陶醉于此。

---

① 《行走河南 读懂中国 | 新乡南太行：文旅和鸣踏歌行》，河南日报客户端，https://app-api.henandaily.cn/mobile/view/news/1957067940419338244404732。

2019 年 6 月，高家台村被列入第五批中国传统村落名录。2020 年 8 月，高家台村入选第二批全国乡村旅游重点村名单。[①] 2022 年 12 月，高家台村被认定为河南首批乡村康养旅游示范村。高家台村以"旅游＋写生"为特色，是画家眼里的水墨天堂。

（二）主要做法

1. 加强基础设施建设

要想富，先修路。高家台村基础设施建设的第一步，就是道路改造提升——原本坑洼不平的水泥干道铺上了柏油，村内的土石小道换成了石板小道。路宽了，也平了，不仅村民出行更加便捷，而且石板小道还成为乡村旅游一景。石头房子石板墙，石阶小道桃花旁。砖混结构农宅"穿"上了石板"外衣"；房顶"戴"上了石头"帽子"；用来烧火做饭的木头变成了一节节"护栏"，安装在村内坡道两侧，既好看又实用；废弃的石磨盘成了"桌子"，旁边摆上石碾，游客来了争相拍照留念。

高家台村把闲散地块整治和绿化提升进行了结合，一方面号召村民改掉乱堆乱放的陋习，清理堆放的杂物；另一方面对腾空的闲散地块进行绿化提升，大地块栽植花椒、桃树、核桃等经济作物，小地块则种上花花草草。现在，走在村里，原先房前屋后堆积的各类杂物消失不见，映入眼帘的尽是红花绿叶和枝头的累累硕果。人居环境的塑形转变像一道光，照亮了高家台村的乡村振兴之路。

2. 举办系列节事活动

高家台村自然风光绮丽、民居独具特色，具有良好的写生环境条件，深受绘画爱好者的青睐，素有"画家村"的美誉。近些年来，该村为了吸引更多游客，打出画家村的名气，形成独有特色和氛围，打造了专有的 IP 文化。

高家台村深掘资源潜力，瞄准写生、文旅和民宿等项目打造，突出绘画、民俗和民宿等领域人才队伍建设，先后承办"百名水彩画家画中

---

① 　姜奇奇：《产业更新导向下生态脆弱区传统村落保护与发展浅析》，《四川建筑》2021 年第 1 期。

国——走进太行""山高水长——写生中国"风景油画展研修班、"致敬太行——河南版画家采风写生"等大型活动20多次，深受国内外画家和美院专家的喜爱和推崇，吸引了一大批国内知名画家前来采风创作，在莽苍的太行山间描绘出一幅乡村振兴的美丽画卷。高家台村先后荣获全国乡村旅游重点村、国家传统村落、乡村人才振兴市级示范点等荣誉，成为首届全国乡村振兴大学生创意大赛的10个赛点之一。

3. 重视服务质量提升

良好的口碑是提高景区知名度的关键。旅游旺季客流量成倍增长，对景区的接待能力是不小的考验，但也是景区提升口碑的最佳时期。[①] 高家台村在寒暑假、节假日等旅游旺季，重视服务质量提升，加强对景区旅游从业人员的管理和培训，让游客游在高家台，爱在高家台。村委管理人员在旅游旺季增派服务人员，及时清理垃圾，改善卫生环境；增建临时卫生设施，避免出现卫生间长时间排队现象；加强员工培训，提升工作人员服务水平，提升景区的综合接待能力，让游客留下好印象，提升景区的综合评价。结合本地特有文化，打造具有本土特色的景区名片，吸引更多省外游客。

（三）特色亮点

1. 整合资源，镇村协同

高家台村附近有红旗渠-太行大峡谷、林虑山国际滑翔基地、中华古板栗园、林州桃花谷、太行大峡谷、太行屋脊等旅游景区，有茶店太行菊、茶店柿饼、东岗花椒、东岗核桃、东姚小米、茶店山楂等土特产品，有周易文化、落腔、岳飞传说、大弦戏、苏奇灯笼画等民俗文化。于是，石板岩镇加大资金投入力度，整合交通资源，优化交通网络，完善交通设施，加强交通管制，在节假日等旅游高峰期，增加人力物力，以保障前往景区的两条山路畅通，避免长时间堵车的情况发生。同时，增设交通道路标志、

---

① 郭阳、阿依吐尔逊·沙木西：《林州市石板岩镇乡村旅游发展现状及对策》，《甘肃农业》2023年第4期。

服务站，对崎岖狭窄段道路进行拓宽重修。①

　　在石板岩镇党委和镇政府的大力支持下，高家台村"两委"认真谋划，统一部署，在保留村庄原始风貌的基础上，围绕农村环境综合整治和旧村修复改造，坚定不移地开启塑形转变之路，村容村貌得到很大改善，村民有了更多的获得感、幸福感，为后续发展奠定了良好的基础。通过专人承包、组建专业保洁队伍等做法，从根本上解决了垃圾围村和农村脏乱差问题。通过改水、改厕、建沼气池等措施，街道得到硬化，村庄得到绿化，庭院得到净化，环境得到美化，农村面貌焕然一新。拆除河道内的拦水坝，清理河底堆积的垃圾，建设了漫水步道，做到还景于村、还景于民。

　　2. 艺旅产业，融合发展

　　石板岩镇具有丰富的文旅资源，每年数以百万计的学生来到这里写生，这相当于他们的"第二校园"，每一个到过石板岩写生的画家、学生、美术爱好者都被称为"石板岩校友"。2022 年 7 月 9 日，"石板岩校友作品展"在林州市石板岩镇高家台村开展。从写生基地到特色民宿，从太行山到石板房，上千幅美术作品分布其间，大峡谷变身为"美术馆"，突破空间和时间的限制，打造了一场全域全时全民共享的艺术盛宴。随着络绎不绝的"石板岩校友"和游客的到来，当地村民们获得了更多就业机会和稳定收入，写生产业也得以持续发展，餐饮、住宿、娱乐、购物等让乡村"留量"越来越大，实现了"匆匆过客"到"悠悠住客"的转变，实现了游客有消费、村民有收入。

　　举办石板岩作品展，目的就是引入优秀团队，用创意和艺术点亮石板岩，通过文旅元素和产品业态的植入，将石板岩镇打造为中国山地艺术度假目的地，实现由写生基地向美术产业基地和乡村旅游目的地的转变，打响中国画谷·石板岩品牌。石板岩校友作品展启幕后，写生朋友圈再扩大，广州美术学院中国画学院、广州美院附属中等美术学校的写生基地也落户此地。依托写生产业，石板岩镇积极探索艺术与文旅融合发展的新路径，

---

① 郭阳、阿依吐尔逊·沙木西：《林州市石板岩镇乡村旅游发展现状及对策》，《甘肃农业》2023 年第 4 期。

塑造中国首席山地艺术度假目的地品牌。作为国内首屈一指的写生胜地，石板岩文旅产业发展可圈可点：当地拥有各具特色的民宿 300 余家，2021 年接待游客 300 余万人次。作为高端乡村民宿的代表以及乡村振兴的公益项目，携程度假农庄林州石板岩店已于 2021 年 12 月落地林州。

3. 功能齐全，设施完善

除了旅游行业自身不断提升服务水平外，太行山写生爱好者络绎不绝的另一个原因就是这里不断提升的环境质量。石板岩不仅有得天独厚的自然禀赋，更有匠心独具的人文情怀，雄伟壮丽的太行山、婉约动人的露水河、别具特色的石板房，再加上不断完善的相关配套设施，吸引了许多绘画爱好者慕名前来。现如今，来到石板岩，漫步于露水河畔，清风徐徐，杨柳依依，溪水潺潺，美景尽收眼底。全长 5 公里的露水河综合整治工程全部位于镇区游客最为集中的区域，工程涵盖了河道清淤疏浚、蓄水、截污和生态景观建设四部分。作为露水河整治项目的配套工程，苍溪花街以美术写生为主题，开发了美术馆、美术用品店、美术展厅、会议报告厅、中餐厅及小吃街等项目，进一步提高了旅游接待能力，提升了游客夜游品质，推动了石板岩写生产业的发展。

白天有山有水可以作画，晚上有光有景可以漫步。夜幕下的石板岩，没有了白日里的喧嚣，若隐若现的山峦、潺潺流淌的山泉，在灯光的映衬下别有一番韵味。2019 年，石板岩镇共接待写生师生 6 万余人，产值 3 亿元[①]，写生产业已成为旅游业之外，拉动石板岩经济社会发展的又一大引擎，成为实实在在的强镇富民支柱产业。

三 "康养+民宿"引领景村融合的岸上村模式

（一）基本概况

河南省焦作市修武县岸上村，地处国家 5A 级云台山景区内，有村民 215 户 840 人，有耕地 660 亩。该村以民宿为重要切入点，推动乡村度假小

---

① 《林州石板岩镇：写生产业越来越火，2019 年揽金 3 亿元》，云上安阳，https://baijiahao. baidu. com/s？id=1670170874540713380&wfr=spider&for=pc。

镇的建设发展，逐渐形成了"南有莫干山，北有云台山"的云宿品牌。[①]

岸上村依托5A级旅游景区云台山得天独厚的优势与竹林七贤文化的浸润，通过全域美学休闲旅游业态引领，积极推动高质量发展，增进民生福祉，推进共同富裕，造就出一个主题鲜明、风格多元、业态丰富、充满青春活力的夜间文化和旅游消费集聚区。

岸上村是云台山景区最大、最繁华、离景点最近的服务区，实现了由破烂穷山村向旅游服务专业村的转变。[②] 2000年以前，该村生产条件落后，群众思想保守，村民守着几百亩薄地望天收，上坡砍荆条、编笤子，年人均收入不足千元。2001年以来，该村在当地政府大力支持下，大力发展旅游服务业，建立了集住宿、餐饮、购物、娱乐于一体的综合型旅游服务区。

（二）主要做法

1. 政府引导，市场运作

2021年和2022年受疫情影响，岸上村旅游收入大幅下降。面对挑战，岸上村通过政府主导、市场运作，实现了资源和市场的完美对接，村委在县、乡支持下，积极与银行协调，落实省市相关的优惠政策，再次盘活了旅游产业。

云台山镇和岸上村还组织村民到莫干山、栾川等民宿发展比较好的地方参观学习，并请来专业人士，对民宿老板进行网络推广等方面的技能培训。2018年以来，修武民宿数量迅速增加，品质稳步提升。当地将民宿建设融合本地自然景色和人文景观，通过发展精品民宿、打造民宿集群等方式，促进旅游产业快速发展。通过云上的院子等精品民宿项目示范带动，修武民宿经济已经从"小火慢炖"变成"大火翻炒"，具有修武特色的云宿品牌登上百度图谱，成为游客新宠，特色民宿已成为当地旅游业的一张名片。

出台旅游行政执法、家庭宾馆规范管理、经营场所评星定级等相关制

---

① 甄继伟：《修武县域经济发展战略研究》，《农村经济与科技》2021年第6期。
② 张欢欢、黄高彦：《乡村振兴视域下河南省乡村旅游转型升级路径研究》，《信阳农林学院学报》2020年第4期。

度，为游客和景区的发展提供保障。村委积极开展服务培训。村委在旅游淡季时期积极组织从业人员开展抖音、快手等电商培训，到袁家村和大唐不夜城等先进地区考察学习，进一步提升经营业主自推自销能力和服务管理水平。目前，多数民宿已有自己的微信公众号，有些民宿还会通过抖音、快手、微博等平台进行营销宣传，有的精品民宿通过网络摇身一变成为"网红民宿"，全国慕名而来打卡的游客络绎不绝。

2. 美学赋能，艺术点亮

之前，岸上村里的民宿又脏又乱又差，2019 年，修武县在"美学路径"激活"绿水青山变现金山银山"的思路下，将岸上村的西五街、西六街作为民宿发展示范街区，进行美学民宿小建筑先行先试。村民郭庆平积极参与其中，经过改造，他家的民宿别具一格。从普普通通的家庭宾馆，到独具特色的旅游民宿，郭庆平家房屋的变化，满足了游客从走马观花到个性化、多元化体验需求的改变，成为旅游业从观光游向休闲度假游转型的有力见证。[①]

近年来，修武县岸上村依托丰富的旅游资源，按照美学理念，通过打造夜间新景观、新亮点增加旅游吸引力，进一步满足游客向往美、感受美、创造美的生活需求。对云台山镇辖区内公路大道两侧进行美化绿化，提升生态环境。建成景观天桥亮化工程，通过美轮美奂的灯光造景，与街区古朴典雅建筑融合辉映。实施夜间亮化工程，对街区内道路路灯、标识灯、庭院灯、草坪灯进行全面维护、检修，确保游客夜间出行安全。

3. 创新产品，完善服务

旅游业要想发展，必须实现由数量型向质量型转变，延展服务空间。长期以来，岸上村旅游业发展面临的问题有：民宿形态单一，同质化严重；产业链条短，购物、娱乐类消费场景少，吸引不了年轻人；村集体经济为零，抵御风险能力不足；等等。镇党委与村委会集思广益，决定鼓励大家发展"民宿+康养"项目，打造旅游精品，形成产业龙头。云台山山高林

---

① 张祝平：《乡村振兴背景下文化旅游产业与生态农业融合发展创新建议》，《行政管理改革》2021 年第 5 期。

深，盛产中药材，有闻名中外的四大怀药（怀菊花、怀山药、怀生膝、怀地黄），还有人参、灵芝、茱萸、连翘、天麻、当归等200多种中药材。[①]基于"民宿+康养"发展模式，村民学习了艾灸、拔罐等中医技术，推出了刮痧、针灸、按摩、艾灸等康养项目。如今的岸上村，拥有精品民宿、家庭宾馆、餐饮门店、文创产品等丰富业态，开发出山药咖啡、菊花酥、地黄膏等养生美食，成为广大游客热捧的网红打卡地。

激发夜间文化和旅游消费活力，离不开完善的公共服务、良好的市场秩序。岸上村高度重视文旅公共服务建设，致力于为游客营造良好的消费环境。岸上村将视频监控的重点向周边乡村文旅服务场所深入延伸，提高技防监控数量和质量，构建一张无盲区的监控网络，提高各地游客的安全感、满意度。岸上村将执法队伍统一协调和日常管理相结合，深入大街小巷、社区及人员密集场所等开展治安巡逻、安全隐患排查等工作，对喊客、揽客、欺客、宰客等行为"零容忍"，整合执法管理资源，细化人员分工，明确工作任务，建立机关干部服务区夜巡制度，及时处理突发事件，助推夜间文旅经济发展。

（三）特色亮点

1. 景政合一，优质服务

由于突出了政府的主导作用，云台山景区在很大程度上享有了政府资源配置的优势。云台山景区管理局自成立以来，就一直实行"景政合一"的管理体制，先是由景区所在的岸上乡党委书记兼任云台山景区管理局局长，随着管理局的不断升格，云台山景区管理局局长兼任修武县委副书记，管理局副局长兼任修武县旅游局局长和岸上乡党委书记。[②]

秉承"把街区当景区"的管理思维，建立门店经营黑名单制度，多部门组成街区旅游综合执法队伍，实现巡查检查常态化。瞄准创建高能级文旅示范街区的目标，推动实现"合作社+公司"的现代管理模式。街区以打

---

① 张欢欢、黄高彦：《乡村振兴视域下河南省乡村旅游转型升级路径研究》，《信阳农林学院学报》2020年第4期。

② 张金岭：《河南省旅游景区管理体制改革路径探析》，《华北水利水电学院学报》（社会科学版）2011年第5期。

造国内知名的休闲度假目的地为方向，初步实现业态由单一向多元的转变，品质由低端向高级的转变，管理由粗放向精准的转变。

岸上小镇是岸上村打造的时尚文化旅游休闲街区，以提升旅游服务水平、维护旅游服务秩序为核心，树立良好旅游形象。岸上小镇全区域服务人员树立"人人都是主人翁、人人都是监督员、人人都是参与者"的意识，每一位居民、每一位从业者都是形象代表，坚决维护旅游形象，相互帮助，相互监督，坚守行业标准，坚守道德底线，时刻保持微笑迎接八方来客，给游客提供最优质的服务。岸上村对夜游景观、民宿街区公建、景观大道、环境秩序等实施了改造提升；完善了移动充电设施、街区标识导览设施、旅游厕所等公共服务设施，为游客和本地居民提供了一个安全便利的居游环境。

2. 文旅融合，业态丰富

在岸上村，柏油马路宽阔平整，家庭宾馆、饭店众多。村里处处是景，每一座小院都与众不同，别致的风景吸引许多游客打卡、留宿。岸上村共有客栈和民宿200多家，民宿经济在加快推动乡村旅游发展和增进农民增收方面，起到了十分重要的作用。

依托云台山5A级旅游景区客源优势，云台山岸上小镇植入体验式、互动式的时尚消费业态，完善夜间休闲旅游配套服务。以汀澜菊民宿为代表，150余家亲子度假、时尚轻奢、浪漫风情等不同主题的民宿齐聚街区，打响了"北方民宿之都"品牌。街区发挥独具地域特色的四大怀药和中草药资源优势，将当地菜肴创新形成独具二十四节气特色的养生餐饮，开发出山药咖啡、菊花酥、地黄膏等特色旅游商品，打造"云台礼遇"系列伴手礼。岸上小镇有时尚潮玩的体验项目，有音乐露营、房车营地、太空舱等多种新型业态，有山谷旅拍节、汉服花朝节等特色文化活动，被《人民日报》点赞为"小镇夜经济的样板"。康养小镇与邻近的叠彩洞精神纪念馆、地质博物馆联动，拓展了红色教育和科普研学等内容，通过包装特色旅游线路，让游客享受美景、美食的同时，感悟精神之伟力、自然之神奇。

岸上村依托3000年修武历史文化和云台山自然资源，将"竹林七贤"

文化休闲生活方式、地域特色的非遗文化等，融入建筑、业态、产品之中；通过引入国内外知名设计师，打造叠彩洞精神纪念馆、云台山地质博物馆等，让游客近距离感受建筑文化之美；通过沉浸式展示"竹林七贤"文化主题的国风演艺和系列文创、乡创产品，再现魏晋名士"竹林七贤"休闲隐逸的场景，体验休闲文化之美；通过定期举办绞胎瓷制作讲堂、剪纸技法展示等活动，油印版画、麦秸扇子等业态，以互动体验等形式展现地域特色的非遗文化之美。岸上小镇休闲街区集旅游观光、餐饮美食、休闲娱乐、民宿度假、文化体验、旅游购物等功能于一体①，涵盖非遗展示、道地物产、精品民宿、时尚空间、手作体验、书局会馆等多种业态。

四 "数字+研学"推动农旅融合的西裴村模式

（一）基本概况

河南安阳市白璧镇西裴村位于白璧镇东南 7 公里处，紧邻 G341 线，茶店河从村南侧蜿蜒而过。全村共有 160 户 610 人，耕地面积 850 亩，党员 29 人，是 2019 年安阳县确定的创建省级乡村振兴试点村之一。为全力推进乡村振兴工作，白璧镇围绕"抓好省级、打磨亮点，突出市级、辐射周边，以点带面、引领全镇"的工作思路，因地制宜探索农村土地集体所有制有效实现形式，创新集体经济发展模式，完善利益联结机制，促进农业增效、农民增收、农村增美。白璧镇将打造西裴小镇项目列入了 2019 年重点建设项目，计划依托茶店河治理项目，挖掘仰韶文化遗址内涵，将该村打造成花园式村庄，发展乡村旅游业，力争使该村成为全县乃至全市乡村振兴示范村、引领村。

"数字化乡村系统让西裴村找到了开启乡村复兴之门的金钥匙，数字化乡村系统对外链接了社会资源和资本，对内链接了所有的小农户，避免了社会资本和资源直接与农户打交道，便于村集体统筹管理。数字化乡村系统的公开、公平、公正、透明也极大地调动了农民参与乡村振兴的积极

---

① 高京燕：《供给侧改革背景下河南省旅游产品的转型升级》，《华北水利水电大学学报》（社会科学版）2017 年第 5 期。

性",运营公司负责人路国庆一语中的。漫步于西裴小镇,一草一木、一花一果、一屋一瓦,充满着淡淡的美丽乡村韵味。村南的茶店河水静静地蜿蜒流淌,但见野鸭畅游,白鹭翻飞,共同见证着西裴小镇如夏似火的热情。西裴小镇以研学游为切入点蹚出了一条"文旅融合+产旅融合"的发展路子,一幅壮丽的乡村振兴画卷正在徐徐展开。

（二）主要做法

1. 坚持规划先行

过去的西裴村交通闭塞,基础设施差,集体经济薄弱,村民收入较低。为改变村里的落后面貌,白璧镇党委、镇政府采取多项措施切实加强党支部、村委会建设,为广大农村党员"强筋壮骨"。为避免以往在村庄建设中因没有规划,拍脑袋建设造成的重复建设、标准不高等情况的发生,镇里按照高标准规划、高水平设计要求,专门聘请农道天下郑宇昌团队对西裴村进行了全方位规划设计,包括产业、文化、景观、配套设施等各个方面,所有村庄建设都要依照规划实施。该规划突破只重视村庄外在景观硬件设计的传统,将设计重点放在了未来村庄产业发展上。依托现有的农业资源和村庄南侧蜿蜒而过的茶店河,以及村西侧的仰韶文化遗址,形成旅游休闲观光一体化的现代农庄经济。

2. 加强产业打造

乡村振兴的基础是产业振兴。西裴村是个传统的农业村庄,自然资源薄弱,发展农村经济困难重重。村"两委"在镇党委政府的大力支持下,首先,围绕"农"字做文章,先行先试,先期流转了 500 亩土地,种植了高效油葵,为村集体增收 11 万元,效益初显。按照规划,全村剩余的耕地也将全部流转。同时,该村还申请了 9 个蔬菜大棚扶贫建设项目。其次,围绕"文"字做文章,深刻挖掘仰韶文化遗址内涵,从街道景观设计着手,在墙绘图案、内容以及街景布点上突出文化内涵,并将"四横五纵"中的两条街道分别命名为"仰韶街""文化街"等,为发展旅游业打下基础。

3. 加强组织领导

白璧镇将乡村振兴确定为"一把手"工程。面对时间紧、任务重、问题多的现实状况，镇村两级实行挂图作战，按照时间节点，分工到人，加班加点，快速推进。在村干部和规划设计团队、施工队的共同努力下，道路绿化、新建公厕、线路改造、柏油硬化、外墙保温、村庄规划设计等各项工作有条不紊，快速推进。西裴村先后组织村"两委"干部、村民代表、党员代表到遂平县世外桃源"三顾茅庐"，让村民开阔眼界，解放思想，坚定发展信心；针对村民关心的入股收益公平问题，由运营团队结合村庄实际需求，开发了数字化乡村运营软件，所有收入通过二维码进入河南西裴旅游开发有限公司账户，公司采用"1+N"模式，设立研学工坊部、田园餐厅部等 N 个部门，每个部门独立核算，各部门农民分别入股，根据入股股东会约定的比例收入即时到账，入股农民通过手机端就可以查看入股项目每天的收入，分红满 100 元便可提现，极大激发了村民参与入股热情。截至2023 年 3 月，全村 160 户中入股村民达到 101 户，入股资金 82.3 万元，相当于全村有 63% 的农户入了股，成了乡村振兴发展的源头活水。[①]

（三）特色亮点

1. 党建引领好

镇村两级牢固树立党建引领巩固脱贫成果，促进乡村振兴的总体思想，配强选优了村"两委"班子。村"两委"具有较强的战斗力、执行力，成为村庄发展的主心骨和引领者。近年来，高标准打造了党群综合服务体，建设了"初心堂"，严格落实"三会一课"等党建工作制度，举办乡村振兴大讲堂，试行党员积分兑换超市。与市委党校、安阳职业技术学院、安阳广播电视大学合作成立研学基地。积极组织党员干部开展"三亮三带"活动，在村内建设、假日活动、疫情防控和防汛救灾中，党员干部先锋模范作用得到充分发挥。坚持"人才强村战略"，引进清华大学规划设计团队、农道联众、内黄尖椒种植大户等专业人才，建立人才库，加强本土人才培养。

2. 发展定位准

专门聘请清华大学规划设计团队，充分挖掘西裴村的资源优势、人文

---

① 《乡村振兴看安阳｜西裴小镇的共富路径》，中国网，http://agri.china.com.cn/2023－03/24/content_42307460.htm。

优势，为村庄设定了"依托茶店河水系，挖掘仰韶文化内涵，打造集近郊休闲、乡宿餐饮、农耕文化体验于一体的仰韶文化特色乡村"的发展目标，并从产业链条、业态布局、项目体系、空间细节等方面，对村庄进行了全方位高标准规划设计。整体规划为"一河五区六道街"，整个规划将村庄产业发展作为重中之重进行了谋篇布局。从 2019 年到 2022 年，西裴村经过三年的高标准建设，先后完成了采摘园、美食广场、猪猪乐园、农耕园、文创馆、乡村记忆馆、研学工坊等文旅设施建设，成立了河南西裴旅游发展有限公司，并联手安阳国旅，紧扣国家教育发展主线，将农耕文化元素融入乡村研学游，定制精品研学游产品，使孩子们亲身体验到了原汁原味的农耕文化，实现了"乡村即课堂，农民当老师"。研学游同时带动了近郊游、亲子游，实现了小手拉大手，带动了田园餐厅、猪猪乐园、果蔬采摘、手工坊等多种门类的产业持续协调发展。截至 2023 年 4 月，西裴小镇已接待研学团队 40 余批次、3000 余人次，旅游人数突破 10 万人次。①

3．"三变"改革实

在村庄发展过程中，西裴村采用"村集体+企业+运营公司+村民"的发展模式，凝聚各个因子有效联结，激发村庄发展的内在潜力和活力。一是将村庄的有限资源变为无价资产。将全村 850 亩土地全部从农户手中流转到了村集体，建设了 175 个蔬菜大棚，成为发展乡村振兴产业的最大底气。将紧邻茶店河北岸的一户村民的废旧猪场收归集体，改造成了码头美食广场和儿童游乐场；将村庄东侧的绿化林改造成了猪猪乐园，在茶店河上建设了彩虹吊桥，将打造的记忆老街开辟为美食街，使美丽成果转变成了美丽经济。二是将有限资金变为无价股金。村集体将投资的村庄基础设施带来的潜在客流量，作为主体股权入股村庄运营项目，既增加了集体收入，又将整个村庄运营发展的主动权掌握在了村集体手中，实现全程可控。三是将村民变为股民。西裴村以"共建共享共富"为目标，按照"只花一点钱，农民做老板"的惠民思路，发展了大小项目 17 个，根据每个项目的投资金

---

① 《网红村的致富"数字密码"科技赋能乡村振兴河南见闻》，光明网，https://baijiahao.baidu.com/s？id＝1761574988693613748&wfr＝spider&for＝pc。

额，每股金额从 1000~4500 元不等，满足了村民的差异化发展需求。西裴村以产业为骨，以数字化为魂，赋能乡村振兴，实现共同富裕。

第二节 伏牛山地区康养旅游发展

一 伏牛山地区康养旅游发展概况

伏牛山位于河南省西部，伏牛山区域内共有八个县级行政区，其中西峡、淅川、南召、内乡归南阳市管辖，汝阳、嵩县、栾川归洛阳市管辖，鲁山县归平顶山市管辖。伏牛山西与陕西省接壤，南与湖北省交界，是豫西山地的主体，山体巨大，多高峰，山峰海拔多在 1500 米以上，常被人称为河南省的屋脊。① 该山脉呈西北—东南走向，是我国亚热带和暖温带的分界线，同时又是我国长江、黄河、淮河三大水系的分水岭，是扬子地台和北地台的接合部。伏牛山是秦岭最大的一条分支，是河南省内平均海拔最高、分布面积最大的全国著名的山脉，自古就有"八百里伏牛"之称，伏牛山的旅游资源十分丰富。伏牛山自然保护区为国家级自然保护区，伏牛山特殊的地理位置和气候环境，使得这里的动植物资源特别丰富，从而造就了奇特的自然景观。伏牛山区是古板块构造运动、陆内碰撞造山运动和以恐龙蛋化石为代表的古生物遗迹保存最完整的区域，它揭示了中国大陆25 亿年的地质演化过程。区内地质地貌景观群门类齐全，集奇山、险峰、怪石、峡谷、秀水、飞瀑、深潭、幽林、溶洞、温泉于一体。

伏牛山区地灵人杰，自古人才辈出，积淀形成了山北的河洛文化和山南的楚汉文化，孕育了 2000 多名灿若繁星的历史名人。医圣张仲景、科圣张衡、智圣诸葛亮、商圣范蠡、先秦名相百里奚、南朝宋画圣宗炳、东汉开国皇帝刘秀等，都在华夏文明史上留下丰厚的文化遗产。近代哲学家冯友兰、军事家彭雪枫、文学家姚雪垠、五笔字型计算机汉字输入技术发明人王永民、南阳作家群领军人物二月河，都从这里走向全国、走向世界，

---

① 张泽：《南阳伏牛山自然风景区的旅游价值》，《河南地质》2000 年第 4 期。

成就了南阳的辉煌。伏牛山北的洛阳是河洛文化的发源地，有以儒、释、道为代表的宗教文化和衙署文化，有白马寺、香严寺、燃灯寺、水帘寺、佛泉寺、龙门石窟等佛教圣地，有北顶五垛山、老君山、南阳玄妙观等道教圣地，这些大多以古代建筑遗存或者文化遗迹的形式分散在环伏牛山地域。伏牛山农耕文化资源丰富，牛耕人犁、纺花织布、石碾水磨、脱坯制瓦、家酿小吃、碓臼耧耙、打铁锻磨等，余韵尚存。

伏牛山康养旅游发展呈现出良好趋势。近年来，该地区着力加快乡村旅游发展，推动乡村旅游从单一观光向集观光、休闲、度假于一体的复合型旅游转变，给游客带来个性化、多样化的体验。在产品业态方面，创建了多个乡村旅游示范村，建设了一系列精品民宿，培养了一批乡村旅游带头人。同时，为了提升旅游品质，该地区还积极完善休闲设施配套，统筹布局生态停车场、步游道、自驾房车营地建设，积极发展温泉、森林康养、中药养生等休闲项目。此外，伏牛山乡村康养旅游的发展还得到了政策的大力支持。当地政府制定了"百村百人百宿"计划，旨在在 2023 年和 2025 年分别创建百个乡村旅游示范村、培养百名乡村旅游带头人和建设百个精品民宿。

伏牛山康养旅游依托伏牛山大量的自然资源，立足乡村康养优美环境、人文风俗、历史文化、特色产业等资源，围绕干细胞、生命健康、生物制药等热点，在伏牛山腹地建设伏牛山中医药产业高地，通过生物医药产业园、中医药学院、伏牛山中药材交易会、国家级现代农业产业园中药材标准化种植基地等项目，持续打响中药养生、中原药谷品牌，在民宿中植入养生理念和养生文化，让游客在民宿中体验个性化药膳食谱和推拿、针灸等生态疗养服务。可推动洛阳、三门峡、平顶山、南阳等市借助现有知名旅游景点，立足森林康养资源、中医药资源、气候资源等，满足游客回归自然和养生的需求，打造以森林康养、中医药养生、绿色膳食为主的森林休闲型康养旅游目的地。

二 "中医药+民宿"引领产业融合的铜河实践

（一）基本概况

车村镇铜河村地处嵩县南部伏牛山核心区，位于嵩县、栾川、汝阳、鲁山、南召五县接合部。伊河、汝河、白河均发源于车村镇境内，该镇地跨黄河、淮河、长江三大江河流域。该镇历史悠久，因境内 20 余里可通车马而得名。镇内有 5A 级旅游景区白云山、4A 级旅游景区木札岭等。铜河村曾经存在资源开发破坏严重、发展方向定位不准确、基础设施不健全等问题，为破解难题，车村镇通过提升基础设施建设水平、引入专业运营团队、推广乡村旅游品牌等方式，实现了高速发展。这个位于大山深处的小村庄，近年来以其独特的自然风光和丰富的文化底蕴，吸引了越来越多的游客。

2022 年，铜河村被评为河南省首批乡村康养旅游示范村，展示了其在康养旅游领域的巨大潜力。铜河村以康养旅游为核心，以民宿发展、旅游公路、中药材、食用菌种植加工等为抓手，着力引进医疗康养、中医药种植加工、食用菌加工、电子商务等相关企业落户建设，实现三次产业融合发展，协同推进，助推乡村全面振兴。[①]

（二）主要做法

1. 规划先行，完善基础设施

镇党委和村委以科学发展观为指导，以改革开放和机制创新为动力，以加快基础设施建设和构建配套服务体系为重点，坚持区域整体规划，统一品牌形象，打造旅游精品，全面提升生态旅游的品位和吸引力。积极对接省级、市级国土空间规划，邀请知名的旅游规划设计公司参与，编制具有旅游特色的《集镇建设规划》，形成"一主两副三片区"空间发展格局，致力于打造洛阳市南部伏牛山生态涵养区重要旅游节点、嵩县南部副中心，形成以生态旅游业、中草药及食用菌等种植贸易、养生养老、生态农业产

---

① 李璇：《农村产业融合助推乡村振兴的机理、困境及其路径优化》，《辽宁经济》2022 年第 9 期。

业为主导的旅游特色小城镇。以设施完善、功能齐全、特色鲜明的旅游城镇建设为目标，车村镇加快住宿餐饮设施建设，提高接待服务水平，建设了一批特色鲜明的旅游度假饭店，并新建、改建、扩建了一批项目，进一步改善了接待条件。在基础建设方面，该村建成了易地搬迁扶贫工程一处、养蜂基地商品展示中心一处、标准化卫生室一座、饮水工程四处、综合性文化服务广场一处，安装路灯40盏，完成了村部建设。

2. 强化运营，推动产业发展

铜河村引入了专业的旅游运营团队，负责制定旅游规划和营销策略，提供专业的旅游服务和管理方案。策划举办有影响力的大型活动，树立"生态伏牛、休闲胜地"旅游主题形象，借助5A白云山的影响力，紧紧抓牢河南第一批康养旅游示范村的影响力，加强规划，规范管理，建立质量等级评定制度，提升家庭宾馆的档次和水平。在旅游村镇、景区（点）周围和公路主干道两旁积极推广特色民居。鼓励和支持农民将土特产品、手工艺品就地就近销售，推动农林牧副渔产业发展。组织骨干力量对乡村所有可建设开发的山场、土地、闲置厂房等全部造册，整合老学校、老村部等闲置资源，按照规定办理土地相关产权证照，谋划包装精品民宿项目，通过出租、入股、合作等形式，招商引资，吸引客商，动员乡贤返乡创办精品民宿，变"引凤筑巢"为"筑巢引凤"，激发农村集体经济活力。动员乡贤村民，建设精品民宿。

3. 重视宣传，促进农民增收

铜河村通过举办各类节庆活动、文化展览、民俗表演等，积极推广乡村旅游品牌，提高了铜河村的知名度和美誉度。在宣传手段上，充分运用电视、报纸、影视、广播、网络等多种媒体，加大宣传力度。在省内主要媒体重点版块、热点时段，经常性、系列化地宣传。拉长旅游产业链条，促进山区农民增收。把特色种植业和旅游业有机结合起来，积极引导当地农民种植、生产、加工、销售土特产品、工艺品、纪念品等旅游商品，建设旅游商品市场，提高农产品的转化能力和附加值。充分利用地方原生餐饮资源，积极研发地方特色生态餐饮，开发"绿色食品"，营造"绿色用餐环境",引导游客进行"绿色消费"。

（三）特色亮点

1. 政府牵头,分级管理

成立嵩县旅游工作领导小组,全面推动嵩县文化旅游事业发展、县四大班子均有分管旅游工作的领导[1],各乡镇均有旅游办公室,各级政府高度重视生态旅游开发建设工作,将其纳入重要议事日程,建立定期议事协调制度、目标管理制度、绩效考核机制、督办问责制度,成立生态旅游发展办公室。积极调动社会组织、企业、返乡乡贤、广大农民的参与积极性,形成乡村旅游协调、规范、健康发展的强劲合力,明确项目实施主题,加强对旅游工作的领导。

2. 生态优先,强化特色

坚持生态涵养区主体功能,以生态保护为前提,强化规范开发,遵守自然保护区条例,严守生态红线,加强乡村环境和乡村风貌保护,扩大基础设施、教育、卫生等公共服务供给,建设适宜乡村旅游、生态宜居的美丽乡村。铜河村正在打造具有自身特色的"产业+文旅"新村,依托库区沿岸风光以及茶马古道、溶洞、"天坑"等旅游优势资源,不断培育生态游、乡村游、观光游、休闲游、农业体验游等业态。

3. 农旅融合,民宿先行

铜河村积极推进农业、林业、畜牧业与旅游业的融合发展,形成了独具特色的"农旅结合"产业体系。游客可以在这里品尝到当地特色美食,购买农产品,参与农事活动等。铜河村鼓励乡贤返乡投身参与民宿建设与经营,形成村民自主经营型、"公司+农户"型、"合作社+农户"型乡村民宿发展模式。扶持有条件的农户修缮、改造自有住房发展民宿。鼓励城镇中有意愿的组织和个人,通过下乡租赁民房开办民宿。鼓励通过注册乡村旅游投资开发公司、组建农家乐合作社、村民入股等方式,整村连片发展乡村民宿。

---

[1]　陈效萱:《嵩县县域文旅融合发展研究》,《合作经济与科技》2021年第20期。

三 "农旅+文创"促进景村融合的拨云岭实践

（一）基本概况

拨云岭村位于栾川县潭头镇西南，坡陡沟深海拔高，因山峰高耸能"拨云见日"而得名，是典型的豫西小山村。全村 22 平方公里，耕地 780 亩，林地 3700 亩，辖 3 个居民组，共 102 户 402 人，村内主要产业为种植业和旅游业。拨云岭村依托丰富的自然生态资源、豫西传统民居、特色餐饮发展旅游，初步形成了集农业休闲观光、采摘、住宿、餐饮于一体的乡村旅游产业，曾获全国科普示范基地、河南省传统村落、洛阳市"美丽乡村"示范村等荣誉。

（二）主要做法

1. 党建引领，盘活乡村资源

在乡村旅游发展过程中，实行"党政主导，部门联动，市场化运作，产业化发展"[①]。拨云岭村位于栾川县潭头镇西南 2 公里，距离九龙山高速站口 5 公里，拨云岭村之前是远近闻名的贫困村，"河边吃水却靠天，临街赶集走半天。姑娘不嫁本村汉，光棍懒汉满山转"是其真实写照。拨云岭村迈出的第一步就是修路架桥，把水泥路铺到家家户户门前，让小汽车能沿着大桥开进村里，拨云岭村只有一个进村入口，周围全是石头山，坡度大，容易发生水土流失，修路难度可想而知。修路缺少炸药，村民们用千斤顶顶开山石；没有现代化的工具，村民们用绳子吊在山崖上用铁钎凿洞。村委把修路的任务分到每家每户。在别的村，干部不承担派工义务，但在拨云岭村，干部也得算上，光让老百姓修，那是不行的。

经过多次赴外学习优秀经验，村党支部确定了拨云岭村要凭借乡村振兴的政策东风，通过乡村运营，盘活乡村资源，壮大村集体经济，最终实现共同富裕的发展路子。拨云岭村在党支部带领下紧紧围绕"因地制宜发

---

① 李晓愚：《乡村旅游转型提升之路探索——以河南省栾川县为例》，《农业经济》2022 年第 4 期。

展特色产业，扎实有效推进乡村振兴"的工作思路①，通过支部引领，党员带头，带领群众发展特色种养殖和乡村旅游，走出了一条"党建引领、产业助推、三治并进"的新路子。

2. 因地制宜，发展特色农业

拨云岭村集中种植核桃、牡丹近千亩，大樱桃 30 亩，此外还散落种植有杏、梨、柿、酸枣等各色果木，形成了每年 4 月到 10 月采摘不断的格局，游客可到村里或采摘或购买，所有农副产品均纯天然无公害。2011 年，村党支部决定在全村开展新的种植模式——核桃树下种牡丹，有村民不理解，提出"核桃三年挂果，五年丰产，这几年喝'西北风'？种粮不管年景咋样，好歹还能留点口粮，核桃一旦卖不出去，能当饭吃吗？"的疑问。在村委的鼓励下，党员带头种植，每年每亩地补贴 300 元，连补三年。于是，一场轰轰烈烈的造林运动开始了，全村 1050 亩耕地全部种上了核桃，核桃树下套种油用牡丹。2016 年开始，产业开始收益，一亩地收入 2000 元，2018年每亩地收入 5000 元，老百姓越来越重视产业发展。

如今，这里不仅有古朴的民居、淳朴的老乡，还能看见现代化的民宿、年轻的面孔。传统的小山村已不是印象中的模样，早已焕发出勃勃生机，充满青春活力。如今的拨云岭村早已摘掉了贫困村的帽子，摇身一变成了国家 3A 级乡村旅游景区、河南省乡村旅游特色村，知名度大大提升。每年策划举办的高山牡丹节、金秋骑游节、樱桃桑葚采摘节等节事活动，吸引了各地游客。②

3. 招商引资，打造精品民宿

村集体大力发展"民宿+"经济，引进"慢居·十三月"等高端精品民宿落户，建设高端民宿四合院 2 座、铁路小院 1 座，并通过招租形式，引入专人进行市场化运营。目前，民宿每年为村集体经济带来收益 21 万元，实现村集体经济稳步增长。引进专业运营公司，对村内旅游资源进行整合优化，围绕"慢生活"理念，走小而美、高端度假路线，打造"拨云岭时间

---

①　康晨远：《杨来法：贫困村变乡村旅游特色村》，《中国农民合作社》2022 年第 4 期。

②　康晨远：《杨来法：贫困村变乡村旅游特色村》，《中国农民合作社》2022 年第 4 期。

小镇"。

拨云岭村已拥有 1 家高端民宿、2 家中档酒店、10 家农家宾馆、6 个岭上民宿院落，可同时接待 200 人就餐和住宿。① 通过招商引资，引进高端精品民宿，村民的"钱包"鼓起来了。2018 年，拨云岭村重点提出了"森林庭院"概念，对卫生环境好、根据面积在房前屋后栽一定面积树木的人家，进行以奖代补，奖励树苗和花草，让绿色在拨云岭村蔓延。目前，拨云岭村民宿总床位数已达 200 张，最高可同时接待 500 余人就餐，户均年增收达 1.5 万元。

（三）特色亮点

1. 提升基础设施，完善公共服务

20 年前的拨云岭村，交通闭塞，产业发展滞后，人才匮乏。要想脱贫致富，就要推翻"三座大山"，首先是修好路，解决群众出行难问题，家门口在哪儿，路就修到哪里。其次是建好电网，解决群众用电难问题，村委积极与电力公司协调用电问题，在建设民宿期间，电力公司派出 30 余人解决村里的用电问题，建成之后用电量是之前的十倍。最后是打井，解决群众吃水难问题，村委积极协调资金，在县乡两级的支持下打下深井，彻底解决了吃水难这个问题。现在的拨云岭村，坡地齐整、屋舍俨然，疏密错落在阡陌之中，尤其是清晨，白雾茫茫，鸡犬相闻，犹如仙境，村民们在建设美景的过程中还挣了钱。此外，拨云岭村不断强化基础设施建设，包括登山步道、骑行驿站、中途休息平台、自行车棚、仿古长廊等，为游客提供便利的旅游环境。同时，建设了游客服务中心、停车场、游步道、休闲广场及旅游标识系统等，提升旅游服务体验。

2. 发展特色农业，优化产业结构

拨云岭积极响应习近平总书记的"两山"理念，退耕还林，种植核桃树、桑树、梨树、桃树、苹果树、樱桃树等 30 多种适宜采摘的树种，一方面美化环境，另一方面举办采摘节等大型活动，吸引游客。拨云岭村每个

---

① 《栾川拨云岭村加快建设高端民宿集群》，洛阳网，http://news.lyd.com.cn/system/2022/09/05/032379440.shtml。

季节都有一个采摘季，使得拨云岭成为远近闻名的景点村。在党支部牵头下，拨云岭村成立同富种植专业合作社，全村 104 户农户全部入社，采取"党支部+合作社+农户"的方式种植核桃 1050 亩 4 万余棵。近年来，拨云岭村探索出"核桃+牡丹"兼作的发展模式，在林下种植药用牡丹 767 亩，形成"林木山间长，林间蜜蜂飞，林下牡丹开，土鸡花间养"的立体种养殖循环产业模式，实现产业结构全面调整。

3. 强化乡村运营，重视品牌提升

拨云岭村注重品牌化运营，打造"拨云岭时间小镇"品牌视觉体系，构建党建品牌、拨云岭民宿品牌、拨云岭自然教育品牌、拨云岭农产品品牌、拨云岭文创产品品牌，塑造单品品牌拨云妈妈面、云水、云啤等品牌集群，村里的土鸡蛋、山核桃也换了新装，摇身一变成了精美文创，还有了一个充满诗意的名字——云礼，赏心悦目，让人忍不住想要带走一份。手擀面是拨云岭村一大特色，村里的妇女大多可擀出纯正筋道爽口的面条。村"两委"班子带头开发拨云岭云礼、云水等产品，目前已完成了核桃、土蜂蜜、土鸡蛋等产品包装的升级。2022 年 1 月上市销售，到 2022 年 3 月，累计销售额达 20 万元，带动 35 户贫困群众增收，成效显著。①

四　"农旅+康养"引领景村融合的高峰庵实践

（一）基本概况

高峰庵村坐落于南召县四棵树乡五朵山中，距离乡政府西北 12 公里处，地处九龙湖上游，九龙湖是五朵山旅游度假区内最大的水体，水域面积约 660 亩。九龙湖正处在五朵山的东面山下，与五朵山的山峰相互映衬，山水一天，组成一幅美丽的图画。九龙湖堤岸曲折，沟汊纵横，形成一个较大的半岛和一个湖中岛。九龙湖水质常年清澈，岸边植被较好，水面常有野鸭、水鸟和鸳鸯栖息活动，山水景观优美。高峰庵村历史悠久、文化底蕴丰厚，层峦叠嶂、风光秀丽、气候宜人、湖光山色、美不胜收。河南省首

---

① 《栾川拨云岭：乘乡村振兴东风 扬乡村运营风帆》，洛阳市农业农村局网站，http://nync.ly. gov. cn/nytgnews. php？newsid＝16000。

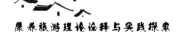

批五星级民宿湖畔松泊坐落其间，九湖码头、蓼花汀民宿远近闻名，是名副其实的水美乡村。近年来，南召县四棵树乡高峰庵村围绕"产业兴旺"核心，紧扣"景村融合、农旅互动"发展思路，牢固树立"抓党建促乡村振兴"理念，将村庄建设与景区打造同规划、共发展，绘就了一幅"人在村中、村在画中"的美丽乡村新画卷。

（二）主要做法

1. 进行"三变"改革，助力产业振兴

乡村振兴中，产业振兴是根本，农民富裕是目的。高峰庵村生态底蕴厚重、旅游基因鲜明，村"两委"发挥绿水青山资源优势，把培育文旅康养产业作为推进乡村振兴的重点产业、支柱产业，坚持党建引领，以"党委+企业+合作社+农户"为模式，以"三变三增"活动为载体，探索文旅融合、经济发展的新路子。高峰庵村发挥党委统揽全局、协调各方的战斗堡垒作用，通过人才引进、资本引入、打造产品、挖掘文化、丰富业态等手段，把"绿水青山"转化为"金山银山"，实现"文旅强、农村美、农民富"。高峰庵村立足文旅康养产业，由点到面，辐射带动全乡、全县经济跨越，进行了"资源变资产、资金变股金、农民变股民"的"三变"改革，村集体资产达到1100万元，2021年取得分红净收益11万元。①

2. 重塑空间格局，完善配套设施

高峰庵村持续发展优势产业，持续改善人居环境，以"硬举措"提升"软实力"，从河道治理、线路美化、道路绿化等方面着手，推动人居环境由"全面净"向"全面美"延伸。高峰庵村强化"校地合作"，从南阳理工学院引入专业人才力量，科学设计规划，沿207国道至五朵山旅游公路两侧打造"十里长廊"文化景观带，努力形成"一路一景、一户一景、移步换景"的全新旅游格局。高峰庵村计划打造中原老兵工精品民宿综合体项目，充分利用原国营中原机械厂历史建筑结构及风格，以老兵工为主题，深挖"三线企业"历史，规划建设艺术民宿、兵工主题酒店、艺术家工坊、

---

① 《南召县推行"三变三增"改革 群众集体双收益》，大河网，https://city.dahe.cn/2022/06-14/1041352.html。

艺术商业街区、文化艺术广场等特色建筑，把中原厂文旅项目打造成河南省乃至全国独树一帜的工业遗产和艺术文创深度融合的标杆。此外，四棵树乡拟改名为"五朵山镇"，进一步扩大乡镇知名度、美誉度、影响力，促进人流、物流、信息、资源的汇集，充分发挥现有的资源优势和发展潜力，强化中心镇区政治、经济、文化、旅游建设，完善相关服务配套设施，形成集吃、住、养、游、购、娱于一体的河南省风情旅游古镇。

3. 农旅融合发展，促进产业升级

近年来，高峰庵村依托五朵山景区的优势，深挖发掘本地特色旅游要素，打造一批特色民宿、农家乐，持续发展壮大本地虫草鸡、香菇、蜂蜜、中草药等特色传统产业，通过举办乡土音乐节、民俗小吃展览会等特色文化活动，实现以旅促农、以旅带农，促进农业产业升级，不断增加居民收入。比如蓼花汀精品民宿，坐落在五朵山脚下九龙湖湖畔，该地夏秋季节树木葱郁，环境曲径通幽，游客可根据自己的喜好依山而居，临水而栖。湖畔松泊艾空间主题民宿，依托九龙湖湖畔，采用东南亚式的设计风格，配套中医康养理疗、艾产品热敷、泡熏等中医康养项目，吸引了众多游客前来观光旅游。

（三）特色亮点

1. 发展特色民宿，建设风情古镇

南召县四棵树乡以高峰庵村、五垛村等8个村作为试点，率先发展特色民宿，逐步打造大石窑以文创为主题的民宿精舍，以五朵汽车露营、帐篷为主题的特色民宿，以罗圈崖忘忧、雅静为主题的民宿精舍，以椴树岈冬季滑雪、夏季滑草为主题的特色民宿客栈，以青杠扒花卉种植、温泉休闲为主题的特色民宿客栈，以楼院传统打铁工艺为主题的特色民宿精舍，以疙瘩坡手工竹编工艺品为主题的特色民宿客栈，以不同的主题满足消费者的各类需求。同时，加快启动旅游风情古镇建设，以四棵树乡古镇为基础，建设旅游商业配套区、人文景观带和自然景观带；围绕五朵山景区和原中原厂，打造五朵山国家级旅游度假区及中原老兵工精品民宿综合体项目，建设集吃、住、养、游、购、娱于一体的新型旅游特色小镇，形成景区为

主、镇区服务、厂区延伸的旅游发展局面。

2. 农旅融合发展，建设精品项目

五朵山灵秀神幽、奇立孤峰，九龙湖湖光山色、碧波荡漾，排路河在崇山峻岭之间蜿蜒流淌。高峰庵村坐落其中，坚持走农旅融合发展的道路，以"三变三增"为载体，深入实施"农户绑定合作社，合作社绑定龙头企业"的"双绑"机制，通过村集体合作社流转土地林地近 200 亩，完成了资源的汇集。通过农民合作社吸纳农户手中的闲散资金，政府、企业对农户增信担保，贷款入股，共筹资 1006 万元，建成蓼花汀民宿 20 套，交由五朵山旅游公司进行专业化运营，签订兜底分红协议。经过一年运营，村集体资产已超千万元，村集体可支配收入增加 19.32 万元。2022 年实施投资 1500 万元的乡村振兴民宿集群建设项目（C 区），兴建民宿 11 套、观湖西餐厅 2 层 400 平方米、鱼平台 1000 平方米、民宿配套道路、水电管网、绿化。2024 年 1 月，全国旅游标准化技术委员会公示了 2023 年全国甲级、乙级旅游民宿评定结果，河南省南阳市南召县五朵山廖花汀民宿荣获全国甲级民宿。①

3. 党建引领发展，创新发展模式

产业兴旺是解决农村一切问题的前提，只有加快发展乡村产业，实现产业振兴，才能更好地推动农业全面升级、农村全面进步、农民全面发展。为此，高峰庵村积极探索将支部建在产业链上党建模式，以"支部引领"凝聚发展合力，带领产业发展与振兴。该村按照乡党委规定的党群服务中心设置和运行规范标准，让党群服务中心成为党味浓、服务好、人气旺的红色阵地和精神家园。在党支部引领下，按照串点成线、串线成面的目标，积极探索构建"党建+旅游+产业+生态"乡村旅游发展新模式，用党建链引领产业链、服务链、管理链，促进三次产业融合发展。近年来，高峰庵村在南召县四棵树乡党委、政府的领导下，在全体干群的共同努力下，乡村产业兴旺，经济长足发展，人民安居乐业，呈现出一派"景村相映别样红"

① 《河南南召："民宿经济"为乡村振兴注入新活力》，财经头条，https://cj.sina.com.cn/articles/view/5090716306/12f6e2a92001011qto。

的繁荣景象，今日的高峰庵村正朝着共同富裕的目标大踏步迈进，努力绘就一幅宜居宜业宜游和谐美丽的乡村振兴新画卷。

第三节　大别山区康养旅游发展

一　大别山区康养旅游发展概况

大别山地区位于皖、鄂、豫三省交界处，横跨三省三市 26 个县（区），面积 5.43 万平方公里，人口 2181 万人，该区处在亚热带向温带的过渡地带，是长江、淮河两大水系的分水岭。大别山历史悠久、文化底蕴深厚，拥有壮丽的自然风光和丰富的历史文化，有许多历史遗迹和文化景观，如古道、古寺、古堡等。大别山地形复杂，有高山、深谷、瀑布、原始森林等景观，是中国南北自然分界线的重要区域之一。

大别山区是中国著名的革命老区、中国共产党重要的建党基地，更是土地革命战争时期鄂豫皖革命根据地的中心区域，这里有着内容丰富、价值多样的红色旅游资源。大别山是座英雄的山、革命的山，人文旅游资源极为丰富，最突出的是红色革命纪念地。第二次国内革命战争时期，安徽省六安市先后爆发了立夏节起义、六霍起义、苏家埠战役，诞生了多支红色武装，留下了大量革命遗存。大别山是红军的摇篮，在这片热土上，先后创建了红四方面军、红二十五军、红二十八军三支红军部队，许多重要领导人都在大别山留下战斗的足迹。这片红色的土地出现了董必武、陈潭秋、张浩、李先念等无产阶级革命家，诞生了两位中华人民共和国国家主席、500 多名中国人民解放军将军。

大别山地区有着丰富的历史遗迹和文化遗产，如著名的岳王庙、红军洞、仙人洞等。此外，大别山地区还流传着许多美丽的民间传说和民俗文化，如花鼓戏、剪纸等。数千年来，钟灵毓秀的信阳大地哺育了众多历史名人[1]，一代名相孙叔敖、大史学家司马光、中原硕儒马祖常、明代文坛领

---

[1]　程广华：《大别山区域旅游合作与发展战略研究》，《皖西学院学报》2010 年第 3 期。

袖何景明等都诞生在这里。春秋战国时期，这里曾是楚国都城所在地，长台关楚墓出土的编钟曾赴欧美多国展览，传统手工艺、农耕文化等，吸引了众多游客前来观光和研学。大别山区拥有丰富的非物质文化资源，如红色歌谣、红色故事、红色影视等。在革命战争年代，关于大别山区流传至今的红色革命歌谣达 1000 多首，较经典的有《八月桂花遍地开》《三大纪律八项注意》等。

大别山地区的生物多样性也十分丰富。大别山有独特的生态环境和野生动植物资源，包括珍稀植物和野生动物。在大别山的深谷中，有许多美丽的瀑布和清澈的溪流，是徒步旅行和自然探险的好去处。大别山的农业资源丰富，特色农产品如茶叶、药材等，远销海内外。大别山的旅游业蓬勃发展，吸引了大量游客前来观光、度假。此外，随着科技的不断进步，大别山地区的数字经济、绿色能源等新兴产业，也在迅速发展。

目前，大别山乡村康养旅游已经形成了一定的规模和特色。在硬件方面，当地的旅游基础设施不断完善，旅游接待能力不断提升。在软件方面，当地的旅游服务水平不断提高，旅游产品也不断丰富。乡村康养旅游的发展优势主要体现在以下几个方面：一是自然环境优越，二是文化底蕴深厚，三是旅游产品丰富多样。游客们在研学红色文化的同时，还满足了自身康养的需求。自然风光欣赏、农耕体验、养生温泉、森林氧吧等多种旅游产品能够满足不同人群的需求，为游客提供多样化的体验。大别山区康养旅游提供了多种活动形式，如徒步、骑行、垂钓等户外活动，以及采摘、农家乐等农耕体验活动。这些活动能够让游客充分融入当地的生活和文化，体验大别山的魅力。可推动信阳、驻马店等市（县），依托青山环绕的自然优势、茶文化、红色文化、饮食文化和特色乡村风情，以红色文化旅游资源为载体，打造休闲观光、红色研学、农事体验、茶食品鉴的红绿融合型康养旅游目的地。

二 "数字+茶叶"建设未来乡村的郝家冲路径

（一）基本概况

郝家冲村位于河南省信阳市浉河区浉河港镇政府南 1.5 公里处，坐落在风景秀丽的南湾湖流域上游，环南湾湖旅游公路纵贯村庄南北，茶叶是其支柱性产业。郝家冲村曾是省扶贫开发工作重点村、信阳市和浉河区美丽乡村建设示范村，曾经这里闭塞穷困，藏在深山无人知；而今，村里风光旖旎，香茗远闻。郝家冲村 2019 年 12 月入选第二批国家森林乡村名单、2021 年 8 月入选第三批全国乡村旅游重点村，是信阳毛尖核心产地"五云、两潭一寨"中的名茶山头之一。村域总面积 17.8 平方公里，耕地 1600 亩，茶园 1.2 万亩，辖 14 个村民组，总人口 720 户 2966 人。

村内现有重点茶产业龙头企业 3 家，知名茶叶品牌 4 个，茶叶合作社 15 家，涉茶年综合产值 1.2 亿元，70% 以上的产业与茶产业相关，群众 70% 以上的收入来自茶叶。产业富农先行一步的郝家冲，紧密结合村情，统筹科学规划，大力组织实施，扎实推进乡村"五大振兴"，探索建设未来乡村，争当乡村振兴的示范村、排头兵。

（二）主要做法

1. 产业主导，兴茶强村

郝家冲村依托丰富的茶园资源优势，以发展生态有机茶为重点，建设信阳毛尖茶产业基地。谋划实施了总投资 2.6 亿元的文新茶产业融合发展项目，通过龙头茶企辐射带动，增强市场竞争力和占有率。利用衔接项目资金，建设村级茶产业综合加工服务中心，通过改造旧村部，新建 450 平方米的钢构厂房，建成茶叶光波色选生产线、茶叶光波微波杀青生产线等，全部投入使用后，村集体经济收入预计增加 13 万元以上。郝家冲村依托生态、人文、茶乡等优势，大力发展豫南茶乡风情游和红色旅游，重点打造境内文新茶村旅游景区、何家寨登山健身步道和露营基地、嘟有茶民宿集群，景区（点）、民宿、产业带间互联互通，形成了全域旅游新业态。郝家冲村有大、中、小民宿 13 家，因茶旅吸引了大量游客，民宿、农家乐生意火爆，效益显著。现在，村子里建设得好了，许多村民开了民宿、农家乐，在家门口就能挣钱。[①]

---

① 李燕兰：《农村人居环境整治提升应处理好"五对关系"》，《社会主义论坛》2022 年第 7 期。

2. 因地制宜，改善环境

郝家冲村把农村人居环境整治作为巩固拓展脱贫攻坚成果和推进乡村振兴的"先手棋"来抓，结合茶旅产业发展，打造农文旅高质量发展示范区。郝家冲村通过全面抓好污水处理、垃圾治理等重点工作，围绕美丽乡村建设，开展了河道整治、水源清洁、垃圾处理设施、公厕和小型文化广场建设等项目。经过建设，郝家冲村的河道治理颇有成效。之前河道旁是垃圾场，村民的生活垃圾都堆放在这里，导致河道又脏又乱。经过治理，绿水青山逐渐显露，河道旁边还修建了茶博园，还原了茶乡该有的面貌，在村内建成污水处理站2个，小型湿地1个，垃圾第三方治理全覆盖，卫生厕所普及率达100%。在改建过程中保护本地特色，不破坏生态，不大拆大建，因地制宜建设绿地、游园和微景观，突出"茶"主题，彰显茶特色，改建工程由本地居民完成，材料也取于本地，以增加本地居民的就业与收入，真正做到取之于民，用之于民。

3. 数字赋能，未来乡村

镇政府与村委邀请杭州甲骨文公司编制《浉河区郝家冲村未来社区建设规划》，明确了未来乡村发展方向和实现路径。以善治大脑平台为基础，建立未来乡村管理体系，实时监测村庄水文（水位、水温、水质、氨氮等五项水质环境参数）、空气质量、茶园长势、村容村貌、森林防火等情况。健全茶叶溯源系统，对本地生态茶园进行监管，游客点击茶园图标，即可查看茶园基地和茶叶详情。通过何家寨信阳毛尖溯源体系建设项目，采取"茶标+溯源码+公众号"管理方式，实现茶叶可追溯。以"郝享未来"微信小程序为载体，建立未来乡村服务体系，包括企业招工、党员评议、网格员评比打分等。以"一户一码"为抓手，建立未来乡村自治体系，累计录入发放智慧门牌600个，群众通过手机扫码可以获取村"两委"干部、联户网格员信息。

（三）特色亮点

1. 龙头带动，人才支撑

从茶叶到茶业，从大山深处的土特产到农业增效农民增收的"金叶子"，靠个体茶农的单打独斗是完不成的，必须加强产业集聚，采取适宜合作模式，提升知名度和市场竞争力。

首先是壮大龙头企业。建设茶产业集聚区，采取"龙头企业+农户"的合作模式，完善利益联结机制，培育茶都三农、九州龙等农业龙头公司多家。发挥龙头企业带动作用，积极推广"企业+基地+合作社+农户"模式，提升技术研发、产品生产、品牌宣传和市场开拓能力。2019 年信阳毛尖的公用品牌评估价值达 65.31 亿元，品牌价值同年前相比，增长了 23.92 亿元。①

其次是培养专业人才。实施"双培双带"工程，积极培育新型农业经营主体带头人，以"人人持证、技能河南"为抓手，成立区级大师工作室 1 个，乡土人才工作站 1 个，建立以乡土人才为骨干的茶叶专业合作社等党群组织，培养乡土人才 36 名、致富带头人 20 人。引导鼓励各类乡土人才回乡创业，通过刘文新、李云溪等知名人士带动，发展淘宝电商 10 余家。以"党建+茶产业联盟"为平台，通过开展集中培训、现场讲解等方式，累计举办茶叶生产技术培训会 6 场（次）。2018 年，信阳两名本土茶人被评选为首批"中国制茶大师"。

2. 党建引领，数字转型

农村基层党组织是党在农村的坚强战斗堡垒，强化农村基层党组织的政治功能是提升政治领导力的重要方面②，郝家冲村在乡村振兴主战场，不断强化党组织的引领力、凝聚力、战斗力。推选 7 名优秀产业带头人为村"两委"干部，实现产业带头人 100% 覆盖；建成 500 平方米"一站式"便民服务中心、占地 80 平方米"两山讲堂"，紧锣密鼓建设村贤村史展示馆、茶文化馆、乡村会客厅、文化广场、智慧云诊所、未来颐养中心等项目；持续构建网格化管理体系，划分设置一级网格 6 个，配置专职网格员 14 名，建立起 5 名村干部包组，59 名党员、14 名村民组长和 30 名村民代表包 665

---

① 《信阳毛尖上榜"2019 中国茶叶区域公用品牌价值"十强》，信阳市工业和信息化局网站，http://gyhxxhj.xinyang.gov.cn/news/show.php?itemid=11123。

② 汪桢沛：《乡村振兴背景下农村基层党组织建设研究——基于四川省自贡市荣县三个村的实证调研》，硕士学位论文，西华大学，2020。

户 2966 人的网格化管理服务体系，成立"党员志愿者先锋队""志愿者先锋队""治安巡逻队"三支队伍，有效推进基层治理；通过土地流转、转变土地经营模式、入股龙头企业、成立合作社等方式，发展集体经济，每年通过土地入股等方式，从何家寨露营基地、文新茶村获取集体经济收益 60 余万元。

郝家冲村未来乡村以美丽乡村为基础、以数字乡村为核心、以共富乡村为目标、以风貌乡村为特色、以善治乡村为保障，围绕主导产业、主体风貌、主体文化目标，以"人本化、田园化、数字化、融合化"为建设方向，聚焦"党建、治理、风貌、制度、产业、智慧、文化、宜居、活力"等"四化九场景"，打造产业兴旺、美丽宜居、文化繁荣的未来社区"郝家冲样板"，为乡村建设"未来"探路，加速实现共同富裕，全面推进乡村振兴步伐。① 如今，郝家冲村已经形成一定规模的特色民宿民居集群，对这些民宿民居进行照片和体量等信息的采集，发布到线上平台，集中展现"江南北国·豫南民居"风采，游客也可以根据需求预订相应民宿。此外，还对村内停车场、图书馆、诊所等公共建筑设施进行线上映射，村户可一键直达相应公共场所。建立了"一宿一码"管理机制，为每家民宿定制二维码门牌，并关联农户宅基地审批信息、民宿俯拍图、民宿实景图、民宿经营状况等，实现民宿的数字化管理，便于村委监督民宿经营情况，便于游客预订民宿。智慧乡村，未来可期。从"数字乡村"到"未来乡村"，从单一的茶种植到丰富多彩的乡村生态游，郝家冲村正在走出一条独具特色的乡村振兴之路。

三 "农旅+红色"引领红旅融合的东岳村路径

（一）基本概况

东岳村隶属于河南省信阳市光山县文殊乡，位于大别山腹地部位，淮河南岸，位于光山县西南 14 公里，北襟淮河水，南连天台山，东接金刚台，

---

① 《乡村振兴渐入佳境 郝山郝水未来可期》，信阳市浉河区人民政府网站，https://www.shihe.gov.cn/2023/02-23/2524485.html。

西邻京广铁路，距大苏山国家森林公园景区 2.5 公里，水光山色，风景如画，毓秀钟灵，气候温和。[①] 东岳村曾经是大别山集中连片特困地区的贫困村，2000 多人的小村庄有建档立卡贫困户 145 户 585 人。2018 年，东岳村顺利实现脱贫摘帽。东岳村被住建部首批命名为"中国传统村落"。走进如今的东岳村，昔日的萧条荒芜不见，映入眼帘的是祥和与安宁。自 2022 年乡村振兴精品旅游示范区项目启动以来，东岳村已经相继建起了旅游停车场、梯田花海、精品民宿和临水餐厅，稻田观光小火车、东岳民俗文化街、学员食宿中心，以及东岳至花山寨的登山健身步道等景点文化项目，东岳村人正在美好生活的道路上奋力奔跑。

追求美好生活，是永恒的主题，是永远的进行时。[②] 三年来，光山县文殊乡东岳村在巩固拓展脱贫攻坚成果的基础上，以"产业兴旺、生态宜居、乡风文明、治理有效、生活富裕"为目标，用实干践行嘱托，让东岳村群众走向更加富裕的美好生活！东岳村坚持"绿水青山就是金山银山"的理念，依托资源优势，发展水稻、香菇、油菜、小麦、鱼类、茶叶等种养殖项目。2022 年，东岳村仅集体经济年收入就超过 50 万元。[③]

（二）主要做法

1. 设置农家书屋，营造文化氛围

东岳村的农家书屋最早设立在村养老院内，位置相对偏远，利用率低，为方便群众阅读，村"两委"结合群众聚集特点和阅读场景，把农家书屋主动搬到群众身边；设置村文化中心书屋，更好地服务村民和来往游客，为文化中心赋予新功能。

同时，在东岳客栈民宿，设置东岳客栈书屋，方便游客阅读；设立村电商服务站书屋，容纳政策类、技能培训类等图书 300 余本，为返乡创业青年提供在线购物、网上代卖、金融咨询等服务，发动村里志愿者主动学习操作和管理农家书屋数字化设备，获取数字化内容。东岳村主动把脱贫攻

---

①　向俊峰：《河南光山县乡村旅游发展对策研究》，硕士学位论文，贵州大学，2020。

②　车璇：《彭富春：对美好生活的追求需要美学》，《团结》2021 年第 2 期。

③　《村集体经济年收入超 50 万，接待 10 万多人次！信阳这个村，不一般！》，网易，https://www.163.com/dy/article/HHL7IAVB05387RYL.html。

坚和乡村振兴结合起来，把书屋打造成文化扶贫、科技助农、服务百姓的"贴心屋"。比如，村里部分农户有种植金银花的想法，但苦于没有技术、不懂市场，中原出版传媒集团驻村工作队便邀请河南科技学院科技特派员金银花专家团队到东岳村农家书屋开展技术培训，现场为群众发放种植手册，详细讲解种植技术并赠送书籍，让村民有了深入了解，为东岳村产业健康发展提供了保障。

2. 成立文艺团队，开展主题活动

文殊乡东岳村文化中心广场一片欢腾，丰富多彩的"赏花海、看大戏"活动吸引了众多周边县乡游客。走进东岳村，映入眼帘的是一片片具有豫南民居建筑风格的古建筑群，以及寺庙、祠堂等各类古建筑，这些古建筑大部分仍保留明、清时期的原貌，村内现有花鼓戏班 2 个，皮影戏班 3 个，地灯戏班 6 个，大鼓曲艺队 1 个，狮舞、龙舞、旱船舞、花挑舞等民间花会表演队 13 个。

走进具有深厚文化底蕴的东岳村，梯田花海、稻田火车、古街小巷，风光秀美。东岳村通过"赏花海、看大戏、观民俗、尝家宴、寻乡愁"等主题活动，让游客尽情游览秀美的乡村美景，亲身感受民俗风情、农家名吃、非遗表演、传统习俗等地域文化。此外，成立"花鼓之源"东岳乡村文化合作社，推动花鼓戏、唱地灯、舞龙舞狮等传统非遗文化发展。

3. 发展电子商务，深化红旅融合

在光山县委、县政府的重视和支持下，东岳村依托村内四色文化资源，收集红军革命故事、脱贫攻坚故事，建设了"东岳村史馆"，紧扣农文旅融合，点燃产业新引擎。东岳村牢固树立产业优先发展理念，注重因地制宜、探索创新。在驻村工作队的帮助下，成立东岳实业有限公司，探索发展"电商+光山十宝"销售模式；成立东岳红色文化培训中心有限公司，开设红色研学培训课程，目前已接待 50 余家单位，培训学员 3000 余人次。村集体多次在村里开展"大咖教你卖农货"活动，邀请"网红"现场授课，手把手教村民登录平台开通直播、推介产品。2021 年以来，东岳村农产品依托京东、抖音、832 平台、云书网等互联网销售渠道，外销金额突破 1000

万元。电商的引入，不仅为村里农产品找到了好销路，最为重要的是培养了一批有想法、有思路、敢为人先的带货达人、乡村代言人，卖茶叶的"东岳老杨"、卖旗袍的"小芳姑娘"等村播纷纷登场。

深化红旅融合，助推乡村振兴。[①] 东岳村依托"北枕淮河水，南依大别山"的地理条件，以东岳、光山乃至整个大别山革命老区的红色文化和脱贫攻坚事迹为内涵支撑，将东岳村打造成集文化体验、红色教育、康养度假等功能于一体，具有平原特色、三色交融的度假目的地。

（三）特色亮点

1. 党建引领，发展集体经济

村"两委"和驻村支部书记注重通过党建引领，"聚民心、汇民智"，推动各项工作开展。村内成立了"党员先锋队"，在防汛抗旱、疫情防控等急难险重任务中，让党员冲锋在前，在产业发展上，更是让党员做表率、当标杆。东岳村大力推行"支部＋新型农业经营主体＋农户"模式，把支部建在产业链上。

依托光山县对油茶种植的扶持政策，村集体成立东岳村油茶专业合作社，与村里所有脱贫户签订务工协议，为合作社引来专家传技术、找渠道。采取土地、资金、集体资产入股等方式，与中原出版传媒集团、四方景家庭农场、文殊寺专业合作社等新型农业经营主体建立稳定利益联结机制，实现群众与经营主体"双向共赢"。四方景家庭农场通过种植苗木花卉、水产养殖等，打造集现代农业、休闲旅游观光、农作物采摘、田园社区于一体的乡村田园综合体；成立东岳实业有限公司，构建"生态农业＋文创产品＋创意旅游"新型产业模式；以花鼓戏文化传承中心为引擎，打造全新消费场景，推出非遗集市，引入汉服秀、篝火晚会、田园摄影等活动，延伸产业链条，着力打造"东岳美好·刚刚好"文产项目。

2. 整合资源，凝聚各方力量

东岳村有"四色"资源，即"绿色""红色""古色""粉色"。"绿

---

① 赵华伟、曹高明、史慧芳：《井冈山市茅坪镇：红旅融合让乡村振兴走得更美》，《老区建设》2022 年第 6 期。

色"是指这里的山水树木；"红色"是指这里曾有李先念等将军生活的身影，红四方面军、红二十五军、红二十八军都在此留下了革命足迹；"古色"是指村里叱咤数百年的东岳寺和文化底蕴深厚的古民居；"粉色"是指国家级非物质文化遗产花鼓戏。东岳村依托村内的红色和绿色文化、历史文化和非遗文化资源，结合光山县乡村振兴先行区发展规划，建设李先念旧居、花鼓戏传承中心、梯田花海、东岳古街等旅游项目，发动黄磊、林川、吴泽贵等在外成功人士返乡创业，带动村民致富增收；东岳村借助"文化产业特派员"制度，与杭州余粮乡创团队合作，着力打造未来社区，展示乡村发展新活力；成立光山县和美部落物业服务有限公司，整合全村56个公益性岗位、270万元扶贫资金；依托村内、光山县及周边丰富的大别山红色资源，开发了以"听一场红色宣讲、上一堂田间党课、看一部红色电影、进行一场致富座谈、学唱一首红色歌曲、走一条红军小路、体验一次农业劳动"为主题的"六个一"的培训课程，并申请到光山县第一张"红色教育"牌照。

3. 多措并举，建设美丽乡村

为了改善农村人居环境，国家相关部委实施了相应推动措施，如农业农村部推行的美丽乡村建设项目。① 东岳村将培育和践行社会主义核心价值观寓于美丽乡村建设中，主要表现在三个方面。第一，主抓人居环境整治。近年来，东岳村通过硬化村舍道路、亮化房屋、建立树苗花卉基地、清理村内脏乱卫生死角、修整文殊寺以及绿化庭院等一系列改造，打造了宜居宜游的乡村环境。通过优化村民的居住环境，改善村容村貌，抑制了人们的"加脏"行为，促使村民形成良好道德文明行为。第二，打造最美"墙体风景"。东岳村运用汉字、诗词、典故等形式，将尊老爱幼、诚信友善、勤俭节约、爱岗敬业、公正廉洁等中华优秀传统文化融入文化墙的景观建设之中，手绘出一幅幅美丽的"墙体风景"，成为该村的一道亮丽风景线。第三，评选"最美人物"。东岳村连续三年在全村范围内开展道德模范人物评选活动，对当年涌现出来的"十星级文明农户""最美创业之星""最美

---

① 孙鹏达：《新郑市农村人居环境整治中政府职能研究》，硕士学位论文，郑州大学，2019。

脱贫之星""最美保洁之星""最美东岳人""善行义举之星""好婆婆"
"好媳妇""好妯娌"等 9 个类别的模范人物进行表彰。东岳村的道德模范
由群众广泛推荐、党员和村民代表现场投票产生，具有很强的典型性、先
进性和示范性。道德模范人物的评选活动使全村人际关系进一步得到提升，
村中现在人人奋进，争做标杆。[①]

四　"红色+绿色"促进产业振兴的何家冲路径

（一）基本概况

何家冲村，初建时期因村民大多为何姓，又因地处山冲，故名曰"何
家冲"。何家冲村地处河南省信阳市罗山县铁铺镇，村域面积 20 平方千米。
村子三面环山，峰峦逶迤，清澈的九龙河由东向西顺流而下，形成一个小
小的冲积平原。村落靠山而居，傍水而生，民风淳朴，自然和谐。村子里
有一棵 30 余米高的千年银杏树，1934 年，红二十五军 2984 名将士在树下
集结，高举"中国工农红军北上抗日第二先遣队"的旗帜，开始了艰苦卓
绝的长征。2005 年，何家冲入选全国 100 个红色旅游经典景区之一、全国
30 条红色旅游精品线路之一，成了国家长征红色记忆旅游带的核心组成部
分。何家冲村，先后被命名为全国爱国主义教育示范基地、中国传统村落、
全国重点文物保护单位、全国文明村、全国乡村旅游重点村、省级先进基
层党组织、省级历史文化名村、省级生态村、省扶贫开发先进单位、省民
主法治村、省水美乡村、省乡村旅游特色村、省家风家教示范村等。2021
年 12 月，何家冲景区成功创建国家 4A 级旅游景区。近年来，罗山县铁铺
镇何家冲村充分发挥红色优势，生态优势。通过党建引领，有效发挥基层
党组织战斗堡垒作用，科学统筹，系统谋划，利用现有红色和绿色资源，
传承红色基因，集中发展村集体经济，带领群众谋发展，奔小康，走出乡
村振兴之路。

---

① 杨筱明：《在农村社区培育和践行社会主义核心价值观的思考 ——以豫南东岳村为个例》，
《贺州学院学报》2017 年第 2 期。

（二）主要做法

1. 红色支撑，发展乡村经济

何家冲村依托当地红色、绿色资源，发展红色旅游和绿色康养产业，带动村民增收致富。何家冲村以红色旅游和红色教育培训为主线，成立了罗山县何家冲红途教育咨询有限公司，公司自成立以来，协助当地村民建设民宿29套，可一次性提供客房194间，接待游客380人，有效增加了村民家庭收入。公司按照投资的8%每年进行分红，有效促进村集体增收、村民致富。同时，公司提供众多就业岗位，吸纳贫困人口就业，带动周边群众走向脱贫致富。

随着何家冲红色教育和红色旅游的兴起，催生了一批农特产业、田园农场、乡村民宿、农家乐、休闲山庄、乡土美食、观光采摘、旅游小商品等多种新业态，极大地丰富和提高了何家冲旅游产品建设。红色教育产业的兴起，也为何家冲带来了旺盛的人气。在红色旅游发展转型过程中，村干部带头组建合作社、农家乐，开展配套服务，陆续带动村民70余户；通过"资源变资本、资金变股金、农民变股东"的农村"三变"改革发展，既增加了村民财产性收入和村集体经济收入，又赢得了村民的支持和拥护，实现了"村村有股份、户户有分红"的利益共享。全村2020年游客猛增到36万人次，带动乡村农家乐67家、多村民宿12家、酒店旅馆16家，直接就业人员212人，大幅度增加了群众收入，真正做到了让农户、村集体和企业共赢，为何家冲的脱贫攻坚和乡村振兴奠定了坚实的基础。①

2. 红绿融合，带动产业发展

利用好红色文化资源，走出一条既能有效促进经济高质量发展，又能实现"以红色凝聚人心"的崭新路径，培育能够持续发展的红色载体，成为何家冲实施高质量推动乡村振兴的重中之重。何家冲村以党性教育为基，打造干部培训载体。2018年，何家冲新时代讲习所正式揭牌并投入使用。至2021年4月，何家冲红色教育基地培训学员1100多期，为村集体创收

---

① 《"红色融合"扮靓"长征第一村"——来自红二十五军长征出发地罗山县何家冲的报告》，网易，https://www.163.com/dy/article/HOGM5EO40534NF5N.html。

460 多万元，带动 30 户贫困户脱贫致富。①

以生态旅游为基，打造绿色康养载体。该村依托旅游公路建设，精心设计景观节点、建绿色廊道，将 600 户民居改造成豫南民居风。该村采取"公司+农户"的模式，以村集体经济红途公司为龙头，对村里闲置民居进行统一设计、统一改造、统一经营，建成红军主题民宿 29 家，房间 300 余间。以素质拓展为基，打造红色研学载体。该村推动了少年军校项目建设，开发了 20 多公里的红色研学路线，建设了集爱国主义教育、农耕文化、户外拓展、军事体验、亲子互动和特色住宿于一体的综合型军事主题训练营。2020 年，该村接待游客 36 万人次，带动发展农家乐、酒店旅馆、特色民宿等 113 家，直接带动新增就业 300 余人。②

3. 干部培训，弘扬长征精神

在兴建何家冲红色教育基地的基础上，罗山县做出了兴建何家冲学院的战略决策。何家冲学院拥有复兴堂、初心堂、崇德苑、明德苑、扬德苑、尚德苑六处建筑。自何家冲学院建成以来，先后被授为中国科学院工程热物理研究所党性教育实践基地、北京大学思想政治实践课教育基地、河南省委党史研究室、河南省中共党史教育基地、河南广播电视大学党性教育培训基地等，赢得了社会各界的广泛好评。③ 学院下属的乡村振兴研究院，在理论探索、政策研究、案例分析等方面发挥着重要作用，一年一度的何家冲乡村振兴论坛，已经成为一张蜚声全国的亮丽名片。随着红二十五军长征出发 85 周年纪念大会、信阳市农民丰收节和第一届、第二届乡村振兴何家冲论坛的成功举办，何家冲学院已成为推动当地乡村文化振兴、实施产业转型、迈向高质量发展的助推器。何家冲学院不仅提供对机关和单位的党政干部培训，也面向广大企事业单位的干部培养相继开发了 20 多门

---

① 《罗山县何家冲村：浓墨重彩绘新景》，网易，https://www.163.com/dy/article/G6J5843T0 5387RYL.html。

② 《第一批河南省传统村落和历史文化名镇名村 保护发展示范的公示》，河南建设信息网，http://www.hnjs.net.cn/newsDetail_m.aspx?id=16604。

③ 《何家冲学院：大别山重燃"红色引擎"》，大象新闻，https://www.hntv.tv/yc/article/1/ 1499656165623959553。

课程。

何家冲村以党性教育培训和党史教育培训为支点，大力推动了红色旅游和绿色康养，带动了村民增收致富，在乡村振兴战略的大力推动下，如今的何家冲村不断焕发出新的活力，成为以红色教育为核心，集红色旅游、登山探险、休闲度假、康养旅居、民俗体验等多种旅游业态和活动功能于一体的全国乡村旅游示范村，正绘就一幅乡村生态振兴新画卷。

（三）特色亮点

1. 党建引领，传承红色基因

2017 年 11 月，在脱贫攻坚中，何家冲村成为信阳市纪委监委的定点联系帮扶村。2018 年初，按照"整合资源、优选项目、打捆资金、联村发展"的思路，在吃透当地红色、生态、人文、区位优势的基础上，驻村干部和村"两委"党员干部一起行动，发动村民以房屋和土地入股，利用省委组织部下拨的 100 万元软弱贫困村集体经济发展资金，以及县、镇两级整合的各类扶贫资金 920 万元，注册成立了红途旅游开发有限公司。[①]

何家冲村充分发挥村"两委"的战斗堡垒作用，带领广大干部群众，特别是党员干部，为何家冲村谋划发展宏图，创新性地创建党员先锋队，组织在家党员组成党员先锋队，为民服务办事，冲锋在前，给广大群众做好表率，经过市纪委监察委、铁铺镇党委政府和何家冲村"两委"一班人的深思熟虑，把建设何家冲教育培训基地作为产业发展的突破口，把传承红军精神和红色基因作为今后的奋斗目标，用何家冲独有的红色基因、红色传统和红色资源，开展"不忘初心、牢记使命"的党性教育培训，进而带动何家冲村发展红色旅游和绿色康养，走出一条具有何家冲特色的发展之路、致富之路。

2. 红绿融合，发展红色旅游

2022 年 12 月 30 日，河南省文化和旅游厅发布《关于认定 15 家旅游景区为国家 4A 级旅游景区的公告》，其中罗山县何家冲景区被批准为国家 4A

① 《红二十五军长征出发地何家冲，"红色引擎"加速"绿色发展"》，河南日报客户端，ht-tps://baijiahao.baidu.com/s? id=1699074433475130915&wfr=spider&for=pc。

级旅游景区。景区内有国家级文物三处，分别是：红二十五军军部旧址——何氏祠、红二十五军军部医院旧址——何大湾、红二十五军长征出发集结地标志物——银杏树；省级文物一处——红军碾；红色教育机构三处——何家冲学院、何家冲新时代讲习所和罗山县烈士陵园。何家冲景区于 2008 年 4 月 16 日正式开园；2009 年被评为国家 3A 级旅游区；2010 年被中宣部命名为"全国爱国主义教育示范基地"。2016 年红二十五军长征出发地被列入《全国红色旅游经典景区名录》，何家冲成为国家长征红色记忆旅游带的核心构成部分。①

何家冲景区依托"北上先锋"红二十五军长征出发地独有的资源优势，逐步发展成为以红色旅游为支撑，集"红、绿、古"旅游资源于一体，兼有革命传统教育、登山攀岩、野营观光、科学考察、休闲度假、消夏疗养、水上运动等多种旅游形式的综合性游览胜地。何家冲的山，钟灵毓秀、紫气万千、怪石嶙峋；何家冲的水，清澈见底、波光粼粼、秀色迷人，景区附近的九里落雁湖碧波微澜，有大小岛屿近十个；何家冲的鸟，品种繁多，珍贵奇特，这些独特的自然景观、人文景观和文化内涵融为一体。改造提升民居 1410 户，建设红军主题民宿 21 家 300 余间，高端民宿 10 间，逐步形成了集"红、绿、古"旅游资源于一体的红色旅游经典景区。② 做到红色资源引来人，精品民宿留下人，在这里，不仅要让游客感受到红色文化，还要让他们感受到农村的自然风光，呼吸山里的新鲜空气。

3. 研学培训，开展红色教育

何家冲革命传统教育基地位于河南省信阳市罗山县铁铺镇何家冲村。何家冲是红二十五军长征出发地，被誉为"北上先锋"红二十五军的摇篮，是全国青少年爱国主义教育基地、河南省中小学社会实践教育基地。为确保中小学研学旅行活动取得实效，该基地针对性开发了"名师课堂+基地实践"课程。名师课堂课程包含"红二十五军军史""大别山精神""长征精

---

① 《喜讯！何家冲景区成功创建国家 4A 级旅游景区》，罗山县人民政府网站，http：//www. luoshan. gov. cn/news. php？cid＝34&id＝13915。

② 《何家冲：特色民宿赋能乡村振兴》，信阳新闻网，https：//ribao. xyxww. com. cn/html/2022－11/07/content_ 117855. htm。

神""豫南民俗文化传承""生态自然保护"等适合不同层次中小学生的精品课程。基地实践课程包括：重走长征路，了解长征故事，学习长征精神；革命传统教育，实地参观红二十五军军史馆，现场讲解革命历史；祭陵缅怀先烈，参观烈士陵园纪念馆，向战争牺牲者祭献哀思；玩趣农事，体验传统农耕活动，了解豫南农耕文化。

　　基地建成以来，先后接待来自全国各地的中小学生研学旅行团队上万人次，被国家、省、市各级主流媒体宣传报道 30 余次，基地丰富的红色教育资源和独特的教学方法，深受广大游客好评。① 2019 年 11 月 16 日，纪念红二十五军长征出发 85 周年大会在这里隆重举行。通过开展红色教育培训，让培训学员了解红二十五军历史和红二十五军的长征之路，传承弘扬红军精神、长征精神和大别山精神。走进罗山何家冲红色教育基地，通过现场参观、专题讲座、重走长征路的实践体验，让游客真真切切地感受那波澜壮阔的红色岁月和崇高伟大的革命精神。

---

　　① 《何家冲革命传统教育基地简介》，河南省教育厅网站，https://jyt. henan. gov. cn/2019/12-30/1833295. html。

图书在版编目（CIP）数据

康养旅游理论诠释与实践探索 / 程金龙等著 .
北京：社会科学文献出版社，2024.12. --ISBN 978-7-
5228-4302-5

Ⅰ. F592.3

中国国家版本馆 CIP 数据核字第 202423NP05 号

康养旅游理论诠释与实践探索

著　　者 / 程金龙 等

出 版 人 / 冀祥德
责任编辑 / 仇　扬
文稿编辑 / 郭晓彬
责任印制 / 王京美

出　　　版 / 社会科学文献出版社·文化传媒分社（010）59367004
　　　　　　地址：北京市北三环中路甲 29 号院华龙大厦　邮编：100029
　　　　　　网址：www.ssap.com.cn
发　　　行 / 社会科学文献出版社（010）59367028
印　　　装 / 三河市东方印刷有限公司

规　　　格 / 开　本：787mm × 1092mm　1/16
　　　　　　印　张：33.25　字　数：491 千字
版　　　次 / 2024 年 12 月第 1 版　2024 年 12 月第 1 次印刷
书　　　号 / ISBN 978-7-5228-4302-5
定　　　价 / 198.00 元

读者服务电话：4008918866